代际传承

Family Inheritance

颜　滨◎著

浙江人民出版社

谨以此书献给我的父亲母亲

》 作者简介

颜滨

浙江新颜物流有限公司董事长

英国华威大学博士后

美国纽约中央州立大学博士

英国杜伦大学商学院和复旦大学经济学院博士(第二博士学位)

中共中央党校研究生院在职研究生

中国物流学会特约研究员

颜子连锁复制研究所所长、首席专家

英国中华总商会副主席

著作:《公司长寿的学问》、《企业生命科学研究》、*Decoding Critical Genes of Enterprises*(美国出版)等

研究方向:企业组织架构设计的科学性、人的潜能开发的科学性、家族企业代际传承领导力的科学性

世界上，没有读书不能解决的事情。

——孟德斯鸠

协同进化、潜能开发是致良知、知行合一和天人合一的应用。

——颜滨

“方向—动力—路径”自洽是生命以宇宙为背景的成功方程式。

——颜滨

记住并链接三代人140年的累积经历与心路历程就能促进家族企业代际传承潜能开发。

——颜滨

启蒙，任何时候都是需要的，无论过去、现在与将来。

——颜滨

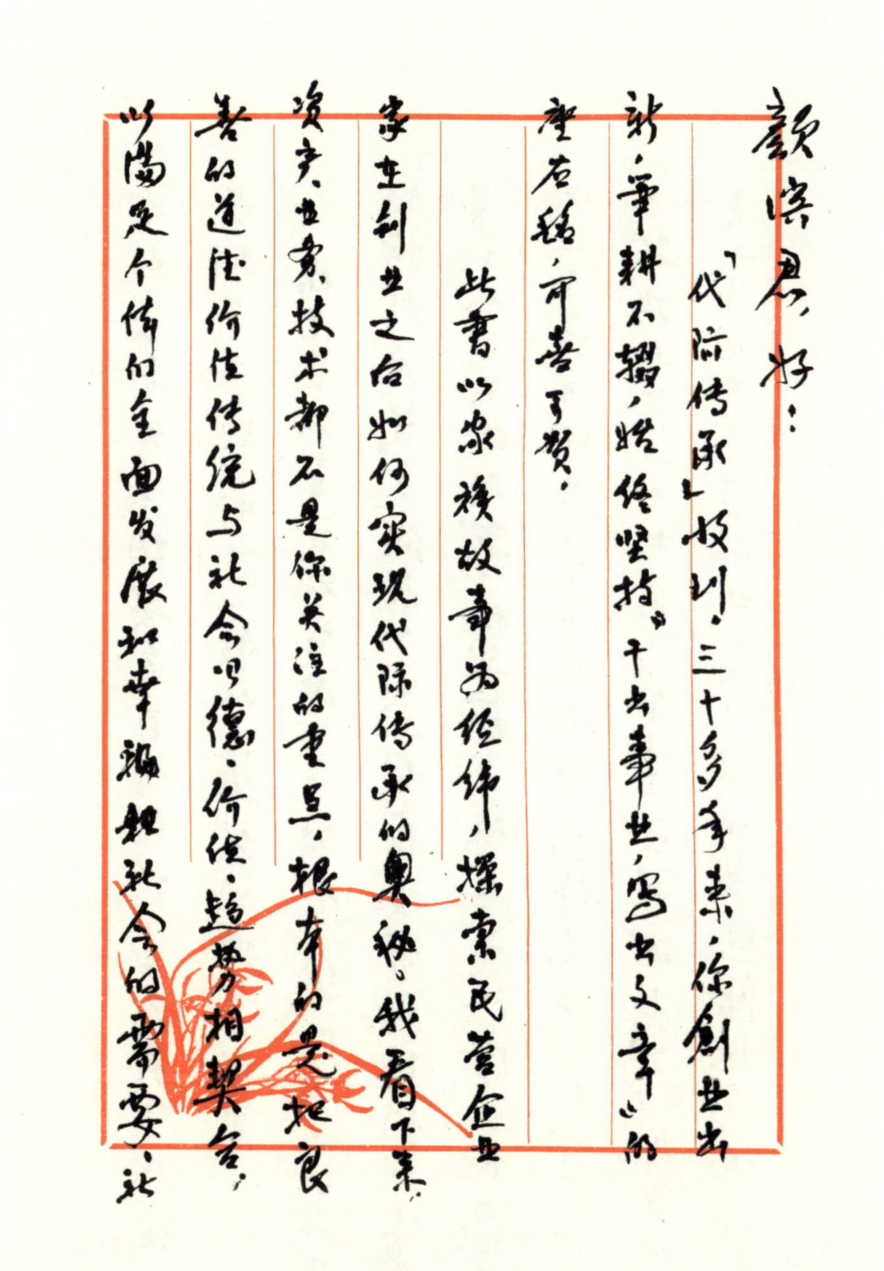

颜滨君，好：

"代际传承"收到，三十多年来，你创业出新，笔耕不辍，始终坚持"干出事业，写出文章"的座右铭，可喜可贺。

此书以众多故事为经纬，探索民营企业家在创业之后如何实现代际传承的奥秘。我看下来，资产、世袭、技术都不是你关注的重点，根本的是把良善的道德价值传统与社会道德、价值、趋势相契合，以满足个体的全面发展和幸福和社会的需要，社

注：这是2021年8月8日程天权教授的亲笔信。程天权教授曾担任中国人民大学、复旦大学、同济大学这三所著名大学的党委书记，上海社会科学院党委书记等。他是20世纪80年代末颜滨在复旦大学读书时的老师，是颜滨一生的人生导师。

合的良善发展相契合，并传继给下一代、再下一代。这些论是大道，胜过一般的只讲技术要素的书。

你生在改革开放发展的大时代，通过自己的顽强拼搏持续努力，又继承了上代优良质朴传统门风，赢得了人生不俗成就。你敏感于改革开放历史机遇，不止于学习探索，你苦思熟虑，写作总结，你早早用上了数据收集与分析，早早用上了互联网技术，你更以员工为企业主体，用制度认同、制度遵循和个体放手

员工最大限度发挥主人翁精神自由创新发展

你融入社會，在电视采访中，在课堂上讲授自己创业的经验体会，与社会共享時代恩惠与搏击中的欢愉。

从你身上我看到一个新時代的弄潮儿奋斗前进，与时代共进共荣的榜样。祝福你了。

程天權 二〇二一年八月八日

於北京寓所

序　一

我越来越感到，中国的广东、福建和浙江是世界上少有的创业家的摇篮地，千百年来创造了太多的商业传奇。这里的人骨子里就藏着对财富的敬畏，他们一代代传承着吃苦耐劳的禀赋，以及敢于走南闯北、四海为家的勇气。他们对政治缺乏兴趣，却拥有无与伦比的商业头脑。我曾经大胆断言，过去40年中国的改革开放，实质上不过是激活了这几个地方曾一度被抑制的商业精神，其结果那些地区迅速站立到中国经济融入世界的潮头，也当然成就了中国经济过去200年来再次崛起的事实。

本书的作者颜滨就是浙江温岭人。那里在计划经济时期还是相当贫穷的地方，但因为商业知识可以代际传承，在改革开放之后，那里很快走上了依靠家族创业推动工业化和资本积累之路，现在早已是全国著名的百强县（市）。更重要的是，那里与浙江很多地方一样，家族实业繁荣，代代传承，形成了发达且不断升级的制造业网络，不仅如此，从这里走出来的浙江人更是遍布各地，每天创造着惊人的财富。

我与颜滨相识已经有七八年了。在我所见过的浙江的创业家群体中，颜滨也有自己的独特个性，他把读书和思考看得与创业同样重要。他第一次来办公室见我便带来他出版的多本著作，并向我介绍了他对“企业生命”的仿生学思考。现在想来，这些思考中已经暗示他对于家族企业传承问题的兴趣。作为一个具有商业头脑和经营意识的年轻人，他能积极并多次在复旦大学求学，是令人感动的。凡是跟他接触过的朋友，一定很容易就观察到，他喜欢读书，更勤于思考。几年前，在我推荐下，他入读了我院与英国著名的杜伦大学商学院联合创立的博士班项目（DBA）。我当时猜测，这个项目应该非常适合颜滨，因为他自己是浙江新颜物流有限公司的创始人和董事长，同时又是英国的新移民，每年有一段时间在伦敦居住和学习。我知道这个项目非常磨炼人，对学生的语言和毅力有更高的要求，但这没有让颜滨望而却步，反而成为他释放个人潜能的更大空间。他的勤奋、执着和乐于奉献的精神感染了博士班的很多同学。他在英语学习上的进步之快更是令博士班的师生交口称赞。他现在可以做到用英语交流和表达思想了。

尽管颜滨创业很成功，但从一定意义上说他仍是一位思者。关注他的朋友圈，总能看到他对很多问题的深刻思考。他可以针对一件区区小事阐发对更大问题的理解和分析。他甚至把量子思想用于思维中，形成了自己独特的认知。

现在呈现给读者的这本书是他对自己家族创业史的记述，尤其是写出了颜滨自己的创业故事。我几年前与我学生、浙江大学经济学院的方红生教授一起到新颜物流参访过，听取了公司高管们的介绍。让我印象深刻的是，创始人颜滨为公司奠基的文化对公司的发展有正面的作用。我注意到，要观察这个文化的存在，就要听每个员工特别是高管们自己对所感受到的激励如何评价，自己的潜能是否得到发挥。在这些方面，新颜物流是做到了，做到了作为创始人可以长期不在公司的。难怪颜滨作为董事长给自己封了个“甩手掌柜”的雅号。

作为甩手掌柜，颜滨不被公司日常的管理事务所干扰，更能放眼世界，思考更深。他作为英国的新移民，开始走进英国并寻求投资机会。他先在英国华威大学深造，后又在英国著名的老牌贵族式大学杜伦大学攻读工商管理博士学位。他的女儿颜思迈也在英国完成学业并进入伦敦的普华永道总部，开启作为新一代颜氏家族的传承人的职业生涯。顺带说一下，颜思迈在初一时就出版了一本自己的文集《雏燕起飞》，著名文化学者余秋雨先生还亲自题写了书名。

颜滨撰写的这本书如他自己所言，更是自己的日记和家书。其中披露的自己的创业经历，在浙江也许并不少见，但依然值得珍视，更会引起读者反响。读完这本书，我们会找到一个重要问题的答案：中国经济在不断的折腾中之所以还能够大势崛起，不正是因为这些草根创业者们的顽强执着和无法摧毁的意志力吗?

同时，读了颜滨这本书，我也更加相信我2001年出版的那本小册子中所表达的想法：企业家精神是十足的个人的“隐信息”（hidden information），因而不可能存在真正的企业家的市场。不然的话，一旦企业家精神是公开信息，企业家精神就可以被定价和买卖，我们就可以在市场上发现或雇用到企业家。由于个人拥有的企业家精神不是公开信息，不可被第三方发现，我们唯一能发现企业家的办法就是让创业变得自由，从而让那些拥有企业家精神的人可以自己选择自己，通过创业而成为企业家。创业是唯一可以实现企业家价值的途径。

我相信大家阅读这本书后应该会同意我的看法。其实，我们能发现：改革开放以来那些为公众所知的成功的企业家，哪一个不是名不见经传的草根创业者？他们大多数人出生并生活在农村，没有人发现他们日后必然会是成功的企业家。是创业自由拯救了他们，改变了他们的命运。

另外，读了这本书稿，才知道颜滨家族的祖上可能上溯到与鲁国的大思想家颜回和书法家颜真卿的渊源。对于颜滨，这应该是另外一本书的主题了。

是为序。

张军

2021年8月8日

（作者系复旦大学文科资深教授、经济学院院长）

》序　二

颜滨是一位学习型的企业家。他全球学习、终身学习，又是思考型、研究型、实践型的企业家。他把学习作为个人成长和企业发展的助推力、最有效的武器和工具，把学习贯穿于工作和事业的始终。我与颜滨相识于2009年的课堂上，当时他在复旦大学攻读美国纽约中央州立大学DBA的第一个博士学位，并于2011年获得了DBA博士学位。我有幸当时以授课老师身份去讲课，目睹他勤奋学习的精神，善于思考、积极互动，给我留下极其深刻的印象。从此我俩越走越近，结下了深厚的情谊，成为知心朋友。更让我难以忘怀的是他撰写的《企业生命科学研究》论文，当时在博士论文答辩委员会中以全票最高分数，获得优秀论文中的第一名，我当时恰巧担任此次博士论文答辩委员会主席。时隔几年后他又去英国华威大学攻读博士后，直至近几年，在复旦大学经济学院院长张军教授推荐下，又攻读了英国杜伦大学商学院和复旦大学经济学院联办的工商管理博士学位，他不愧为不断学习、不断进取、不断奋斗的企业家。

自相识至今的十几年中，我不仅亲眼看见了他的学业的成熟和成就，更亲眼印证了他的事业和企业的成长和壮大。他创业的浙江新颜物流有限公司，从小到大、从弱变强，成了物流行业的排头兵和领头羊，这一切的成绩都可归结于他的不断学习、勇于实践、积极创新。颜滨是学以致用的典范，他还带领公司中高层管理者们一起学习，公司形成人才辈出的局面。他亲自创办颜子学院培养一批又一批的各级各类管理人才，使企业得以全面健康、稳健、持续和科学的发展，把新颜物流真正打造成为不倒翁的长寿型企业。

大家期待的《代际传承》一书，是颜滨长期研究探索用亲身经历和体验撰写而成的，现已正式出版奉献给广大读者，我深信必将产生积极的影响，它具有现实的指导意义和深远的历史意义。此书具有很强的操作性、示范性，又有很强的指导性和哲理性。《代际传承》一书进一步丰富和发展了领导力科学，是领导力科学有机组成部分，是领导力科学的一个新的分支领域，为领导力科学的发展作出了新的理论贡献和实践贡献。

随着改革开放进一步深入，市场经济进一步发展，我国的民营企业和民营经济越来越成为我国经济发展中不可或缺的重要部分。代际传承的问题，是广大民营企业家十分关注的问题，此书的出版，是广大民营企业家期盼已久的。它将正确地引导广大民营企业家去积极思考和探索这一不可回避的问题，是广大民营企业家可读的一本好书。正如作者在书中提到的那样："培养下一代领导者要趁早。"如何培养、怎么做？作者用自己的"实战体系"回答了这一前瞻性、现实性、应用性和操作性的问题。颜滨是大家学习的榜样和典范。作者以自己亲身的实践和生动成功的案例，叙述了自己一家三代的创业与成长的故事，及其心路历程，系统回答了大家在现实中也会碰到的类似问题。作者把几十年来学习、工作和生活的轨迹以及真实故事体验，反复悟出的真理，无私地奉献给大家，值得我们学习和敬佩。

《代际传承》一书分为上下两篇，上篇是作者本人一家创业实践的体验部分，包括颜氏祖先的渊源，每一代"企业家"创业艰辛以及在磨难中成长的故事，史料详尽，真实感人，耐人寻味；下篇是作者本人学习研究，长期积累的理论成果部分。作者长期以来国内外孜孜不倦的学习，悉心研究和探索形成了理论体系，书中揭示了颜氏家族一家三代人创业与成长故事背后逻辑和研究心得，既有完整的理论引领和指导作用，又有很强的示范性和实操性。此书的出版必将会引起社会和广大企业家的思考与关注，值得大家拜读、研究和探讨。

在此，我由衷地祝贺《代际传承》一书的正式出版，呼吁大家一起来参与讨论，发表意见和建议，使《代际传承》一书更为丰富和完善。

蔡淳华

2021年7月8日

（作者系上海市企业经营师协会会长，复旦大学、上海交通大学兼职教授）

序　三

第一次遇见颜滨是三年前在英国杜伦大学商学院，标准的浙江绅士。再后来他成为我们学院的工商管理博士生。两年后《代际传承》的书稿呈现在我的电脑屏幕上，多么大的成就啊！我写这个序不仅是因为颜滨是杜伦大学的一位高级工商管理博士生（DBA），还因为我深深相信行动研究方法对所有专业研究人员，尤其是商业和管理领域的研究人员的教育价值。我也相信，处于学习与职业生涯的各个层次和阶段的DBA学生，都可以通过跟随颜滨的心智旅程以及本书介绍的知识实践来丰富和加强他们的实证研究。通过使用研究成果和跨学科的学术知识产生真正的商业影响，帮助实践研究人员和DBA学生学会用力量、快乐与成就来使用他们的心智。

在漫长而富有成效的商业生涯中，颜滨通过不断的商业实践和学术研究，以他的两项博士研究，探索了行动研究的基本原理和实践。《代际传承》一书，描述了一个家族企业中人的潜能的历史和管理。颜滨通过运用自己的方法和物理学、社会心理学、生物学、管理科学等跨学科的学术知识，写成这本书稿。在这本书中，他通过使用自己的理论，展示了他的成就、实践和几个成功的案例分析。这些案例分析支持并验证了他正在发展的理论和理念。

这本书对于DBA学生和希望在现实世界中有所作为的学者来说，确实非常具有启发性。举个例子，这本书中的一个故事深深地触动了我。这个故事讲述了他如何利用自己的化学和物理知识向他女儿解释生与死的问题。这不仅仅是父爱的表现，更是展示了我所认识的颜滨的两个显著特点——尽量地用潜在的科学解释来探索事物的根源和内在的机理，以及他有意识开发年轻人的潜能的意图。这本书里有很多这样的故事，我相信它能从很多不同的角度给人们带来启发。

本书的后半部分描述了颜滨是如何将他的代际传承与人的潜能管理的理念转化为他的公司运作和新颜培训项目的。我虽然不是家族企业和员工潜能开发领域的学科专家，但我可以看到，颜滨通过行动研究将他所掌握的知识转化和运用到这个持续的培训项目——量子领导力培训中心所产生的家族企业代际传承的积极变化。不仅家族成员与公司员工的潜能得到开发，他还带领杜伦—复旦项目的DBA同学们共同探索他们自己学科的基本原理。值得一提的是，颜滨是该项目有史以来最年长的学生。然而，他的好奇心以及对知识和学习的孜孜不倦的追求，加上来自实践的敏锐性和洞察力，都是超越了最好的。

《代际传承》这本书还展示了颜滨的管理思想和实用工具的发展，其他家族企业可以借鉴，甚至可以借以反思，因为代际传承不仅是热点问题，而且是难点与痛点问题。本书还将帮助其他热衷于作出真正改变的实践研究人员形成对行动研究及其灵活用途的共同看法和理解。

Sarah Xiao

2021年8月10日

（作者系英国杜伦大学商学院教授、杜伦—复旦DBA项目主任）

前 言

这本书介绍一个中国普通家庭一家三代人的创业故事，包括父母这一辈在农村的创业精神、我们六个兄弟姐妹在城市的创业故事以及下一辈11个子侄男女的学习、成长与创业故事及其心路历程。1988年我从省级外贸公司“下海”创业至今一直担任家族企业（新颜物流）董事长，但我的大部分时间都在学习与研究企业管理，我是终身学习者，已经拿了几个学位，出版了几本书，包括中文版的和英文版的。我喜欢用理论创新指导实践创新，我的理论创新主要是创造了家族企业领导力的一种新理论——量子领导力实战体系，这是复杂性与不确定性环境下的领导力。我的实践创新主要表现在实现了20多年来企业家甩手掌柜与企业不倒翁，现在正在通向繁荣、幸福、长寿与代际传承终极目标的路上。

我为什么要写《代际传承》？主要是为了子孙后代，“同样的言语，因为是所亲近的人说出的就相信；同样的命令，因为是所佩服的人发出的就执行”（颜之推著，梁海明译注，1999）。我有自知之明，知道自己没有资格给他人、给别的家族说教，每个人、每个家族都有与众不同的本质与环境。读者阅读该书，仅当“颜滨家书”——参考书为好。

家族企业代际传承是全社会的热点、难点、痛点问题，量子领导力实战体系聚焦家族企业代际传承的领导力问题，包括家族领导力、家族企业领导力以及所有权领导力。自1978年至今，改革开放已经40多年，老一辈企业家正处于交接班阶段，但是代际传承是一个复杂的、超时空的、超生命的系统工程。其他企业只需关注一个系统即企业组织，但是家族企业需要同时关注三个系统：家族、企业和所有权（家族企业三环模式），而且每一个系统都有自己的领导方式。（Aronoff & Baskin，2017）量子领导力实战体系正试图解决这一问题。

在出版《代际传承》之际，我女儿颜思迈把普华永道发布的《2021年全球家族企业调研——中国报告》发给我，对我来说是“及时雨”。我认为，国企央企有未来，家族企业也有未来，后者是穿越时空且“方向—动力—路径”自洽的未来，普华永道的报告中显示的中国与全球数据（包括新冠肺炎疫情背景下的数据）都佐证了这一点，事实与理论是惊人的一致（舆论有时候会误导人）。普华永道的这份报告收集了来自87个地区不同行业的2801家家族企业的观点，其中包括来自中国内地和香港特别行政区（中国香港）的129位企业主或高管的观点，家族企业不遗余力地保护自身员工和支持当地社区，进一步彰显了他们的价值观和使命感。65%的中国内地家族企业表示，他们拥有明确的企业价值观和使命感（中国香港53%；全球68%）；51%的中国内地家族企业认为秉承价值观和使命感能帮助他们团结一致，度过公共卫生危机（中国香港30%；全球52%）。普华永道建议：家族企业应不局限于传统的企业社会责任活动，虽然这些活动也极具意义，但不一定能融入公司的核心业务，而全面将环境、社会和治理（ESG）元素纳入其业务发展战略及商业决策的企业，能够更好地管理风险，抓住机遇并建立信任，实现长期盈利。

家庭是社会的基本细胞，家庭的前途命运同国家和民族的前途命运紧密相连。习近平主席注重家庭、注重家教、注重家风建设，发表了一系列重要论述，号召大家传承好家风好家训，把个人梦、家庭梦融入国家梦、民族梦之中，为实现中华民族伟大复兴中国梦而努力奋斗。《代际传承》的出版正当其时，顺应潮流与形势。我出版《代际传承》有三大目的：

第一，“家人用”。《代际传承》这本书已经把颜氏祖先的渊源，特别是把“父母—我们—子女”三代人的创业故事进行了回忆、收集、整理、提炼。在写书与研究过程中，我发现了一个规律：记住并链接三代人140年的累积经历与心路历程就能促进家族企业代际传承潜能开发。该书将对颜氏家族子孙后代产生深远影响。

第二，“国人用”。家族企业代际传承之所以成为社会的热点、难点、痛点问题，一方面家族企业普遍面临如何有效交接班的问题，最主要的是家族企业代际传承领导力问题；另一方面这方面的案例与理论并不多见，所以很多朋友希望我这本书早日出版。我认为，《代际传承》不仅提供了颜氏家族三代人创业故事的真实案例，而且在实践中提炼出了家族企业领导力的新理论——量子领导力实战体系，这对于家族企业以及家族企业代际传承领导力具有借鉴意义。

第三，“世界用”。习近平主席提出“人类命运共同体”的新理念，中国是积极推动全球化的国家，《代际传承》在出版中文版的同时将出版英文版，旨在向世界展示一个事实、一个新理论。一个事实是一个中国农村普通家庭一家三代人通过艰苦创业，成功实现城市化与全球化；一个新理论是量子领导力实战体系，这是使用放大时空背景与彻底解剖分析法的量子思维心智模式，揭示生命以宇宙为背景的全景式的企业领导力，包括三大思维与四大机制，是复杂性与不确定性环境下有效防范并抵御各种“黑天鹅”事件的风险、基于数理模型与管理工程的企业领导力实战体系。量子领导力实战体系顶层设计的基本功能包括五个自洽：（1）商业模式—管理模式—盈利模式的自洽；（2）战略—组织—人心的自洽；（3）“方向—动力—路径”的自洽；（4）本我—自我—超我的自洽；（5）致良知—知行合一—天人合一的自洽。

《代际传承》这本书的写作灵感来自于我母亲2016年3月17日去世，我要化悲痛为力量，把母亲的智慧和精神传承下去。于是我发动整个家族三代人写回忆录和纪念文章，为我提供素材。我历时6年写了38万字的书稿，经过10多次修改，才写成了这本书。这本书本质上是一本家书，是我吸收了《颜氏家训》《曾国藩全书》《傅雷家书》等著名家书精华后写成的颜滨家书。这本书的特征有三点：在思维方式上，使用放大时空背景与彻底解剖分析法的量子思维心智模式；在文化上，主要吸取列祖列宗的生存方式以及人类历史的文明成果，既有东方哲学智慧，又有西方科学实证，这是东西方文化兼容并蓄的结晶；在内容结构上，全书分上下两篇，上篇是实践部分，包括颜氏祖先的渊源、第一代人的创业精神与家教家风、第二代人的创业故事、第三代人的成长与创业故事。下篇是理论部分，包括新《颜氏家训》、家族企业领导力的理论创新与量子领导力实战体系等。

宇宙一量子，时代一粒沙，个人一座山，这本书也讲述量子、沙、山如何演绎一个人、一家族与一个企业的命运。从这个意义上说，这本书既是颜滨家书，又是科学读物。我希望全世界的读者能够喜欢这本书，并从中受益。

颜滨

2022年5月18日于中国杭州

目　录

上篇
实践部分

一个家族三代人的创业故事

最近几年，我查阅了颜氏祖先的相关资料，包括颜回和颜真卿的经历与思想等内容。我无从考证我的家族与古代颜氏有没有血缘关系，我也没有太多时间去寻找与研究我的家谱，因为我认为这并不十分重要。如果有现成的家谱供我查阅祖先渊源当然好，但是如果没有现成家谱可供查询也没有太大关系，实事求是即可。就基因科学而言，同姓祖先对我的影响，比别的姓氏对我的影响应该更大一点。这是因为我生命中的祖先“适应器”被激活或者基因“广义适合度理论”起作用（Buss，2019），后者对我也会有影响，这是模因（Meme）——文化基因的影响（Dawkins，1976）。有一种非常有趣的现象，最近我阅读并比较了中国历史上几本家书名著，包括《颜氏家训》《曾国藩全书》《傅雷家书》等，我发现，相比其他两本家书，我想的与做的事实上跟《颜氏家训》里说的更接近、也更像，这是潜意识里心理同频的原因。同样的言语，因为是所亲近的人说出的就相信（颜之推著，梁海明译注，1999）。应该说，每一本家书都是时代的产物，都有精华可以汲取，但是我认为，《颜氏家训》更能穿越时空。因为它是我国古代流传至今的最早最有名的家庭教育著作，也是一部学术之作，是我国古代家庭教育思想史的一个里程碑，对后世产生了极为深远的影响。

颜滨家族部分成员（摄于2021年3月28日）

第一章　颜氏祖先的渊源

颜　回

颜回（公元前521年—公元前481年），曹姓，颜氏，名回，字子渊，鲁国都城人（今山东曲阜），居陋巷（今山东省曲阜市旧城内的陋巷街，颜庙所在之地），尊称复圣颜子，春秋末期鲁国思想家，儒客大家，孔门七十二贤之首。13岁拜孔子为师，终生师事之，是孔子最得意的门生。孔子对颜回称赞最多，赞其好学仁人。历代儒客文人学士对颜回推尊有加，配享孔子、祀以太牢，追赠兖国公，封为复圣，陪祭于孔庙。他性格恬静，聪明过人，长于深思。其行为和思想青出于蓝而胜于蓝，奠定了颜氏儒学后人可行性和可操作性的进步思想法则，为儒学最精义启世、崇高境界，影响深远，所以代有封谥（死后封号），唐以前多称“先师”，唐至宋多称“亚圣”，元以后定格为“复圣”，如果说亚圣次于或不及于圣，复圣即圣人再现，等同于圣。

从现有资料看，先秦思想家中受颜回思想影响最大者为曾参。曾参为孔门后进，他在同门诸友中独尊颜回，尝赞之曰：“以能问于不能，以多问于寡；有若无，实若虚，犯而不校。昔者吾友，尝从事于斯矣。”（《论语·泰伯》）这种从学思、修养两个层面对颜回进行的评价、称颂，颇为符合颜氏其人其学之实际。而曾参本人是以讲求“仁”（“仁以为己任”）与气节（“临大节而不可夺”），以及在道德修养上注重内省（“吾日三省吾身”）与力行（行“孝”道）而著称的。这与颜回十分相像。孔门诸弟子中，以曾参最为长寿。此处，我想起了新颜物流的口号“新颜——帮您省钱长寿”，是不是跟颜回的同门师弟曾参的长寿有渊源呢？若以其对颜回敬服之心来推论，则其在颜回死后，代为教育颜氏弟子，使“颜氏之儒”多转入他的门下。

先秦道家中的庄周学派曾受到颜回的思想影响。《庄子》中屡屡提及颜回，且多为正面描述，不含讥讪之意（这与其对孔子的态度迥然有异），就是最好的证明。庄子受到颜回的思想影响应为事实，甚至可能有“颜氏之儒”转入庄周学派者。后世学者多从好学、力行、守志（“安贫乐道”，这也是颜氏影响于后人的主要方面）等角度赞扬颜回。

至于宋明诸儒，则多从其理学立场出发讲论颜回，或追寻“孔、颜乐处”，或重颜氏“克己”之功，或以颜回为孔门“道统”之真传。如此等等，资料甚多，难以具论。自汉以来，历代封建统治者无不尊奉颜回。汉高帝十二年（公元前195年）以颜回配享孔子、祀以太牢，三国魏正始二年（241年）又将此举定为制度。这就使颜回由一个穷居陋巷的布衣一跃而入高堂。但汉、魏年间统治者还仅以颜回为孔门七十二贤徒之首，此后对颜回的颂扬逐渐升级。唐开元二十七年（739年），玄宗下诏追谥孔子为文宣王；颜回为亚圣，赠为兖国公。金章宗明昌年间在曲阜建兖国公颜子。直至元至顺元年（1330年），文宗诏封颜回为兖国“复圣”公，而以孟子为“亚圣”（这就从一个侧面微妙地反映出理学的兴起，尤其是在理学被定为官方哲学后，孟子地位日高）时，颜回才屈居孟子之下。尽管如此，元及其后历代，孔门其他弟子配享座次时有升黜，唯颜回“复圣”地位不变，爵秩特优而不衰。其“圣誉”之隆，除孔子、孟子之外，仍无他人可及。

王阳明高度评价颜回。王阳明说："最深刻全面体悟圣人学说的只有颜回一人，这可以从《论语》中孔子的长叹中看得出来。颜回说'孔子善于循序渐进地诱导学生，用丰富的知识武装我，并能用一贯的道理去规范我'，这是他全面领会掌握之后才能说出来的话"，"圆满完整的天理，圣人也难以用语言告诉别人，必须靠求学者自己修行体悟才行。颜回说'虽然我想追求天理，却找不到路径'，也就是周文王说的'我对天理的渴求就像永远没见到它一样'。渴求天道像从未见过一样，这才是真正追求到天道。颜回死后，孔子学说的正宗嫡系就无法完整流传下来"。（王阳明著，肖卫译注，2017）颜回说的"追求天理，却找不到路径"，与我说的"方向—动力—路径"自洽模型的思想一脉相承。我认为，在这一自洽模型中，生命以时空（宇宙）为背景——从高维空间认知生命的本质，方向与动力是明确与确定的，方向是天理（终极目标），动力是内心（十分渴望），唯有路径是复杂性与不确定性的，极其灵活的，随机应变的，逆时空的，随时准备"黑天鹅"事件风险的。必须用大概率的量子方法论，解决整体生命的生存与发展问题，不能寄希望于特定的个体（量子粒子），不能把希望寄托在小概率事件上，而是应该把希望寄托在高维空间的"混沌"的人心量子世界的"方向—动力—路径"自洽交集上。此交集既是组织创新的点，又是人的潜能开发的点，也是驾驭与供应链管理并行的心链管理的切入点。

我认为，我身上不管有没有颜回的血统或基因，但是我都受到了颜回基因或模因（思想文化因子）的影响，比如在我身上就能找到颜回的好学乐知"因子"——基因或模因统称为因子。1992年我在杭州开创回程配载（物流业的早期发展阶段）先河的时候，曾想用"颜回"或"复担"作为注册商标，当时这么想的意思是，"颜回"解释为颜滨回程车服务，简称为"颜回"。"复担"解释为复旦学子从事"挑夫"服务（类似于陆步轩北京大学毕业卖猪肉），我是1989年复旦大学毕业的，物流业、回程配载或交通运输业旧时被称为"挑夫"。实际上"颜回"与"复担"都没有去注册，正式注册的是杭州畅兴运输公司托运部，简称为“畅兴托运部”，那时我与畅兴托运部在杭州同行中小有名气，因为是这一领域的第一个吃螃蟹者。

颜回

颜真卿

颜真卿（709—784年），祖籍山东临沂，唐代中期杰出的政治家、书法家。他创立的“颜体”楷书与赵孟頫、柳公权、欧阳询并称“楷书四大家”。他秉性正直，笃实纯厚，从不阿于权贵、屈意媚上，以义烈名于时。他文武双全，人如其字，刚正威武有气节，最终以死明志。

颜真卿3岁时丧父，由母亲殷夫人亲自教育。长大后，学问渊博，擅长写文章，侍奉母亲非常孝顺。开元九年（721年），随母亲殷夫人南下，寄居在苏州外祖父家。开元二十一年，颜真卿就读于京师长安的福山寺。十月，到尚书省吏部应试。

颜真卿在书学史上以“颜体”缔造了一个独特的书学境界。颜鲁公书法既以卓越的灵性系之，境界自然瑰丽，以其坚强的魂魄铸之，境界自然雄健，又以其丰富的人生育之，境界自然阔大。在吐露风华的青年时代，颜真卿就向张旭请教“如何齐于古人”的问题。这是颜氏的书学心声，亦是颜氏高悬的目标。这位从小以黄土帚扫墙习字的颜氏苗裔，几乎从一开始就站到一个高耸的书学起点上。而在书学上鲲鹏展翅，则经过了几乎长达三四十年岁月的历练，才稍成自己的面目与气候。继之又以数十年功力百般锤炼充实，使得“颜体”形神兼具。而其晚年犹求炉火纯青、出神入化的境界。“颜体”终于在书坛巍然屹立。

颜真卿立朝正色、刚而有礼，尤崇忠孝。他认为德有三，“孝悌称其至”。常有五，“仁道原其终”。善事父母谓孝，和睦兄友谓悌。孝悌为仁之本。竭诚奉君主谓忠，“率义忘穷谓勇”，“子仕教忠之谓慈”，战阵勇敢谓孝，“慈孝有裕”，则道存于方册。他主张君主要掌握赏罚二柄，此为势在必行。“无功受赏，为善不劝；有罪不罚，为罔辨。”应使天下人知道有必行之法，有必赏之令。颜真卿总结唐代立国以来的经验教训，建言唐德宗李适要广开言路。颜真卿不但精通儒学，而且身体力行，以尽忠孝，被后世儒者奉为修身楷模。

颜真卿纪念馆位于南京市广州路，东连乌龙潭公园，南望蛇山，西邻龙蟠里，北依清凉山、虎踞关，清静幽雅，翰墨流香。这里原名颜鲁公祠，是全国唯一保存完好的祭祀颜真卿的祠庙遗迹。现存的颜鲁公祠为砖木结构，青砖小瓦，有大殿、配殿、东西厢房12间，占地面积1500平方米。

我认识颜真卿，一是因为我与他同姓，都姓颜；二是因为他的颜体书法实在是太大气漂亮了，我小时候很想学颜体书法，这是本家书法，因为是亲近的人就喜欢。透过现象看本质，今天我知道，颜真卿从小胸怀大志（源于家教），青年时代就向高人请教“如何齐于古人”。这不仅是颜真卿的书学心声与高悬目标，而且是他伴随一生的心路历程。我从颜真卿处学到了以下几点人生道理：一是，一个人起点要高，特别是思想起点要高，根据“吸引力法则”就能超时空吸引一切信息、能量与物质干成大业；二是，长达三四十年岁月的历练，才能形成自己的特色与气候，并继以数十年功力百般锤炼充实，才使功业形神兼具；三是，岁月换智慧，老了不可怕，就像西塞罗在《论老年》中的思考以及智慧老人查理·芒格的榜样，学到老活到老，晚年还可以求得炉火纯青与出神入化的境界。

颜真卿纪念馆（南京）

我的家乡：浙江温岭

我的家乡在浙江台州温岭市。温岭是中国大陆新千年、新世纪第一缕曙光首照地，地处浙江东南沿海，三面临海，是一座滨海城市，素有鱼米之乡美称，“四山一水五分田”。温岭市2019年户籍人口122.2万人，是中国大陆县级行政区平均人口数的2.4倍；面积926平方千米，只是中国县级行政区域平均面积的27.6%，人多地少。改革开放前，温岭是个穷地方；改革开放后，温岭有数十万人跑到全国各地做生意。现在温岭工业也比较发达，所以温岭人比较富裕，先后获得“全国农村综合实力百强县（市）”“中国明星县（市）”“全国农民收入先进县市”“国家级可持续发展实验区”和“国家级生态示范区”等称号。

千年曙光碑（温岭石塘）

俗话说：“仁者乐山，智者乐水。”温岭背山临水。已经60岁的人，全国与世界跑下来，我认为，吃海鲜长大的温岭人，不仅做事踏实，而且脑子活络。由于历史原因，温岭人一般从做小生意起家，温和地、慢慢地积累财富，大起大落的温岭人比较少，也有少数温岭人事业干得特别大的。比如，我的亲戚王相荣，他是上市公司浙江利欧股份有限公司的董事长。总体上，温岭人比较富有，贫富差距不太大，得益于改革开放政策，符合中国特色社会主义道路。

我1962年1月5日出生于温岭新街百花村农民世家，小学（五年制）、初中（两年制）、高中（两年制）都是在温岭读的，没有上过幼儿园，好像那个时候老家农村没有幼儿园，可能国营大企业有幼儿园，我老家那时没有国营大企业，也就没有幼儿园。我记得，那个时候，乡镇一级也是没有机关幼儿园的。我认为，幼儿园对于科学开发人的智力是非常重要的，假如我上过幼儿园，可能1977年新河中学（省重点中学）高中毕业应届参加高考就能考上大学了。虽然这只是一种假设，但是这种假设是有意义的，说明早期智力开发的重要性。

我是1980年考上中专后离开温岭的。离开温岭后，一生求学的脚步从没有停止过，求学的足迹包括台州临海（浙江台州供销学校）、上海（复旦大学）、北京（中共中央党校研究生院）、英国考文垂（华威大学）、美国旧金山（旧金山大学）以及英国杜伦（杜伦大学）等。创业的足迹走过安徽淮南、温岭泽国和新街、杭州、上海、江苏宿迁、英国伦敦等。无论走到哪里，我都不会忘记我的家乡浙江温岭，我是农民的后代，也是大海的儿子。我从小经常到东海里捉海鲜，我高中毕业后作为回乡青年踏上社会的第一份工作是在围垦海涂而成的柑橘园里干了一年农活，我在新街中学的班主任马光达老师给我改名为“颜滨”的寄托是，无论我走到哪里，都不要忘了自己的家乡——东海之滨，浙江温岭。事实上，我没有忘，铭记在心，祖先的血在我身上流淌，老师的话在我耳边回响。

神圣的宅基地

我家共有六个兄弟姐妹（三男三女），虽然都是在温岭农村出生并长大，但是现在我们整个大家族包括六个小家庭都不在温岭了，已经城市化到了杭州和上海，甚至是全球化到了伦敦。特别是在温岭出生并生活过的家族成员，毫无疑问对家乡有一种特殊的感情，这种感情可能且可以有好多载体，比如家乡的地理位置、家乡的饮食口味等，但是我认为，宅基地是最神圣的根的载体，这里是我们生命的出处，包括身心灵三个世界的出处都在这里。

我从神圣的宅基地（位于温岭新街百花村五队）走出，离开农村，走进城市，走出国门，走向世界，去学习、工作、干事业，改变自己，改变小家庭和大家族的命运，无论走多远，事业干多大，都离不开根的力量——神圣的宅基地赋予的信息与能量，来自列祖列宗，链接着子孙后代。我是千百年颜氏家族生命繁衍、血脉相连、承上启下的其中一代，其中一员，一个链接，应该尽到自己应尽的义务，所以古人云“不孝有三，无后为大”。这个“后”就是指子女，就家族和人类整体而言，如果大家都不生孩子，那么家族与人类就到此为止了。这里没有歧视独身主义和丁克家庭的意思。当然我们不但要生孩子，更要教孩子，使得孩子们在代际传承中“跳跃式”发展。这是我的使命，我不但自己潜能开发，还要整个家庭潜能开发，包括自己在内上下三代人140年的潜能开发，我相信能用科学方法做到这一点。

神圣的宅基地，我们的父辈以及我们兄弟姐妹这一辈寻根会来到这里，我相信我们的子孙后代以后寻根仍然会来到这里——浙江省台州市温岭市滨海镇百花村五队。以前有新街镇，现在撤乡并镇后，新街镇、镇海乡、横河乡三个乡镇合并成滨海镇。我想到这些超时空信息，想到列祖列宗与子孙后代的生命链接，对于生命（包括自己与家族成员的生命）以及生命的载体——神圣的宅基地敬畏之心油然而生，并立即涌现灵感，采取行动，“方向—动力—路径”自洽，在2012年6月18日，我取回了温岭老家宅基地上的少许泥土与砖块，带回杭州家里，装进了几个精美的罐子放在书柜里作为永久纪念。我当时就写下了一首诗记录心情：身边有故土，祖先在心中，无论走多远，链接超时空。睹物思故人，图腾挑使命，兴旺靠子孙，科学挖潜能。

温岭老家宅基地的泥土和砖头

所谓图腾，本质上是基于血缘的超自然力的崇拜。事实上，我崇拜量子。我认为，量子是生命与万物的源头。1944年，诺贝尔奖获得者埃尔温·薛定谔（Erwin Schrödinger）写了《生命是什么？——活细胞的物理面貌》一书，答案是“生命是量子的”。王阳明认为，心性与宇宙的源头是同一的，即知行合一与天人合一，这跟老子道家的哲学认知（“道生一”）是一样的，源头都是量子。已故英国著名物理学家霍金教授一生研究探索“宇宙单一等式”，这在理论上与逻辑上是成立的，虽然破解这个单一等式是非常困难的。我认为，我与祖先存在着基于血缘的单一等式，其密码是我们的DNA。同样道理，实现家族企业繁荣、幸福、长寿与代际传承的终极目标，其底层逻辑也应该存在着某种单一等式，这种单一等式在理论上与逻辑上也是成立的，虽然找到它并不容易，但是可认知，可探索，答案在生命的里头与源头，包含着环境与宇宙的信息。本书下篇的量子领导力实战体系及其变量模型正是试图探究从企业家思想演绎企业长期结果的单一等式。

颜滨家族生命树

我的爷爷叫颜义财，奶奶叫王四姐，出生年月与去世年月不详，以前缺乏记录。爷爷奶奶生有三男一女。伯伯颜雪谦，解放初剿匪牺牲，是革命烈士，现被安葬在温岭市烈士陵园。伯父牺牲那年，我还没有出生，所以没有见过。父亲颜可春。三叔颜可贤。据说，我有姑姑，她14岁溺水身亡。

爷爷颜义财与奶奶王四姐

伯伯颜雪谦，伯母王云素。

父亲颜可春（1938.1.2—　），母亲伍春领（1938.4.22—2016.3.17）。生

育六个子女（三男三女），依次为颜明德、颜滨、颜美琴（女）、颜雪梅（女）、颜小平（女）、颜小演。

三叔颜可贤，三婶陶玉莲，生育一男三女，依次是颜佩飞（女）、颜培荣、颜小飞（女）、颜丹飞（女）。

大哥颜明德，大嫂徐领花，生育一男一女，依次是颜曦（女）、颜楠。

本人颜滨，夫人蒋频，生育一女，颜思迈。

大妹妹颜美琴，大妹夫梁麟初，生育一男一女，依次是梁珊珊（女）、梁治。

二妹妹颜雪梅，二妹夫吴春斌，生育一男一女，依次是吴梦（女）、吴凯。

三妹妹颜小平，三妹夫董祥宇，生育一男一女，依次是梁婷婷（女）、董洋。

弟弟颜小演，弟媳妇林春莲，生育两男，依次是颜坦森、颜宸。

下图是颜滨家族生命树图。

颜滨家族生命树

爷爷的幽默

爷爷的故事，我的记忆不是很多，但少有的几个故事却印象深刻。爷爷胃口好，力气大，说话风趣，有点“赵本山式”的农民幽默。有一次，生产队集体聚餐，吃饭的时候，爷爷不小心把一只爬到他碗里的蚂蚁吃下去了。当时，在旁的一位村民看到了这只蚂蚁，正想指给我爷爷看的时候，我爷爷吃饭动作很快，狼吞虎咽，这只该死的蚂蚁已经被爷爷夹饭时一起吃下肚了。爷爷说：“不要紧的，不用专门弄死它，吃到肚子里的蚂蚁是跑不掉的。”听到爷爷的话，我觉得他脑子反应快，还挺幽默的。

从爷爷的幽默联想到我自己的幽默，可能是遗传起的作用。我也喜欢幽默。在同学中，在朋友间，在公司里，我是经常开玩笑的，我的玩笑是幽默，我把毫不相干的事情一下子链接起来，变成一个意想不到的新逻辑，就成幽默，说明我脑子反应是比较快的，而且善于联想。现在我有了企业仿生学与量子管理学的基础知识以及量子思维心智模式，更比以前多了超时空联想的能力，这种灵感除了应用于高级幽默，还可以应用于学术研究上，比如设计出仿生机制、量子机制、生命力与创造力互嵌机制、“三个世界”（量子世界、经典世界、生命世界）逻辑切换机制等，这四大机制共同组成了量子领导力实战体系的机制体系，解决复杂性与不确定性环境下的领导力问题。

2000—2003年，我在中共中央党校研究生院读在职研究生，我跟同班同学张平良搭档并配合默契（我们从中专、大专与研究生共有九年都是同班同学）说了很多幽默笑话，给老师和同学们带来了无数喜悦。正如美国作家特鲁·赫伯在其著作《幽默的艺术》中指出：“幽默是指一种行为的特征，能够引发喜悦，带来欢乐或以愉快的方式使别人获得精神上的快感。”

在中共中央党校研究生院读书期间，我不但“盛产”幽默笑话，当时曾考虑是否出一本《颜滨笑话集》，结果没有被排上议事日程，因为还有许多更重要的事情要做。

杀猪过年是全家最开心的事

记得小时候，农村家家户户养猪，杀猪过年是一家男女老少开心的事。猪的各种“肚里货”能够变成年夜饭或春节期间招待客人的好几道菜，猪肉除了留下一点自己家里吃，大部分还要拿到街上去卖，变成钱，过年用，或者来年准备给孩子们支付学费。我记得那时候，家里平时是没有钱的，不少人家平时是靠借款过日子的，到过年的时候才尽可能还钱。那时，我父母也经常要向亲戚朋友借钱家用或用于多种经营投资，过年杀了猪，有了钱，主要是用来还债的，还债以后如果还有余钱，那么这个年父母过得心里就会比较踏实。

每当快过年的时候，爷爷宣布：“明天早上要杀猪了！”整个家庭就兴奋起来。第二天，天还没有亮，大家就起床了，兄弟姐妹争先恐后。这个早上，大家都很忙碌，烧水的烧水，洗菜的洗菜。爷爷和奶奶最忙，要做一两桌丰盛的饭菜招待屠夫与家人。

猪杀好了，爷爷就把最好吃的部位——猪腿肉切下一块，拿到“灶头间”，让奶奶和母亲炒菜，那时我们还小，只能看着她们做事，后来长大了也能帮上一些忙。我们几个还在上学的兄弟姐妹吃了丰盛的“杀猪日”早餐后，高高兴兴蹦蹦跳跳上学堂。下午，我们放学回家，看到爷爷乐滋滋地数着卖猪肉换来的钱。爷爷通常会买一大堆小鲫鱼回来。奶奶说，爷爷最喜欢买小鱼吃，说是小鱼刺嫩，连鱼头带鱼刺全都可以吃，不会浪费，据说鱼头也有营养。

爷爷身体一直蛮好的，有一次意外摔倒了，磕破了头皮，流了点血，当时以为没有什么大事，村医水平也有限，没有及时打破伤风针，没过多久，爷爷死于破伤风，享年77岁。我至今还记得爷爷的长相与容貌，还记得爷爷的性格，爷爷是不太会发脾气的人。

奶奶是个“裹小脚”的女人

“裹小脚”是旧社会的风俗，奶奶也不例外，是个“裹小脚”的女人。据说，裹脚变小的目的是不让女人走路太快，防止她们从家里跑了，那是嫁鸡随鸡、嫁狗随狗的落后封建传统，男女不平等，丈夫的地位高于妻子，男人的地位高于女人。

畸形的“三寸金莲”在那个时代还是审美标准之一。现在看起来不可思议，但当时很正常，说明时代在变迁，社会在进步，观念在变化，人类总是在文明的路上。可以肯定的是，我们现在很多看似正常的想法与做法，在几十年或几百年后，我们的子孙后代一定也会觉得不可思议。我们现在思考这些问题，是有好处的，思维不会僵化，行为不至于太落后。量子思维心智模式即放大时空背景与彻底解剖分析法有一个功能，是用未来的价值观设计现在的思维与行为，使现在的思维与行为在未来很长一段时间内不过时，使通常不足百年的生命少走弯路，虽然现在的思维与行为在一定程度上受到了历史条件和现实条件的约束。

奶奶老花眼，但不喜欢戴老花眼镜，也许那个时候没有钱买或没有地方买。奶奶虽然做事不算快，但她还算勤劳，空下来就织草帽，没有一天休息，可以赚点零花钱。年龄大了，奶奶的眼睛也随之老化，织帽速度越来越慢，东拉一根，西拉一根，织出来的草帽不对称，卖不上好价钱。我母亲和我几个妹妹经常先帮奶奶织几圈，打好基础，然后让奶奶继续织，这样奶奶织起来就容易很多。我三个妹妹都是心明、眼亮、手快的人，她们一个人一天能织3—4顶草帽，相比之下，奶奶两三天只能织1顶草帽。有时候看见她们三代人（奶奶、我母亲和我妹妹们）一起织草帽，有说有笑，其乐融融，我感受到大家庭的温馨。

在我的记忆中，奶奶做事慢条斯理，在家里威信比较高，爷爷也是听奶奶的。据说，爷爷奶奶的婚姻是经媒人介绍，由他们的父母见面后定下来的，那时候年轻人没有相亲谈恋爱这一说法，男女之间也由不得自己喜欢或不喜欢，父母说了算，包办婚姻。那时的离婚率是很低的，也不知道他们的婚姻幸福与否，反正就是这么过的。在我的印象中，爷爷奶奶从来没有大吵大闹过，更不可能打架。爷爷奶奶的和谐影响着整个大家族的氛围，奶奶、我母亲与三婶婆媳之间也从来没有吵过架，即使有时候有一点小矛盾也不至于影响整个家族的团结。我的祖辈的家教家风，直接影响了我的父辈——父亲与三叔的兄弟情，进而间接促进了我们兄弟姐妹和堂兄弟姐妹一辈的和睦。

三叔是父辈中的读书人

三叔颜可贤是父辈中唯一的读书人。爷爷奶奶曾说，农村家庭至少要培养一个读书人，否则连写信都要麻烦别人。选谁读书呢？据说我父亲身体好，比三叔大几岁，较早跟着爷爷种田、晒盐、捕鱼。三叔小时候身体不太好，而且一直有胃病，爷爷奶奶就安排他去读书，且一直读到高中毕业，那个年代的高中生在农村是罕见的。三叔高中毕业后，先是担任百花大队会计，后来在村办工厂——温岭新街百花电珠厂担任副厂长。这家电珠厂倒闭后，他到新颜物流当过几年出纳，再后来他第二个女儿和女婿创办瑞人堂医药连锁公司，三叔回到温岭帮她们管账管钱，直至退休。退休后三叔的生活由大女儿颜佩飞与大女婿莫小平照顾得比较多。

1982年，我在临海读中专的时候，三叔利用出差的机会来我的学校（浙江台州供销学校）看我，并给我一些钱。我之所以记得那么清楚，是因为三叔是来我的学校看我的唯一家人，家里其他人包括我父母都在整日忙个不停种田养家糊口，他们没有时间来看我，也觉得没有必要来看我，我不是独生子女，一直都是靠自己独立处理自己的事情，家里人也从来不会担心我什么。我的父母如此培养我自立，我也如此培养我的女儿自立，只不过我的父母可能是无意中培养了我的独立性，而我是有意培养女儿颜思迈的独立性。

三婶不幸中年溺水身亡，三叔后来一直既当爹又当妈，培养四个孩子。虽然奶奶常帮他们家做点家务，但是三叔的生活压力仍然不轻。艰苦能够磨炼人，穷人的孩子早当家。三叔家的四个孩子从小懂事，比较早成家立业，现在的生活与事业也都不错。三叔大女儿颜佩飞在新街镇上开过钟表店，做过海鲜生意，后来与先生莫小平一起在杭州做钢材采购和物流生意（受我从事物流的影响），赚了一些钱，直到退休，现在比较清闲享福。三叔二女儿颜小飞与先生张冬明在温岭创办的“瑞人堂”医药连锁事业生意越做越大，从温岭发展到台州，从台州发展到全省，现在正在上市辅导。三叔儿子颜培荣以及小女儿颜丹飞都在“瑞人堂”工作，他们都是“瑞人堂”的元老。

外公外婆的家教家风

据三娘舅伍崇炳给我的资料，我的外公叫伍广达，生于1896年，病故于1957年7月，享年61岁。外婆冯四妹，生于1904年，卒于1995年，享年91年。外公我没有见过，外婆我非常熟悉。外公外婆生育四男二女，大娘舅伍崇君，小名朝玉；二娘舅伍崇朝，小名朝才；三娘舅伍崇炳，小名玉卿；四娘舅伍崇钱，小名玉友；大姨妈伍领妹；我母亲伍春领。

大娘舅伍崇君，大舅妈颜领妹，2021年年龄分别为97岁和95岁，健康长寿，还在田间劳动。二娘舅伍崇朝，当过复宁村村干部；二舅妈王妹香，均已过世。三娘舅伍崇炳，曾是军人，后转业到地方当干部；三舅妈施妹凤，均已退休。四娘舅伍崇钱，手工匠，心灵手巧，雕梁画栋，做什么像什么，但体质较差，也可能因为职业尘肺病（可能是做石匠这份职业得的病），很年轻就生病去世了；四舅妈颜凤英已改嫁。

外公外婆家也是普通家庭，不是名门望族，但是经过几代人的艰苦奋斗，现在变化很大，乡邻族人评价外公外婆家是团结祥和、自立自强、人丁兴旺、积极向上、受人尊敬的家族。在子女年幼时，外公外婆常教导他们：

“男人是家里的顶梁柱，女人是家里的主心骨。要铜钿男人去挣，要发家女人去管；做人要做好人，走路要走正道；苦累能承受，灾难能扛住，勤俭能治家；孝为德之本，百善孝为先。”这些便是外公外婆的家教家风。

村里有红白喜事时，外公外婆都主动帮助；别人有苦有难时，他们都热情相扶。娘舅们从小跟外公外婆下地干活，常听别人赞我外公勤劳：“天不亮出门下地，天大黑还不回家，一天干出两天活。”我可能遗传了外公外婆的基因，勤劳高效，一个人同时干三个人的活，长期以来一边创业，一边读书（研究），一边写书，虽然三者是相辅相成的，其实干好任何一件事都是不太容易的，但是我能够同时把这三件事情都干好，这是勤劳、效率高、使命感与科学方法相结合的结果。

外公外婆鼓励儿孙：“自己想要做点什么，就去做点什么，不要给人生留下遗憾。”我认为，外公外婆这一点做得非常棒，非常科学，难能可贵，这是潜能开发的正确方法，即充分尊重每个人的内心想法，付诸行动，这样往往能把事情做好，这是“方向—动力—路径”自洽与成功的学问。

外婆的故事

外公在我出生前五年就去世了。外公也没有留下任何照片和画像，我不知道外公长什么样。相比之下，在兄弟姐妹中，我与外婆接触的时间最多，共同生活的时间最长，因为外婆是我所读小学（以前叫伍家堂小学，现在叫复宁小学）的烧饭婆，学校食堂唯一的厨师。我读小学是住校的，与外婆住在一起，我记得我是唯一的住校生，因为小学生都是当地村民，他们都住在家里。我至今还记得外婆的许多故事。我也很喜欢我的外婆。外婆有一个很小的小钱包，但是各种钱（包括纸币与硬币）总是塞得满满的。这些钱包括她的工资，也有每天学校买菜的备用金。那时农村老太太通常都在家里做家务，也不会有什么钱，相比之下，我的外婆有一份体面的工作——学校厨师，而且比较有钱。所以我读小学的时候，对外婆刮目相看，认为外

左起：大娘舅、大舅妈、父亲、母亲、二舅妈、三舅妈、三娘舅（摄于2002年）

婆还是蛮了不起的。我至今都不知道为什么那时候学校里唯一的烧饭婆是我外婆，而不是别人。按照我现在的分析，这可能跟我的二娘舅（伍崇朝）长期担任村干部且威信很高有关，当然即使如此也只是外因，内因肯定还是我的外婆聪明能干，干活麻利，一个顶俩（可能一个顶三），人缘极好。

外婆待人处事总是让人感到很舒服，从来不会跟别人发脾气，跟老师和学生关系相处很好。现在把我与我母亲再跟我外婆三代人联系起来看，我母亲的性格与特质智慧（大爱无仇）跟外婆几乎一模一样，我平时走路速度也是飞快的，一群人走着走着，我往往一个人走到前面去了，其他人都落在我的后面，此外我的为人处事也总是想着如何让对方感到舒服等，这些都存在着遗传特征。我是幸运的，感谢母亲，感恩外婆。冥冥之中，我有一种感觉，母亲的智慧对孩子的智慧影响极大，难怪三娘舅伍崇炳在2016年我母亲的追悼会上对我说，你们六个兄弟姐妹遗传了母亲的智慧，所以生意做得都比较成功。

外婆的效率与幽默

外婆家距离我家很近，只隔一条小河，走路不到10分钟。每当农忙季节，外婆帮她的四个儿子晒好稻谷后，就匆匆忙忙来帮我家干活，一会儿去太阳底下“晒谷”（翻谷子），一会儿进屋喂蚕。她总是小跑似的走路，忙进忙出，一刻不停地干活。有时候，我们希望外婆留下来吃了中饭再走，她不吃，怕留下来吃饭耽误回去干活。午后，外婆又赶回来帮我们家“晒谷”、养蚕，做这做那。外婆的效率很高，走路总是健步如飞，做事干脆利索。

我们兄弟姐妹也喜欢帮外婆干活。外婆有空的时候也织草帽。她是当地公认的织帽能手，不仅织得快，活儿也精细，经常织出新花样。我妹妹们早先向外婆学习织帽，后来外婆年纪大了，就帮外婆织好几个草帽的顶，然后让她带回家去继续织，织帽顶是最耗时费神的，织帽身相对容易一些，这算是我妹妹们给外婆帮我们家干活的回报。

说起外婆的幽默，举一个例子。三娘舅伍崇炳从部队回家探亲时，给外婆买了一些玉镯、手表、戒指。有一次，外婆外出戴着这些首饰。有村民问：“玉卿娘，你手上戴的东西究竟是真的还是假的?”外婆机智地回答：“这东西要是戴在你的手上那肯定是真的，戴在我的手上，也不一定是假的。”三娘舅伍崇炳告诉我，外婆内心是非常坚强的。在外公病重时，外婆成了家里的顶梁柱。她下地像男劳力一样干活，回到家里还要养牛、养猪，一年忙到头。外婆的座右铭是：“我从不与别人争高低，只为生活争口气。”外婆很有骨气，虽然是平凡人，但有着伟大的人格。

外婆冯四妹

大娘舅家的长寿秘诀

大娘舅伍崇君是一位地地道道的农民。他跟曾外公伍恩春和外公伍广达一样，是种田能手。他们力气都很大，在地方上无人能比。大娘舅的生产工具都比别人的大一二号，比如竹箩和畚箕，别人家没有那么厚重结实，也没有那么大容量，就连扁担都比别人家的要硬实。

大娘舅伍崇君与大舅妈颜领妹

二娘舅伍崇朝与二舅妈王妹香

劳动锻炼身体好，做人本分福寿添。2016年，我见到了当时92岁的大娘舅与90岁的大舅妈，他们身体依然硬朗，还经常骑着三轮车到镇上去卖自己种的蔬菜水果。我记得，他们家种的橙子（高橙）甜酸可口，汁水特多，非常好吃，清热降火。他们每年都要送一些高橙给我们。我和弟弟颜小演每次回老家过年的时候，也要专门去看望娘舅家人，给他们送一点钱，作为过年的礼物，表达对娘舅家的感恩心意，娘舅们包括表兄弟们也一定会送一些礼物给我们作为回礼，比如高橙或者海产品等。

大娘舅、大舅妈是非常通情达理的，也很好客，他们还有一点很好的修养是，不管遇到什么困难或不顺，都能想得开。我问过大娘舅：长寿的秘诀是什么？他说："没有秘诀，傻人傻福。"我给他们总结出三点长寿秘诀：一是有信仰，心态好；二是从不计较苦难，无恩怨；三是做人本分，用心做事。

三娘舅人生大方向每一步都走对了

三娘舅伍崇炳当过兵，曾担任过营长职务，部队转业到温岭石塘边防派出所做指导员，后调到温岭市人民政府基建办工作，现已光荣退休。他是外婆家当时唯一“吃皇粮”（公务员）的人，也是外婆家族的核心人物，是我小时候心中的偶像、事业的榜样。

我小时候经常到外婆家玩，那时外婆跟三舅妈住在一起（因为三娘舅在部队），三舅妈待我特好，又客气，又大气，我很喜欢三舅妈的为人与性格，觉得她很有魅力。小时候我有点口吃（直到1983年到杭州工作后口吃才彻底治好了），三舅妈至今见到我时总要调侃我一下，说我小时候对她说“舅妈，我—困—困—困紧”，意思是我不想回家，想睡在她们家里。

学生时代，暑假寒假，我总是跑去三娘舅工作的地方——温岭石塘边防派出所住一段时间，去吃海鲜，享受一下镇上的生活，向三娘舅学习工作方法。因为他见多识广，而且我与他一直很聊得来，我们俩一见面就会聊个不停，天南海北、人情世故、工作事业、学习生活等，聊得很过瘾，这可能是我们相互喜欢的原因。

2016年我母亲去世后，我请三娘舅谈谈他的人生。他说：“回顾一生，大方向每一步都走对了。从农村出去当兵是对的，军人转业回乡服从分配到公安局边防派出所工作是对的，后来调到温岭市人民政府基建办工作也是对的。”我认为，三娘舅靠自己的努力，改变了他一生的命运，也改变了他家庭的命运。做到一生顺利，其实很不容易。用放大时空背景与彻底解剖分析法的量子思维心智模式看，比较一下社会上或者身边的例子，不难发现，中国社会转型期，不少当官的或经商的，要么犯错误，要么破产，相比之下，三娘舅有本事在复杂性与不确定性环境下自己带领家人顺顺利利走过来，安居乐业，一代比一代发展得好，这很了不起。我认为，一个

三娘舅伍崇炳与三舅妈施妹凤

人、一个家族，不要看他们干得多大、干得多风光，真正的了不起是穿越复杂性与不确定性的环境，驾驭自己的心，带领自己的人，通向繁荣、幸福、长寿与代际传承。

在人际关系方面，三娘舅对领导不喜欢吹牛拍马，但与同事相处得很好。深入了解三娘舅的一生经历与心路历程，我感到，他的实际水平远远高于他的学历，他是实践出真知的人，也源于在部队与政府机关这个“大学校”的学习，最主要的还是他的智慧，当然用溯源思维来看，跟外公外婆的家教家风肯定关系密切。一个好的祖先能够造福子孙后代，一批好的祖先能够造福更多子孙后代。我也希望我和我的兄弟姐妹包括我们的下一代都成为好的祖先，能够造福更多子孙后代。

第二章 第一代人的创业精神与家教家风

第一节 父母的创业精神

——不断创业，不怕失败，分散风险

多种经营

本书的第一代人是指我的父母，他们不是严格意义上的企业家，他们是农民，从事种植业、养殖业，以及各种农村副业。在那个年代，农村副业一般不需要领营业执照，抑或无法领取营业执照，因为计划经济时代，政策不允许、不鼓励做生意，甚至农民自家养鸡养鸭都是不允许的，是“资本主义尾巴”。

但是我父母即使在那个年代，也具有十足的企业家精神。父亲的担当实干，母亲的智慧包容，这是他们的特质。他们一起干过很多行业，主业是农业，种过水稻、棉花、甘蔗、小麦等农作物，这是生产队里的集体公活。与别的村民不一样的是，我父母还干过很多副业，养牛、养猪、养鸭、养蚕、种蘑菇、做绿豆面、烧石灰、造船（农用小船）等。这些私活当时并不被政策鼓励，后来市场经济兴起，父母创业干劲越来越足。不难看出父亲创业精神中蕴含着一些冒险精神，以及拥抱失败的勇气与智慧。

我的三妹妹颜小平是这样形容父亲的创业精神的，她说："父亲是我们的天。"父亲的创业精神，在当时是为了养家糊口，现在看来，我认为，父母的创业精神为我们六个兄弟姐妹播下了创业的种子——在基因与模因两个方面都对我们甚至对子孙后代产生了深刻而深远的影响。上述父母干过的活，大部分我都干过，也有一些我没有参与，因为我长期在外地读书或工作。在学生时代，我每天放学回家、周末或寒暑假，都是帮父母一起干活的，田里的活和家里的活样样都干，相比之下，我家里的活比田里的活干得更多，因为一是我白天要读书，二是我更愿意也更擅长于干家里的活。家里的活包括两种——家务与家里的农活，家里的农活包括晒谷、养牛以及自留地里的活等，这些我都干。我有一个特点与优点，喜欢讲究家里物品的摆放，而且保持整洁。我兄弟姐妹家干起活来是不分男女的，三个妹妹和母亲一样干活，女人和男人一样干活，我们家干活的时候是没有人偷懒的，而且动作都比较快，从我大哥颜明德到我最小的弟弟颜小演六个兄弟姐妹干活都相当灵光，心灵手巧。我认为，我们属于勤劳致富的家庭。

父亲颜可春与母亲伍春领在温岭老家
（摄于2013年11月20日）

父母那个年代的多种经营与新颜物流现在的二元战略，本质上都是"鸡蛋不能放在一个篮子里"，只不过父母是从实践中悟出来的，我主要是从理论上学到的。其实，理论与实践完全可以殊途同归，相当于爬坡，实践从东面爬坡，理论从西面爬坡，到山顶会合，就是理论与实践的结合，应该是同步且动态结合，即实践要有理论依据，理论应该指导实践，知识与应用相互促进、相得益彰。我这一辈子基本上都是干这个活的，干到老，学到老，一边创业办企业，一边学习搞研究，顺便拿了几个学位并出版了几本书。

无私帮助别人

父母时常教育我们，对老人要好。他们说："有朝一日，我们都会变老，大人是小孩的榜样。"父母不仅是这么说的，也是这么做的，他们不仅细心照顾自家老人——爷爷、奶奶与外婆（外公很早就去世了），还无私照顾别人家的老人。比如邻居颜申强因为他的父亲去世得早，他的母亲改嫁，只有他与奶奶祖孙俩相依为命。我父母经常帮这个邻居打理生产队里的事和他家里的事，叫颜申强到我们家玩，因为我们兄弟姐妹与他年龄差不多，人多热闹，免得孤单。

20世纪六七十年代，农村很穷，经常有自然灾害，很多地方闹饥荒，社会上讨饭人很多，一波一波的讨饭人挨家挨户来讨饭。只要有讨饭人上门来我家，我父母一定会施舍一些东西给他们，有时候给讨饭人热菜热饭吃，有时候给一些米或其他粮食，比如番薯丝，甚至安排讨饭人在我们家住，有一个讨饭人在我们家住了蛮长一段时间。

有一个手工弹棉花的温岭横湖桥人，跟我们家非亲非故，我父母安排他住在我们家，当然是免费的。我们家成了这位生意人的落脚点，他白天外出做生意，晚上回到我家住。还有一个挑"货郎担"的人，每过一段时间就挑着各式各样的小百货到我们地方上叫卖，我父母也让他住我们家，免费管吃管住。我们家房子本来就不大，条件也不好，加上外人常来借宿，所以更显得拥挤，但是我的父母并不在意这些。我的几个妹妹因为小时候都在家里，所以对这些事情印象更为深刻，她们说："那时家里像开旅馆似的，经常有人来吃饭，经常有人来住宿，吃住全免费。"我不知道我的父母思想为什么这么好？我父母却说："在家千日好，出门一时难，我们能帮就帮。"

好人通常会有好报。有一个做绿豆面的温岭牧屿人，他每次小船摇来我们地方上做生意。我的父母让他住在我们家，免费提供场地给他做绿豆面。时间久了，我父亲也学会了做绿豆面的技术，后来那个人回去后，我父亲就和本村村民王由法合伙做起了绿豆面生意，一个家庭小作坊，自产自销。父亲做绿豆面让我记忆犹新，因为我帮他干过活，就是用长竹竿把熟的软的绿豆面自然晾干，待绿豆面硬了以后再拿去卖。

不确定性与风险意识

从父母多种经营在事业上的抗风险思想以及生育多子女在生命繁衍上的抗风险意识，在很大程度上基于感受到了不确定性。

实际上，我们每一个人时时处处生活在复杂性与不确定性中，每天进行着人生十字路口的选择，选择本身又存在着新的不确定性，所以不确定性无处不在。

父亲创业精神与多种经营实践中的抗风险意识是主业＋副业，即农业＋多种经营，不断适应环境变化，不仅养活了一家八口人——父母＋我们六个兄弟姐妹，而且使我们的家境慢慢地越来越好，使我们六个兄弟姐妹都能成家立业，父母还造了两次房子——在老宅基地上旧房子翻新以及在新宅基地（“农业学大寨”时的大寨屋）上盖新房子。我受到父亲多种经营思想的熏陶，以及书上学到的“二元战略”理论指导，新颜物流现在实行“二元战略”，物流＋投资，主业是供应链物流，投资也是比较分散的，与父亲的多种经营与风险意识一脉相承。

父亲思考与总结的习惯

2016年夏，我陪父亲游英国。4天下来，在我伦敦的家周边散步、唐人街购物，以及小区健身中心洗澡等，父亲就对英国与中国作了一些比较。他说：“这里空气好一点，这里街上人很少，这里的人都像外国人（在英国看到的人当然很少有中国人)，这里的雨下下停停（这是英国的气候)，这里的水果好吃一点，这里的蔬菜好吃一点，这里的米饭香一点，这里也有人抽香烟但马路上没有香烟店，这里小区物业免费洗澡很舒服……”

我突然发现父亲思路开阔，从田间到商贸、到餐桌，他都总结，他思考的是供应链问题。他能把各种似乎不相干的事物联系起来分析思考，这是量子思维，能够产生创意与创造力。

我在想，我是不是对父亲的了解很不够，以前我没有静下心来，倾听父亲的心声，体会他的潜意识信息。这次就我们两个人一起旅游，我才第一次发现，父亲也有善于思考与总结的智慧，除了母亲的智慧，父亲也有智慧，我们兄弟姐妹遗传了父母亲的智慧。父亲的总结都是通过比较，有时间上的比较，比如现在与过去的比较，也有空间上的比较，比如英国与中国的比较。我也善于比较，我把中国、英国与美国的历史和文化进行过比较，我更喜欢中国和英国的历史文化底蕴，这需要时间的沉淀，时间虽然催人老，但它不是坏家伙。

父亲由于文化程度的局限性，难以提炼规律性认识。我的文化程度比他高，我能从比较与总结中提炼规律性，比如企业管理的规律性、企业长寿的规律性、家族企业代际传承的规律性等，但是无论如何，我仍然受到了父亲遗传基因与模因的影响，比如善于总结与思考的习惯。

从比较到总结，再到提炼规律性，再到智慧，已经穿越时空和生命从父亲，经我，代际传承给了我的女儿颜思迈。我在2008年给颜思迈出的书《雏燕起飞》写的序——“父亲的教育观”中说道：“人生分阶段全面总结。”颜思迈为什么在她14岁时就出书？这是我希望培养她养成全面且系统地总结人生的习惯。颜思迈就读于上海师范大学剑桥国际中心（国际高中课程）竞选学生会主席时的竞选口号正是“善于总结，善于开始”，结果她成功了。

直觉告诉我，父亲身上还有更多我尚未发现的潜意识与优秀品行，我应该抓紧时间多接触、多发现、多挖掘、多提炼，写成书，告诉子孙后代，家书抵万金，开发子孙后代的潜能。列祖列宗的潜意识信息传递并变成父亲的潜意识信息，再传递并变成我的潜意识信息，再传递并变成我女儿的潜意识信息，这是代际传承的量子渠道和重要内容，据此生命得以继承与进化，因为潜意识信息是“弱力低频”，通常情况下大脑神经难以感知，除非通过某种“刺激源”把潜意识变成“激发态”，“升频”刺激大脑神经感知变成灵感，涌现智慧。智慧总是来自祖先，来自超时空与超生命的信息和能量，大部分是列祖列宗亲自经历的或他人总结的经验教训，隐藏在我们每个人生命底层的潜意识中。“刺激源”是读万卷书、行万里路、阅人无数、高人指路、自我感悟等，这些都是前人帮我们总结的，现在看来仍然是正确的与科学的。

第二节　颜氏家族的家教家风
——重教、好学、创业、修身、图腾

自学自强

母亲的心灵手巧在她小时候生活过的复宁村和嫁给我父亲后生活的百花村都是闻名的。她很好学，能自学成才，比如绣花是她自学的，她擅长画画，画什么像什么。她绣的鞋头花、枕头花、蝴蝶等，绣什么像什么。母亲的识字能力基本上也是自学的，她没有正规上过学，只是成年后在夜校读过三年扫盲班，但她会利用一切机会认字、阅读，不耻下问，她老了还能看懂报纸上或者各种广告纸上的大部分文字。我认为，母亲的求知欲与苦学精神，特别是长期坚持的毅力，是非常了不起的，值得颜氏家族子孙后代好好学习。可以肯定的是，只要像我母亲一样刻苦学习，没有一个人不会成功，成功不仅是大概率事件，而且是确定性的事情。

母亲自学的天赋已经遗传到了我们身上。1997—2001 年为了寻找企业管理的自然科学密码，我用彻底解剖分析法找到了仿生机制的密码。2012—2021年为了寻找人的潜能开发的自然科学密码，我用放大时空背景与彻底解剖分析法找到了量子机制的密码。这些基本上都是我在自学的基础上完成的，2012—2014年我在英国华威大学做博士后研究时，得到华威大学WMG学院陆大为教授的肯定，他认为我的研究方法非常好。这个方法就是彻底解剖分析。我的大妹妹颜美琴是兄弟姐妹中跟父母干活最多的人。她小时候非常崇拜母亲，很想学会母亲的各种本领，于是她15岁就开始学绣花，虽然没有母亲绣得好，但也很快学会了。当时绣花是一门手艺，是能赚钱补贴家用的。我的外甥女吴梦在世界著名的伦敦艺术大学时尚学院读书时荣获全系服装设计大赛第一名，吴梦说外婆是她艺术的启蒙老师，她遗传了外婆的艺术基因。

用溯源思维，把两三代人链接起来分析，我和妹妹以及外甥女等人的自学天赋来自母亲遗传给我们的基因与模因的“适应器”（Buss，2019）。所谓“适应器”，是指祖先们（祖先集体）的生存方式通过基因与模因双重渠道超时空遗传存在于子孙后代的身体里包括意识和潜意识里，当子孙后代遇到与祖先们相似的环境，或者发育到一定阶段，“适应器”就自动开始工作，或者在遇到生死攸关的紧急状态，有时候“适应器”也能打开，急中生智，迅即爆发出巨大的能量。我认为，潜能开发科学也许跟打开祖先遗传在我们身上的“适应器”有关，潜能开发就是开发我们潜意识里巨大的信息与能量，而科学家们包括荣格与春山茂雄等人认为，潜意识是集体潜意识，潜意识也是祖先脑。

自学为什么能够有效，能够成功？我认为，这跟心智模式是否科学有关。心智模式有两个方向：向内彻底解剖与向外放大时空。认知复杂性与不确定性的世界，为什么要用放大时空背景与彻底解剖分析法的量子思维心智模式？用向内的彻底解剖分析法，在分子等级，我找到了仿生机制，于是有了企业仿生学的新认识；向内再彻底解剖分析，在亚原子等级，那里是混沌的量子世界，我找到了量子机制，于是有了量子管理学的新认识。我研究出来的量子领导力实战体系＝新的企业仿生学＋新的量子管理学＝仿生机制＋量子机制。万物底层像是地下管道都是相通的甚至是相同的，俄罗斯化学家门捷列夫（1869）发明的元素周期表也许是由一个原始元素然后一个一个“繁衍”出来的，只需增加质子数或中子数或核外电子数。彻底的内与彻底的外便是同一个世界——混沌的波粒二象性的量子世界，致良知、知行合一和天人合一原理在那个世界可以找到科学解释，于是有了管理学的量子思维心智模式——放大时空背景与彻底解剖分析——人与企业的生命在本质上是基于宇宙背景经心理学和行为科学与环境相互作用演绎的。我认为，普利高津发现耗散结构理论，提出“从混沌到有序”“生命以负熵为生”等全新观点是对门捷列夫理论的发展。

学到老，活到老

“活到老，学到老”是古希腊时期雅典城邦的改革家梭伦首先提出来的。他认为，年轻时，学习是为了理想与安定；中年时，学习是为了补充空洞的心灵；老年时，学习则是一种意境，慢慢品味，自乐其中。梭伦这句话先是“活到老”，后是“学到老”，活着的目的为了学习，没有强调怎么活法。所以，我结合自己的体会，把梭伦这句话颠倒过来了，认为“学到老，活到老”比“活到老，学到老”更妥当，先是“学到老”，后是“活到老”，学习的目的是为了活到老、为了长寿，强调了活法——学习，更加突出学习对于活法与长寿的重要性。一个终身学习的人，一个学习型组织，才可能在不断创新与创造中取得成功，穿越复杂性与不确定性的环境，实现繁荣、幸福、长寿与代际传承的终极目标。

《论语·子张》也说：“仕而优则学，学而优则仕。”意思是做官了，有余力便去学习；学习了，有余力便去做官。在现实生活中，无论经商、学习或做官，如果不优秀，就会很吃力，也悠闲不了；无论做什么事情，想要成为优秀，必须先成为学习者。我很赞同女儿颜思迈的座右铭——“做最好的自己”，值得注意的是，“做最好的自己”必须做最好的学习者，要有好的思维方式与心智模式，比如量子思维，还要有复合型的知识结构，以及理论联系实际，就像我给女儿取名“思迈”的初心，思是思考，迈是行动，先思考后行动，先理论后实践，真正理论联系实际的人一定是聪明智慧能干的人。

我提炼我们家族的家训是“重教、好学、创业、修身、图腾”，重教是对上一代的要求，好学是对下一代的要求，创业是对有条件创业的人的要求，修身是对每一个家族成员的要求，图腾（祖先崇拜和潜意识崇拜即潜能崇拜）是对整个家族的要求。可见，重教与好学是我们家族最重要的家教家风。

对自己节俭，对他人慷慨

据二妹妹颜雪梅回忆，2014年快过年的时候，她带着父母去服装市场。父母说什么也不要买。他们说，家里有衣服，各个子女给他们买的衣服很多，质量也很好，都还可以穿的，不要再买了，不要浪费钱了。在颜雪梅的反复恳求下，父母才同意各买了一套棉毛衫裤。

父亲在伦敦的时候，也一直反对我为他买东西。在牛津街River Island百货商店，我要给他买件衬衫，他不要。在Clarks鞋店，我要给他买双鞋，好不容易被我说服了，他才勉强同意买一双打折的鞋子。

但是，也有例外，一天他主动跟我讲，想买一个双肩背包。我猜，这是因为前几次旅行时，他背过我的双肩包，感觉既方便又实用，所以想买一个带回去背背。我们来到了牛津街Premark大卖场，因为东西便宜，款式新颖，这里总是人山人海，每一个顾客都是一拉篮一拉篮地买各种衣服，我估计在这家商店买东西，父亲阻力可能会小一点。我为他买了他心仪的蓝色双肩包。随后，我叫他顺便看一下走路锻炼用的运动鞋子，他试穿了一双，感觉舒服，又同意买了一双。我在排队准备结算时看到有一款紫红色夹克衫不错，又拉他试穿，合身材，合肤色，合气质，这次他没有反对，同意买了一件。于是，我纳闷了：为什么以前我们说要给他买东西他总是说不要？甚至有时候他都没有经过思考就说不要，这又是为什么？我猜，这有双重原因：一是历史原因，以前家里比较穷，父母生在旧社会，经历过抗日战争、解放战争、三年自然灾害、“文化大革命”十年浩劫等，这些都是物质贫乏的年代；二是心理上厌恶浪费，穷惯了、穷怕了，穷过苦过的人普遍都有厌恶浪费的心理学原因，表现出节俭习惯。

但是，父母对别人，无论是亲朋好友，还是完全陌生的人，向来好客，父母的怜悯之心与救助穷人的心理是发自内心的。这一家教家风深刻影响着我。我在国内也已经养成了经常给小费的习惯，对帮助我的人总是多体谅别人的困难，要大方，让别人心里感觉到“颜滨是一个给别人带来快乐的人”。我希望我的子孙后代向我的父母学习，也做到这一点，对自己节俭，对他人慷慨，在社会上留下好名声。正如颜子推在《颜氏家训》里指出的：“施而不奢，俭而不吝。”（颜子推著，梁海明译注，1999）

在我们小时候，父母常对我们说：新三年，旧三年，缝缝补补又三年。父母有中国人的传统美德，勤劳节俭，持家有道，所以我们六个兄弟姐妹从小到大也能吃饱穿暖，没有挨冻受饿。我认为，这不是那个时代的伟大，而是父母适应环境能力，说明我的父母具备适应复杂性与不确定性环境的能力。我希望颜氏家族的子孙后代知道一个道理：记住并链接三代人140年的累积经历与心路历程就能促进家族企业代际传承潜能开发。

父母的宽容与智慧

我们平时陪父母的时间不是很多，对此，我父母从未抱怨，这是我父母的大爱与智慧，理解别人，包容一切，但我内心有些内疚，我们晚辈做得不够好。

我的外甥女吴梦在纪念外婆的文章里提到：“在外婆对晚辈的要求中，

父母在北京颐和园（摄于2013年7月5日）

从来没有理所当然去要求尽孝，而是要靠自己，不要拖累下一代，也看孩子自己的心。”我母亲考虑问题总是非常理性、长远与周全的，她考虑的是整个家族的利益，理解子女们各个小家庭的不同情况，替别人考虑得多，替自己考虑得少，甚至经常牺牲自己的利益，即使别人有过错也从不埋怨，这是宽容心与心地善良的表现，更是一种智慧。我评价母亲的智慧是“大爱无仇，包容一切”。

我们温岭老家的邻居陶康明在2016年3月20日我母亲葬礼上评价我的父母时对我说，你的父亲是实干，你的母亲是智慧，你母亲比你父亲更加聪明智慧。我的三娘舅伍崇炳多次跟我们说，你母亲从小聪明智慧，很像你外婆，你们六个兄弟姐妹大多遗传了你母亲的智慧，所以都比较聪明。

母亲对人性很敏感

“外婆对人性的敏感值得我们学习。”这是我的外甥女梁珊珊说的。珊珊所说的外婆就是我母亲。这与三娘舅伍崇炳以及温岭老家的邻居陶康明对我母亲的评价一致。无论是母亲的娘家人，还是嫁过来后的邻居都认为我母亲非常聪明，有智慧。

我在思考：母亲为什么有智慧？这与母亲对人性比较敏感有关系。什么是人性？我理解的人性就是人的潜意识性，而潜意识就是灵魂。所以，人性也就是灵魂商数，简称为“灵商”，这是牛津大学教授、量子管理学奠基人丹娜·佐哈尔在其著作《心灵资本》中说的。我的研究成果——量子领导力实战体系，其灵感不仅跟学习丹娜·佐哈尔的量子管理学知识有关，而且跟母亲赋予我的智慧——对人性比较敏感有关。对人性比较敏感的人，能够从自己的意识进入自己的潜意识，并且把自己的潜意识与他人的潜意识链接起来，超时空与超生命获得信息和能量，实现“方向—动力—路径”自洽，变成创造力，解决问题。

2016年9月26日，梁珊珊在纪念外婆的文章中指出：“我的外婆是一个很敏感、很周到、很识大体的人。记得2015年过年，外婆和外公是在小舅妈家过的。我家和小舅妈家在温岭老家的房子是隔壁，是一起新造的房子。为了过年热闹，我家虽然装修晚了，但还是赶在过年前选了个吉日住了进去。两家在一起还真是热闹，外婆喜欢热闹。在老家过年的日子，看着外婆气色一天天在好转，我跟表妹婷婷，当时最主要的任务就是陪着外婆，跟她聊天，看护她。此前外婆生病一直住在杭州，这次回家过年了，每天来探望的亲戚和邻居非常多。每次有客人在的时候，外婆总是不肯跟我们一起吃饭。她总会说你们先吃，我再等一会，她总是等客人吃好了才会下来吃饭。她觉得自己是病人，跟客人在一起吃饭，怕人家介意。外婆对人性的敏感，真的值得我们好好地去体会和学习。生病了的外婆心里还总是想到别人，力求想得周到，做得周全，有时候会让我们觉得心疼与心酸。所以，我们也会故意吃得慢一点，或者干脆等客人吃好了再和外婆一起吃，因为外婆喜欢热闹。”从珊珊的这篇文章可以看出，我母亲对人性的敏感，即灵商与智慧，不仅传递给了我们兄弟姐妹，而且传递到了我们的下一代。

母亲能看到未来

由于我长期在外读书或工作，我没有参加兄弟姐妹的婚礼，也没有参加爷爷、奶奶、外婆的葬礼，老家造新房办喜酒我也没有参加。为什么这些重要的红白喜事我都没有参加？父母亲当初又是怎么想的？

2016年4月15日，我的外甥女吴梦在上海至伦敦的飞机上（我们同一航班）跟我讲，小时候外婆告诉她，家里这些红白喜事都是通知我的，来与不来由我自己决定，虽然家里没有一定要我回家，但是母亲内心还是希望我回去的，又考虑到我是六个兄弟姐妹中“将来唯一可能挑大梁的人”，所以我在外专心致志读书或工作，母亲是理解的，也是支持的。听吴梦这番话，我如梦初醒，第一次得知母亲对我一直寄予厚望，把家族繁荣幸福的希望寄托在我这个读书人身上，我对母亲肃然起敬。

母亲的远见、务实以及大局观等大大超出了我的想象，超出了我以前对她的了解。这说明了一个深刻道理，我们对于他人，哪怕是很熟悉的人，甚至是自己的父母，对于他们内心世界（潜意识量子世界）的了解往往是不够的，我们已经了解到的是非常有限的，相比之下，每一个人的内心世界是非常丰富的，而且往往是极其珍贵的，把人的内心世界即潜意识量子世界的信息与能量开发出来就是潜能开发，包括我们自己的潜能开发以及对于他人的潜能开发。

对于这些红白喜事，我当初又是怎么想的呢？我是一个抓主要矛盾和矛盾的主要方面的人，重本质，看长远，不计较眼前得失，包括他人评价，我的座右铭是“择善固执”。1988年我从省级外贸公司“下海”创业后一步一步改变了整个家族的命运。我认为，命运要掌握在自己手里，家里红白喜事可去可不去我就不去，读书或工作能不请假我就不请假，所以我在学校或单位的表现都是不错的。

家中这么多红白喜事我都没有参加，温岭老家邻居村民又会怎么想呢？我想，他们是有理由怀疑甚至指责我不顾家或不孝顺，虽然我从来没有听到过这些批评的声音，我也不知道父母有没有听到过这些批评的声音，但是无论如何，我敬佩母亲，眼光长远，眼光独到。溯源思维，回顾历史，找到源头，我认为我的一切成功都跟父母长期支持我学习有关。我也实现了父母的寄托——挑起大梁，带领兄弟姐妹创业致富，实现颜氏家族的繁荣幸福。

母亲智慧与人际关系九字准则

我提炼的母亲智慧是“大爱无仇，包容一切”。母亲一生“不与人斗”。父亲也是从不记仇的人。父母这一处世哲学，对我影响极大。我处理人际关系的三部曲是：第一步，以“和”为内心出发点与人生终极目的地。我认为，东方人倡导的“和”与西方人倡导的博爱，本质上是一样的，都是天人合一，包括人与心、人与社会、人与自然的和谐。第二步，以“不与人斗”实现差异化发展。人与企业都可以实现差异化发展。所以，差异化已经上升为战略，既求同，又差异化，求同存异。第三步，总有一种解决方案，体现足够的智慧和创造力，超越各种矛盾，尽可能满足各方需求，找到各方“方向—动力—路径”自洽的交集。这既是创新的点，也是潜能开发的点，而且往往是正确的点。

实施人际关系三部曲的难度是：在存在着利益不同或兴趣各异的情况下，如何实现既“不与人斗”，又实现共赢？我们必须透过现象看本质，透过“三个世界”划分与逻辑切换的现象看到量子世界的本质，利用第一性原理（量子世界的规律性），从本质上解决问题就是从量子世界解决问题，表现为以心为本，心本管理，通过驾驭自己的心灵实现驾驭自己的行为，进而驾驭（尊重）他人的心灵与行为。

我继承并发展了母亲的智慧，提炼出人际关系九字准则：独立，对等，尊重，吸引力。这是用放大时空背景与彻底解剖分析法的量子思维心智模式，基于“生命是量子的”宇宙规律提出的。关于独立，量子是独立的，细胞的生存方式也是通过“细胞分裂”而“兄弟同堂”，不是“父子相处”；关于对等，真正独立了，粒子与粒子、分子与分子的关系就能对等，就不是上下级关系；关于尊重，只有尊重，才能吸引独立和对等的粒子与分子，粒子本性也具有“自破缺重聚”的天性（希格斯，1964）；关于吸引力，人与人之间的关系、心与心之间的关系，生命基于宇宙背景的底层逻辑是吸引力法则，不是强权。

我认为，在一个家族中，最难处理的关系，往往不是代与代之间的关系，而是兄弟姐妹之间、妯娌之间、姑嫂之间的关系。幸运的是，我们家族基于母亲智慧以及人际关系九字准则，这些复杂关系都是处理得比较好的。这并不是说，我们兄弟姐妹之间从来没有一点矛盾，但是大爱能够包容矛盾与分歧，超越矛盾，尊重差异，寻找创造性的解决方案，满足各方需求，实现共赢。一般情况下，同辈人的矛盾处理得好，与上一辈人的矛盾也比较好处理，与下一辈的矛盾就更加好处理。

王阳明说："颜子不迁怒，不贰过，亦是有'未发之中'始能。"意思是，"颜子不迁怒于人，不重犯错误，这是有'未发之中'的功夫才能做到的"（王阳明著，肖卫译注，2017）。我母亲"大爱无仇，包容一切"就像"颜子不迁怒"，始于她的潜意识，即"未发之中"，因为意识起身动念就属于"发"的范畴，足见母亲的修身养性的功夫。而修身养性的功夫的确跟文化程度关系不大，我母亲小时候没有上过小学，只读过三年成人夜校的妇女扫盲班，但她一生很好学，年纪大了也找报纸或药的说明书来认字，不懂就问，实际上她认得不少字。所以，我母亲也有颜子"不贰过"的精神，这是她一点一点学习、长期积累起来的。

心理学家亚伯拉罕·马斯洛说，一名妇女，她可能没有受过教育、贫穷、完完全全是家庭妇女和母亲，她所做的那些工作可能也很平凡，然后她却是奇妙的厨师、母亲、妻子和主妇，她花很少的钱却把家庭安排得十分美好。她在所有这些领域中，全都是独到的、新颖的、精巧的、出乎意料的、富有创造力的。马斯洛说，我们可以从中学到以下两点：第一流的汤比第二流的画更有创造性；做饭、做父母、做家务可能具有创造性，而诗也不一定具有创造性。我认为，母亲的智慧的确能够产生创造力，不仅创造了和谐的家庭，家和万事兴，而且创造了子孙的奋发进取、潜能开发。

家庭和睦至少影响三代人的幸福

我母亲去世后，我的外甥梁治在2016年9月27日写的纪念文章中这样描述他的外婆："在我的印象里，外公外婆一直是很和睦的。他们这么多年相敬如宾，从来没有红过脸、吵过架。这个很不简单。外公是个急性子，脾气有点大，说话很直，小的时候我们都有点怕他。每当外公大声教育我们的时候，外婆一发话，他总会给外婆面子，让我们逃过一劫，我很佩服外婆。"

我认为，父母和睦是家庭和睦进而培养孩子良好性格的必要环境与前提条件。父母和睦，孩子在家里才能感到自在，而自在又是潜能开发的条件，压抑是潜能开发的大敌，家族成员的潜能开发是整个家族潜能开发的前提，这是家和万事兴的科学原理。家庭和睦，人人有责；夫妻和睦，责任更大，否则将严重影响到下一代。

我认为，我的父母是老来伴的典型。母亲2015年在浙江大学医学院附属邵逸夫医院做了第一次手术后一直恢复得不理想，当时我们跟父亲说，母亲得的是肿瘤，切了就好了。直到后来，母亲复发多次进行化疗。父亲一直很坚强，母亲在哪，父亲就在哪，母亲在医院，父亲也到医院。父亲不顾他自己快80岁的年龄还想在医院陪我母亲。我母亲对我父亲说："老头子，你身体也不好，晚上回家休息，白天来。"父亲不管晴天还是下雨，白天总是每天去医院陪母亲。梁治说："这些点点滴滴，现在回想起来，真的非常感动，人生难得老来伴，外公外婆几十年风雨同舟、相濡以沫，外婆病了，外公一直在身边陪伴、寸步不离，这无形中给我们小辈做了一个很好的榜样。"

父母恩爱，家庭和睦，已经融入我们兄弟姐妹的血液，影响到子孙后代的心理，成为我们家教家风的重要内容之一。梁治说："外婆最后一次手术后，在ICU监护。我们拿着牌子轮流进ICU看她，外婆闭着眼睛安静地躺在病床上，身上插满了各种管子，看起来好虚弱，我握了一下外婆的双脚，凉

父母在北京人民大会堂（摄于2013年7月5日）

凉的。ICU允许探病的时间很短，我们不能在里面待很长的时间，但是我们总是放心不下外婆一个人在里面。在ICU住了好几天，外婆最终还是走了。我想她坚持了这么久，还是留下外公一个人，她是遗憾的。那么接下来的日子，我们更需要照顾好外公，多一些陪伴，多一些关怀，帮外婆弥补这个遗憾。”梁治真懂事，我们家族的其他小辈也都孝敬老人、关心父母。

管住嘴，迈开腿

我每次看到父亲走路的姿势，总是敬佩与欣慰，他步伐轻盈、矫健、潇洒，可能得益于他一生劳动，从父亲身上我看到了劳动与健康的因果关系。父亲有饭后散步的习惯，我写了一首诗，诗写得不好，只想表达一下敬意，题目是《散步好习惯》，写道“父亲好身材，运动已习惯，饭后总散步，每天有锻炼”。在饮食方面，父亲也比较科学，不喜欢吃肉，喜欢吃蔬菜与鱼类。父亲的健康习惯，已经影响了不少人，现在我们家族成员，锻炼之风盛行，有的人每天走路锻炼，有的人有空就钓鱼，有的人坚持跳舞、瑜伽，等等。

我母亲的去世，我的侄子颜楠开始思考人的健康与离去问题。他说：“人离不开衣食住行，很多人只关注前面三项，即衣、食、住，相比之下，重视运动的人比较少。”颜楠悟出一个道理，要想健康长寿，应该“管住嘴，迈开腿”。

我本人是从2005年开始减肥与锻炼的，当时的体重是80多千克。2005年10—11月，我赴日本参加由中国物流与采购联合会组织的“物流与采购高级研修班”。在日本进修期间，我仔细观察了日本人的健康生活方式：一是吃非常讲究，二是坚持锻炼身体。我总结提炼日本人的“吃法”——吃的科学方法论，吃的先后次序是，水果（或汤）—各种蔬菜（品种要多，量小而精）—鱼排或肉排（手掌大小）—主食（一小碗饭），每餐只吃八分饱，加上适当运动，这样一方面营养不会过剩，另一方面每餐味道很好，既享受美味，又保持健康。我用这种方法，在日本20多天就减了4千克，回国两个月再减掉9千克，三个月时间共减了13千克，从80千克减到67千克。至今17年来，我一直保持这个体重，没有反弹。我现在对于养生之道的认识是，均衡营养，少吃多动，每天饮茶、锻炼，每周桑拿，内外减肥，还有就是潜意识不能压抑，潜能开发，也就是需要身心兼顾。

我父亲锻炼的习惯影响了我，我锻炼的习惯影响了我女儿颜思迈。颜思迈的锻炼习惯是2007年她在读初一的时候开始的，当时为了体育达标，我就陪她在小区里跑步。我对颜思迈说：“培养自己看书与运动的习惯，这是一个人通向成功的两个非常重要的习惯。”看书锻炼脑子，人会变得越来越聪明，运动锻炼身子，人会变得越来越健康，身心都健康才是干大事业的两个基础，事业越大，担子越重，没有好脑子与好身子是承担不起来的。从那时起，颜思迈也养成了运动健身的习惯。她现在跳舞与瑜伽已经比较专业了。

颜滨，左图2005年前，右图2005年后

父母的影响力、公信力与领导力

父母的影响力、公信力与领导力主要源于父亲的担当、母亲的智慧，以及他们良好的社会人际关系。父亲长期担任百花村五队队长，大公无私，吃苦在前，享受在后，敢于拍板，敢于担责，在村民中有着很高的威望，村民家里或邻里之间有什么矛盾都经常叫我父亲去解决。

母亲“大爱无仇，包容一切”的品行，赢得了家族团结、邻里尊敬，父亲的“军功章”里有母亲的一半，在颜氏家族里则直接体现了母亲的领导力。我的外甥女吴梦在纪念外婆去世的文章里说：“外婆可以说是家里的领导人物。在家里，几乎是外婆分配工作，外公去做事，这不是剥夺外公的自主权，而是齐心让家庭变得更好。对家里发生的任何事情，外婆都了如指掌，她的每一个决定和安排都有她的道理，也顾全大局。大到家族成员之间需要作出重要抉择的时候，血浓于水，没有矛盾，没有争抢，没有仇恨，任何事情都能解决。小到她和外公今天要去谁家住，外公今天要穿什么衣服，她都是经过思考才决定的。”我认为，一个家族是需要领导力的，领导力需要能力与公信力作为基础，担任家族领导人基本上都是付出，但也不是没有一点好处，这就是基因的“广义适合度理论”。英国伦敦大学博士生威廉·哈密尔顿（William D. Hamilton）1964年提出震动整个生物学界的“广义适合度理论”认为：“有机体可以通过帮助自己的兄弟姐妹、侄子或侄女、外甥等亲属的生存和繁殖来扩大其自身基因的传播，因为这些亲属都携带有与他相同的部分基因。”（Buss，2019）

良好的社会人际关系是影响力的先决条件。我父母是处理邻里关系与同事关系的典范。对于老家乡下邻居来说，我父母算是见过世面的，他们从2000年前后（60岁左右）离开温岭，在杭州和上海帮助我们六个兄弟姐妹创业或料理家务。2013年夏天北京之旅，增长了他们的见识，成了有更多故事可讲的人。我父母总是乐于分享，无论物质，还是精神。这一点我像我的父母，我的兄弟姐妹也像，因为父母遗传。

2016年3月20日，我母亲葬礼那天，不少亲朋好友从杭州、舟山、温州、台州等地赶到温岭为我母亲送行。本村与邻村的男女老少也赶来为我母亲送行，或帮忙招待客人，大家缅怀我母亲“人缘与口碑极好”。同事姚国龙在《爱的影响力》一文中写道：“我去台州参加了一位奶奶的葬礼，与众人一起为她送行，她的一生平凡而伟大。这位奶奶是新颜物流公司老板的母亲，也是其他几个公司（我兄弟姐妹的公司）老板的母亲。据与她一起工作过的领导和同事们反映，这位奶奶很和蔼可亲，经常给他们烧饭送饭，照顾他们的生活，让他们在异地他乡倍感温暖，他们都亲切地喊她颜大妈。”姚国龙与我母亲没有一起工作过，只是在新颜物流公司几次年会上见过，姚国龙说：“每次大家过去敬酒，她（我母亲）总是站起身来，向大家道谢。旁边儿孙环绕，儿子、儿媳、女儿、女婿、外甥、外甥女、孙子、孙女几十口人，一个大家族，几大桌子人，真是热闹，这位奶奶真有福气！我看到这其乐融融的一幕，总想起《红楼梦》里的可爱可亲可敬、充满智慧爱心的贾母，一生经历了很多挫折风浪，吃了不少苦，晚年却甘于平静，把一切重大事务交给儿孙，尽享天伦之乐。”我认为，新颜物流年会酒桌上颜氏家族一家人其乐融融的景象也是平时生活中的景象，家和万事兴，颜氏家族在践行，源于父母的影响力、公信力与领导力。

谈到我父母对于第二代与第三代的影响力，姚国龙说：“子女是父母的影子，子女身上的优良品质都是在父母潜移默化影响下形成的。奶奶（我母亲）的几个子女我都接触过。我是常在老板身边工作的人（姚国龙是新颜物流董事会成员），老板工作与生活的为人处事都是我们学习的楷模，对我个人甚至我们的家庭影响都很大。奶奶的孙辈们，我也都接触过。他们个个好学上进，谦虚谨慎，知书达理，待人和气，富有人情味，没有一点富家子女的骄横霸道习气，没有一点骄奢淫逸的不良嗜好，都继承了奶奶或外婆的优良品质，可见他们的家教家风的影响力。据说，奶奶都照料过他们，每个孩子都与奶奶有一段感人至深的故事，他们的行为举止与这位奶奶的爱与影响力是分不开的。”

谈到我母亲对于公司与社会的影响力，姚国龙写道：“奶奶（我母亲）可贵的品质是一笔宝贵的精神财富，不仅影响她的家族，也影响到了周围的人，包括公司员工及其家庭。听说奶奶去世了，她老家同村和邻村的男女老少都来帮忙或为她送行。他们都是地地道道的农民，他们都说奶奶的人缘和口碑极好，认为这么好的人福没享完就走了，有点可惜。一个生命，一个好人，一个母亲，停止了呼吸和生命迹象，进入殡仪馆后转眼间化作一盒骨灰，我看到了全过程，看到了生命的脆弱。只有爱是永恒的，奶奶把爱已经传给了子孙后代，子孙后代又把爱传给了更多的人。”

母亲精神

我母亲去世后，我的兄弟姐妹以及小辈们都写了缅怀母亲（奶奶或外婆）的文章。我的侄子颜坦森提炼了我母亲的精神——和、省、学。

母亲精神之一——和

坦森说：“每次跟朋友聊到家族的时候，总是骄傲于我们家族的人丁兴旺。人丁兴旺不是一件容易的事情。”母亲在世的时候，我们家族除了父母，还有六个兄弟姐妹，下一代也有11个人，整个家族的确是个大家族。由于自己的家族是一个很和睦的集体，坦森在年幼的时候，总觉得亲戚之间这种非常友好的关系是社会常态，但是后来见到社会上其他家族的奇葩事情，让他对该问题有了新的思考。坦森说，小的例子，比如反映社会真实生活的一档杭州电视《老娘舅》，就每天处理小到柴米油盐等的家庭大小矛盾与各种纠纷；大的例子，比如“三通一达”（中国四大快递公司的简称），从开始的一家公司分裂出这么多家，争得你死我活。为此，坦森感慨：“这让我越来越珍惜我们家族的良好关系。”坦森说：“二伯伯（颜滨）是我们家族从事物流行业的领头人，大家都跟随了他的步伐。物流行业在2000年前后可谓百花齐放，因为进入门槛低，所以吸引了无数人进入这个行业。有人脉的靠关系，没人脉的打价格战。在这个混乱的市场里，我们家族却在修炼内功，这几年更是频频在大生意上合作联手。”兄弟姐妹各自的物流公司跟我的新颜物流有越来越多的项目合作。当坦森问我为什么兄弟姐妹能够合作时，我说，这是母亲的功劳。母亲“大爱无仇，包容一切”，即“和”已经深刻影响着我们兄弟姐妹这一代。逢年过节的时候，我们兄弟姐妹总是召集大家聚餐，今天去你家，明天到我家，这样小辈们的相互关系也格外好。坦森小时候最期待同辈的小孩去他家玩，他说：“同龄的亲戚，宛如好朋友一样，无话不谈，自己碰到了无法跟家长提起的事情总会征求同辈的意见。”坦森读小学的时候，他家与我二妹妹颜雪梅家是在同一小区，两家人经常聚餐，两家孩子颜坦森、吴梦、吴凯关系“特铁”。坦森说：“没有想到的是，三个人都不约而同在同一时期，去同一个国家、同一个城市，开始全新的海外求学，小时候的感情成了留学时互相照应的基础。”坦森“没有想到”的事情，其实我是想到的，甚至是我顶层设计出来的，我是我们家族的领路人，我2011年先在伦敦买房，然后我弟弟颜小演和二妹妹颜雪梅也跟着我在伦敦买房，他们几个孩子出国留学也都选择英国，而不是其他国家，这些都是兄弟姐妹“和”的效果。

我们兄弟姐妹喜欢住得很近，经常走动，这种居住文化一直延续到他们搬家后。现在，坦森家和我大哥颜明德家都买了新房子，同一小区，大妹妹颜美琴也在这个小区买了新房子，我父亲也住在这个小区，二妹妹颜雪梅家的新房子离这一小区也不到10分钟车程。我有空的时候会抽时间去父亲家吃饭，并把兄弟姐妹以及下一代召集起来聚餐。重要节假日，在上海创业的三妹妹颜小平一家人也会开车来杭州看望父亲，整个大家族得以团聚。坦森说：“虽然奶奶走了，但是奶奶‘和’的精神，使我们一家人，从成家立业到分开创业，从独立拼搏再到现在不约而同地又慢慢会合在一起，这种冥冥之中的‘和’，就这样一代一代深深刻录在我们颜家人的骨子里。”

母亲精神之二——省

我们家族骨子里是提倡“省”的，即节俭。坦森说，“省”是不浪费，不是抠门。我们家族成员都是比较“省”或节俭的，坦森回忆说：“小时候，去亲戚家里玩，如果有浪费的事情发生，亲戚会不留情面地批评的。”我们的“省”或节俭精神可能源于祖辈，因为世世代代是农民。我们六个兄弟姐妹都从事物流，是从小生意开始做，省吃俭用，积少成多，慢慢积累财富。相比之下，有些同行，他们30年前和我们家族同时起步做物流，他们也曾赚了钱，但他们不注意“省”或节俭，最后他们的企业倒闭了。坦森说：“反观我们家族，创业开始艰苦奋斗，后来事业发展了，还能生活节俭，经营稳健，控制成本，在行业不景气的时候，也能持续发展。”母亲精神的“省”现在变成了新颜物流的企业口号“新颜——帮您省钱长寿”，该企业口号还获得了中央电视台央视网物流频道颁发的“中国物流行业最具号召力企业口号”奖项。

母亲精神之三——学

母亲不仅自己一生坚持学习，对子女读书的态度是，想学的就不遗余力地支持。母亲小时候没有条件上学，后来上了夜校的扫盲班，才认得一些字。坦森上小学时，我母亲住在坦森家，经常拿书、报纸，甚至拿产品包装或说明书，请教坦森：“上面的那个字该怎么念?”坦森那时候还不懂事，有时候会不耐烦，但我母亲仍然会心平气和地说：“不会就要问呀，不问怎么会呢?”坦森说：“奶奶对学习的态度，对我的触动很大。”母亲晚年会使用智能手机，还学会了用ipad看越剧。坦森说：“奶奶对新事物，不但不抗拒，而且想学爱学，她的求知欲比我们所有小辈都强，这些我们都看在眼里，记在心里。”

我母亲很支持晚辈出国留学。坦森微信里至今还保留着他出国第一年我母亲给他发的一条语音。坦森现在有时候会去听一听。我母亲用语音问坦森：“坦森，在那边过得怎么样?”言语里夹杂着很多情感，一方面关心孙子的生活，另一方面知道去外面学习的重要性而鼓励他。坦森认为，自己完成了奶奶年轻时候未曾实现的“学”的梦想。他说：“奶奶去世的时候，我不在她的身边，而在英国读书。对此，我心里是有一点内疚的，也许奶奶会原谅我，因为她对于在外读书的人一直都特别支持。奶奶跟我们在一起的时光，特别是奶奶的好学精神，永远激励着我！”我把坦森的话发到微信朋友圈，我的一个同学看后评论说：“这位看似文化程度不高的女性，实际继承了中华文化的精髓。”

我母亲的“学”的精神影响了我，我的“学”的精神影响了新颜物流，新颜物流高管们的“学”的精神又影响了新颜物流的员工，现在新颜物流形成了人人学习的良好风气。坦森认为，我的“学”是青出于蓝而胜于蓝，是进化了的“学”，即通过对现有知识的理解，再去合理预测未来。中国著名企业家冯仑说过：“人很难赚到认知能力以外的钱。”坦森认为：“只有预知未来，才能活在未来。”

母亲虽然已经去世，但她的精神——和、省、学，却永远流淌在颜氏家族每一个成员的血液里，从我们这一代传递给下一代，一代一代传下去。母亲精神作为颜氏家族精神的重要组成部分，已经在子孙后代当中开花结果。

外甥女吴梦心目中的外婆

我母亲去世后，外甥女吴梦写出了一篇震撼无数人心灵的文章《一路走好，我的外婆》。

吴梦说：“外婆的离开，确实对我心理的冲击极大。外婆对谁都好，但晚辈里，外婆与我最亲，因为我们相处的时间最多。父母一直非常忙，弟弟也是外婆外公一手带大的，外公总是默默地做事，外婆则开朗许多，会一直和我交流，回忆以前的故事、现在的状况以及将来的计划，和我分享她的想法、她的小秘密。在我有记忆的童年里，除了住在各位阿姨、老师家或住校以外，对家人记忆最多、印象最深的就是外婆。我算是一个从小备受关注

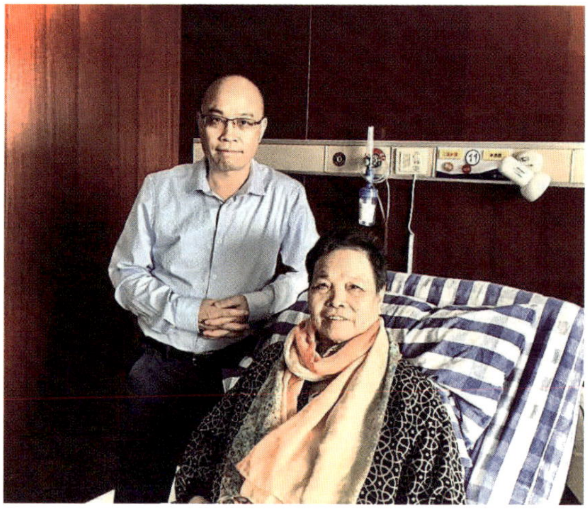
颜滨与母亲（摄于2016年3月8日）

的小孩，虽然不算是溺爱，但用‘宠爱’这个词一点都不夸张。我在很多亲朋好友的呵护和细心照料下成长，以至于父母爱的重心有点转移（因为后来有了弟弟），还是会有一点点失落感，这时候好在有外婆及时开导。因为与家人接触太少，小时候我脾气古怪，不爱说话，没有现在那么活泼，现在忽然感悟到，我可能正是在与外婆一点点不断交流中才慢慢阳光起来的。”

吴梦说：“外婆是一个绝对细心的人。她对她的六个孩子，都有自己明确的评判，性格的定位，各自的优缺点以及擅长什么，包括她的三个儿媳妇和三个女婿，闲聊时候都和我一一分析，使我超越年龄提前开始有了成人的思维。这些思维对于日后老练处事非常有用。外婆讲的很多道理，小时候我听不懂，现在看来都非常正确，可能等我再长大些，感悟会更深。”

吴梦说：“外婆是我艺术的‘启蒙老师’，原本以为我是家族里的‘基因突变’，这几天的回忆，我才意识到我所有的艺术细胞和所谓的天赋可能来自外婆。我很小的时候，外婆会拿纸拿笔给我画画，给我画她以前绣的花长什么样子，告诉我以前她做刺绣的过程和发生的事情。她赋予我的艺术素养，使我在国外学得不那么费力，事事都非常顺利，外婆的启蒙无疑打下了我一辈子取之不尽、用之不竭的基础。外婆懂得穿衣搭配，会告诉我什么与什么配起来好看或者不好看，会告诉我女孩子要黑色的、直的长发才漂亮，所以我经历了几年非主流、尝试新鲜的发式后，现在又变回了外婆心中的漂亮发式。”母亲不仅教第二代——我大妹妹颜美琴绣花，还启蒙第三代——吴梦画画，才有后来吴梦考上了世界著名的伦敦艺术大学时尚学院并在全系正式比赛中荣获第一名。

吴梦说："回想起来，外婆教会了我太多太多，不是三言两语能讲完的：在外婆心里，从来没有坏人，只有自己小心，管好自己；在外婆进行分配时，从来没有偏袒谁，只有一碗水端平；在外婆的话语里，从来没有极端，只有这样不太对、我想应该是那样的；外婆从来不会瞧不起别人，只有自己没有努力；在外婆的心理世界，从来没有宣泄，只有这样做是没有道理的；在外婆对晚辈的要求中，从来没有理所当然地去要求晚辈尽孝，而是要靠自己，不要拖累下一代，也看孩子自己的心；在外婆对生病的态度中，从来没有自暴自弃，只有要快点一天比一天好起来；在外婆的人事处理中，从来没有不给人退路，只有既然你装傻，我就当什么都不知道……"我认为，吴梦对外婆的评价是比较全面准确的，一方面因为她们两个人接触比较多，谈得比较多；另一方面吴梦能够把这些经历与心路历程充分表达出来，与其说这是吴梦写作水平高，不如说这是她思如泉涌的潜意识信息与能量的涌现，源于我母亲的智慧。正如吴梦说的："我突然发现外婆已经转化为一种精神力量的陪伴，外婆会陪我更长久。外婆用毕生精力养育了六个子女，其中五个是物流企业家，都小有成就。我希望我能接力，成为下一代的企业家，当然物流有点难度，企业家可以冲一下！"

"大爱无仇，包容一切"的母亲智慧在吴梦这篇文章里也得到佐证。吴梦说："我记得在很小很小的时候，外婆就这样评价我：人很活，聪明但没开窍，爱玩，稍微花点心思在学习上就好了。所以我即便再叛逆，再差劲，外婆也从来没有批评过我，外婆就是如此包容的人。"吴梦最后相信："我相信每一次的失去，都是一种奠基，一种收获，一种成长。外婆一路走好！谢谢您，最后还给我上了一课，外婆精神力量永存！"

第三章　第二代人的创业故事

第二代人的创业故事是指我们六个兄弟姐妹的创业故事。按照年龄大小，我们六个兄弟姐妹分别是颜明德（1957年出生）、颜滨（1962年出生）、颜美琴（女，1964年出生）、颜雪梅（女，1966年出生）、颜小平（女，1969年出生）、颜小演（1971年出生）。我们这一代非常幸运，正好赶上中国改革开放与全球化时代的黄金时代40年（1978—2018年），每个人都可以凭自己的本事做生意，接受各种教育，从农村到城市发展，甚至可以到国外发展。托父母的福，特别是家教家风的影响，我们兄弟姐妹抓住了这波中国历史上百年不遇、千载难逢的大好机会，关键是我们在行动，通过创业从根本上改变了整个家族的命运，改变了从列祖列宗经我们兄弟姐妹再到我们子孙后代的时空足迹，直接改变了父母、我们兄弟姐妹以及我们子孙后代的命运走向，从“面朝黄土背朝天”的世代农民变成了更有利于生命进化的城里人与全球人。本质在于自身，奥秘在于环境，我们家族发生这一切改变的根本原因是什么？本质、原动力或者说第一性原理是什么？我认为，答案是读书。我和我的兄弟姐妹都受益于我的一辈子读书与行动，我们家族的行动以及新颜物流的实践都是在理论指导下进行的，都不是盲目进行的。我通过终身学习与全球学习，不断完善复合型知识结构，不断拓展文明视野，赋能家族和企业的发展，其中起重要作用的思维方式是“结构决定功能”（知识结构与心智模式决定生命功能），其功能是提高认知维度，比如认知“三个世界”（量子世界、经典世界、生命世界）划分与逻辑切换的规律性，提炼出新颜物流的终极目标：繁荣、幸福、长寿与代际传承。

第一节　我的学习经历与心路历程

我的出生日子，没有人准确记得。我母亲在世时也只记得我是农历辛丑年十一月底生出的（应该是十一月廿九，日历上没有农历十一月三十这一天），说满月正好过年。农历辛丑年十一月廿九对应的公历应该是1962年1月5日，这也是我认真研究了我的生日，根据母亲当年的说法以及综合各方面信息逻辑推理出来的。

我的小学经历

我没有上过幼儿园，那个年代，农村没有幼儿园。我就读的小学是老家（温岭新街百花村）隔壁村的伍家堂小学（现为复宁小学），时间是1968—1973年。那时小学是五年制的，初中与高中都是两年制的，我从小学到高中毕业共九年（1968—1977年），几乎处于十年浩劫（1966—1976年）的“文化大革命”时期。那个时期全社会都不重视读书，只有极少数家长重视孩子读书（就像我母亲自己一生自学并支持我终身学习）。我们百花村没有小学，百花村的孩子们上小学只能去红旗小学（现为岱石小学）或伍家堂小学，我被划片分配到伍家堂小学。伍家堂小学有很多姓伍的学生，我母亲也出生在那个村庄，也姓伍，据说她一生只读过三年书，也在伍家堂小学，她不是全日制的，读的是成人夜校扫盲班。我的五个兄弟姐妹小学读的都是伍家堂小学。

我父亲没有上过一天的学。现在想想这是不可思议的事情。值得思考的问题或者说底层逻辑是，我们要知道，父亲那个年代，大部分同龄人的文化程度都不高，所以父亲还能长期担任生产队队长，他的创业精神还能成功。假如我们兄弟姐妹也都像父亲一样没有文化，那么可以肯定不会取得创业的成功，不能实现城市化与全球化的生活，也不能改变整个家族的命运。因为，时空在变迁，环境在变化，我们可以预测、展望并看见，未来是复合型知识结构与量子思维的“量子人”的天下。学到老才能活到老，不学到老可能活不到老，不读书、没有文化、认知维度太低、落后于时代的人很可能活不好、活不了，肯定活不幸福。所以，颜氏家族的子孙后代，特别是我女儿颜思迈这一代（包括她的堂表兄弟姐妹）趁现在还年轻要意识到，只有比我们读更多的书，超越我们的文化，超越我们的知识结构与心智模式，超越我们的认知维度，才有可能取得超越我们的成就，否则，他们将是困难的。从放大时空背景与彻底解剖分析法看，未来的图景、他们的前途命运的因果关系是非常清晰的，不是含糊不清的。在“量子人”看来，未来成功不是一件复杂的事情，不管工作多忙、生活多难，一生读书与锻炼身体的良好习惯，是通向成功与终身成就并影响子孙后代与代际传承的不二法门。

我的初中经历

我初中就读于温岭新街中学（1973—1975年）。我读初中的时候遇到了马光达老师，他是我一生的第一个恩人与贵人，他改变了我一生的命运、间接影响了我整个家族的命运。我读初中的时候，他是班主任，也是语文老师。我后来复读的那一年（1979—1980年），马老师已经升为校长，兼我们这个毕业班的语文老师。可能是运气好，也许是功夫不负有心人，师生共同努力，我们班共有11位同学考上中专，不仅全县，也可以说是全地区一所学校考入中专人数最多的。我的中考分数是435分，也是全县最高的，在当时还风光了一把。马老师与我的关系，既有师生之交，又有父子之情。我的

“颜滨”的名字是1980年我考上中专后他应我的要求给我改的。我“下海”创业后于1990—1991年在新街中学办过校办厂。我在经济最困难的时候，向马老师借过不少钱，是他帮助我渡过了难关。像马老师这样的好老师，是很难遇到的，谁遇到谁福气。我遇到了，所以我是非常幸运的。

马光达长得一表人才，男子汉气概，临海师范毕业，很有文化功底与领导水平，人品又好，虽然他后来当上了中学校长和县人大代表，但我还是为他的才华被埋没感到惋惜，一方面是由于他父亲的所谓阶级成分不理想，另一方面他参加工作的时期刚好是“文化大革命”。我一直有一个假设，假如马老师不在新街这个小地方工作，而是在大地方工作，假如他工作的黄金时期没有碰到“文化大革命”，那么我相信他的才华更有用武之地，潜能一定能够得到更大的开发。一个人的成功，两个条件一个都不能少，本质在于自身，奥秘在于环境。要想取得成功，必须同时改变两个条件，一是读书修身，二是改变环境。

我的高中经历

我高中就读于温岭新河中学。该校创建于1937年9月，系省一级重点中学，校训是从严求实。在我就读的时候（1975—1977年），新河中学是温岭排名第二的中学，在当时比较有名。但是高中两年没有给我留下深刻的印象。现在回忆起来印象最深刻的是1976年毛主席逝世、周总理逝世、粉碎“四人帮”，以及“文化大革命”结束等国家大事，当时学校里都组织了相关活动。

温岭新河中学

回忆起来比较惭愧的是，高中这两年，我书读得不多，学到的知识也不多，一方面是环境原因，那时“文化大革命”结束前后，全社会还没有开始崇尚读书与知识。1977年是国家恢复高考制度的第一年，那一年我刚好高中毕业，也参加了高考，但是没有考上。另一方面是自己的原因，自己不够用功，连教科书的内容都没有全部理解，基本上没有看过课外书，那时感觉自己不是读书的料，头脑昏昏沉沉，心静不下来，书读不进去，也没有明确的人生目标。

书读少了，缺少自信，所以那时很羡慕班里那几位学习成绩比较好的同学，比如赵一晨、蔡玲平等，也羡慕班干部的能力，比如班长颜安富（他高中毕业后在老家永安办过轮窑厂，我去过他们厂里，几年前在他50多岁时就去世了，实在太可惜）以及班委洪灵智、陈夏初等。陈夏初是我的好同学，初中、高中都是同班同学，他高中毕业后于1978年考上重点大学，大学毕业后留校工作，一直担任南京航空航天大学党委副书记、副校长。经他推荐，1997年和2006年我还两度被聘为该大学经济管理学院兼职教授。

我选择复读

1977年，我高中毕业后，回到老家务农。村里安排我在围海造田的橘场劳动，种橘子树，管理橘园，劳动不是十分辛苦，但对于我这个高中毕业的“知识青年”而言，当时感觉没有前途。有一次，我代表父亲跟着父亲的一个朋友洪家里人子松，从永安港出海，到宁波卖牛。到达宁波已是凌晨，我们一帮可怜的“牛仔”（卖牛的人）冒着蒙蒙细雨，在霓虹灯闪烁的宁波繁华大街上，冷飕飕地赶着可怜的牛群。自己是落魄的农民，一边是繁华的城市，没有比较就没有伤害，这一次农村与城市的比较、农民与城里人的反差，对我心理的伤害太大了，那一刻我潜意识开始觉醒，我一定要改变命运，变成城里人。

从宁波回到老家，我一直思考一个问题——如何“跳农门”？我先用列举法，列举了各种可能性——做手艺，比如石匠、造船，做生意，当兵等，不能从根本上变成城里人。我再用排除法，排除各种非最优方案，苦思冥想的结果往往会涌现灵感，突然有一个灵感出现——参加高考或中专考试，考出去，如果考上了，那么毕业后国家包分配，拿到“铁饭碗”，就从根本上变成城里人。于是，我急匆匆跑到新街中学找马光达老师（我读初中时的班主任老师，时任校长）商量复读的可能性，想听听他的意见：一是能不能考？二是能不能复读？三是能不能考上？

马老师问我：“为什么想复读？”

我说：“我要用知识改变命运。国家建设也需要知识、需要人才。”

马老师接着试探我：“读书是很辛苦的。”

我说：“我不怕，读书这点苦我吃得消的。”

马老师认为，我提出的要求符合政策。经与其他老师研究决定：同意我复读的请求。我暗暗发誓：我要背水一战，一定要以最大的努力，一定要考出去。当时，学校里没有学生宿舍，没有电灯，也不鼓励学生上晚自习。我与王宇同学（也是复读生）只好在街上合租一间房子，每天晚上我们两个人在同一盏煤油灯下废寝忘食、孜孜不倦地学习。平时，不仅学课本知识应付考试，还阅读了不少课外书拓展知识。

强烈的求知欲，让我们战胜了酷暑严寒。每天要坐十五六个小时读书，坐着的时间久了，我的臀部生疮化脓发炎，我只能半蹲半站听课、做作业，就这样坚持了两个星期，没有旷过一节课，没有叫过一声苦。此后我刻苦复读的故事就在新街中学被传开了，以至于我复读结束很久了，据说新街中学的师生们还在传颂我的励志故事。

功夫不负有心人，经过一年苦读，我不但考上了中专，还以435分的成绩名列温岭县第一名，被第一志愿浙江台州供销学校土副产品采购专业录取。那个年代物资短缺，商业系统和供销系统都很吃香。复读成功，我终于“跳农门”了。这是我通过自己的努力、用知识改变命运的第一次成功尝试，我开始变得自信，提高了自我效能的信念。

我的中专经历

我中专就读于浙江台州供销学校（现为台州职业技术学院）。读中专的初心是为了“跳农门”，不想当农民，想过城里人的生活。这所学校在当时是一所正县团级的全日制中专学校，面向全省招生，也接受外省委培。学校有教职工350多人，学生700多人，地址在当时台州地区行政公署所在地的临海城南章家溪，三面环山，环境优美，是读书的好地方。1980年，我考入该校土副产品采购专业。上学时，我18岁；毕业时，我21岁。那个年代，优秀的初中毕业生和成绩普通的高中生一般先去考中专，考不上中专的才去读高中考大学。考上了中专的人家还得摆谢师宴，邀请老师和亲朋好友来家里赴宴，庆祝自家的孩子跳出了农门，吃上了国家粮，捧起了铁饭碗。为什么那个时候考中专那么热门呢？首先是因为难考，那个时候的大学生和中专生是非常稀缺的社会资源，那时的中专生跟现在的硕士研究生相当，那时的大学生跟现在的博士生相当，所以考上中专是很有成就感的。考上中专以后，家里基本上就不要为孩子操心了。学费不要几个钱，国家还有生活补助。重要的是毕业后由国家包分配，成为国家工作人员，从事较为轻松的工作。这一点对于深知农村劳动艰辛的农村人来说，是具有相当大的诱惑力的，包括我在内。

台州供销学校是我一生命运的转折点以及像量子一样“跳跃式”发展的起点。从这里开始，我的人生开始变得主动（此前从出生到18岁都是被动的）；从这里开始，我的命运开始依靠自己顶层设计，努力追求生命意义与终极目标。

在台州供销学校，我有哪些收获呢？（1）我担任了学生领袖。读中专三年，我先后担任了班长、团支部书记、学生会秘书长、学生会主席等职务。这对我来说是非常难得的锻炼机会，非常感谢同学们的信任与支持，特别感谢班主任蒋利民老师以及学生科科长应道秀老师的提携。（2）我在这里找到了一位人生导师——应道秀老师，他当时是学生科科长（我们毕业后他升任为副校长）。由于工作上的紧密联系，我和应老师建立了很好的关系。在学校里，他跟我分享了他对“前十名现象”的深思，意思是从往届毕业生的实际情况看，班级里成绩在前十名左右的学生，毕业后在单位里往往是最成功的。说来也巧了，我的成绩在班里（土副8007班）正好是前十名左右。其实，“前十名现象”是有科学依据的，社会的各种关系比学校要复杂得多，复合型知识结构的人比较能适应。智商、情商和灵商“三商”都高的人比较吃得开，智商在很大程度上是先天遗传的，而情商与灵商非常需要锻炼机会，“三商”均衡发展是一生成功与幸福的起跑线。我“下海”创业，应老师在各方面给予了帮助，他把他的大舅子金学佐师傅介绍到我的创业公司温岭远通商务社开大卡车（我至今还记得这辆车的车牌号是浙J·C730，因为这是我买的第一辆10吨半挂大卡车）。(3) 我和班里的另外三位志同道合的同学（张平良、陈圣达、蔡灵江）“结拜兄弟”，建立了“铁杆关系”，变成了工作上的团队力量，以及感情上的终生友谊。1981年暑假，张平良和陈圣达从临海专门来我老家玩，认识我们家的每个成员。1988年，我和张平良一起“下海”创业。蔡灵江后来也停薪留职到新颜物流上海公司工作过三年。

左起：张平良、陈圣达、颜滨、蔡灵江在温岭新街百花村（摄于2016年3月20日）

在台州供销学校，给我的人生带来哪些启示呢？(1) 选择的意义大于努力。这所学校以及这个专业都是我自己分析与挑选的，这是一条选择从商的人生道路，当时在与浙江省卫生学校药剂专业比较中我选择了前者。毕业分配时我选择浙江省茶叶进出口公司暨浙江省茶叶公司，而没有选择台州地区土产公司，这是正确的、有远见的、理性的选择以及全面考虑问题后作出的决定。（2）在任何时候都需要有人生导师。导师的作用是提升认知维度，导师吃过的盐可能比我吃过的饭还要多，这是一种比喻，说明智者或长者对于青年人人生引领的重要性，可以使我们少走很多弯路（虽然人生不可能不走弯路），甚至可以“跳跃式”发展。（3）伟大的目标（指生命意义与终极目标）能够极大激发人的潜能。一个人的潜能是无限的，比如我通过踏踏实实的努力以及良好的人际关系（能干与忠诚）当上了班长、团支部书记、学生会秘书长、学生会主席，并被分配到了省会城市杭州——美丽的西子湖畔工作。当理想一个一个实现的时候，即使以前不太自信的人也会变得越来越自信。我认为，自信是一个人终生最重要的素质。

我是“四进”复旦的读书人

我大学就读于复旦大学，是“四进”复旦的读书人，而且都是在职学习。我第一次进入复旦大学读书是1986—1989年，我在浙江省茶叶公司工作期间，参加全国成人高考，考入了复旦大学法律系经济法专业函授学习。考入复旦大学的初心有三：一是我要有大学文凭（大专也行），二是法律我喜欢，三是我一定要成为名牌大学的毕业生。我的目的达到了，1986年考入，1989年顺利毕业，取得教育部承认学历的复旦大学毕业证书。复旦大学三年在职学习的第一年，我担任了班长。与此同时，我认识了同班同学蒋频，毕业三年后（1992年4月23日）我们结了婚。

我第二次进入复旦大学学习是2010年3月底到4月初，这是复旦大学管理学院组织的“思科·复旦·斯坦福供应链领袖学院（深圳）”为期一周的培训。参加培训的初心是，学习供应链管理知识，了解供应链发展趋势，认识斯坦福大学以及复旦大学管理学院的教授。虽然学习时间只有一周，但我学习非常用功，我把自己研究的企业仿生管理与教授们讲的供应链管理结合起来，称之为仿生供应链管理，向教授们请教，受到教授们的表扬，结业典礼上我作为同学代表发了言。这次培训我有幸认识了美国国家工程院院士、斯坦福大学全球供应链管理论坛创始人李效良教授以及复旦大学管理学院李宏余教授。仿生供应链管理后来变成了我在英国华威大学做博士后研究的研究课题——“在供应链管理中的仿生学”。

我第三次进入复旦大学学习是2009—2011年，参加美国纽约中央州立大学中国管理中心的工商管理博士学位的学习，初心是取得工商管理博士学位。上课地点是复旦大学新闻培训中心，授课老师大部分是复旦大学经济学院与管理学院的教授。通过18个月、16门课程的学习，我的综合成绩是A。我在1997—2001年自学研究成果“企业仿生学”以及2010年出版的著作《公司长寿的学问》的基础上，经过我的导师阎嘉陵教授（复旦大学经济学教授、博士生导师）以及论文答辩委员会主席蔡淳华教授的精心指导，完成了我的博士论文《企业生命科学研究》，该论文被论文答辩委员会评为优秀博士论文，2011年3月顺利毕业。同年，《企业生命科学研究——破译企业基因密码》一书由浙江人民出版社正式出版。

我第四次进入复旦大学学习是2018—2022年，就读复旦—杜伦工商管理博士学位课程。这次攻读的是第二个博士学位，我的初心是希望在大教授和名导师的指导下提高接下去要出的书——关于潜能开发科学性的量子管理的书的质量，该课题我从2012年开始研究，到2018年已经研究了6年。当然顺便再有一个博士学位，也不是什么坏事，毕竟社会上双博士学位的企业家是很少见的，物以稀为贵，人也以稀为贵。经阎嘉陵教授的介绍，我找到了著名经济学家、复旦大学经济学院院长张军教授，我以仿生管理和量子管理等管理学前沿研究的雄心壮志与野心说服张军教授同意做我的导师，虽然我是一个老龄学生（我比张军教授还大一岁）。张军教授推荐我读复旦—杜伦DBA，这是复旦大学经济学院与英国杜伦大学商学院工商管理博士学位合作项目，旨在培养具有全球视野的商业领袖。经认真准备，走完一系列流程，并经最后一关杜伦大学商学院Sarah Xiao教授面试通过，我终于如愿以偿，被杜伦大学商学院录取了。

“四进”复旦大学学习，我的生命特征——身心灵三层结构发生了结构性的变化：（1）完善了知识结构。在复旦大学我已经读了三所学院——法学院、管理学院和经济学院。结合我1997年以来研究企业仿生学以及2012年以来研究量子管理学的知识结构，一种复杂性与不确定性环境下的领导力理论与实践体系——量子领导力实战体系慢慢形成。（2）领导力水平得到显著提升。这包括在新颜物流的领导力以及在社会上的领导力。我是新颜物流董事长，我有条件直接把学到的与研究的理论应用于自己企业的实践，边学边用，活学活用。事实上，新颜物流产学研相结合的效果是非常好的，从2001年至今新颜物流营业额一直持续稳定增长，而董事长我一直是甩手掌柜，新颜物流还多次被中国物流学会评为优秀产学研基地。

习惯成自然，我已经养成了终身学习、全球学习，学到老、活到老的习惯，这种习惯已经深刻影响着我生命的价值，影响着我的家庭与家族，影响着新颜物流的代际传承，影响着子孙后代的潜能开发。

我的研究生经历

2000—2003年，我在中共中央党校研究生院科学社会主义专业在职研究生班（社院班）学习。所谓社院班，是指中央社会主义学院班。中央社会主义学院是民主党派和无党派人士的联合党校。我读中共中央党校在职研究生的初心是：（1）我大学已经读过了，研究生还没有读过，想读研究生；（2）中共中央党校是培养党的高级干部的学校，中共中央党校研究生一定与众不同，水平更高；（3）我中专读的是土副产品采购专业，大专读的是经济法专业，研究生读一下科学社会主义，这对于完善知识结构、成为复合型人才有好处。

这所学校不是想读就能读的，需要同时具备六个条件：参加全国考试、年龄要求、副处级以上（或者相当）、大学学历、几年以上工作经验、组织推荐。我以民主党派民建会员身份（我1999年4月26日加入中国民主建国会）参加“2000年在职研究生入学考试”，我的总成绩是332分，全国并列第一名。

进入中共中央党校学习，我担任了学习委员，组织了多次“学员论坛”，每次都请中共中央党校的教授与班主任老师过来指导并参与讨论。在三年的学习中，我们每年都有两个月集中在北京上课。无论在北京学习还是平时自学，我都自觉用功，每一本教科书都读烂了，逐字逐句地学，书上写着无数灵感，然后用电脑整理成正式文章，变成作业论文。我还看了不少课外参考书，墨水喝多了，灵感就多，下笔如有神。在中共中央党校读书，这是很享受的事情，教授们水平很高，我也痴迷于社会发展的研究。在中共中央党校读书的三年，我写了100多篇论文，并装订成册，当时准备出书，题目都取好了，叫作《社会发展与趋势探究》。书稿当时被送到中国人民大学，请我的老师（我在复旦大学读法律时的法制史教授、时任中国人民大学党委书记）程天权教授指导。程教授很认真地看了我的书稿，给我梳理出了书的结构，建议我增加最后一部分内容。我当时觉得这本书没有必要急于出版，计划等我退休以后时间充裕的时候再修改出版，所以书稿现在还在我书房里。我想，若干年以后，这本书还是要出版的，因为我不仅对“社会发展与趋势探索”有兴趣，而且对未来判断还是蛮有感觉的、蛮准的。

读了三年中共中央党校在职研究生，对我的意义是，人生格局放大了，能够进行各国社会与各种文明的优缺点比较，能够进行社会命运包括个人命运的历史性分析，认识到科技革命是社会文明的根本性力量，认识到别人会犯错误、我们也会犯错误，认识到人类文明进步的快与慢、对与错需要时间与历史检验，但是无论如何社会发展存在着某种规律性，虽然认识这些规律性不是那么容易，而第一性原理往往被人们忽视，这也正好是智者的机会与使命。

我的博士后经历

在取得博士学位后，我抓住了一个偶然的机会，成功进入英国华威大学做了两年（2012年10月1日至2014年9月30日）的博士后研究，研究课题是仿生供应链管理。在研究中，根据企业实践的真实场景以及企业管理的实际情况，我提出供应链管理与心链管理相结合的“双链管理”设想，从而使我的（颜氏）管理学研究从分子与基因等级进入更深层次或者说更高维度的量子与模因等级，这是彻底解剖分析本质与环境因子（载体）研究，我的企业仿生学升级研究已经进入量子管理学领域，并为后来攻读第二个博士学位（杜伦—复旦DBA）奠定了研究方向，明确了需要解决的理论与实践问题——（人与组织）潜能如何开发？潜能开发的科学性是什么？通过仿生机制与量子机制配套使用，解决企业长寿、代际传承以及家族企业成员的自我效能问题。

新颜物流与英国华威大学正式签署了博士后研究合作协议，双方的合作是基于来自新颜物流的颜滨博士多年来在组织生命科学和管理中的仿生学的研究开拓，以及来自WMG学院的陆大为博士在供应链与物流管理领域多年的教学和研究成果。该合作研究已涉及跨学科的前沿理论，研究将对中国和英国现实存在的供应链管理进行广泛调查，预计将会对供应链管理理论的发展产生深远的影响。有关专家称，该合作研究项目促进了国际间多学科研究领域的相互学习和校企互动合作，将推进供应链管理和组织的生命科学之间的理论研究。

我为什么攻读第二个博士学位？

从1988年“下海”创业至今，虽然我的本职工作是企业家，但是从1997年至今，我实际上很少在公司里，大部分时间都在看书学习，研究新颜物流的管理，特别是研究管理的本质。蔡淳华教授这样评价我：“颜滨是全球学习与终身学习的企业家。”

人能否赚到认知以外的钱？这是一个有趣、严肃、意义重大的话题。有人说，人赚不到认知以外的钱。也有人说，人不但要赚认知以内的钱，还要敢于赚认知以外的钱。有人认为，投资就是赚未来的钱。巴菲特说，投资不能认死理，要多元思维。从长期和根本上看，我认为，人基本上赚不到认知以外的钱。赚钱主要取决于在经营管理方面的大脑认知维度，包括硬科学与软科学两个方面的认知维度。认知是人们通过思维活动而获取知识或应用知识的过程。认知差异的关键是维度，认知维度差异的关键是知识结构。知识结构会影响心智模式。心智模式会影响认知维度。

从放大时空背景与彻底解剖分析法看，人的确赚不到广义与动态的认知维度以外的钱，即使眼前或短期赚到了，从长期看可能要亏回去，甚至可能亏的比赚的更多。天上掉的馅饼很可能是陷阱，只有基于认知维度获得的健康生态可持续的馅饼才是真正美味的馅饼。这样看来，人赚不到认知以外的钱，应该改为，人必须懂得某一领域的知识以及复杂因果关系的认知，才能赚到这一领域的钱。懂得这个领域的知识也许并非十分艰难，然而认知经营管理领域动态的复杂因果关系特别是基于心理学的超时空与超生命因果关系却是非常不易的，涉及时空背景与彻底解剖的量子思维心智模式以及硬科学与软科学兼备的复合型知识结构。这就是为什么一些研究企业的顶级专家，竟然管理不好自己的企业的原因。你能说这些人专业认知能力不足吗？当然不是。软科学认知通常不是在真空中提炼出来的，而现实决定成不成事，并不只有某领域的知识和维度的认知，还涉及时机、环境、性格等外部与内部的高维度认知因素，需要多因多果考量，需要复杂变量模型（高维空间的思维方式与企业机制），需要生命以宇宙为背景的量子等级、分子等级、生命等级三个等级或者说三个世界的多层次“立体声”（立交桥和交响乐似的）的逻辑切换。对此，量子领导力实战体系是旨在解决这一复杂问题的探索。事实上，新颜物流在30年发展历史的实证研究中，看见端倪，初见成效。总之，知识结构与认知维度对于赚钱特别是未来赚钱、幸福和自由具有决定意义。基于这种认知，我成了“三合一”的人，边创业，边读书，边研究，我的生命是以宇宙为背景的，知行合一与天人合一，完善知识结构并提升认知维度，虽然是企业家，但追求已经超越了企业家。

2009年9月至2011年3月，我第一个博士学位的研究课题是《企业生命科学研究》，解决了企业组织架构设计的科学性问题，实现了企业作为生命体的繁殖问题与免疫问题。自2001年新颜物流建立企业仿生机制后，员工跳槽率一下子从25%下降到3%，公司营业额连续20年每年以15%左右的速度增长，用自然科学方法（仿生机制）解决管理问题显示出神奇的力量。

组织架构的仿生机制解决了人的稳定性问题，但是没有解决人的积极性、主动性与创造性问题，没有解决人的自我效能问题，灵感告诉我，如果潜能开发，那么人可以提高自我效能，一个顶俩，甚至是一个顶三。我一定要找到潜能开发的自然科学密码。根据我的研究方法——彻底解剖分析法以及成功经验，研究企业与人的本质，我总是向生命内部探索自然科学答案，生命解剖到分子等级，我找到了企业生命基因密码，从生命的分子等级继续解剖到亚原子等级即量子等级，我找到了人的意识与潜意识的信息和能量的载体——波粒二象性的量子粒子密码，破译这些密码即可潜能开发，这就是潜能开发的科学性。

我想写一本潜能开发的书，按照博士论文的格式写，顺便再拿一个博士学位。俗话说，名师出高徒，我希望找一个水平高一点的教授做我第二博士学位的导师，一方面提高博士论文的质量，另一方面提高研究的质量。我心中早有计划，像我把第一个博士学位论文出版中英文两种版本的著作一样，我第二个博士学位论文也将出版中英文两种版本的著作。我认为，博士学位论文是古今中外人类知识和智慧的结晶，属于人类文明，应该全人类共享。

为了寻找上海滩合适的和知名的教授，我找到上海交通大学何佳容老师（我读第一个博士学位的班主任）。何老师约了陈继祥教授跟我谈了一次。陈教授听了我的情况与想法后说，上海滩恐怕难以找到合适的教授做你的导师，因为你研究的企业仿生学与量子管理学都是管理学的前沿科学，上海缺乏这方面的教授。陈谋亮同学（我第一个博士学位的同学）告诉我："上海经济学找复旦，复旦经济学找张军。"因为复旦大学经济学院是上海最强经济学院，张军教授是著名经济学家、复旦大学经济学院院长。但是，我不认识张军教授，这么大牌的教授怎么可能招我这个大龄的在职博士生呢？关键的时候贵人相助，蔡淳华教授提醒我，请复旦大学原统战部部长、经济学院党委书记阎嘉陵教授（我第一个博士学位的导师）推荐，有可能请动张军教授做你第二博士学位的导师。2017年春节过后，学校开学几天后，我如约来到复旦大学经济学院大楼二楼书吧咖啡馆与张军教授第一次见面。那次见面约一个小时，我至今记得会谈的细节，在一个大包厢里，我与张教授面对面坐在一张大桌子的两边，张教授戴着一副墨镜，看上去很威严，说话却很温和。他问了我一些基本情况以及研究课题，他当时的第一反应是，复旦大学管理学院比较适合我，他甚至说可以帮我介绍管理学院的相关教授做我的导师。但我认定要请张教授本人做我的导师，我有"择善固执"的性格，我说："我一定要请非常有名的教授做导师，我要提高研究的质量，我的博士论文将出版中英文两种版本的著作，我有野心，我研究的企业仿生学与量子管理学均属于管理学前沿，我用自然科学方法（基因方法以及量子方法）应用于管理学，因此我想冲一冲，拿这个领域的国际大奖。"我讲这句话的时候是有点小激动的，激动来自于信心。也许我这句雄心壮志的话打动了张军教授，他终于松口答应做我的导师，并建议我读杜伦—复旦DBA项目，理由是杜伦大学排名不错，而且我常在英国，比较方便。此后，我抓紧完成了2018级（2018—2022年）杜伦—复旦DBA在职博士的一系列申请手续与流程，并通过了该项目杜伦方面的负责人Sarah老师的远程面试，2018年3月我终于如愿拿到了杜伦大学商学院的录取通知书，实现了我攻读第二个博士学位的梦想。这个项目是杜伦大学商学院与复旦大学经济学院合作创办的，已经合作10多年了，拿的是杜伦大学商学院工商管理博士学位，项目是双导师制的，杜伦与复旦各安排一位教授，每一个博士生都有两位导师。经我本人申请并经杜伦商学院项目总监同意，该校首位华人正教授、“组织与应用心理学”管延军教授答应做我的杜伦导师。2022年3月11日，我在杜伦大学的导师换成了林志斌教授，因为管延军教授已经离开杜伦大学。

张军教授（中）、管延军教授（右）与颜滨（左）在杜伦大学（摄于2017年10月23日）

人生不可无恩师

我认为，人生最幸运的事情之一，就是每个发展阶段都有恩师指点。在我的多位恩师中，初中班主任马光达老师是我的启蒙老师，他帮助我实现人生转折，从此我改变了自己一生甚至是整个家族的前途与命运。

18岁以前，我的名字叫颜美德。18岁以后，即1980年考上中专的那一年，我觉得自己的名字有一点土气，希望改名。我请马老师帮我改名字。他给我改了一个新的名字：颜滨。马老师解释：“滨是东海之滨的意思。你将来无论走得多远，都不要忘了自己的家乡。”这个名字，我一听就喜欢。

马老师教我的自信理论——“五指理论”非常实用，让我终生受用。什么叫“五指理论”？马老师是这么说的：五个手指头，中指最长，这是全世界的人都知道的事实，其实中指比其他四个手指头也只是长了一丁点，并没有长很多，然而千万不要小看这一丁点的优势，就是因为这一点优势让中指众所周知，全世界的人都知道它的价值。同样的道理，人与人之间，一方面存在着差距，另一方面差距往往并没有想象中的那么大，只要我们努力一点，差距就能缩小一点，再努力一点，差距又能再缩小一点，其实超越别人也不是很难的事情。现在我进一步认识到，赢别人既是不容易的，又是不难的，人的聪明程度（智商）其实是差不多的，区别在于情商与灵商，还有外部条件与机遇。从放大时空背景与彻底解剖分析法的量子思维心智模式看，人很难不犯错误，关键看谁的错误犯得少、犯得小、不致命，当别人失误的时候，我可能赢了，所以别人是自己打败了自己，我是自己赢了自己。

1986—1989年，我在复旦大学学习经济法的三年时间里，有幸遇到了恩师程天权教授。他当时是我们的法制史教授，后来他先后担任了复旦大学、上海社会科学院、同济大学、中国人民大学的党委书记。我与程天权教授很有缘，他夫人也在浙江外贸行业工作过，所以我跟他们一家都熟，无论我在校读书时还是“下海”创业后，我们都保持着联系。在长期的接触与交往中，程天权教授对我的思想成长与事业发展有过不少指导。2000年3月我出版的《小企业家手记》（系列之一和系列之二），程天权教授写了序。2010年4月我出版的《公司长寿的学问》，程天权教授题写了书名。我这次出版的《代际传承》，程天权教授连夜读了书稿，他手写了亲笔信作为序，并题写了书名。

第二节　创业准备与初创时期的试错

1983年，我从浙江台州供销学校毕业，工作国家包分配，被分到省城杭州的浙江省茶叶进出口公司暨浙江省茶叶公司。杭州是美丽的城市，省外贸

颜滨与启蒙老师马光达（摄于2014年2月2日）

公司是令人羡慕的工作，但是工作五年以后，为了自己一生的终极目标——办自己的企业并代际传承，1988年1月我主动向单位提出辞职，“下海”创业。

“下海”创业头四年（1988—1992年），非常艰辛，屡战屡败。在安徽与浙江两地做过生意，涉及丝绸、糖酒烟、电珠厂、汽车运输等行业，至1992年我累计负债60万元，这在当时是一笔不小的数目，没有成为富翁，反而成为负翁。1992年10月1日我返回杭州做生意并进入物流业，终于创业成功，找到了盈利模式，这是我一生命运与财务状况的转折点，此后日子慢慢好起来。如今我在物流行业已经干了30多年了，我创办的新颜物流现已成为中国物流AAAA企业、中国民营物流百强企业、杭州物流头部企业。

我的第一份工作与创业理由

1983年8月至1987年12月，我的第一份工作是在浙江省茶叶进出口公司暨浙江省茶叶公司（一套班子，两块牌子），岗位经历了内销科业务员、综合经营部经理、出口一科理货员等，此外我还担任过公司团支部书记。

1987年底，我和张平良同学一起学习了党的十三大报告，毅然决定一起“下海”创业。我给省茶叶公司人事科打辞职报告，结果公司不同意我辞职，因为此前省茶叶公司没有任何人辞职，我是第一个主动提出辞职的人，这可能不是给公司人事科和公司领导脸上争光的好事。人事科科长跟我说：“如果一定要辞职，只能算自动离职。”自动离职，说明公司是不同意我辞职的，我也就不能享受国家政策规定的辞职费。如果公司同意我辞职，我就能拿到一笔辞职费。1988年1月，我从浙江省茶叶公司裸辞“下海”，开始自己创业。

不少朋友问我：省茶叶公司也是省级外贸公司，你当时已经在出口一科担任理货员了，单位这么好，工作岗位也不错，为什么自己要求“下海”？我当时的真实想法有以下五点：

一是，市场经济今后一定是大趋势，大有前途，相比之下，计划经济一定会每况愈下，日落西山。我相信趋势，相信复旦大学教授们说的话，历史潮流，浩浩荡荡，顺之者昌，逆之者亡。

二是，在大趋势下，我创业成功应该是大概率事件。通常情况下，勤劳＋知识＝成功，我勤劳没有问题，这是我们家的家教家风；我有知识，而且好学乐知，学到老，活到老。

三是，我创业可以带领五个兄弟姐妹创业。只有解决了每一个兄弟姐妹的就业、创业与生活的后顾之忧，才能从根本上解决父母晚年在精神上的后顾之忧，确保他们晚年幸福。

四是，为了代际传承。通过自己创业，有了自己的企业，我老了就可以让子女接班。

五是，我选择自己经商，可以把握自己的命运，相比之下，从政与国企工作自己难以把握自己的命运。

第一次创业失败

我第一次创业是1988年在安徽省淮南市淮滨小商品市场开设“杭州商店”，卖杭州丝绸。当时的想法是比较理想化的，也是比较单纯的，希望沿着“丝绸之路”到内地卖杭州特产——丝绸。第一站选择安徽淮南是因为那里有一位浙江台州供销学校的校友，他能帮忙落脚。人生很多事情都带有一定的偶然性，这也是从实际出发。

我是和张平良同学，甚至是两家人，包括他的弟弟张永良，我的三个妹妹颜美琴、颜雪梅、颜小平，以及弟弟颜小演一起做生意。丝绸从产地杭州运往销地安徽，在理论上是可行的，但实际上，做生意是复杂的系统工程，我当时对于商业这种复杂的系统工程的认知有局限性。那时，丝绸是社会上的紧缺商品，有关系才能买到批发价，没有关系只能买到零售价，我既没有亲戚朋友当官，又没有大资金可以一次性大采购，每次只能用小本经营的钱一趟一趟地从杭州体育场路丝绸市场采购，然后搭乘长途客运汽车到安徽淮南销售。本来采购的量不大，销售又不是很旺，7个人的开支倒是不小，一年下来算了账，没有赚钱，淮南“杭州商店”只好选择关门停业。

第一次创业出师不利。实践证明，按照我们当时的条件，丝绸之路是走不通的。总结第一次创业失败的经历，给我的感悟是，一方面，做生意社会基础很重要，哪里社会基础好就应该在哪里做生意，这样才能方便解决人际关系问题与资金问题。因为我们父母都是没有钱的，我们创业的启动资金从一开始就是向亲戚朋友借的，而且每一个亲戚朋友不可能借很多钱给我，他们也会担心，担心我创业能否成功，担心他们的钱是否安全。如果社会基础好，人际关系多，借钱就会容易很多，分散一点借，大家的压力都会小一点。根据这样的分析，我选择回温岭老家进行第二次创业，张平良选择回杭州临安老家进行第二次创业，因为对我们来讲老家的社会基础与人际关系在当时都是最好的。另一方面，企业的问题就是老板的问题。正如稻盛和夫说的：“不管核算的结果是好是坏，都是企业家意志的体现。”（稻盛和夫，2017）创业初期我的心智模式与知识结构尚未成熟。

第二次创业失败

1989—1991年这三年时间，我在温岭同时创办了三家企业——温岭远通商务社、温岭三爱尔机电仪器仪表灯厂、温岭火叉港“天港酒店”（酒类批发部）。这三家企业规模都不大，没有核心竞争力，当时也没有核心竞争力的意识与能力，主要是因为我们兄弟姐妹多，大家都要有事情做。

温岭远通商务社在当时相当于总公司，开始涉及商贸与物流，物流主要运输天台酒厂的红石梁啤酒，商贸主要经营日用百货与糖烟酒业务。我当时租赁温岭县糖烟酒公司泽国商店，温岭远通商务社与温岭县糖烟酒公司泽国商店是一套班子两块牌子，当时的地址在温岭泽国幸福街9号。

温岭三爱尔机电仪器仪表灯厂，生产小电珠，也叫电珠厂。我当时创办电珠厂有两个条件：一是我有市场，有外贸订单，我有不少同学在省外贸公司；二是我有生产能力，我们村办的百花电珠厂因为没有订单刚刚倒闭，技术人员与管理人员都是现成的，设备也是现成的，我大哥颜明德和我三妹妹颜小平都曾担任过村办电珠厂的车间主任，所以电珠厂我办起来是比较容易的，而且投资也不大。1990年，厂址先是设在新街镇上的新街中学里面，考虑到招工比较容易，工人们喜欢在街上上班，另外校办工厂能够减免企业所得税。后来学校要把厂房拆掉，所以工厂搬到我家里继续生产。我家里房子比较多，有四间上下两层的楼房，加上后面三间伴屋，面积基本上够用了，而且不用支付房租费。为了使家里的住宅房子有工厂的样子与气氛，我请新街中学校长马光达老师在我家房子二楼长长的走廊墙上写了20个大字：“学先进技术，办一流企业，创优质产品，达国际水平。”至今30多年过去了，这些透露出雄心壮志的标语依稀可见。工厂办了两年多时间，至1991年底1992年初，我就把工厂关掉了，因为小电珠很便宜，人工生产产量又低，所以年销售额只有20万—30万元，10%的利润率一年也就2万—3万元利润，还不够支付借款利息。

温岭火叉港“天港酒店”（酒类批发部）是我在理论指导下创办起来的。创业初期，我一直都在探索，包括理论学习与实践试错。我有一个习惯，坚持每天看书，那几年我看了不少书，基本上都是中外企业家的自传，我想学习人家企业家是怎么创业的，看过的名人自传包括李嘉诚、王永庆、松下幸之助、杰克·韦尔奇等。当时我就考虑到销地开店，利用父老乡亲的

温岭三爱尔机电仪器仪表灯厂厂房
（摄于2014年2月1日）

人脉关系，酒类与饮料是他们的生活必需品，火叉港这个地方是新街、镇海、横河三个乡镇的公路与水路交通要道。由于这次创业考虑比较周全，比以前任何一次创业都要心思缜密，所以“天港酒店”一开张就有生意，就能赚钱，而且一直盈利。“天港酒店”的成功，我总结出四点生意经：第一，商业选址很重要。有人说商业成功三要素，第一是选址，第二是选址，第三还是选址，我切身体会到了。第二，成本要最低化。这样容易成功，万一失败也可控，活下来才是根本。第三，要有服务意识。我们自己买了送货船，送货上门，客户一个电话即可，让客户方便，宁可我们自己辛苦、多付出，付出总有回报。第四，信用很重要。信用是会滚雪球的，即口碑一传十、十传百。信用好，生意的雪球越滚越大；信用差，生意的雪球越滚越小。

除火叉港“天港酒店”还能赚一点钱，我在温岭创业的其他两家企业都没有赚到钱。温岭创业这三年，我称之为创业初期的“至暗时刻”，共负债60多万元，这在当时是相当大的数目。所以，我在温岭创业也是失败的。这次创业的经验教训，我总结出这么几点：一是做生意要把市场需求作为切入口，最好是刚需，能够解决老百姓的刚性需求，这才是本事。二是办企业要有自己的核心竞争力。同行竞争，没有竞争力就干不过竞争对手，就没有存在的价值。三是有大购买力才可能做成大生意。大城市，人口多，购买力强，这是做生意的好地方。四是企业的问题就是老板的问题。创业初期我的心智模式与知识结构尚未达到量子领导力实战体系的水平。

1992年初，我下定决心，离开温岭，前往杭州。我把在温岭创业唯一能带走的资产——一辆10吨半挂大卡车，从温岭过户到杭州，挂靠在杭州东风汽车运输公司。这辆大卡车成为我在杭州进入物流业的“星星之火”。

贤内助

我夫人蒋频是我复旦大学读书时认识的，是同班同学。大学毕业三年后，1992年4月23日我们领了结婚证。我开玩笑说，读复旦大学，我拿到了两个证书，一个是毕业证书，另一个是结婚证书。

蒋频最早任职于司法系统，后来她也“下海”跟我一起创业。她是我事业上的助手，智勇双全。20世纪90年代，在我们创业早期，各方面环境非常艰苦恶劣。特别是当时社会治安比较差，在我们工作的场所，地痞流氓横行，白刀子进红刀子出也是常有的事。当时我们公司因为低价和优质服务，影响了黑道上的人，所以我们公司的工作人员多次受到黑道上的人的威胁和挑衅，我们有一个业务经理就曾被他们打伤。当时蒋频独立负责业务工作，她不怕威胁和挑衅并与他们斗智斗勇，不仅保证了公司的利益不受影响，而且那帮人从此没有再找过她的麻烦。2003年上半年，公司遇到更大的危机，当时我在北京读书，不能亲自出面处理，蒋频用异于常人的魄力与智慧帮我和公司化险为夷，渡过难关。她总是在重要关头帮上忙。

蒋频（摄于2019年比利时）

生活中的蒋频追求完美主义，她喜欢做的事情会非常投入，用稻盛和夫的话就是“付出不亚于任何人的努力”，把事情想周全、研究彻底，哪怕是通宵达旦。她喜欢美学，对于家居装饰、医学健康以及投资理财有一定的天赋、研究与成绩。她把家设计装饰得非常美，而且富有情调和品位，我们杭州的家，作为杭州品质生活的典范，接待了欧洲和美洲七国驻上海总领馆的外交官们前来参观，受到了外交官们的赞扬和好评。

蒋频特别热爱医学健康，她用超强的自学能力，学了很多的医学与药学知识，是我们家的家庭医生。特别是当家里的老人面临一道道生死难关时，她能作出一个个正确决策，这种处理疑难问题的能力，每每受到医学专家的认可和称赞，甚至有顶级专家对蒋频说："你应该学医学，是学医的料。"

第三节　新颜物流30年的发展历程

新颜物流30年的发展历程，准确地讲是指我从事物流事业30多年的发展历程。从1989年在温岭购买第一辆10吨半挂大卡车（浙J·C730）专门运输天台红石梁啤酒开始算起，到今天仍然在物流业打拼发展，我在物流业耕耘已经32个年头了。中国老话说三十而立，新颜物流是立起来了。下面让我分三个阶段来梳理新颜物流30多年的发展历程。

第一个十年（1989—1999年）：抢占市场先机

1989年我在温岭创业的时候（第二次创业），机缘巧合购买了一辆10吨半挂大卡车，专门从天台运输天台酒厂红石梁啤酒到温岭，再从温岭运输空啤酒瓶回到天台，这样来回都有运输业务，只要驾驶员安全驾驶，业务是稳定的，收入也应该是稳定的。机缘巧合是因为，我在温岭租赁经营温岭县糖烟酒公司泽国商店（这是温岭县商业局系统第一家国有企业对外租赁改革试点），得知天台与温岭之间每天有大量的、固定的、来回满载的运输业务，认为这是好生意。另一方面，天台酒厂时任厂长邱建生是台州供销学校盖荣校长的女婿，我与盖校长关系不错，因为我在校时担任校学生会主席，而且盖校长支持我从省茶叶公司“下海”创业。我去位于临海的台州供销学校找盖校长，盖校长给他女婿写了一封信，我拿着盖校长的亲笔信去找天台酒厂邱建生厂长，这事就成了，我的车子就在天台酒厂开始运货了。顺利的时候每天能跑好几个来回，从天台到温岭，再从温岭到天台。

但是好景不长，这种幸福日子只维持了一年，后来就干不下去了。因为在天台酒厂装货时，按工厂规定，大家都应该排队装货，先来先装，后来后装，这是制度，也是简单的道理。对于车主与司机来说（司机也是多劳多得的），排队时间越短，跑的趟数越多，钱就赚得越多；排队时间越长，跑的趟数越少，钱就赚得越少，甚至亏本。时间就是金钱。天台当地有些不讲道理的车主或司机经常在我的车子前面插队，害得我的车子每天少跑一趟。我的车牌浙J·C730一看就是温岭牌照（J是台州，C是温岭），受到了天台本地司机的欺侮。我当时安排弟弟颜小演管这辆车子，每趟跟车押运，学驾驶，服务司机。我弟弟也把这种装货秩序混乱的问题，向天台酒厂领导反映过几次，厂有关领导也出面协调过几次，但是效果不大，没有从根本上解决问题。

我们在天台酒厂运啤酒干不下去后，只好回温岭跑运输，接泽国停车场的运输业务。我们这辆车子买车的时候是专门为运输啤酒考虑的，啤酒是重货，车厢短没有关系，所以这辆车的车身只有7.2米长。而温岭泽国货运市场上的货大多是泡货，比如鞋子、塑料制品等，车厢太短是装不了多少立方的，货主需要8.3米、10米甚至是十几米长的车厢。也就是说，我的短车厢车子在市场上接货很不吃香，经常无货可运，收入明显少了，而开支比如两个人（我弟弟与司机）的工资、车辆折旧、养路费等各种费用照付，从年初到年终算下来不但没有赚钱，反而亏钱，而且还要提心吊胆一年365天车辆与人员的安全。这辆车子从一开始的赚钱工具，后来变成了一种经济上与思想上的负担。

1992年1月18日，中国改革开放的总设计师邓小平发表著名的“南方谈话”，引发中国新一轮改革开放热潮，城市改革开始了。我意识到，此时从温岭回杭州创业，天时、地利、人和都开始对我有利了：一是天时，城市改革开放，一定会产生新的城市商机，符合做生意必须把需求作为切入口的理论；二是地利，杭州是省会城市，是浙江省的经济中心，城市一定会大发展，而且我已经在杭州工作过近五年（1983—1988年）；三是人和，我有好多同学被分配到杭州，在省级公司和市级公司工作，此时他们工作已经近10年了，在各自单位里都已经有点实权（科长一级），我在台州供销学校担任过学生会主席，跟上下几届校友面熟，跟大部分担任过学生干部的校友关系不错，同学资源可以开发，能够拿到一点运输业务。

1992年下半年，我回到杭州创业，这是我第三次创业，准确地讲是在第三个地方创业（前面两次，一次是在安徽淮南，另一次是在温岭老家），开创了杭州市“回程配载”行业——物流细分领域的先河。我这次创业终于有一点商业模式了，有市场需求，而且是刚性需求；有核心竞争力，而且是文化软实力；有门槛，特别是经营场地、货运安全风险、营业执照等门槛等。这些条件我都有，别人少有。

特别值得一提的是，回程车货运价格特别低，比杭州本地运输公司的运价通常低1/3，比如，10吨货从杭州运到北京，杭州车运价5000元，回程车运价3500元，一趟就能节约1500元，这是很大的竞争优势。但是，当时全社会治安风气不太好，货运车诈骗很多，长途线路路上车匪路霸盗抢货物时有发生，杭州很多制造业与运输公司都不敢使用回程车运输。回程车运输在当时属于新生事物，物流领域商业模式的新物种。

当时只是“黄牛”做回程配载生意。他们没有营业执照，没有办公地点，只有身上的BP机（仅收发短信用）或手上的大哥大（早期的非智能手机），是回程车停车场场地上的“游击队”，光杆司令，没有兵（没有员工）。“黄牛”一个人进行车货匹配，每一次交易成功就能赚好几百元，甚至好几千元，这笔钱是要司机先掏出来给“黄牛”，“黄牛”再带司机去厂里装货，到厂里后万一发现车货不匹配或无货可运，纠纷就产生了，司机很难向“黄牛”要回信息费，更不可能向“黄牛”或厂里指望放空损失费。如果货物装出去后路上出现货损货差或者整车货被诈骗，“黄牛”通常逃之夭夭，也不会承担什么法律责任，因为拿信息费不需要承担货物损失的责任。所以，回程车运输各方面都是比较怕的，货主怕，司机也怕，但“黄牛”还是生意兴隆，因为总有货主或司机愿意冒险，或者新手不懂风险。

问题所在，往往也是机会所在。行业的问题，别人的问题，我把它变成了机会。我超越“黄牛”，既实现回程车运价便宜的优势，又同时解决货主与司机安全风险的后顾之忧。私人企业的好处是效率高，说干就干。1992年10月1日国庆节那一天，我创办了“杭州畅兴运输公司托运部”，简称为“畅兴托运部”，这是新颜物流的前身，填补了杭州市回程配载领域的市场空白。从开张第一天起，生意一直不错，每天来我办公室（杭州市天目山路91号天目山路停车场招待所102室）要货的司机与要车的货主络绎不绝，一间不到20平方米的办公室总是人山人海，经常被挤得水泄不通。每天的收入，就是司机给我们的信息费，偶尔也有货主给我们的信息费或运费。那个时候，我们是不求货主的，我们只收货主的现金，不要支票。那时候，我们做物流也是“牛”过的，办公室每天业务电话铃声响个不停，我们几个工作人员经常是一边接货主打来的要车电话，一边跟司机签订回程配载信息服务合同，一份接着一份地签，司机排队签订合同，司机之间经常在我们办公室里抢运货机会。每天这样快节奏、高强度，忙忙碌碌，心里是开心的，人也是比较累的，夏天的时候，我和夫人经常利用午饭时间忙里偷闲跑到离天目山路停车场不是太远的西湖边北山路上的杭州饭店怡口乐西餐厅用午餐，那里的环境好，空调足，菜好吃，算是犒劳一下自己。

1994年1月，杭州畅兴托运部在杭州秋涛路城中停车场（杭州市内外地大卡车第二停车场）开设托运分部。从那个时候开始，全国各地来杭州的卡车司机要拉回程货，基本上都知道畅兴托运部的货比较多。

杭州畅兴托运部经过三年的经验积累、模式提炼特别是人才培养，1995年3月我把“回程配载”商业模式复制到中国最大的经济中心城市——上海，先是挂靠在别人公司——上海宁运贸易发展公司的名下。该公司董事长冯伟刚先生也是杭州人，我经朋友介绍认识了冯伟刚先生，冯先生为人不错，愿意帮忙，同意专门为我设立陆运代理分公司，总公司会计兼我分公司会计，这样我就可以集中精力做生意。1995—1997年，我在上海的回程配载业务发展得很快。当时我们总部办公室设在上海市宝山区逸仙路崇明大厦，在上海当时最大的两个回程车停车场——上海北方停车场与上海南方停车场分别设立多个办事处（独立核算的业务部），还要管辖杭州畅兴托运部。1995—1997年，也是公司开始制度化管理的三年。我在台州供销学校的同班同学蔡灵江从台州椒江前所供销合作社停薪留职三年，来到上海宁运贸易发展公司陆运代理分公司担任副总经理，协助我分管财务与管理制度制定。

我们当时广告意识非常强，知道酒香也怕巷子深的道理，针对性地宣传自己的核心竞争力——低价与安全、正规物流公司以及高素质员工。我组织员工手写、后来通过邮政广告公司向杭州与上海周边货主企业邮寄“新颜物流”回程配载广告信函，每年大概发放10多万份，按当时1元一份计算，一年支付广告费10多万元。连续四五年下来，广告效果非常好，新颜物流以及我本人在杭州和上海回程配载领域小有名气了，生意自然而然也就越做越好。

我曾在当时上海最大的货运停车场普陀区真南路北方停车场搞过一次市场占有率的调查统计，该停车场每天共派车装货约800车次，新颜物流派车装货约60车次，占整个停车场派车数（市场占有率）的7.5%。该停车场托运部和“黄牛”总数估计有200家，平均每个托运部和“黄牛”每天派车数4车次，那么新颜物流派车数是该停车场平均水平的15倍。新颜物流当时在上海（包括杭州）回程配载领域是非常有名的。我们公司在真南路北方停车场102房间有一个办公室，每天人山人海，生意兴隆。

1996年9月，新颜物流与复旦大学计算机系联合开发了《新颜货运信息管理系统》，并注册国家版权。这是新颜物流第一个电子计算机信息管理系统，司机信息和货主信息及时录入数据库，管理效率大大提升。新颜物流的信息化在当时走在同行前面。我意识到，信息化也好，其他工作也好，很多创新，太早或太晚都是没有生命力的，太晚了可能失去机会，太早了可能成为“先烈”，所以才有天时、地利、人和的古训。

那个时候，社会上司机利用假身份证和假驾驶证诈骗货物的案例频发，大部分托运部都有货物被诈骗过的经历。1997年8月，我向浙江省公安厅购买了“身份证鉴别仪”，该仪器能有效识别假身份证。新颜物流用这台仪器避免了多起司机利用假证件诈骗事件，还把骗子送进了公安局。新颜物流承运的货物向中国人民保险公司投保货运险，降低客户与新颜物流自身的货运不确定性风险。随着全国社会治安综合治理的开展，特别是全国各地高速公路越建越多，曾经猖獗一时的车匪路霸现象慢慢消失了，长途线路上拦路抢货的情况也越来越少听说，物流环境慢慢向好。

1997年10月，在香港回归祖国那年，也是我刚刚开始研究企业仿生学的那一年，我注册成立了上海新颜货运服务有限公司。次年5月，我又注册成立了杭州新颜货运代理服务有限公司。

1998年8月，新颜物流公司内部局域网开通，实现管理网络化。10月，与中科院上海冶金所共同研制的“新颜货源信息显示屏”投入使用。11月18日，《新颜货运简报》第16期发行。公司简报名称经历了从《新颜货运月报》到《新颜货运简报》，再到《新颜物流简报》的升级变化。那些年每月一期寄给与新颜物流做过生意的3000多个制造业和商贸业客户，连续出版了100多期，坚持了10年，扩大了新颜物流在长三角地区的影响力。12月6日，与上海凤凰车业销售有限公司签订协议，新颜物流成为上海凤凰车业销售有限公司独家承运商。在实践上，新颜物流有了承接制造业物流外包并独家承运的案例。

1999年，我首次提出“制造业运输总承包”概念（那个时候“物流”两个字还是一个新名词）。意思是制造业通过物流招投标方式，减少物流供应商的数量（因为此前大部分制造业都有很多家物流供应商，甚至10多家物流供应商为一个厂家提供物流服务，显然是不集约、不经济、不科学的）。因此，我提出“做回程车货运先锋，降低客户运输成本”的定位与目标。我提出这个概念的灵感来自于实践。1999年传化集团旗下传化化学公司进行洗衣粉物流业务招投标，要求对每天随行就市的回程车运价进行全国性常年一次性固定报价，这对任何一家物流公司来说当时都是有难度的，现在也有难度。价格报高了，不会中标；价格报低了，中标不赚钱，甚至可能亏很多钱。这是新颜物流第一次参加制造业物流招投标。新颜物流考虑因素比较周全，居然中标了，而且价格算得特别准，既能中标，又能赚钱，还能掐住竞争对手。这次在大名鼎鼎的大企业（制造业）传化集团物流招标中中标，大大巩固并提高了新颜物流在杭州物流界的龙头地位。

1999年1月3日，新颜物流第一届职工代表大会召开，邓勇当选为第一届职代会主席。职代会后，公司各部门的经理全部配备手机。新颜物流也是这么一年一年自然成长的。

1999年8月，新颜物流加入中国道路运输协会，成为交通部下属全国行业协会的成员。10月，新颜物流总部迁至上海市普陀区长寿路748弄湖南大厦，不是一幢，不是一层，而是一套160平方米的办公室。当时总部设立了四个职能部门（营销部、管理

新颜物流原总部上海市普陀区长寿路748弄湖南大厦（摄于1999年）

部、人事部、财务部），这是仿生机制的雏形。

从1989年到1999年的这10年，计划经济向市场经济转轨，当时物流行业管理比较滞后，但是市场需求旺盛，市场秩序比较混乱，企业发展不太规范，机会多，风险大。主要表现在两个方面：一是人员跳槽严重，影响企业发展；二是税收与财务风险，劣币驱逐良币。企业管理难度增大，对企业领导力构成挑战。从放大时空背景与彻底解剖分析法的量子思维心智模式看，企业的问题是老板的问题。这10年，新颜物流的老板，我的心智模式与知识结构尚未达到量子领导力实战体系的水平。

第二个十年（2000—2010年）：破解管理的秘方

进入21世纪，物流业发展加快，新颜物流因为有了前面10年的基础，发展机会还是比较多的。但是与此同时，管理问题凸显出来，人员跳槽严重，员工辞职率最高时达25%左右，业务人员跳槽往往带走一些客户，影响公司元气与发展速度。

我在思考一种管理现象：为什么像可口可乐那样的跨国公司有几十万名员工，分布在世界各地，他们老板根本看不见他们的员工，他们的员工为什么能安心工作，跳槽率为什么那么低？我的新颜物流只有100名员工，而且在我的眼皮底下工作，我为什么管不住他们，员工辞职率为什么那么高？直觉告诉我，管理是有秘方的，有某种不以人的意志为转移的自然科学密码。可口可乐公司应该是掌握了管理的秘方，我肯定没有掌握管理的秘方。只要掌握了管理的秘方，公司再大也管得住；如果没有掌握管理的秘方，公司再小也管不住。

我作为老板，应该寻找管理的秘方。从1997年开始，我专门聘请了一位常务副总（执行总裁）主持新颜物流日常工作，我作为董事长专职潜心研究企业的本质、管理的秘方。我的研究方法是“彻底解剖学”——彻底解剖分析法，先把企业的各种要素，比如人、财、物、购、销、调、存等统统罗列出来，然后把非本质的要素一个一个剔除掉，最后只剩下本质的要素，结果发现，企业的本质是人——不确定性的生命体，有了人才可能有企业，没有人就不可能有企业。相比之下，人以外的其他要素，比如厂房、机器设备、原材料等都是确定性的非生命体，有钱就能马上解决。而人的问题，即使有钱也不一定能马上解决——因为人的不确定性。

当企业的本质锁定在“人”之后，我要对包括老板在内的所有员工，用“彻底解剖学”进行彻底解剖，结果发现，人的本质是生物。人具有生物性与社会性，首先是生物性，然后是社会性，生物性是本质，社会性只是特征。那么，生物的本质又是什么呢？于是，我对管理学的研究进入生物学领域。1997—2000年，我阅读了很多生物学相关著作，包括《生物学概论》《动物学》《植物学》《微生物学》《分子生物学》《细胞学》《遗传学》《物种起源》《公司DNA——来自生物的启示》《企业生命的秘密》《企业新生命》《基于企业基因视角的企业演化机制研究》《生态位、因子互动与企业演化》等。这几年，我每天全身心看书，一本书接着一本书看，知识积累也遵循从量变到质变的规律性，当认知进入肉眼看不见的分子世界或者说DNA等级的结构与功能关系时，突然开窍了，原来，管理学与生物学，在结构和功能上存在着一一对应关系，于是我在2000年6月29日得出“企业要长命，机制生物型”的结论，并于7月3日在浙江省版权局进行“企业生物型机制研究”登记保护。

经过几年的研究，我终于破译了企业这种“特殊生物”的DNA密码，如获至宝，并坚信这就是企业的本质与管理的秘方，企业的本质是生物——一种特殊的生物，管理的秘方是这种特殊生物的DNA。2001年我立即对新颜物流组织架构（包括总部与业务部门）进行彻底改变，按照生物DNA结构，比如DNA双轨制、RNA三联码以及控制遗传基因的四碱基，对企业组织架构进行仿生设计改造，表现为正副经理双轨制、共同培养“三把手”准备连锁复制、总部有且只有四个职能部门相当于四碱基——市场营销部、运营管理部、人力资源部、财务审计部，业务部门按照遗传学中心法则进行阿米巴组织不断连锁复制——相当于不断生产“DNA—RNA—蛋白质”的生命翻译过程，实现繁殖与免疫的双重功能。繁殖就是业务不断发展或阿米巴组织不断连锁复制，免疫就是业务人员不再跳槽以及个别阿米巴组织的死亡不会影响整个组织的生存与发展。科学的力量就是神奇，分子等级、DNA等级以及量子等级的原理都是第一性原理，是不以人的意志为转移的客观规律。新颜物流自2001年建立仿生机制后，管理的有效性与领导力的效果立竿见影，我有能力驾驭人的复杂性与不确定性了，业务人员和管理人员立即稳定下来了，员工辞职率从仿生机制前的25%立即下降到仿生机制后的3%。新颜物流恢复了生命元气与有序发展的正确管理道路，人与企业的“方向—动力—路径”开始自洽。所谓自洽，就是自运行、自组织、一致性、可持续发展的状态。从2001年开始，新颜物流营业额持续稳定发展，董事长成甩手掌柜，继续脱产研究企业新问题与未来问题。

2000年1月，上海新颜信息网络有限公司成立，这相当于当时新颜物流总公司。3月，向国家商标局申请注册新颜商标；开通公司托运网址www.tuoyun.com。4月，策划并承包上海凤凰自行车集团全国运输，为该公司当年节约25%的运费；与上海铁道大学联合举办全国托运部经理培训班。6月，在同济大学召开“新颜物流与WTO研讨会”；国家版权局批准《新颜货运信息管理软件》著作权。7月，注册上海南颜货运配载服务有限公司。8月，注册上海北颜货运配载服务有限公司。9月11日，我在中共中央党校研究生院读在职研究生，和同班的几位民建会员一起（我是民建会员）专门拜访了时任全国人大常委会副委员长、民建中央主席、著名经济学家成思危先生。我当面请教成思危主席：“回程配载行业市场不太规范，新颜物流发展又比较快，我如何控制法律风险?”成思危主席教导我：“你不能等到市场完全规范了再发展，应该学习别的公司在市场不规范的情况下如何发展。”成思危主席是高人，听高人讲话往往要从更高维度理解其讲话精神。我理解成思危主席这番话的意思：一是时间上不能等，要用自身的复杂性适应环境的复杂性；二是方法上学习别人的智慧，更要放大时空背景以及彻底解剖分析法寻找根本解决之道。我要站在巨人的肩膀上，先从理论上找到答案，然后在理论指导下行动，我和我的企业必须要有足够的风险意识以及确保自身安全的保护措施。很多人只顾创新，风险考虑不够，甚至是赌性十足，这种做法不可取。我是理性的读书人企业家，我追求的是复杂性与不确定性环境下的创新以及确定性概率，我要鱼和熊掌兼得，我要带领新颜物流穿越时空，实现繁荣、幸福、长寿与代际传承的终极目标。

颜滨和中共中央党校的同学们拜访成思危副委员长（摄于2000年9月11日）

2001年3月，新颜物流与复旦大学计算机系合作升级《新颜货运信息管理软件》。5月，新颜物流历史上费时最多、参加人数最多的《新颜制度整编》完工；“颜”字商标由国家商标局正式批准注册。6月，注册上海铁颜货运服务有限公司，新颜物流在上海市场实现公铁联运。8月，注册杭州铁颜货运代理服务有限公司，新颜物流在杭州市场实现公铁联运。10月，提炼新颜物流仿生企业文化，内容包括以下九点：（1）公司口号：新颜公司——教授安排您的货运；（2）指导思想：用生命科学作指导，实现繁殖与免疫的双重功能；（3）公司理念：大量小事上做得比同行稍微好一些；（4）公司纪律：用铁的纪律执行企业遗传基因——制度；（5）公司目标：追求市场占有率数一数二，达不到就改行；（6）经营策略：关注客户需求变化及新科学技术运用；（7）公司世界观：追求远利，绝不宰客；（8）公司方法论：取信于人，心平气和；（9）公司价值观：服务大众，实现自我。

为了方便对比，这里插入时隔20年以后的今天，新颜物流量子企业文化，内涵包括：（1）认知维度：生命以宇宙为背景，以负熵为生；（2）市场定位：制造业供应链物流全球企业；（3）公司宗旨：新颜——帮您省钱长寿；（4）公司智慧："方向—动力—路径"自洽于高维空间；（5）公司精髓：协同进化，潜能开发；（6）管理特色：量子领导力实战体系；（7）颜氏家训：重教，好学，创业，修身，图腾；（8）终极目标：繁荣，幸福，长寿，代际传承；（9）放大时空：世界上，没有读书不能解决的事情；（10）彻底解剖：付出不亚于任何人的努力；（11）境界格局：大爱无仇，包容一切，知行合一，天人合一；（12）力量源泉：第一性原理与自然的力量；（13）牢记使命：我们是时代的创造者。

从2001年仿生企业文化到2021年量子企业文化，这是生命以宇宙为背景的认知维度的升级，维度增加，复杂问题可以变得相对简单，可以不断旧貌换新颜！

2002年8月16日，我当选为民建浙江省委会理论研究小组成员。8月17日，我当选为民建浙江省委会参政议政委员会副主任。9月，新颜物流总部由上海市长寿路湖南大厦迁至浙江萧山传化物流基地。当时考虑两个因素：一是浙江民营经济比较发达，浙江制造业大部分是私人企业，私人企业家们才真正重视成本控制，包括物流成本。私人企业物流招投标比较公平，而不是主要凭关系。真正有竞争力的物流企业喜欢公平竞争环境，比如浙江的市场经济环境。二是浙江对物流业比较重视，所以有传化物流基地（现在叫传化公路港）的诞生，并复制到全国各地，相比之下，上海没有像样的公路物流园。那时有一个上海西北物流园（在普陀区桃浦镇），当时复星集团有一点股份，投资了几百万元，是其中的小股东，因为几年下来都是亏损的，有一次郭广昌直接问我："我把复星集团在上海西北物流园的股份转让给你要不要？"我说不要。我认为，上海寸土寸金，没有人喜欢搞公路物流园，可能是经济上不划算。物流属于国民经济的基础设施，需要政府重视规划，需要土地税收等综合配套措施的支持，这方面浙江做得不错。

2003年5月，民建浙江省委会省属工委综合五支部（非公支部）成立，我当选为第一届支部主任。6月9日，我当选为中国民主建国会企业委员会IT小组成员。7月，我从中共中央党校研究生院毕业，拿到毕业文凭。8月6日，《浙江市场导报》记者采访并报道了我——《弄潮儿敢向潮头立》。8月8日，杭州农科院停车场搬迁，新颜物流营业地点迁至杭州石大路货运市场以及萧山传化物流基地，钱塘江江南与江北各有一个调度中心。

2004年1月，通过运输招投标，新颜物流成为娃哈哈集团家族企业浙江诚信包装材料有限公司运输总承包商。7月，通过运输招标方式，新颜物流成为杭州康师傅集团运输承包商之一。8月22—26日，在济南召开的中国道路运输协会货物运输委员会会议上我当选为中国道路运输协会货物运输委员会委员。9月23日，新颜物流参与浙江精工钢结构集团运输招标获胜，成为精工集团最重要的运输供应商之一，为精工集团当年节约10%以上的运费。11月8—17日，我作为中国民主建国会企业委员会IT小组成员随中国IT企业家考察团出访印度。11月27—28日，我参加中国非公经济论坛，向大会撰写的论文《中国非公经济可持续发展战略研究》被评为优秀论文，入选《论坛论文交流专辑》。12月26日，我在上海金茂大厦参加上海浙江商会第六届理事会第三次会议，作为上台嘉宾与余秋雨先生对话

左起：郭广昌、颜滨、余秋雨（摄于2004年12月26日）

企业文化。

2005年1月，新颜物流被杭州石大路货运市场评为诚信经营单位。2月，我当选为杭州温岭商会副会长。3月，我当选为上海浙江商会常务理事。同月，浙江省新华书店集团进行运输招投标，来自省内外50多家物流公司参与竞争，新颜物流中标成为省外运输业务唯一运输总承包商。3月31日，我当选为上海台州商会副会长。4月28日，我当选为民建中央物流小组副组长。5月，新颜物流获得浙江传化物流基地“经营突出奖”。5月17日，浙江省省长吕祖善考察传化物流基地，我应邀与传化基地领导一起陪同吕省长参观考察并合影留念。5月，通过运输招标方式，新颜物流成为浙江中财集团运输承包商之一。同月，新颜物流子公司上海颜氏物流有限公司成立。6月，新颜物流参与上海胜华电缆集团运输招标，取得了胜华电缆运输总承包资格。8月4—5日，民建浙江省参政议政工作会议在杭州赞成宾馆召开，我作为省民建参政议政委员会副主任、商贸旅游专业委员会主任出席会议并发言。8月23—25日，我随上海浙江商会回乡考察团赴温州、丽水考察投资，考察期间受到温州市委书记王建满、丽水市委书记楼阳生等两市领导的亲切接见。9月25日，第三届亚欧道路运输大会在北京国际会议中心隆重开幕，我在会议互动讨论中作了两次发言。

2005年10月至11月，我有幸赴日本参加日本政府对发展中国家的技术援助项目——日本财团法人海外技术者研修协会（AOTS）《中国物流与采购管理研修课程》。本课程是基于中国物流与采购联合会的申请而开设的管理研修课程，其目的在于，以中国企业的物流、采购管理人员等为对象，通过介绍物流管理以及采购管理的概念、手法和日本企业的实际努力等以减少经营成本且提高为了强化企业竞争力的物流管理以及采购管理的能力。上课的14位老师是日本的大学教授和著名企业（如索尼、东芝、日产、资生堂、佐川急便、日本铁路、日本汽车货运站）的物流与采购经理，都是各自领域的权威人物。本课程由讲座、参观企业、研修旅行、小组讨论等形式构成。本人在结业报告会上代表小组发言，题为《借鉴日本经验，推动制造业与物流业战略合作》。

2005年7月，为隆重纪念中国民主建国会成立60周年和浙江民建成立50周年，民建浙江省委会编纂出版了《浙江民建风采录》，以展示新时期浙江民建会员的新风采，我光荣入选。12月21日，经民建浙江省委会研究决定，我被增补为省属工委会委员。

2006年2月11日，新颜物流通过ISO9001：2000国际质量体系认证。3月9日，新颜物流旗下专线运输品牌子公司“早早物流”开业。4月21日，新颜物流成为大地网架大连国贸大厦2万吨钢结构中标运输供应商。4月29日，新颜物流成为东南网架运输商。6月21日，新颜物流被浙江省现代物流发展联席会议办公室评为2006—2007年度浙江省现代物流发展重点联系企业。7月27日，新颜物流成为南都电源运输供应商。8月4—11日，我参加了第六期ITC采购与供应链管理国际资格认证、注册采购师职业资格认证师资培训班。8月17日，我参加了“ITC采购与供应链管理”师资培训班，并取得采购与供应链管理培训师资格证。2006年10月17日，新颜物流成为老板电器唯一运输总承包商。

2008年1月5日，新颜物流在杭州新西莱大酒店召开全体职工大会，学习《新劳动合同法》，公司依据该法制定了《新颜制度暨员工手册》。5月20日，新颜物流成都分公司成立，标志着新颜物流开始进军中国大西南市

成都传化物流基地暨新颜物流成都分公司开业典礼
（摄于2009年5月18日）

场。因新颜物流成都分公司设立在成都传化物流基地内，应传化物流基地的邀请，我应邀参加了成都传化物流基地开业典礼。该分公司后来更名为成都早早物流有限公司，这是新颜物流的独立子公司。至今10多年过去了，新颜物流成都公司在郭小刚总经理与范开河业务经理的共同艰苦努力下，一直平稳发展，非常不容易。

七个国家驻上海总领事参观颜滨在杭州的家
（摄于2008年5月27日）

2008年5月27日下午，七个国家驻上海总领事在杭州市政府有关同志陪同下，来到我杭州的家里参观。七国驻上海总领事包括保加利亚驻上海总领事伊凡·迪米特罗夫、秘鲁驻上海总领事马雅德、巴西驻上海副总领事伊杜尔杜·高尔凡等。市政府为什么要安排七国外交官到我家参观呢？当时的背景是国家提倡科学发展观，社会主基调是和谐社会，杭州市委、市政府提出“品质杭州”口号，据说这些外交官到杭州要参观中产家庭的品质生活情况。杭州市挑选了我们小区，我们小区挑选了我们家，因为我们家装修风格特别好，平时家里就摆放着好多的植物、鲜花、壁画等装饰品，看上去比较温馨高雅。外交官们在我们家说得最多的一个词是beautiful。还问我：家里几个人？做什么工作的？一年收入是多少？等等。我都一一作答。杭州电视台派记者来我家拍摄了外交官参观的全过程，并在杭州电视台播放。

2009年3月23—25日，在九阳股份供应商代表大会上，新颜物流同时获得“质量进步奖”和“合力共赢奖”，这在物流供应商中是唯一的。12月，新颜物流营业额突破1亿元人民币，这个规模在当时是比较大的。12月3日，新颜物流开始全面梳理公司制度。

2010年2月25日，新颜物流注册资本从200万元增加为500万元，公司名称由杭州萧山新颜物流有限公司变更为浙江新颜物流有限公司。同月，公司采用新LOGO及新口号“新颜——帮您省钱长寿”；新颜物流开通杭州—重庆铁路专线运输；4月，我的著作《公司长寿的学问——新颜物流仿生管理实验报告》由浙江人民出版社正式出版发行，时任中国人民大学党委书记程天权教授为该书题写书名。

《公司长寿的学问》出版

5月12日，新颜物流苏州分公司成立。当时，江苏省与苏州市领导、中国物流与采购联合会会长何黎明以及浙江传化集团董事长徐冠巨等领导亲临新颜物流苏州分公司参观指导，我现场赠送我刚出版的著作《公司长寿的学问》，场面热闹，因为物流企业家普遍文化程度不高，很少有能写书的物流企业家。2010年11月29日《人民日报》产经广场版面，发表题为《服务小企业，变革大物流》的长篇文章，在介绍浙江传化集团创新公路港物流服务模式的同时，报道了浙江新颜物流有限公司“有了国际视野”、“供应链升级使周边企业成本降低”。

英文版的《公司复制进化论》出版

5月15日，浙江人民出版社出版我的英文专著《公司复制进化论》。这本书实际上是我的《企业生命科学研究》博士论文的第一个版本的英文版。《公司复制进化论》揭示了企业生命科学研究的重大进展，公司作为一个生命体，它唯有通过“复制”这种方式——像细胞复制一样的阿米巴项目部不断连锁复制方式进行“进化”，表现在繁殖与免疫，或者说发展与防范的生命功能，获得生命力。

5月19日至6月1日，我随中国物流与采购联合会赴德国学习绿色物流园研修课程。在德国培训期间，我写了许多心得，一篇《德国与中国存在时光隧道》我觉得挺有意思的。

2010年7月1日，以经营物流类书籍为特色的新颜物流新华书店在杭州传化物流基地开业。这是新颜物流投资创办的新华书店连锁店，成为杭州传化物流基地和新颜物流的一个亮点，丰富了全国各地来传化物流基地的卡车司机以及进驻杭州传化物流基地的物流企业员工的文化生活。

新颜物流新华书店开业
（摄于2010年7月1日）

10月8日，在上海南京西路389号唐朝酒家，美国纽约中央州立大学、美国西海岸大学、美国纽卡斯尔大学、美国硅谷商学院四所海外院校在华部分博士发起并成立洋华博士学友会，我当选为博士学友会第一届会长。

11月3日，我参加成都新都区现代物流业与工商业联动发展论坛并发言。11月13日，新颜物流撰写申报的《新颜物流有机组织架构创新模式剖析》获得2010年度中国物流管理优秀案例奖。

12月10日，新颜物流撰写申报的《新颜物流制造业物流项目管理案例》获得2010年度浙江省物流优秀案例奖。12月11日，首届华东物流经理人沙龙暨长三角现代物流园区发展研讨会在嘉兴隆重举行，我参加了这次会议，并在会上发言。

第三个十年（2011—2021年）：量子领导力实战体系形成

互联网技术广泛应用，各种物流平台起来了，物流行业开始大浪淘沙，制造业物流需求趋向专业化、规模化、网络化。新颜物流根据企业长寿与代际传承的终极目标，实施二元战略——物流与投资。除了继续在物流领域稳扎稳打外，还积极开展物流相关领域的股权投资，包括投资上海博科资讯股份有限公司（物流软件）、合肥维天运通信息科技股份有限公司（网络货运平台）、上海豪宇股权投资基金管理有限公司（代际传承全球平台）、上海天地汇企业管理有限责任公司（卡车“滴滴”平台并正在进军越南市场）等。我认为，二元战略虽然比一元战略复杂，但从放大时空背景看，二元战略风险小，一元战略风险大。

在管理方面，我创立量子领导力实战体系，其三大思维与四大机制在新颜物流的实证研究中行之有效，其效果表现在公司营业额自2001年以来连续20年增长，员工跳槽率从25%下降到1%，阿米巴项目部从2个发展到30个，人均效能是全国同行业的2倍，董事长成为甩手掌柜，企业成为不倒翁，适应复杂性与不确定性环境，有效预防并抵御了2003年非典疫情、2008年金融危机以及新冠肺炎疫情等一系列“黑天鹅”事件的风险。2010—2021年，新颜物流已经连续12年获得中国物流与采购联合会、中国物流学会、中国交通运输协会等单位颁发的国家级物流管理优秀案例奖等。

2011年1月18日，在传化物流基地客户总结表彰大会上，新颜物流被评为传化物流基地2010年度优秀物流企业。1月25日，新颜物流苏州分公司获得苏州传化物流基地“真心伙伴奖”。2月28日，新颜物流公司总部迁入新办公地址：浙江传化物流基地信息交易大楼三楼A362—A367室，总部机构包括颜子研究所、营销部（连锁复制中心）、管理部、人力资源部、财务部等。

3月5日，洋华博士学友会“新颜论坛”暨神奇机制与危机研讨会在浙江西子宾馆隆重举行。这里的“神奇机制”是指我在1997—2000年的研究成果——破译企业DNA基因密码，并在新颜物流实证研究验证有效的仿生机制（B234）。

同月，我的第一个博士学位的博士论文《企业生命科学研究——破译企业基因密码》由浙江人民出版社正式出版发行。

3月19日，颜子学院举办第一期业务人员培训班。3月29日，新颜物流在杭州石大路货运市场调度室率先安装并使用LED电子显示屏，实时滚动显示货源信息，方便司机找货，提高工作效率。此前一直是业务人员用粉笔在黑板上写货源信息。

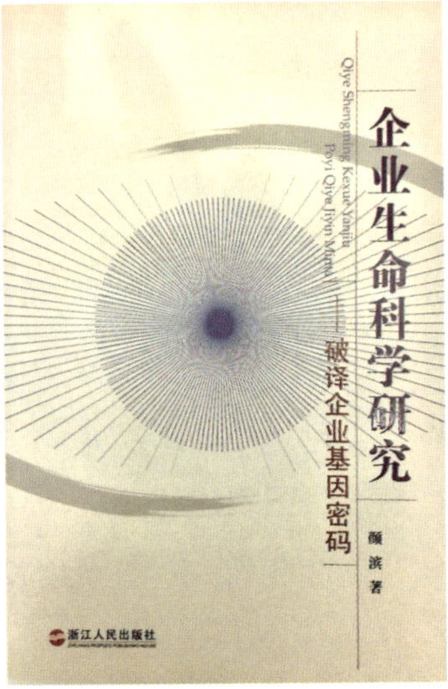

《企业生命科学研究》出版

新颜物流
XYSCM

新颜物流LOGO

4月7日，“新颜供应链”和公司新LOGO商标注册成功。4月14日，“新颜物流”成功注册为国家商标。

4月21日，浙江工商大学计算机信息工程学院院长伍蓓教授与彭建良教授来到新颜物流，授予我为该学院硕士生导师。

5月19日，新颜物流成为杭州市企业联合会、市企业家协会第四届理事会团体会员，邓勇成为该理事会理事。同日下午，《新颜物流简报》编委在杭州市华丰路三衢饭店举行了第一次编委座谈会。

5月20日上午，新颜物流参展第十届中国（杭州）国际工业博览会，重点展示了新颜物流的企业管理特色——仿生企业文化，并当场售卖我写的《公司长寿的学问》《企业生命科学研究》等著作，引起参展的全国工业企业的极大兴趣。

6月9日，新颜物流与浙江工商大学签署校企合作协议，共同建立“物流连锁和物流外包联合实验室”，浙江工商大学在新颜物流设立大学生创新实践基地，并启动首届“新颜杯”杭州市高校物流设计大赛。

9月27日，我接到英国华威大学委任书，鉴于我在企业仿生学领域的前沿地位，英国华威大学（Warwick University）正式授予我“Associate Fellow”（企业界院士）荣誉称号，表彰我在企业仿生学领域作出的杰出贡献。

新颜物流荣获“中国物流行业最具号召力企业口号”奖项

10月17日，中央电视台物流频道主办的“2011首届中国物流文化节”在北京隆重召开。此次物流文化节举办了中国物流行业最具号召力企业口号评选活动，新颜物流企业口号“新颜——帮您省钱长寿”荣获“中国物流行业最具号召力企业口号”奖项。新颜物流企业口号变迁，从“新颜公司——教授安排您的货运”，到“制造业物流总承包商”，再到“新颜——帮您省钱长寿”，可以看出新颜物流的企业思想与管理底蕴在不断升级维度，新颜物流基于仿生机制、量子机制特别是量子领导力实战体系，不但有能力帮助客户省钱，而且有能力帮助客户长寿。

10月19日，新颜物流与英国华威大学正式签署了博士后研究合作协议，我赴华威大学WMG学院进行为期2年（2012年10月1日至2014年9月30日）的博士后研究工作。研究课题是仿生供应链管理。我首次提出“双链管理”概念——供应链管理与心链管理相结合，为仿生机制研究深入到量子机制研究奠定了基础。

11月12日，在第十次中国物流学术年会上，新颜物流与浙江树人大学合作撰写和申报的研究案例《中小物流企业与物流基地的协同进化》获得2011年度中国物流管理优秀案例奖。这是新颜物流继2010年获得中国物流管理优秀案例奖后再一次获得此奖项。

11月17—19日，在首届（2011）中国供应链管理企业家论坛上，我荣获2011年度“金越奖”及“浙江十大物流领军人物”称号，并作为嘉宾代表作了“供应链管理创新”的主题发言。

颜滨在首届中国供应链管理企业家论坛上发言（摄于2011年11月19日）

12月22日，台州职业技术学院迎来了建校10周年暨办学58年庆典，我作为杰出校友之一参加校庆庆典，并给全校师生作题为《校友颜滨与我校大学生共话人生》的讲座，同学们听完报告后反响强烈。

2012年1月6日，在浙江东华链条集团举行的2012年供应配套及质量工作会议上，新颜物流被评为2011年度优秀供应商。1月11日，2011年度传化公路港浙江基地客户总结表彰大会在萧山宝盛宾馆召开，新颜物流再次被评为传化公路港浙江基地2011年度优秀物流企业。新颜物流作为传化公路港内的最大物流企业之一，已连续三年获传化公路港的嘉奖。同月，新颜物流成功中标顾家家居广西全境、湖南全境、湖北全境、海南全境四条运输线路，成为顾家家居物流供应商之一。

颜滨在台州职业技术学院作人生规划讲座
（摄于2011年12月22日）

2月7日，收到中国国家图书馆采编中心通知，我的两本著作《公司长寿的学问》和《企业生命科学研究》作为管理专著已被该馆收藏。2月23日，新颜物流收到浙江工业大学图书馆寄来的我的著作《公司长寿的学问》的收藏证书。

英文版《解码企业致命基因》
在美国出版

2013年，我的著作《企业生命科学研究》英文版在美国出版，书名是*Decoding Critical Genes of Enterprises — The Bionic Laws for Organizational Longevity*。

2014年1月，新颜物流成功入选2013年萧山百强企业并获授牌。本次百强企业评选活动是由萧山区委、区政府主办，这也是新颜物流第一次在萧山获得此荣誉。9月，新颜物流由国家AAA级综合物流企业升级为国家AAAA级综合物流企业，标志着新颜物流品牌、规模与综合实力再上一个新台阶。自9月11日起，新颜物流第一次组织全体员工健康体检。新颜物流关爱员工身心健康，体现了“以人为本”的理念，提高了员工的归属感。

2015年1月，杭州东华链条集团供应配套大会在余杭润达大酒店隆重召开，新颜物流荣获东华2014年度“优秀供应商”称号。9月8日，浙江颜子投资管理有限公司成立。新颜物流与颜子投资是一套班子两块牌子。指导思想是通过二元战略，物流＋投资，把新颜物流办成“不倒翁”企业，实现长寿企业与代际传承的终极目标。新颜物流从事物流——主业打天下，颜子投资从事投资——副业（双轨）守天下。11月14—15日，第十四次中国物流学术年会在重庆召开，新颜物流申报的《基于大数据思维的大车队系统化管理模式》荣获二等奖，新颜物流多年来有效管理社会大车队的成果获得肯定。

新颜物流被评为国家AAAA物流企业

2016年1月，新颜物流企业总部迁入杭州新天地商务中心，这是5A智能办公楼。新颜物流总部办公条件因此得到大大改善，新颜物流真的“旧貌换新颜”了。

1月13日，杭州市物流与采购行业协会在浙江传化商务酒店召开第四届会员大会，会议审议并选举新颜物流等为副会长单位。1月21日，萧山2015年度缴纳税收500万元以上独立企业荣誉榜出炉！共有584家企业上榜，新颜物流纳税额在物流服务行业中名列前茅。

3月29日，新颜物流成功注册颜子投资注册商标。该商标图案体现了量子领导力实战体系的设计思想与体系精髓，包括三大思维（溯源思维、终极思维、秩

新颜物流总部杭州新天地

序思维）与两大核心机制（仿生机制与量子机制）。量子领导力实战体系四大机制的另外两大机制——生命力与创造力互嵌机制、“三个世界”（量子世界、经典世界、生命世界）逻辑切换机制是此后发展起来的，所以没有包括在颜子投资注册商标的设计图案中。

颜子投资注册商标

3月11日，浙江省现代物流业创新发展大会在杭州召开，大会由浙江省综合交通物流行业协会主办。在物流企业创新发展论坛上，我作了《物流企业管理创新》的演讲。

3月12日下午，庆祝新颜物流总部乔迁到杭州新天地，并在杭州瑞莱克斯大酒店召开以“变革发展、互联互通”为主题的新颜物流创新发展论坛，来自物流领域的政府、协会、科研院所专家、学者、企业家、员工等140位嘉宾出席了本次论坛，就新颜物流的发展趋势及创新模式进行了深入探讨。

2016年5月，新颜物流《基于大数据思维的大车队精细化管理创新模式》入选由中国物流与采购联合会、中国物流学会编辑的《物流行业管理现代化创新案例报告（2015—2016）》。这也是新颜物流第六次入选中国物流与采购联合会、中国物流学会编辑的创新案例报告。

5月12—14日，中国物流学会、中国物流与采购联合会、山西省忻州市人民政府共同主办2016物流领域产学研工作会议。新颜物流作为浙江省优秀产学研基地企业代表参加了本次会议。新颜物流被授予“中国物流学会产学研基地”称号，我被聘为“中国物流学会特约研究员”。

5月18日，浙江传化股份有限公司临江基地隆重开业。在开业客户峰会上，新颜物流获评“2015年度优秀物流企业”。这是杭州传化公路港对基地发展作出突出贡献的2015年度杭州优秀客户所进行的表彰。基地内共有400多家物流企业，仅有10家物流企业获奖。这也是新颜物流连续13年获得这一殊荣。

5月30日，由杭州传化公路港总经理华露锋带队的传化全国公路港总经理组成的代表团到新颜物流参观考察，双方都希望基于“共创、共赢、共享”合作理念加强沟通，在物流领域进一步拓深合作，共创辉煌。

9月21日，新颜物流收到了来自国家版权局颁发的8件《作品登记证书》。这是近年来公司将管理创新成果进行集中申报，一致被成功通过审核。这不仅提升了新颜物流品牌价值和无形资产，也大大激励了新颜人创新创造的热情。

10月10日，新颜物流荣获中国物流与采购联合会颁发的杰出“金运奖”。全国荣获该奖的仅有21家知名物流企业。这些年，新颜物流将货运安全管理经验与移动互联技术、车辆定位技术和车辆识别技术相结合，以最大限度地降低货运风险，保障货物运输安全。

5月31日，华友钴业2016供应商大会在集团总部科技楼隆重召开。新颜物流荣获“最佳服务奖”，也是物流供应商唯一获奖单位。

6月21日，杭州师范大学阿里巴巴商学院周建国副院长一行来新颜物流洽谈合作事宜，双方共同就电商物流人才培养模式展开了研讨，就加强电商营销和高端物流管理人才的培训达成共识。

6月24日，经中国版权保护中心审核，国家版权局对公司提交的软件系统申请著作权认定为原始取得并予以登记。软件版权名称：新颜物流智能管理平台（简称为“新颜管理平台”）V1.0，登记号：2016SR156309。从颁证之日起，新颜物流成为杭州货运市场首家获得国家计算机软件著作权证书的企业平台。

10月27—29日，全国货运年会在山东济南隆重召开，会议由中国物流与采购联合会和济南市人民政府主办。新颜物流被授予“年度杰出实践奖”，这是对新颜物流安全管理体系实践成果的肯定，也是各级领导对新颜物流寄予的厚望。

11月25—27日，在安徽芜湖隆重召开第十五次中国物流学术年会。新颜物流申报的《基于精益思想的物流企业供给侧改革研究》课题获奖，并被收集到第十五次中国物流学术年会著作成果中。

12月4日，我与合肥维天运通信息科技股份有限公司董事长冯雷在新颜物流总部就企业内部管理、未来发展战略、商业模式及无车承运人等内容进行了深入探讨。新颜物流是维天运通的股东，10年前新颜物流是他们早期产品“管车宝”在浙江省的总代理，因此新颜物流与维天运通结下了不解之缘，两位董事长也成了好朋友。合肥维天运通信息科技股份有限公司旗下路歌成立于2002年，是国内最早服务于中国公路物流领域的互联网平台之一。

12月6日，浙江省物流与采购协会2016年工作年会在杭州白马湖建国饭店隆重举行，新颜物流荣获“物流创新标杆企业”称号。

2017年4月21日上午，中国物流产学研工作会议在舟山隆重举行。新颜物流派代表参加本次会议。新颜物流被中国物流学会和中国物流与采购联合会评为优秀产学研基地，我续任中国物流学会和中国物流与采购联合会特约研究员。

7月31日，2017英国上海商会年会暨伦敦论坛在伦敦千禧格洛斯特酒店隆重举行，我受邀出席，并在论坛上发表演讲。我被英国上海商会授予“学者型企业家”称号，上海市人民政府侨务办公室副主任李群策颁奖。

8月10日，以“改革创新、推动转型、降本增效”为主题的第六届全国交通运输物流业发展推进大会在山东青岛举行。新颜物流凭借卓越管理文化、优秀服务品质、持续稳健业绩，荣获“2016全国交通运输先进物流企业”称号。我以卓越的战略决策力、超强的企业文化创新力和积极正向的社会影响力荣获“2016全国交通运输优秀物流管理者”称号。

10月16日，浙江金颜物联科技有限公司成立。这是浙江新颜物流有限公司与浙江金龙再生资源科技股份有限公司（简称为“金龙股份”）共同投资组成，致力于为造纸产业提供仓干配运一体化的物流与供应链整合服务解决方案。现有人员190多人，自有车辆50多辆，合作车队100多个，合作车辆4000多台，服务网络辐射龙游周边县市150千米半径及省内外，年纸板运输在3亿平方米以上，原纸运输30万吨，目前已逐渐成为浙西纸业仓干配运输网络和科技型供应链物流服务企业，未来将发展为智慧化、生态化、平台化、专业化的纸品产业供应链服务企业。

新颜物流获“2016全国交通运输先进物流企业”荣誉称号

颜滨获“2016全国交通运输优秀物流管理者”荣誉称号

金颜物联科技公司成立
（摄于2017年10月16日）

新颜物流凭借第三方物流公司的显著优势，通过与制造业共同成立合资公司，践行新颜宗旨“新颜——帮您省钱长寿”。2017年前，金龙股份物流自己管理，自己管仓储，自己管装卸，自己管运输，不但成本高，而且管理吃力。2017年10月金龙股份把这一块业务全部剥离给我们共同成立的合资公司金颜物联，至今4年来，金颜物联“专业的人做专业的事”，通过技术改造、管理创新以及集约化降本增效等综合措施，使得金龙股份的物流成本每年下降，服务与效率不断提升。

2018年1月25—27日，由中国物流与采购联合会主办的“2017年全国货运行业年会”在北京召开。新颜物流作为首批国家无车承运人试点企业代表，积极践行绿色营运，大量采购社会回程车运力，避免空载运输、迂回运输等不合理现象，提高运行效率，被中国物流与采购联合会公路货运分会评为中国公路货运行业“金运奖”——“2017年度社会责任贡献奖”。

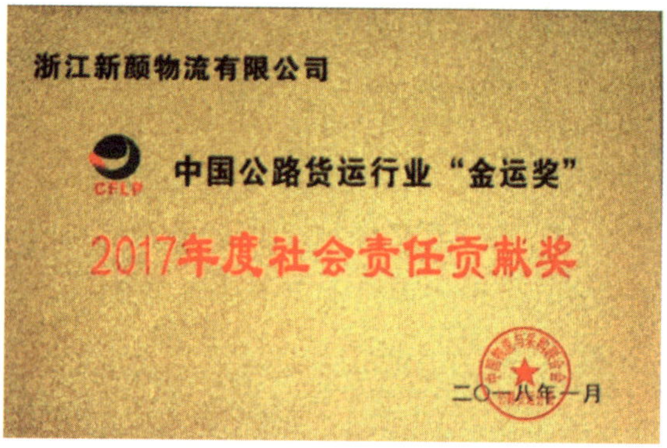

新颜物流荣获中国公路货运行业“金运奖”——“2017年度社会责任贡献奖”

1月25日，东华集团在余杭润达国际大酒店隆重召开2018年度采购供应商年会，新颜物流经受住了市场的严酷考验，一如既往地为东华集团提供价廉质优的物流服务并获得高度认可，连续第9年荣获东华集团“优秀供应商奖”。

2月9日，新颜物流在顾家家居2017年度供应商表彰大会中获得“顾家家居物流速度奖”和5000元现金奖励。这是新颜物流继前一年荣膺顾家家居“最佳物流服务商”称号之后，进一步提升物流服务效率，在应急运输服务上满足了客户需求变化，新颜物流顾家项目团队快速响应、雷厉风行的服务作风，再次得到顾家家居的认可。

3月，我考上英国杜伦—复旦工商管理博士学位（英文简称为DBA），攻读第二个博士学位。我选择了复旦大学文科资深教授、经济学院院长张军和杜伦大学商学院首位华人教授管延军做我的双导师。我希望把我此前研究以及正在研究的两个理论——企业仿生学与量子管理学（前者解决企业组织架构设计科学性问题，后者解决人的潜能开发科学性问题）统一起来，形成量子领导力实战体系，用于解决企业长寿与代际传承的潜能开发问题。

4月17日，由中国交通运输协会主办、中国交通运输协会智慧物流专业委员会承办的“2018中国智慧物流大会”在上海市隆重召开。新颜物流轮值总经理邓邵涛等受邀参加会议。新颜物流荣获“2018智慧物流创新奖”，并当选为“中国交通运输协会智慧物流专业委员会理事单位”。这不仅是对新颜物流信息系统平台、商业模式创新、近30年稳健经营成果、创新企业文化的肯定，也彰显了新颜物流在物流行业创新发展的影响力。

新颜物流被评为2017年度优秀产学研基地

4月25—27日，中国物流与采购联合会、黔南州人民政府联合举办的第5届中国物流（都匀）国际峰会和第11届物流领域产学研结合工作会在贵州省黔南布依族苗族自治州都匀市召开。新颜物流被中国物流学会和中国物流与采购联合会评为2017年度优秀产学研基地，我续任中国物流学会和中国物流与采购联合会特约研究员。

11月16—18日，2018年（第十七次）中国物流学术年会在江西省南昌市召开。新颜物流与来自全国物流领域产学研各界及美国、日本等1200多名国内外代表一同参加了会议。新颜物流申报的《互联网＋厨电行业采购供应链组织流程优化研究》获得课题优秀成果奖。

12月19—21日，由中国物流与采购联合会主办，中国物流与采购联合会公路货运分会、神华铁路货车运输有限责任公司承办的“2018年全国货运行业年会”在北京召开。新颜物流的《传统货运企业的进化路径与模式》实践报告（大会发言）得到领导专家认可。新颜物流荣获“2018年度优秀实践奖”。

2019年1月11日，浙江华铁建筑安全科技股份有限公司在杭州中豪国际大酒店召开华铁科技十周年庆典，新颜物流作为供应商嘉宾参与盛会。会上，新颜物流荣获“2018年度最佳物流合作奖”。

1月15日，浙江大华技术股份有限公司在富阳东洲工厂召开年度物流供应商会议，新颜物流因在订单快速响应、规范装载、安全配送、准时到达等物流服务方面均获得客户满意，获“最佳服务奖”。

4月30日，蚂蚁数据智能部负责人傅志斌及产业研究负责人、产品研发负责人、路歌平台副总裁王涤非等一行9人莅临新颜物流交流指导。双方围绕着智慧供应链、互联网金融等议题面对面作了深度互动。会后，蚂蚁金服和路歌平台领导对新颜物流细分行业项目进行了实地走访。

9月6日，万马股份召开以“阳光、高效、共赢”为主题的2019年度供应商大会。会上，新颜物流荣获万马股份“最优服务商”称号。

9月15日，浙江新颜物流有限公司、杭州中颜供应链管理有限公司和兴国金莹物流有限公司三家物流公司共同出资成立江西新颜物流有限公司，主要经营化工产品货物运输（2—9类）等。

12月5日，浙江华友钴业股份有限公司在桐乡召开以“合作共建，共赢未来”为主题的中国·华友第四届国际年会。新颜物流凭借高质量物流服务，连续获得华友客户的“优秀服务供应商奖”。

12月9日，以“数智创新，品质赋能——寻找发展新引擎”为主题的2019年（第五届）全国货运物流行业年会在北京召开。新颜物流申报的《二元优化结构战略引领企业可持续发展》管理创新成果，荣获中国公路货运行业金运奖——“年度优秀实践奖”。这也是公司连续多年荣膺这一殊荣。

2020年1月，顾家供应链运营中心发布了优秀物流服务商名单并颁发锦旗，新颜物流凭借安全高效的工作效率、全心全意的优质服务荣获了2019年度“优秀物流服务商”称号。此次获奖，充分证明了顾家家居对新颜物流服

新颜物流荣获中国公路货运行业金运奖——“年度优秀实践奖”

务工作的认可。

3月15日，由新颜物流、森宇物流、信义物流等股东公司共同投资组建杭州众智物流园。杭州众智物流园具有先天地理优势，交通十分便利。园区面向杭州市及其周边的制造企业、商贸流通业及物流企业，主要开展以运输场站经营、停车场服务、运输货物打包服务、仓储服务、装卸搬运、货运代理、道路货物运输、第三方物流配送、零担货物的配送等业务。

5月，浙江省2019年度供应链创新优秀案例评选活动圆满落下帷幕。新颜物流名列前茅，获得“最佳案例”称号。

杭州众智物流园

6月30日，杭州市物流与采购行业协会第五届会员大会在杭州萧山宝盛道谷酒店顺利召开。会上，我当选为副会长。

7月2日，浙江汽灵灵新颜物联科技有限公司在杭州市萧山区正式成立。这是经浙江汽灵灵工业互联网有限公司和浙江新颜物流有限公司双方高层多次互访调研，共同关注并看好汽配产业互联网的发展机遇，双方发挥各自资源特色和核心优势，合力形成互补战略，共同出资成立的合资公司。浙江汽灵灵新颜物联科技有限公司定位于汽灵灵汽车产业公共服务平台的子板块，主要基于平台具体运营场景解决汽配产业供应链物流协同问题，以终端客户需求驱动，实施会员单位的供应商、采购商和生产商等跨组织协同，主要服务功能是解决平台会员的供应链物流最前一公里和最后一公里的产品交付与节拍协同问题。同时，公司将加强数字化、透明化和智能化建设，实现从物流协同向供应链协同升级，共同为平台会员企业供应链物流降本增效。

7月10日，铜仁市2020年网络货运招商（上海）推介会在上海举行。推介会上，铜仁市政府集中与浙江新颜物流有限公司等16家企业签订了网络货运合作协议，签约总产值超50亿元。

7月29日，由浙江新颜物流有限公司与三志物流科技有限公司共同组建杭州三志新颜供应链管理有限公司，通过网络资源、人才资源、业务资源、运力资源、技术资本等叠加赋能，共同为客户企业提速提质降本。倡导线路加盟、合作共赢、共建共享，以新颜物流零担货源归口为基础，扶持加盟线路发展壮大。充分发挥新颜物流货源优势，将分散货源集中优化，筛选理念相通、愿意与杭州三志新颜长期合作的伙伴，共同走向成功。

8月20—22日，由中国物流学会与中国物流与采购联合会共同举办的2020年（第十三届）物流领域产学研结合工作会在内蒙古满洲里市隆重召开。会上，凭借在产学研和供应链管理方面的创新发展成就，新颜物流荣获“2019年度优秀产学研基地”称号。

10月17日，新颜物流业务强化班第一期培训在杭州新天地会议室顺利开班。这是新颜物流业务梯队人员的一次集中培训。会议由营销部常务副总余海峰主持，轮值总经理邓勇担任讲师，14名学员参加培训学习。

2021年1月，顾家家居召开电商物流供应商会议。根据顾家家居的专属客服和售后客服的综合评价考核指标，包括响应及时、有效回复等，新颜物流获得99分好成绩，名列该项服务考核第一名，荣获2020年双十一顾家家居“零差评奖”。

同月，浙江供应链协会第四届换届工作在线上举行，根据协会领导和会员单位代表等审议反馈《浙江供应链协会第四届理事会建议名单》，经线上投票表决，大会选举产生了浙江供应链协会第四届名誉会长、会长、常务副会长、副会长、秘书长和常务理事、理事人选，浙江新颜物流有限公司全票当选为浙江供应链协会常务副会长单位，我全票当选为常务副会长。

1月20日，新颜物流隆重举办20年忠诚员工表彰典礼，我和轮值总经理邓勇为在公司兢兢业业奋斗了20年的老员工——金启国、郑志刚、郑春生、张国雄、张永国、张基红、颜曦7人颁发纪念金币、荣誉证书和鲜花等，以此感谢这些员工在公司工作二十载，兢兢业业，忠诚品质。

2月，新颜物流被浙江维安建筑支护科技有限公司评为2020年度优秀合作单位。维安支护产品操作难度大，物流比较复杂，新颜物流维安服务项目管理团队在时效、安全、价格、服务等方面得到了客户单位的高度认可，特颁发牌匾和现金加以奖励。“金杯银杯不如客户的口碑”，客户的鼓励是我们的动力，持续为客户提供更多的增值服务是我们永恒的追求。我们一直在路上，一直在努力。

颜滨、邓勇与新颜物流20年工龄老员工合影

5月11日，中共浙江新颜物流有限公司支部委员会挂牌成立仪式在杭州新天地商务楼举行。上级领导对新颜物流的党建工作非常关心和重视，我和党员代表卢稳红、王明、邓邵涛、余海峰、程桂兵、陈建明等参与活动与座谈。邓邵涛担任第一届支部书记。

5月24日，新颜物流子公司——浙江金颜物联科技有限公司入围国家发展改革委办公厅《关于物流业制造业深度融合创新发展典型案例》名单，名列第29位。

5月28日，我正式成为上海天地汇供应链管理有限公司股东。此前，我赴上海拜访了天地汇董事长徐水波先生，与天地汇总裁何一博在杭州签署了合作协议。天地汇公司于2013年11月22日成立，经营范围包括供应链管理、道路货物运输、公路国际货运代理等，旨在打造“天地汇”全国卡车智能平台。

颜滨作客“褚方鸿的会客厅”

新颜物流党支部成立

5月28日以及6月10日，我和上海市企业经营师协会会长蔡淳华教授做客中国物流界当红节目上和LIVE“褚方鸿的会客厅”，讨论“代际传承”这一社会热点、难点、痛点问题。共两个小时的直播视频，全国有近30万人次收看，线上线下互动热烈，这期节目在物流界及社会各界引起强烈反响。我谈了三个问题：如何把控人与企业命运的关键点？家族企业代际传承领导力的三大思维是什么？家族企业代际传承领导力的四大机制是什么？面对这档高人气节目，主持人褚方鸿直播后对我说：“您把思考的深度上升到理论的高度，再落地验证，指导实践。讲得好！感谢分享！”伦敦李尔王集团旗下的Bigfoot教育中心负责人马娜老师在直播前一小时通过微信朋友圈说道：“无私分享是很多杰出人士的共同习惯。几十年如一日坚持学习与研究的颜滨先生也终于出来开讲。自从五年前结缘，我有幸见证了代际传承量子领导力形成的全过程，看到了它对企业、人生和家庭统筹规划的巨大威力。”

7月26日，我专程拜访了浙江衢州五洲特种纸业股份有限公司（简称为“五洲特纸”）赵磊董事长。新颜物流自2020年8月14日起独家总承包了五洲特纸在江西九江生产基地的仓库管理与装卸业务，以及部分线路的运输业务。两位董事长总结了一年以来的战略合作成果，进一步探讨了成立物流供应链合资公司的可能性与战略意义。新颜物流打造造纸物流供应链细分领域核心竞争力并连锁复制，已经初见成效。

颜滨与天地汇总裁何一博合影（摄于2021年1月29日）

新颜物流有着30多年物流各领域深耕基础，特别是复杂性与不确定性环境下的量子领导力实战体系，愿意“付出不亚于任何人的努力”（稻盛和夫著，曹岫云译，2016），用正确的方法做正确的事情，践行“新颜——帮您省钱长寿”的安心立命宗旨。对于运输管理、纸品仓储与装卸管理、物流人员培训以及采购管理等方面，新颜物流是专业的，新颜物流跟五洲特纸的战略合作一定会带来多赢局面，且对五洲特纸“有百利而无一害”。

颜滨与五洲特纸董事长赵磊合影（摄于2021年7月26日）

投资龙狮堂酒庄——杭州最好的茅台酒庄之一

2018年下半年，金融大环境复杂严峻，许多私募投资公司相继爆雷，民享财富公司倒闭，我投资的400万元和周彦宏投资的240万元面临着血本无归的风险。于是，周彦宏孤身一人赴河南郑州与民享财富董事长谈判。周彦宏权衡几种方案的利弊并对北京酒仙网总部进行实地考察后，定下处理方案——把投资民享财富的投资款换成酒券，在杭州开酒仙网门店。周彦宏在杭州西湖区转塘的之江一号找到商铺，开始装修，并注册了“龙狮堂”商号（杭州龙狮堂贸易有限公司）。一转眼几个月过去了，龙狮堂红红火火做起了酒类生意，第一个月做了8万多元的毛利，算了一下账，扣除房租和人员工资还能赚几万块。为此，周彦宏打算把剩下的民享财富投资款也去换成酒券。

此时，恰巧我给周彦宏打电话，了解民享财富投资款兑换酒仙网开店酒券的事宜。见面后，我觉得周彦宏年轻有为，诚信靠谱，人非常实干，有经商天赋。后来与周彦宏多次打交道，特别是一起去北京酒仙网办手续的时候，我们俩一拍即合，决定回杭州合资投资酒仙网（龙狮堂）实体店，希望把坏事变成好事，把酒业做起来。酒仙网要求一张酒券（100万元民享财富抵债券）开一家店，我和周彦宏手头上有五张酒券（500万元民享财富抵债券），除去已经开起来的之江一号店，我们还要再开四家店。我们在一年时间内把店都开起来了，分别在西湖区古墩路、余杭区五常大道、衢州市龙游县、萧山区四个地方开连锁店。2019年底，在上海宝山区又现金投资开了第六家店。由于急于想用掉这些酒券，开店快速扩张，经营压力越来越大。

2020年初，席卷全球的新冠肺炎疫情引发了实体店的倒闭潮。龙狮堂临危不乱，果断选择断臂求生，关闭了成本最高的古墩路店，及时止损，并集中精力与资源把之江店和五常店搞上去。经过大半年的努力，把产品换成更加适销对路的茅台、五粮液、奔富、拉菲等一线名酒，账面上的流动资金也慢慢多起来了，这两家店处于盈利状态。然而，上海店、萧山店、龙游店的经营情况不容乐观，上海店于2021年1月关闭，萧山店与龙游店因为亏损严重和管理问题，我们也选择了撤资。

暴风雨后，曙光初现。2020年底至2021年初，正是酒水销售旺季，龙狮

龙狮堂酒庄（摄于2022年4月1日）

量子会客厅（摄于2022年5月16日）

堂第一次接到了80万元的茅台酒销售大单，CEO周彦宏开玩笑地说：“那一天我兴奋得做梦都在笑。”我们看到了方向，茅台酒销售虽然利润薄，但是销量大，一定会有利可图。市面上假酒盛行，龙狮堂保质、保量、保真，经营管理非常正规，赢得了客户口碑。年前单月营业额已经突破200万元，年后继续加大对茅台酒的投资，增加了流动资金，增加进货量，公司营业额也不断创新高。2021年，营业额突破千万元，比2020年翻了一番。

2022年3月5日，龙狮堂宣传册出炉，内容如下：(1) 公司简介。杭州龙狮堂贸易有限公司成立于2019年，主营茅台等国内一线白酒，以及全球名庄葡萄酒等，是一家坚持酒文化推广与老酒收藏的专业公司，坚持长期主义，利他原则，薄利多销，多方共赢。(2) 企业文化。龙狮精神象征中国传统文化和团队力量，积极向上，不屈不挠，勇于拼搏，奋发有为。龙狮堂的生存方式是仿生机制和量子机制，即组织结构设计的仿生机制，确保协同进化与企业生命力，人的潜能开发的量子机制，确保以心为本，激发员工创造力。(3) 企业愿景。龙狮堂实行卖酒与投资二元战略。公司确立品牌、品质、品行的“三品”理念，保持稳健增长，销量逐年增加，并向高端酒行方向发展，不断做强做大。龙狮堂也是员工全面发展的良好平台。终极目标是人的幸福、企业长寿、代际传承。公司口号是“酒逢知己千杯少，代际传承龙狮堂”。(4) 量子会客厅。这是新颜物流与龙狮堂交友和资源整合平台，每月在龙狮堂花园会所或杭州新天地新颜物流总部举行若干场小型沙龙论坛，每期邀请嘉宾与颜滨博士一起探讨企业生命的奥秘、不确定性环境下的企业领导力、企业动态战略、企业组织结构设计的科学性、员工潜能开发的科学性、企业长寿与代际传承的方法论，以及全球化等管理学前沿理论与实际问题。

投资豪宇资本——代际传承全球平台

投资上海豪宇股权投资基金管理有限公司（简称为“豪宇资本”），我主要出于二元战略分散风险以及代际传承全球平台考虑。豪宇资本的初心是希望凝聚豪宇股东们的各种资源，包括国内与国际两种资源，我们这一代与下一代两代人的资源，为豪宇股东下一代以及社会上的“富二代”“创二代”接班或创业赋能助力。

豪宇资本的起因是，2017年4月1日中央电视台新闻联播第一次播出设立雄安新区的新闻报道，我们博士班几位企业家同学（方世俊、颜滨、陈英等）商议成立一家合资公司，以投资为载体，以代际传承为目的。后来，股东队伍有所扩大。现在，豪宇资本的股东们有着丰富的资源与人脉，既有国内产业，又有国外投资，立足于长三角，又有全球视野。2018年12月28日，豪宇资本取得国家注册商标证书。

豪宇资本西湖山庄战略会议（摄于2018年4月5日）

2018年底，在“豪宇会客厅，世界微中心”的代际传承平台上我认识了一位特殊的朋友，他是上海滩第一代炒股高手、传奇人物杨思慈。他喜欢别人称呼他“杨哥”（说是永远做学生的意思）。杨哥这么介绍他自己：“共和国成立后1957年出生，遇上改革开放好时代。20世纪80年代出国留学，从国外赚取了第一桶金，作为回国创业的资本。又遇上了国家大力发展资本市场，成立证券交易所，成为跌宕起伏的证券市场的见证者和摸爬滚打了31年的受益者。”

我是不会炒股的。2007年，我尝试性地炒股一次，50万元资本金（这是装修新房的钱），炒了几个月后亏了15万元。那是我第一次炒股，也是我最后一次炒股。事实上，炒股者大部分都是不怎么赚钱的。但是，社会有能人，高手在民间，杨哥有本事把炒股这种非常不确定性的事情锁定它的确定性。杨哥的炒股哲学是实用的与有效的，涨跌取中段，分散投资，赌的是国运上升。杨哥说：“手指头可以断，头不能被砍。”我认为，这与繁殖式免疫的仿生机制的精髓是一致的，一个阿米巴可能会死掉，但是整个企业的生命仍然活着，这是长寿企业的奥秘。

世界真不大，杨哥后来发现我和他还是淀山湖房子的邻居。杨哥认为，豪宇资本是一群成功实业家、有社会责任感又讲情怀的学者型民营企业家和教授组成的互助、学习、交流的平台。他对豪宇资本倡导的代际传承特别感兴趣，因为有需求。他说：“颜总把自己这些年在研究中、实践经验中有关代际传承的内容和我分享，让我很受启发。深度思考之后，我对自己如何继承祖辈荣耀，如何把自己的事业做稳做扎实又传承给下一代，有了新的想法与认识。”

新颜物流30多年发展历程总结

在回顾梳理新颜物流30多年发展历程时，我们不难发现一个有趣的现象，就是新颜物流公司的发展历程与董事长个人的发展历程相互穿插。这恰恰说明了一个事实，新颜物流的实践创新与董事长的理论创新一直是同步进行的。这既是实践基础上的理论创新，也是理论指导下的实践创新，事实上新颜物流和我取得了理论与实践的双丰收。我作为新颜物流董事长，自2001年建立企业仿生机制至今20多年一直做甩手掌柜，全球学习，终身学习，“主要在书房，经常在课堂，有时在国外，偶尔在公司”，并实现了四个自由：时间自由、空间自由、财务自由、思想自由。当然自由是相对的，不可能有绝对的自由。在量子领导力实战体系下，新颜物流仍然能够实现健康生态可持续发展，颜氏家族仍然能够实现繁荣、幸福、长寿与代际传承，正如孟德斯鸠所说的，“世界上，没有读书不能解决的事情”。

新颜物流自1989年创立至今已有32年历史了，虽然发展速度不是很快，但是经营管理比较稳健，事实上已经预防并抵御了2003年非典型性肺炎、2008年全球金融危机、全球新冠肺炎等多次“黑天鹅”事件的风险。

新颜物流32年发展并不是一帆风顺的，而是一次又一次迎接挑战，克服困难，取得胜利，最最重要的或者说区别于其他物流公司的一点是，新颜物流总是“理论指导下的实践”，“摸着石头过河”。

新颜物流作为实证研究案例，通过32年的正反两方面验证，得出的结论是，量子领导力实战体系是复杂性与不确定性环境下的领导力，新颜物流第一个十年（1989—1999年）没有量子领导力实战体系理论指导，结果是企业发展非常不稳；第二个十年（2000—2010年）与第三个十年（2011—2021年）有量子领导力实战体系理论指导，结果是企业发展非常稳健。

“黑天鹅”事件的风险任何时候都是客观存在着的，以前隐性，现在显性，以前速度慢，现在速度快，因为技术革命激发人心与环境底层的第一性原理的量子力量，牛顿式思维的人（包括牛顿式思维的领导力，即各种传统领导力）不能很好适应。我认为，企业的问题主要是老板的问题，老板的问题主要是老板领导力的问题。领导力的问题主要是心智模式与知识结构的问题。

新颜物流为什么能准确把握时代脉搏创新发展？为什么面临重大危机能化险为夷、化危为机？以及在关键时刻如何一次又一次决策并走向成功的？我认为，新颜物流的一切均得益于量子领导力实战体系。可以概括为以下几点：

第一，创始人和创始团队的人格魅力。这相当于“天时”。从放大时空背景看，创始团队的格局境界对于企业生存与发展具有决定性意义。从企业领导集体——董事会成员的人格魅力而言，大家都是非常谦虚的、智慧的，都是从一线提拔的，对市场变化非常敏锐。这个领导集体都非常愿意学习，经常阅读企业仿生学与量子管理学理论以及创始人推荐的书目，大家在思想上共同进步，也有非常相近的“三观”（世界观、人生观与价值观）。同时，董事会13位成员各负责一个板块，他们会从不同专业与不同视角看问题，提供不同的观点，经过反复科学论证，最后由集体智慧（董事会）决策实施。

第二，实事求是，尊重规律。这相当于“地利”。规律需要认知到达分子与量子世界即把握第一性原理。创始人从中共中央党校学到校训“实事求是”的精髓，要求管理者和一线人员汇报工作，“不唯上，不唯书，只唯实”，大家反复交换不同意见，交流不同思想，通过反复比较，最后形成一个比较正确的决策意见。大家都非常尊重领导，但绝不会盲从。鼓励创新，拥抱失败，鼓励发言，允许说错，鼓励说真话、说心里话。对问题仔细且翻来覆去地考查，至少要问5个为什么。尊重不同人的意见，遵守客观规律，特别是第一性原理，比如仿生机制与量子机制，规避决策上犯大的错误。赢别人其实是很难的，通常情况下，我们赢了我们自己，别人败给了他们自己。

第三，圆桌会议机制。这相当于“人和”。家和万事兴，国和民族兴，公司和事业兴。要求利益相关方一起商量问题，涌现智慧，解决矛盾，既满足这方面要求，又满足那方面要求，鱼和熊掌可以兼得。在新颜物流，个人没有权威，大家都是商量着办事。老板、CEO、项目经理、部门经理、一线员工等都遵循圆桌会议机制，不搞一言堂，不搞独裁，不搞个人决策。新颜物流是集体决策，个人执行，分工协作，命运共同体。

第四，用量子领导力实战体系对企业进行顶层设计。这相当于知行合一的“心治”（心本管理）与天人合一的“道治”（无为而治），心治与道治都属于宇宙智慧，属于高维空间的认知（比如量子世界、经典世界、生命世界“三个世界”逻辑切换）。我既有为又无为，既顶层设计又甩手掌柜。处理事情的处方是，急事急处理，大事冷处理，小事快处理。“冷处理”不是冻结不处理，而是冷静处理，用量子领导力实战体系的科学性进行超时空、超生命以及宇宙智慧式的处理，即量子领导力实战体系28字法则：顶层设计、自下而上、多则不同、涌现秩序、涌现生命、涌现智慧、涌现未来，24字功能：协同进化、潜能开发、资源整合、无中生有、超越危机、实现共赢。

也许以上四点是量子领导力实战体系驾驭新颜物流人心与环境从1989年走到今天的法宝。方法具有至高无上的力量。

第四节　我兄弟姐妹的创业故事

大哥颜明德的创业故事

敦厚朴实

我大哥叫颜明德。大哥1957年出生，比我这个老二大5岁，他是我们六个兄弟姐妹中最敦厚朴实的人。他年轻时，在村办工厂——百花电珠厂工作，话不多，人聪明，实干型，担任车间主任。我认为，大哥最大的遗憾应该是书读得太少了，小学没有毕业就参加劳动了。这不能怪他，生不逢时，时代的局限性，那时父母的想法我估计跟很多家庭的想法一样，主要考虑的是一家人如何活下去，不能饿死冻死，而不是孩子读书问题。

父母加上我们六个兄弟姐妹，那时一家八口人。作为长子，在弟妹都还小的时候，大哥对家庭毫无疑问是先行奉献的人。他在村办企业领来的工资都用来补贴家用，那时他还没有结婚。下班回到家里，他就坐下来“做簦”（用竹子皮编织凉帽）。我们村里好多人都会这种手艺。农忙季节，村办企业放假，大哥就帮父母干农活，比如到海里捕鱼、晒盐，在家养牛、养蚕、种蘑菇、烧蛎灰、做绿豆面、造船等。相比之下，我在家排行老二，早期因为一直读书，对家庭的贡献没有大哥多，所以我对大哥是心存感恩的，希望对他有所报答。

干过五份工作

大哥先是在村办企业百花电珠厂做学徒，后因表现好被派去上海福州路海光电珠厂学习机械修理，学成归来后升任机修车间主任。制造小电珠看似简单，实际上有摆丝、打泡、封口、排气等20多道工序，也是有一定技术要求的，否则出口不合格损失就大了。大哥活干得好，又肯干，不偷懒，后来被调去担任打泡车间主任。

后来，百花电珠厂没有利润关掉了，那时大哥与大嫂徐领花已经结婚，在做船老大连襟的带领下，大哥买了一艘船搞运输，从滨海运砖坯到温西轮窑厂。一个家族的好多成员，或者亲戚朋友，或者同乡人，一个带着一个或一批跟进来从事同一行业或配套产业链，这叫块状经济。比如大哥的连襟是船老大，所以大哥也跟着他的连襟从事船运。又比如，1992年我从事物流业成功后，不但我的五个兄弟姐妹都先后跟着我从事物流业，而且我的二妹妹、三妹妹和弟弟他们小家庭的大部分亲戚也都跟着他们从事物流业，所以我们颜氏家族以及颜氏家族的很多亲戚朋友都从事物流业。

再后来，大哥在我创办的温岭三爱尔机电仪器仪表灯厂担任生产厂长。我创办这家工厂有一个重要原因就是家里有两个懂技术与管理的现成人员，一个是大哥颜明德，另一个是三妹妹颜小平曾担任摆丝车间主任。原来的村办企业倒闭后，因为我有外贸业务，所以我们家又重新把它办起来了。当时考虑，投资不大，工人比较好招，村办企业倒闭以后这些工人大部分在家待业，我家办厂还可以解决他们的就业问题。

1992年，我的厂倒闭后，大哥重操旧业，造了一艘钢板船，到宁波运黄沙。在那里只干了一年，因为船太多，业务太少，生意不好，赚不到钱，第二年回到温岭新河，改用铁板船运泥。再干了两三年，也是因为船多业务少，没有生意，只好把船卖掉。此后，大哥与大嫂到北京某菜市场帮同村人陶华清搬运鱼鲜，又干了两年。

之后，大哥进入新颜物流。他先是在上海新颜物流，后来被调到浙江新颜物流。大哥没有文化，只能干体力活，比如带车装货、开叉车、修叉车、管理仓库、买菜烧饭等。大哥对工作从来不挑剔，只要公司需要，他都答应，苦一点，累一点，脏一点，从无怨言。他说："公司的活总要有人干。"

大哥颜明德（摄于1998年10月上海新颜物流）

2015年，大哥58岁，虽然还没有到法定退休年龄，但他喜欢抽烟、喝酒、吃肉，身体不是很好。为了大哥的健康，家里也需要他照顾孙子，我主动和侄子颜楠（大哥的儿子）商量，让大哥提前退休。颜楠说他父亲不想提前退休。我亲自找大哥商量，让他回家保养身体，照顾家庭，工资不影响，我付给他。我说："你退休后，新颜物流不能再给你发工资了，但我个人继续给你发工资，你收入不影响，你管理家里也相当于一份工作。"我当时心里想，他年轻时对整个家族，包括对父母以及我们兄弟姐妹作过贡献，今天轮到我对大哥的报答。我发给大哥的工资每年一次性支付，不是发到他60岁就结束了，而是一直会发下去，只要我有这个能力。

大妹妹颜美琴的创业故事

从小劳动

20世纪60年代，我家的经济状况跟国家的经济状况一样，用一个字形容就是“穷”。一家八口人，养家不易，父母每天都要出去劳动，家里弟弟妹妹谁照顾呢？大妹妹颜美琴扛起了这个担子。她七八岁时就开始协助奶奶料理家务，因为母亲出去干活了。奶奶年纪大了，美琴几乎包揽了全部家务，成为弟弟妹妹的“大姐大”。美琴说：“夏天帮弟弟妹妹洗澡洗脚安排睡觉，冬季帮弟弟妹妹穿衣穿鞋戴帽。”美琴只读了两年书。她早上去读书，中午回家吃饭，发现家里牛草没有了，就匆忙去割草；下午放学后，发现牛草没有了，又要去割草，回头还要烧饭和照顾弟妹。于是，她觉得家里实在需要一个人全职做家务，就主动放弃了上学。老师曾到家里找她，父母也没有坚持要她去上学，家里确实需要有人做家务，就这样美琴辍学了。后来，我和二妹妹颜雪梅都在上学，大哥颜明德和三妹妹颜小平都去村办企业百花电珠厂上班了，弟弟颜小演还小，美琴依然在家劳动，用她自己的话说是“后勤保障”。我认为，我们其他几个兄弟姐妹对美琴还是有点亏欠的。

美琴干活是一把好手，聪明、灵活、勇敢，为人热情，讨人喜欢。父母长年忙个不停，种水稻、种棉花、种番茄、种甘蔗、种柑橘、养牛、养蚕、种蘑菇、烧蛎灰、做绿豆面、造船等都干过。美琴一边跟父母一起干活，一边还要在家养猪、打猪草、割牛草等，干活很干练，加上她身高1.70米，力气也大，参加生产队集体劳动挣工分男性成年劳动力最高挣10分，女性成年劳动力最高挣6分，美琴15岁时就能挣到5分。

大胆勇敢

有一年夏日的一天，美琴跟母亲、三婶一起去离家二三十千米的松门和石塘一带采桑叶。她们采摘了几大包桑叶，每人都挑一大担，摇摇晃晃往家赶，不巧的是遇上台风，风越来越大，风雨交加，连路都走不稳，何况挑着重担。过桥的时候，她们只好拖着桑叶担子，一步步挪动身子。到桥中央，突然一阵狂风刮过来，一下子把三婶的桑叶担子吹到河里，河流很急，桑叶担子顺流直下。三婶和母亲都不会游泳，美琴情急之下，二话没说，就跳进河里，只想着打捞桑叶。美琴虽然水性还好，会游泳，但是落水的桑叶很重，费了很大的力气才把桑叶担子从河里拖到岸上。回忆起当时的情景，美琴说，这些桑叶是她们走了老远的路，给桑园主人付了钱才采摘来的，家里一点桑叶都没有了，嗷嗷待哺的一屋子蚕宝宝还饿着肚子呢。美琴当时只想着桑叶和蚕宝宝，把危险抛在了脑后。

“小金库”补贴家用

美琴年轻的时候，跟娘舅家的几个孩子经常去海里抓螃蟹、捉泥螺、抓海蜈蚣等，通常凌晨两三点就要起床出发。抓海蜈蚣每天需要弯腰三四个小时，拿铁锹深挖洞，要挖得很深才能找到海蜈蚣出没的洞口。一天下来把各种小海鲜卖掉能赚三四十元，这个收入在当时算是不少的。

下雨天，不能下海，美琴就在家里手工绣花。一幅刺绣是由最基本的点、线、面组成的，越是色彩艳丽的图案，越需要更多的色彩来搭配，才能显出不同层次与不同色段，绣出的效果才会生动逼真。美琴热爱刺绣，她说：“那种在一块布上一针上去再一针下来就能很快刺出花鸟虫鱼的图案的感觉，是一种精神享受，而且一天下来能赚二三十元钱。”

美琴在家劳动赚钱的时候，我都在外地读书，需要学费与生活费，有时候父母没有钱，就向美琴要点生活费。她经常将十块八块包裹好，塞在信封里寄给我。家里建新房子的时候，资金更加紧张，父亲只好找美琴要钱。美琴回忆说，那时她也心疼钱，因为这点钱是准备留作结婚用的。但她是一个心地善良的人，总是一次又一次地慷慨解囊补贴家用。

跨省运销土特产

1981年，我在浙江台州供销学校读书的时候，利用校友关系，介绍美琴去仙居横溪供销社茶厂做临时工。她乘了半天汽车，到了单位后，觉得这份工作不适合她，就没有留下来，回到老家跨省运销土特产。她不喜欢当工人，喜欢做生意。

美琴从18岁开始，跟着父亲大量收购家乡的橘子与荸荠。父母家里事情多，就派美琴跟着生产队里的陶华清、陶俊富等人外出做生意，货物在永安港装上轮船，从东海经上海进入长江，去沿江多个城市销售，足迹遍布上海十六铺市场、南通市场、南京市场、镇江市场、淮南市场等。美琴说，出门做生意是非常辛苦的，白天肩挑手扛卖东西，晚上只能露宿在水果批发市场或农贸市场里自己照看货物，用一块旧雨布盖好水果，睡觉的时候还要留意货物安全，避免东西被偷。

在南通做生意的时候，美琴发现批发市场门口有一对卖茶叶蛋的老夫妻，看上去比较可怜，一问才知道，他们无儿无女，相依为命。美琴很同情他们，除了平时多买茶叶蛋，还帮他们做事情，送橘子给他们吃，有空的时候就跟他们聊家常。一回生二回熟，这对老夫妻觉得美琴还是一个女孩子，晚上睡市场里不太安全，就让她睡到他们家里，还教她学骑三轮车。美琴悟出了一个做人道理，她说："别人有困难时，我主动帮助；反之，我有困难时，别人就会伸出援手。"

加入物流行业

1992年，我把温岭火叉港"天港酒店"（酒类批发部）送给美琴继续经营，我带领弟弟妹妹从温岭回到杭州再创业。1999年，美琴觉得整个家族的人都去杭州和上海从事物流了，物流生意也不错，自己一个人在老家做生意比较孤单，于是放弃酒类生意，到上海新颜物流职工食堂，先是帮助父母买菜烧饭，后来接替父母的工作。

后来，美琴帮弟弟颜小演处理上海的物流业务。几年后，美琴自己家也注册了一家小微物流企业，就是帮别人代叫车，赚信息费，这个生意一直做到现在。她办事认真，服务好，客户比较稳定，生意还可以，赚了一点钱。

大妹妹颜美琴（摄于2000年）

美琴是很有魄力的人。受兄弟姐妹都在杭州、上海买房的影响，她也抓住机会，先后买了上海的房子与杭州的房子。我们兄弟姐妹特别是她的两个孩子对她的果断与胆魄非常敬佩。

回忆过往，美琴说："我做的是那个时代家里必须有人做的事情。我没有文化，只能干这些力所能及的事。兄弟姐妹是我的精神支柱。"我认为，兄弟姐妹之间的团结很重要，只有相互之间关系好，才能在有困难的时候相互支持，家和万事兴。

二妹妹颜雪梅的创业故事

赴南开大学进修

颜雪梅是小名，正式名字叫颜雪琴，因小时候皮肤像雪天纯白的梅花一样白，"雪梅"就这样叫开了，大家一直都叫她"雪梅"。雪梅读高中时，因身体不太好，休学了一年。那时，我在杭州工作，心里老惦记着老家兄弟姐妹们的人生命运，经常思考一个问题：我读了书，"跳农门"了（农村户口转变为城市户口），命运改变了，家里还有五个兄弟姐妹怎么办？我必须帮助他们。

我脑子里一直想着帮兄弟姐妹的事，一有机会就会立即抓住。1986年的一天，那是我刚踏上社会在杭州工作的第三年，我突然看到报纸上有一则广告：天津南开大学电子系无线电维修专业招生，是一年期的培训班。我一下子觉得机会来了，立即打电话向招生办询问，当得知我妹妹颜雪梅的条件符合、可以去培训时，我又马上通知了父母与雪梅。我觉得这次培训机会非常好：一是去名牌大学进修，可以感受一下大学的氛围，有没有上过大学对于一个人的命运通常是不一样的；二是作为培训班，一年时间虽然不长，但也不短，能够学到一些东西了，还能结交来自全国的同学；三是家电产品（比如电视机）在那个时候刚刚兴起，学习潮流技术，总有用武之地。

妹妹要去天津南开大学培训了，那个时候买火车票是困难的，我通过在车站工作的同学关系，买了一张从杭州到天津的卧铺火车票。妹妹上车后，我仍不放心，反复托付邻座旅客多多照顾，到天津站提醒她下车。当汽笛响起，火车徐徐启动，我也跟着火车在站台上小跑了一阵，车厢内很拥挤，挡住了兄妹挥手道别的视线。当妹妹挤到窗口，拼命伸手道别时，我顿时泪流满面。我看到妹妹也在哭，不停地用手帕擦着眼泪。那一刻的场景我们兄妹俩至今都没有忘记。

雪梅要去天津的头天晚上，她从温岭出来住在杭州，我给她讲了不少做人道理。要注意别人嘴上怎么说，更要分析对方心里是怎么想的。我说："人与人之间表面上的微笑程度跟在他心里的真实地位很可能是不一样的"，这种现象可称之为"微笑不等式"。"一个人只要表现能干与忠诚，被提拔是一定的，只是时间问题。"

雪梅一直比较好学，这可能跟母亲遗传有关。和母亲一样，雪梅对新鲜事物保持着好奇，而且一学就会。

雪梅的能干

六个兄弟姐妹中除了我，唯有雪梅读到高中，后来我又送她去南开大学培训了一年。雪梅文化程度相对高一点，跟在我身边商量问题以及创业锻炼的机会也就多一点，比如1988年我从浙江省茶叶公司"下海"到安徽淮南创办"杭州商店"做丝绸生意、1989—1991年在温岭创办远通商务社、三爱尔机电仪器仪表灯厂，以及1992年回杭州创业等，雪梅都是跟着我一起创业的。

雪梅一直给人"女强人"的形象，无论在公司里还是在家里。年轻的时候说话做事很果断，也很干练，在家里给孩子们树立正确的"三观"，在公司里给员工树立坚定的信念，随着年纪的增长，反而变得委婉，体现成熟女性的内涵。雪梅不怕麻烦，心很细，也很有耐心，除了负责两个孩子的生活和教育外，家里大大小小的事都是她张罗的。杭州一套排屋上下5层、台州一套排屋4层、杭州新天地办公室装修都是雪梅参与设计、买材料施工，从装修小白开始，变成装修小能人，跑了无数家装饰城，货比三家，价格了如指掌，所有的材料、风格、颜色把控都非常好，装修公司专业人士都称赞雪梅"比行家还专业"，而且装修风格一套比一套有品位。

吴梦（雪梅的女儿）说："在六个兄弟姐妹中，除了颜滨舅舅，我妈妈书读得比较多，正因为学历比同龄人高，所以她有自己明确的判断和分析，不被别人左右，也让她在嫁给我爸之后，在吴家受到所有人的尊敬，有着不可撼动的家族领导人的地位。七大姑八大姨家的日常琐事，或是疑难问题，都会不约而同地让妈妈出面处理或者调节开导。"

我认为，雪梅的能干一方面跟文化程度有关，另一方面跟我一起锻炼的时间长有关。跟谁在一起以及锻炼的机会很重要。我想告诉子孙后代一个道理：在家族里，谁能干就向谁靠拢，不要有嫉妒心，不要有"红眼病"，不要有小心眼，应该有大格局。在家族里，既要充分发挥个人的积极性、主动性与创造性，更要以家族前途为重，充分发挥大家族整体与集体的力量。使用放大时空背景与彻底解剖分析法的量子思维心智模式的人就能感知这股力量越来越重要而不是越来越不重要，是正能量而不是负能量，因为这股力量不是个人主义，虽然利己，但更利家，并兼顾利国利民，符合"修身、齐家、治国、平天下"的古训。

我创业初期的助手

1992年我从温岭回杭州创业，先做市场调研，雪梅是我的助手。当时涉及两个行业的选择，卖海鲜或办托运部。卖海鲜的条件是货源供应与市场问题，温岭三面环海，海鲜是特产，供应没有问题；杭州吃海鲜的人很多，需求没有问题。办托运部的条件是我有一辆10吨大卡车，可以把这辆车从温岭过户到杭州；杭州是大城市，工厂多货源多，人口多消费多，商品吞吐量与运输量大，加上我有好多同学关系，搞一点运输业务应该没有问题。当我们选择办托运部、不卖海鲜后，就把海鲜生意转让给三叔的大女儿颜佩飞了。

位于杭州市天目山路91号（现为天际大厦所在地）的原杭州天目山路停车场，是当时杭州市规模最大的实际功能上的“货运信息交易市场”。货主来这里找回程车，司机来这里找货源，有几十个“黄牛”在做车货匹配生意，生意很好，但是他们无交易场所、无办公场地、无营业执照。我认为，我应该创办一个正规托运部，抓住商机。

我找到停车场徐宝贵经理和朱牛兰副经理谈想法，提要求，希望他们支持，提供办公室给我做生意。他们同意把停车场招待所102房间租给我使用。于是，我正式成立了“杭州畅兴运输公司托运部”——这就是新颜物流的前身。从此开启杭州“回程配载”先河，我也成为这一领域的杭州元老，从生物学以及企业仿生学视角，这是新颜物流的“物种起源”。

当时模式有两种：一种是中介服务，就是帮货主介绍回程车，我们找到回程车后，把车子送到货主工厂装货，货主自己派人跟车押运，我们只赚取每次几百元的中介费，不需要垫付运费；另一种是货物承运，就是客户把运输业务委托我们运输，我们作为承运人，无论用回程车还是使用自有车辆，我们要垫付运费、负责全程安全、凭对方收货回单才能向委托方结算运费。那个时候，“回程配载”是新生事物，很多人不知道，知道的人也不敢使用回程车，因为不知道这些全国各地司机的信用，担心货物的安全。回程车运价非常便宜，通常只是本地运输公司运价（物价局定价）的2/3。虽然回程车价格优势明显，但是实际上风险很大，一是货运诈骗经常发生，二是货损理赔没有保障。我们的竞争对手是“黄牛”，我们是正规公司，有营业执照，有固定办公场所，有专业人员，有运输合同，我们的口号是“在大量小事上做得比同行稍微好一点”，所以新颜物流在业界口碑一直不错，生意也一直稳定。

在家创办“公用电话”

雪梅结婚时，婆家并不富裕。妹夫吴春斌7岁时母亲去世，他父亲一个人把七个子女（五女二男）养大成人，也很不容易。春斌15岁就去宁波学泥水工。雪梅嫁过去时，他家只有一间三层的毛坯房，还是向村里“互助会”借款盖的。春斌把在宁波做泥水工时学来的技术——钢筋混凝土建筑技术带到老家，用于自家房屋建设，这样的房子那时在当地是很少见的。1992年，他们把房子重新进行改造，有了卫生间、浴缸、厨房，还在家边上挖了井，安上抽水泵，成为村里唯一喝上“自来水”的家庭。与春斌一样，雪梅也是很有做生意的头脑。村里离镇上邮电所远，那时村民打电话很不方便，大家都没有手机，也没有家庭电话，在外面见过世面的雪梅发现了一个商机——为村民们提供电话服务。那些年，她利用在老家带小孩的时间，借用别人的电话线做起了“公用电话”生意。这是新生事物，没过多久，雪梅家的“公用电话”就在方圆几里传开了，成为“热线电话”，每天生意很忙。雪梅是很会动脑筋的，她先把外地打来的电话号码登记好，并约定时间再打来，然后通知乡邻几点几分准时来接电话。接电话的人总是早来，房间里常常坐满等电话的人，电话一响，大家都站起来问：“是我的吗？”场面很是热闹。当时没有打电话的收费标准，雪梅就根据通话时间和距离远近确定话费，从不多收，最多一次只收20多元。真的是薄利多销，服务好，人热情，生意就好，一个人忙不过来的时候，公公或别人就来帮忙。后来，雪梅自己家申请了电话主机，自费花了3000多元钱，沿路加了几根电线杆，成为当时村里唯一有家庭电话的人家。

转行做物流

妹夫吴春斌也是喜欢创业的人，有企业家精神，有生意他都想做，年轻的时候在宁波做建筑包工头，干过造船、造房子等不少行当。他们结婚后，先是在老家做生意，后来雪梅觉得我在杭州干物流生意好，便劝春斌也来杭州帮忙。当时，我正好承包浙江省长途运输公司三辆大卡车，就把其中一辆大卡车分给雪梅，另一辆分配给我的第三个妹妹颜小平，我让她们独立经营、独立核算，虽然我们是一个大家族，也要调动大家的积极性，并分散风险。

后来，春斌希望自己创业。他先在停车场做“黄牛”，由于脑子灵活，不怕辛苦，很快掌握物流“黄牛”的诀窍。他每天起早贪黑，辛勤付出，服务周到，带来丰硕回报。作为中介，他每天能成功介绍10多部车子去拉货，每次赚300元信息费，一天能赚3000多元，三天能赚约10000元，经常去银行存款，连银行工作人员都很羡慕这一行当赚钱容易。

接着，他们夫妇俩自己创办物流公司。先是借用别人公司资质经营，几年后注册了自己的“杭州求宾托运部”。再后来社会上兴起“物流”概念，他们就在萧山传化公路港注册成立了“杭州凯诚物流有限公司”。根据形势变化以及控制风险考虑，他们又成立了“杭州龙企物流有限公司”。

最近10年，他们公司与新颜物流项目合作越来越多。一个家族的成员，不同的物流公司，大家可以发挥各自优势，合作双赢。富阳华伦集团的运输总承包业务是我们两家公司的第一个合作项目。那时，他们公司缺品牌、缺团队、缺管理人才，但有人脉、有资金、有经验，而新颜物流有品牌、有团队、有管理人才，两家公司按一定股份比例组建合资项目部，合作经营。这个项目当年营业额就达1500多万元，利润300万元，利润率达到20%。首次合作成功，为更多合作奠定了基础。

龙企物流现有职工60余人，除了第三方物流业务外，最近几年还开通了杭州—广西、杭州—陕西、杭州—湖南、杭州—河南等多条零担运输专线，2019年营业额达1.8亿元。此外，他们也尝试二元战略，物流＋投资，比如在温岭投资制造船舶，在大连投资石矿，在嘉兴承包铸造轮毂车间，在温岭投资盛开物流科技有限公司生产水泥厂专利叠包机。最近，他们还全资收购甘肃兰州永登光辉化工建材有限公司，主营建筑石材、基建、化工衍生品电石、高岭土、石灰粉等，供应大型央企国企。

因材施教培养孩子

雪梅的两个孩子吴梦与吴凯都生在杭州，都在杭州上学。读幼儿园时，雪梅就给他们报了很多兴趣班，目的是培养他们坐得住、静下心，为以后的课堂学习打基础。教育方法因人而异，因材施教，雪梅说：“性格好动的儿子给他报培养心静的课，心静的女儿给她报培养活动的课，使他们的性格平衡发展。”

雪梅使用的另一个教育方法是“托管”，就是把孩子寄宿在老师家里或住校，培养他们独立自强能力。比如吴梦，第18个月即从1岁半开始到小学毕业，一直住在各个老师或阿姨家里，到了初中与高中就选择住校，直到去英国读大学与研究生，所以吴梦的独立能力非常强。吴凯也是从读小学一年级开始就一直住校、全托。

我认为，雪梅这两种培养孩子的方法——因材施教与托管，是可取的、科学的、有效的。吴梦在世界著名的英国伦敦艺术大学时尚学院读服装设计专业的本科与硕士，在校期间赢得全系正式大赛的第一名，在整所学校名声大振。吴梦研究生一毕业就结婚了，选择的道路是边生孩子，边协助夫家的事业，因为人能干，基本功好，所以企业管理上手很快，赢得夫家整个大家族的尊敬。吴凯现在正在英国伦敦大学玛丽女王学院读经济与金融本科，还是个大学生，成绩不错。

二妹妹颜雪梅（摄于2021年）

雪梅对两个孩子最常说的一句话是：“我尽我可能把你们举到我能举到的最高的地方，至于能不能爬得上、能不能站稳，就看你们自己了。”所以，她从小培养两个孩子，报各种培训班，无论多忙、无论风吹日晒都准时送孩子们去培训。两个孩子遇事都愿意和妈妈商量，雪梅帮他们分析指点，由孩子们自己评判并作决定，训练他们的思维与决策能力。吴梦认为，她妈妈帮她分析的事情都是比较客观的，而且直言不讳，对的事情就表扬，错的事情就批评并给出补救建议。吴梦评价，她妈妈是智慧女性，把最好的性格和习惯传承给了他们姐弟俩，尊重且放飞孩子的梦想，而不是一味地以母亲为中心。

三妹妹颜小平的创业故事

小时候向往进工厂

三妹妹颜小平说："小时候不知道什么是创业。上小学的时候，看到村办电珠厂里女孩子们穿着漂亮鲜艳的衣服，很是羡慕。"那时，她很向往进工厂。那个时代，农村里的女孩子普遍向往进工厂。

有了进工厂的强烈念头，她小学毕业后就不想上初中了，父母考虑到家庭负担重，也没有坚持让她上学。在大哥颜明德的帮助下，小平也进了大哥工作的村办厂——百花电珠厂。小平做人本分，干什么爱什么，人也聪明，学什么像什么，一直对劳动充满热情，做学徒时就进步很快，她的生产线产品质量几乎达到100%，下道工序的工友们争抢她生产的产品，所以她被提拔为摆丝车间主任，每年被评为先进工作者。现在老家还摆放着她当年获得的一大堆奖品，包括印有获奖字样的搪瓷杯、一张1986年的奖状，可以算是"老古董"了。但它作为载体，对于小平自己是一种美好的回忆，对于子孙后代是一种精神的激励。

入对行，嫁对郎

我1988年"下海"创业，小平一直是跟随者、参与者，也是共同创业者之一。比如，1988年我们一起到安徽淮南卖丝绸，1989—1991年一起回到温岭创办远通商务社以及三爱尔机电仪器仪表灯厂，1992年又一起回到杭州创办畅兴运输公司托运部，1995年一起去上海创办新颜物流公司等。在这些公司，小平一路担任出纳，她说话慢条斯理，工作认真仔细，几乎不出差错。小平还有一个显著的优点是性格特好，从不啰嗦，不搬弄是非，人长得漂亮，很有孝心。

1994年，老家甘肃来杭州找工作的董祥宇应聘入职我的公司杭州畅兴运输公司托运部（新颜物流的前身）。我发现这个帅小伙子文化程度比较高（当时高中，现在自学拿到大学文凭了），办事稳重，工作认真，待人接物彬彬有礼、很有修养。我很喜欢他。我想把三妹妹颜小平介绍给他，考虑到我作为公司老板出面不妥当，我就请三叔颜可贤（他当时是我公司出纳，跟董祥宇是同事）出面做媒。颜小平与董祥宇从恋爱到结婚，一切顺利。这是我人生第一次给人做媒，而且是给妹妹做媒，这是非常有意义的事情。后来，我创办上海新颜物流公司，派他们俩去上海工作，董祥宇担任公司营销副总，小平一直当出纳。

自己创业

20世纪90年代，即我从事物流行业头十年，我选择的“回程配载”这一细分市场，不算高大上，生意很容易，低门槛，轻资产，大市场，低风险，“仅仅一部电话就可以做生意”，所以“回程配载”托运部或者说信息部像雨后春笋一样大量出现。新颜物流作为杭州和上海这一细分市场的头部企业，一方面发展很快，从1995年到2000年五年时间，就连锁复制了七个业务部，分别是杭一（杭州第一办事处）、杭二（杭州第二办事处）、北一（上海北方停车场第一办事处）、北二（上海北方停车场第二办事处）、北三（上海北方停车场第三办事处）、南一（上海南方停车场第一办事处）、南二（上海南方停车场第二办事处）；另一方面，员工跳槽频繁，离职率高达30%。

有一天，小妹夫董祥宇来到我办公室，说他想出去自己创业，内心感觉非常对我不起，也非常感谢我的培养，希望我能同意他们夫妻俩自己创业。董祥宇是一个很腼腆的人，当时是红着脸跟我讲话的。我当然能感受到他的复杂心情，其实我当时的心情也很复杂：一方面我内心不希望他们走；另一方面，他们的选择没有错，我能理解他们。我还是明确表示，同意他们自己创业。我至今还记得当时的场景，记得那次我们的对话，记得那次我们的流泪。事情已经说完了，两个人没有再说话，但谁也没有马上走开，两个人依然坐着默默地流泪。也许这就是家族的感情，如果不是家族成员，恐怕双方都不会流泪，或者说完就走了，但是因为是家人，才有这一感人场景。

创业初期，非常艰辛

小平回忆自己创业，说刚开始非常艰辛，想在上海滩占有一席之地，绝对不是一件容易的事。她说："创业没有资金，兄弟姐妹们及其他亲戚朋友借给我们一些钱，加上自己的一点积蓄，依靠艰苦奋斗、勤奋努力和聪明智慧，逐步把公司办起来。经多年打拼，2000年我们在上海贷款买了房，几年后还清了房贷、又买了车。现在终于安居乐业了。"

他们公司的名字叫上海生力物流有限公司，成立于2009年5月，在上海市嘉定区曹王曹新公路，是一家集货物运输、仓储、打包托运、零担配送、网络联运于一体的综合性物流公司。随着业务的不断发展，生力物流正在不断提高整合资源的能力以及抗风险能力，正在成为一家有生命力的物流公司，这也是他们公司名称的寓意。

家族助学，儿女争气

小平的女儿，也就是我的外甥女婷婷，1993年出生，从小学到大学成绩一直优秀，一直担任班干部，同学们都称呼她"老班长"。婷婷大学就读于浙江中医药大学，研究生以高分考入上海中医药大学，毕业后成为上海市第一人民医院嘉定分院（江桥）针灸科医生。

三妹妹颜小平（摄于1999年）

家中有医生，对于家庭和整个家族健康是

有好处的，平时健康咨询或找医生看病就比较方便。婷婷考上大学填报志愿时，两个专业方向征求我的意见——中医专业和计算机专业。我强烈推荐中医针灸推拿学专业。我认为，学中医，做中医，以后可以自己创业，甚至走出国门，中医是中国特色，而且这是健康事业，永远不会被淘汰或过时。

婷婷读大学后，她家里经济并不宽裕，我们兄弟姐妹担心家庭困难影响婷婷学习，我主动拿出2万元作为"婷婷学习补助基金"，我弟弟颜小演也拿出1万元打入这个"基金"。婷婷是懂得感恩的人，她得知我每天学习时间长，有时腰背劳累胀痛，就给我寄来了膏药。

小平的儿子董洋，2007年出生于上海，现就读于上海苏民学校初中。董洋对自己要求高，班里成绩名列前茅。

弟弟颜小演的创业故事

学习修理自行车

弟弟颜小演，小时候叫颜安德，"小演"是我给他改的名字。小演在家排行老六，是父母最后一个孩子，那个年代家境并不富裕，兄弟姐妹又多，所以不可能被宠爱。他书读得太少，小学毕业就不想读初中了。

小演小学毕业后，既然不去读书了，那么干什么好呢？这是父母和我考虑的问题。那时，他14岁，我23岁，我学校毕业分配到杭州工作不足三年，我的关系与资源还不能直接帮到他。父母找我商量弟弟前途的时候，我当时考虑，他不能待在家里，必须出去见见世面、学点本领。

去哪里？学什么本领？找谁帮忙？我想到找三娘舅伍崇炳帮忙，他已从温岭石塘边防派出所调到温岭县人民政府基建办工作。我让母亲给三娘舅打电话，请他帮小演在温岭县城找一份工作，或学一门手艺。三娘舅与一位修理自行车的师傅关系不错，就安排小演给这位师傅当徒弟。1986年，小演跟着这位师傅学了一年。我认为，小演这一年的锻炼，对他此后吃苦耐劳品质以及独立生活工作能力的形成至关重要。小演应该感谢三娘舅、三舅妈以及那位师傅的照顾与培养。

那个年代，中国经济比较落后，各种商品奇缺，自行车是家庭四大件（自行车、手表、缝纫机、收音机）之一，是老百姓重要的交通工具。小演从县城学到手艺后回到家里，在家附近的马路边搭建起一个自行车修理铺，就这样简简单单地开始一个人的创业了，那是1987年，他16岁。这活他干了两年，因为生意不好，干到1988年就不干了。那一年我正好“下海”创业，他就跟着我干了。

在台州管车跑运输

1989—1991年，我承包租赁温岭县糖烟酒公司泽国商店，发现天台酒厂每天都有啤酒运往泽国，返程拉空啤酒瓶回去，来回都有运输业务。我认为，这是商机，可以作为弟弟的职业，让他管车跑运输。当时，小演没有学过驾驶，不会开车，只能做押运工。我聘请我老师的大舅子金学佐当司机，同时给小演当人生导师。我要求金师傅，既要教我弟弟开车，又要教他做人。小演两方面进步都很大，驾驶技术过硬，待人接物老练。在金师傅的引导下，小演做事的确很勤快。借钱买车，我自己没有钱，家里也没有钱，只能向亲戚朋友借钱，甚至向我的母校（台州供销学校）老师们借钱。弟弟当时年纪小，不可能叫他去向朋友借钱。

小演在天台酒厂运输啤酒，只干了一年就被当地司机排挤出来了。第二年和第三年只好回到温岭接市场上的货跑运输。温岭泡货比较多，我的车身太短，不适合拉泡货，两年算下来没有赚钱，甚至还亏一点钱。

到杭州管理车队

1992年，我在温岭创业失败后撤退到杭州。

我把温岭那辆半挂大卡车（浙J・C730）过户到杭州东风汽车运输公司。开始接到的运输业务是把杭州新光塑料厂（我同学在销售科）的塑料薄膜运往黑龙江省，一车运费是13000多元，返程也能在当地停车场找到回程货回长三角，运费通常5000元，这样来回运费有18000元左右，利润有好几千元。这样的营业额与利润都是这辆车有史以来最高的，兴奋之余，我开始担心可持续问题。即业务能不能稳定？收入能不能稳定？

与此同时，相比之下，我创办的杭州畅兴运输公司托运部（新颜物流前身）的回程配载事业生意更好，每天业务繁忙，客户越来越多，不存在单一客户与单一业务的风险。1993年，我向浙江省长途运输公司承包了三辆10吨大卡车，又购置了一辆6吨平头柴油车（简称为“六平柴”），此时我们共有五辆大卡车。我弟弟颜小演担任车队长，车子及驾驶员都归他管。那时，我们业务模式与盈利模式已经实现“双轨制”，一是托运部收入，二是车队收入，相当于“二元战略”，降低了“鸡蛋放在一个篮子里”的风险。

担任杭州分公司经理

1992—1995年，“回程配载”业务发展很快，我考虑向其他城市拓展出去，在上海与广州的选择中，我选择了上海。在上海各大货运市场调研中，我发现，我在杭州货运市场创立的“回程配载”商业模式即使在大上海也是先进的。我预感，我有能力与信心在上海发展并取得成功。

弟弟颜小演（摄于2021年3月26日）

1995年，我把新颜物流总部从杭州迁到上海，设在上海市宝山区逸仙路崇明大厦。因为这里离宝钢与港口比较近，我们有现成的从上海港口到杭州的运输业务，比如塑料粒子、健力宝饮料、进口废纸以及钢材等。

1995年公司总部迁到上海后，杭州变成了分公司，我弟弟颜小演是杭州分公司经理。我分析了小演的优点与缺点，优点是业务熟悉，做生意没有问题；缺点是文化程度不高，管理企业有问题。因此，我专门给他配了两个助理，一位是市场营销助理（邓勇，后来成为新颜物流股东、轮值总经理），另一位是公司法律顾问（胡伯勋，浙江大学法律系退休教授）。他们三人组成了当时杭州分公司的领导班子。颜小演的综合能力主要是在担任杭州分公司经理期间锻炼与提高的。用他自己的话说，是“社会大学毕业的”。

从自己创业到家族企业联合

颜小演与林春莲结婚后不久就开始自己创业了。他在杭州已经有了创业的基础，善于结交朋友，业务能力又强。他创办的“杭州中颜供应链管理有限公司”至今发展得不错。现在，杭州中颜供应链管理有限公司从事公路货物运输，并逐步形成以浙赣为中心、网络覆盖全国的零担与整车业务，包括危化品运输业务。2019年，营业收入达2亿多元，自有车辆近50辆，配备了1—30吨的危化品运输车辆。江西新颜物流有限公司是由浙江新颜物流有限公司、杭州中颜供应链管理有限公司以及兴国金莹物流有限公司三家公司于2019年9月共同出资组建的一家专业从事危化品运输的企业，是中化蓝天等大企业的物流供应商，注册资金1000万元，主要经营范围包括危险货物运输第2类、第3类、第4类、第6类1项、第8类、第9类等，业务辐射长三角、珠三角及全国其他城市。

弟媳林春莲的创业故事

嫁人看家教家风

弟弟颜小演与弟媳林春莲1996年结婚，红娘是我的二妹妹颜雪梅。当时两家经济条件并不相同，颜家做生意有点欠债，春莲回忆道：“当初之所以愿意嫁到颜家，是因为看重颜家良好的家风和颜小演的人品。”春莲列举了颜家良好家风的三个方面：一是父母淳朴善良，家庭和睦，对子女管教比较严格；二是小演聪明能干，有事业心和创业精神，为人正派，没有不良嗜好；三是二哥（颜滨）是兄弟姐妹的领头人，喜欢读书和创业。

孝敬公婆，干活能手

春莲跟我母亲婆媳关系相处良好。在我母亲身体不好，或家里来客人需要帮忙时，我母亲会主动打电话叫春莲来帮忙。我母亲说：“好儿媳有时比儿子还管用。”我父母除了喜欢住雪梅家外（女儿家），就喜欢住小演家（儿子家），一则喜欢看孙子，二则春莲这个儿媳妇性格开朗。春莲觉得，婆婆（我母亲）会做人，两人合得来，所以婆媳关系比较好。春莲有什么不开心的事情，我母亲会主动开导她，这样婆媳关系日益亲密。春莲说：“社会上都说婆媳关系如何难处，所以自己特别珍惜这份婆媳感情，经常有意做一些家乡特色饭菜招待公婆。”

我们兄弟姐妹在创业初期的时候，大家工作都特别忙，孩子们又小，很少有时间带父母出去玩，相比之下，小演和春莲带上孩子和父母一起出去玩的次数比较多，比如一起去看烟花大会、游千岛湖等。近几年，兄弟姐妹创业稳定了，事业发展了，孩子们也大了，大家陪父母一起吃饭或旅游的次数多起来了。现在基本上每周聚一两次，每当大家庭聚会，春莲总是第一个下厨、擦桌、扫地，忙个不停，的确是干活能手。

重视孩子教育

春莲和小演重视对孩子的教育投资。春莲说：“创业是为了孩子，花钱教育是为了孩子更好地发展。”为了创业，他们把大儿子颜坦森从幼儿园到高中一直全托住校。但他们心里又觉得自己作为家长没有时间陪孩子一起成长，特别亏欠孩子，心里感到内疚，所以更加努力工作，做大事业，补偿孩子。

颜坦森小时候热衷电脑，影响功课，急性子的春莲会严厉管教。坦森长大后，我问坦森：“小时候你妈对你很严格，你还记得吗？你现在怎么想？”坦森认为，妈妈也是为他好，他理解妈妈。现在坦森在英国留学，像个英伦绅士，说话办事，礼节很好，很能替对方考虑。

勤劳致富，敢于冒险

弟媳林春莲（摄于2020年8月）

春莲刚到杭州的时候，在果品市场做橘子批发生意，即我父亲在温岭老家收购橘子，春莲在杭州市场批发。这是季节性生意，季节过了，这个生意就没有了。迫于生活以及买房后还贷的压力，春莲想方设法在杭州农科院停车场做生意，一边在货运市场找成都、兰州、乌鲁木齐的铁路货运业务赚一点介绍费，一边自己开小店卖矿泉水、绿豆汤、雨伞等。当时农科院停车场人流如潮，春莲每天生意火爆，常常四个大冰箱不够用。后来，停车场管理人员的亲戚看到这个商机也要开店，春莲没有办法只好把自己的商店关掉。

春莲有上进心，也敢于冒险，有胆量用50万元的资金去做100万元的生意。她说："将压力化为动力，逼自己一把激发潜能。"小演曾经创办塑料管厂亏了200多万元，那次跨行业投资失败后，就及时回归主业物流。春莲与小演现在除了物流，还多处投资房产，也喜欢拉上兄弟姐妹一起投资。

第四章 第三代人的成长与创业故事

本书的第三代是指我们六个兄弟姐妹的孩子，共11人，按照小家庭排序，他们是颜曦（女）、颜楠、颜思迈（女）、梁珊珊（女）、梁治、吴梦（女）、吴凯、梁婷婷（女）、董洋、颜坦森、颜宸，六男五女。他们不仅要考虑自身的成长与创业，更要用放大时空背景和彻底解剖分析法的量子思维心智模式开发潜能，用科学方法代际传承，使每个人的生命价值最大化。

第一节 我是如何培养女儿的？

——女儿颜思迈的成长故事

我的教育观

我的家庭教育观集中体现在我给女儿颜思迈14岁时（2008年）她的著作《雏燕起飞》写的序《把培养孩子当作最大的事业——父亲的教育观》。我的主要观点与做法如下：（1）“人生分阶段全面总结”。我告诉女儿，聪明智慧者都是善于总结经验教训的，包括别人的经验教训和自己的经验教训。人生分阶段全面总结，这是必需的，要养成习惯。“善于总结，善于开始”是女儿竞选班干部的竞选口号，她成功了。(2)“老来幸福才是一生真正的幸福”。我告诉女儿，如果老来不幸福，那是人生真正的不幸。只有老来幸福，才是人生真正的幸福。过程辛苦不要紧，关键是结果要幸福。年轻的时候，累一点，苦一点，不但没有坏处，反而有好处，磨炼意志，驾驭心灵。(3)“从小当成大人看，有事商量不批评”。这是我对待任何人的观点，包括女儿很小很小的时候。我认为，我提出的人际关系“独立，对等，尊重，吸引力”九字准则同样适用于家长对待孩子。我特别重视从小培养孩子的自信心。我认为，自信心并不随年龄增长而变强，培养孩子自信心要从小尊重孩子。(4)“从小积极主动参加各种实践”。我告诉女儿，亲眼看了，亲耳听了，亲手做了，亲自尝了，亲自闻了，“五觉”体验，才有感悟，实践经验越丰富的人往往越能干，实践出真知。值得欣慰的是，女儿颜思迈动手能力特别强，她总是积极主动做事，敢于担当，喜欢负责，比如她读高中的时候，在伦敦家里，她一个人看着图纸把从“宜家”买来的书柜安装起来。(5)“从小培养全球意识”。我告诉女儿，用中英文双语出版她的著作《雏燕起飞》，我的用意是用行动而不只是口号，培养她的全球化意识。只有双语著作才能在国际上通用，小小年纪就要有大世界观，培养放大时空背景与彻底解剖分析法的量子思维心智模式。

颜滨与颜思迈在上海联华超市（摄于2019年8月27日）

车轮上的“商学院”

什么叫车轮上的“商学院”？这是女儿颜思迈在杭州就读建兰中学（初

中）的三年时间里，我每天给她讲授“人生哲理”，地方在车轮上，方式相当于商学院的案例教学，所以叫车轮上的“商学院”（简称为“车轮商学院”）。我每天利用接送她的5分钟开车时间（单程），有意识、有目的、有准备地给她讲一个或两个人生哲理。我经常事先打印好讨论提纲，上车后，交给她，在车上她边看提纲，边听我讲解，有时候一起讨论，有时候她问我答，一次一个主题，以言商为主，兼谈别样，效果非常好，又不浪费时间。车轮商学院教育女儿的做法，我在博士班（纽约中央州立大学）同学中介绍过，所以蔡淳华教授谈及我重视对女儿的培养时经常提到车轮商学院。

女儿上学的时候，早上每一分钟都是很宝贵的，其实我的时间也是很宝贵的，车轮商学院就是利用我们两个人的缝隙时间，早上送她5分钟，下午接她5分钟，我们把每分钟的时间都利用起来了。我认为，对初中生讲人生哲理，及时弥补了学校教育在这方面的不足。学校教育通常或多或少会脱离社会，但是颜思迈没有，这就奠定了颜思迈在“三观”（世界观、人生观、价值观）形成“重要窗口期”综合素质的坚实基础。我的家教方式与众不同，她的收获也与众不同，车轮商学院功不可没。

车轮商学院每天的主题是什么？以女儿为中心，以问题为导向，这是宗旨。我通常找当日或近日家里、班里、公司里或者国内发生的与她有关的话题——包括现在有关或将来有关。这是颜思迈内心很想听的话题。我不打无准备之仗，每天都事先备课，确定话题后即开始准备，经常打印讨论提纲或背景资料给颜思迈。我一般分两个方面讲：事实是什么？背后原因是什么？内容多为做生意和做人方面的深刻道理，也涉及天文地理、古今中外、政治经济、生命健身等，是一种百科全书式的家教，虽然我达不到孟德斯鸠那样百科全书式的水平。

车轮商学院三年下来（颜思迈初一到初三）效果怎么样呢？毫不夸张地说，我认为，颜思迈的人生修养、成人思维、创业向往、管理兴趣、社会知识以及身心灵等各方面已经得到了全方位的修炼，大千世界，心中有谱，这是没有MBA学位但效果不亚于大学MBA的家教MBA。举个例子，我叫颜思迈写一篇真实的、很好写的、很有用的、很有意义的、开口小切入深的文章，题为“早起”，我说可以分五个部分写，包括自己早起、老爸早起、外婆早起、姨妈早起、老妈早起等。我解释了早起习惯对于任何一个人及其家族的意义，曾国藩说家庭兴衰只需“三看”：早起、勤劳、读书。我告诉颜思迈：为什么要深入思考“早起”这个问题？为什么要写一写“早起”这篇文章？我说，这是重要的、广泛的话题，到处可用，说不定高考用上了，稍微换个角度就可以写成我的家庭、我的父亲、我的外婆，可以写他们的早起。我鼓励女儿，这篇文章写好后，别人是无法模仿的。

比“孟母三迁”多了一迁

为了颜思迈的学习环境，我们家迁移了四次，比“孟母三迁”多了一迁。本质在于自身，奥秘在于环境。“孟母三迁”的故事，表明环境能改变一个人。“孟母三迁”以后，虽然为儿子的成长创造了良好的环境，但孟母并没有因此放松对儿子的管教。她认为，如果主观上不勤奋努力，还是难成大器的，所以她抓紧对儿子的教育，督促他勤奋学习。我们家有“四迁”的经历：第一迁是在颜思迈读小学的时候（杭州市学军小学），我们家就搬到该小学附近居住，而且是租的房子；第二迁是在颜思迈读初中的时候（杭州市建兰中学），我们家就在该中学附近买了房子，家离学校5分钟车程，走路需要20分钟；第三迁是在颜思迈读高中的时候（上师大剑桥国际中心），我们家就搬回到上海居住，这是以前买的房子；第四迁是在颜思迈读大学和研究生的时候（伦敦大学学院），我们家又在伦敦买了房子并居住（每年半年在伦敦、半年在中国）。

颜思迈的使命感

《代际传承》这本书的初稿，我完成于2017年，颜思迈看了书稿后当即写了《我的使命感》一文。颜思迈2017年写的《我的使命感》，今天读来觉得依然没有过时。

我的使命感如何变成颜思迈的使命感？颜思迈的使命感如何链接我的使命感？这是一个很好的问题。从颜思迈《我的使命感》一文中可以看到，颜思迈的使命感与我的使命感是链接的，基本上是一致的。比如，“做最好的自己”是颜思迈的座右铭。我的理论与实践的根基或者说两大发明是仿生机制与量子机制，其精髓是“协同进化，潜能开发”八个字。我认为，做到这八个字就能“做最好的自己”，企业家要想做最好的自己需要做到这八个字。在这八个字基础上发展起来的量子领导力实战体系，是家族企业家如何实现“做最好的自己”的理论体系与实践体系。

从颜思迈对于使命感的认知，她已经有一种超时空与超生命的使命感，能够把她的祖先、她自己以及她的子孙后代链接起来考虑问题，这是放大时空背景与彻底解剖分析法的量子思维心智模式，这种使命感与思维方式通常是成年人才会有的，甚至有的成年人也没有。颜思迈当时是大三学生，能够写出这篇《我的使命感》，让我刮目相看，很不简单，溯源思维也说明了家长言传身教的影响力、长期的潜移默化的力量。

颜思迈的格局与境界在一定程度上反映了我们兄弟姐妹下一代的思想成熟及老练程度。在《代际传承》这本书里，我们可以看到颜氏家族更多小字辈们有了使命感，这种使命感不只是他们个人的使命感，而是他们小家庭与颜氏大家族的使命感。我知道，他们的这种使命感是民族使命感与人类使命感的一部分。虽然一个人的力量并不大，甚至有人认为，一个人对于民族与人类可能是可有可无的，但是每个人加起来就是一个民族、就是全人类，如果认为每个人的力量都是可有可无的，那就错了。量子科学告诉我们，链接每个人潜意识的集体潜意识里蕴藏着生命与宇宙的巨大信息和能量，把这些信息和能量开发出来就是潜能开发，不仅能够造福自己，而且能够造福家族、民族与人类。我认为，人的一生实现生命价值的大小，在一定意义上取决于其思维方式与心智模式的时空大小以及彻底解剖分析的程度。颜思迈说："总结来说，我的使命就是，做最好的自己，带给家庭和身边的人支持与帮助，同时用世界听得懂的话讲好中国故事，让更多中国人活跃在世界舞台上，重新制定世界规则。"

时隔四年，在《代际传承》正式出版前，颜思迈再一次阅读该书书稿后，于2021年8月4日又写了一篇《我的使命感》（27岁版本）。颜思迈说："我意识到，续写中国经济发展的辉煌，并真正在世界舞台上闪耀，还得靠我们这一代'90后'和'00后'。在有限的精力和资源下，我们需要站得更高、看得更远。我不想枉费父母毕生积累的经验和事业，所以想要接管父亲创办的新颜物流，并立志把公司打造为跨国供应链集团。"我认为，她这一稿的认知与写作水平比2017年写的《我的使命感》（23岁版本）要成熟得多、老练得多。这一方面反映颜思迈在学习与工作中成长，另一方面也说明我用量子领导力实战体系进行家族企业代际传承潜能开发在我女儿思想上与能力上产生了效果。

从小当成大人看，有事商量不批评

如何教育孩子？我有一个做法就是"从小当成大人看，有事商量不批评"。在颜思迈非常小的时候，我就开始把她当成大人看了，具体做法是，任何事情我都用商量的口气跟她交流，而不是命令的口气。做到人与人之间绝对的平等和尊重，不是居高临下的态度，即使是自己的女儿，即使是很小的时候，即使她有做得不对的地方，我从来没有打过她或骂过她。

我认为，颜思迈的思想成熟与处事老练程度远远超出她的实际年龄。这效果跟我对她"从小当成大人看，有事商量不批评"以及长期培养她的自信心有关。2021年5月8日在"褚方鸿的会客厅"《代际传承》直播视频中，蔡淳华教授评价颜思迈"非常成熟，非常老练"，"已经超出她的年龄阶段"。

再举一个例子。2011年4月8日，担任上师大剑桥国际中心学生会主席的颜思迈邀请并主持殷亚敏老师（第三届中国金话筒金奖获得者、中国视协主持人委员会副会长）在上师大剑桥国际中心的一个讲座，讲座过程中有一个台下学生上台训练环节。殷亚敏老师请想上台的同学举手。我发现，颜思迈没有积极举手。事后，我问她："你当时为什么不积极举手？当时心里是怎么想的？"颜思迈的回答完全出乎我的意料。她说：一是自己作为讲座主持人已经上台过了，先不举手是想把机会让给别的同学；二是担心被别人说成"托"；三是后来发现好长时间没有几个同学举手，她才举了手，但这时殷亚敏老师可能没有发现她举手，会场上有300人。我听到女儿这番解释，很是震撼，觉得她当时想得非常周到。于是，我表扬了她：这样想以及这样做很好，考虑问题非常周全和成熟。

假如换一个家长，换一种对话方式，一开口就批评、斥责女儿："你怎么搞的，身为学生会主席和主持人，胆子怎么这么小，同学都能举手，你还不敢举手。这次上台演练，直接请殷亚敏老师指教，多么好的机会错过了。"乍一听，家长如果这样批评也不是完全没有道理。但是，肯定没有我用上述商量的口气效果好。我进而对颜思迈说："从骨子里对人尊重，非常重要。"我对于管理的认知就是尊重，我认为，"管理即尊重"：从分子层面分析，企业仿生管理"以生命科学为指导思想"，细胞的生存方式是细胞分裂，细胞分裂后是"兄弟相处"，不是"父子同堂"，细胞之间骨子里就是尊重；从量子层面分析，企业量子管理遵循第一性原理，粒子"自破缺重聚"（希格斯，1964）获得质量，然后阴阳环抱演绎生命，所以我提炼出人际关系"独立，对等，尊重，吸引力"九字准则，因为量子骨子里也是尊重。颜思迈说："很多人先入为主，这很不好，先听人家想什么、说什么，这有好处，对症下药，不会搞错，不被冤枉。"我认为，事实上，社会上被冤枉的人和事是很多的，包括有一些是冤假错案，家长冤枉孩子的事情也是很多的。让对方说心里话，相信对方，尊重对方，这在管理上和人际关系上是非常重要的领导者素质。我认为，尊重也是一种领导力，量子领导力是心本管理的领导力、吸引力法则的领导力、统一战线与群众路线的领导力。离开尊重，任何领导力都不能持久，甚至直接无效。

讲座结束两天后，殷亚敏老师跟我说，颜思迈的这种素质，不是一天两天能够速成的，而是家长长期坚持、潜移默化的结果，跟家庭教育方法有很大的关系。他认为，我“的确把教育孩子当作事业了”。因为我给颜思迈的著作《雏燕起飞》写的序的题目就是“把培养孩子当作最大的事业——父亲的教育观”。殷亚敏老师说，根据颜思迈在举手上台训练环节，先不举手把机会让给别人这种思想境界，以及担心被别人说成“托”这种考虑深度，还有发现很少有同学举手才自己举手这种果断灵活等，都是临场发挥的，没人指点的，甚至没有长时间思考过程，这是条件反射，这是她思想成熟的象征。我认为，这正是“从小当成大人看，有事商量不批评”产生的综合性效果，从小全方位潜能开发的效果。

工作并学习着

2011年4月8日，颜思迈写了一篇《工作并学习着》的文章。这是关于她策划主持殷亚敏老师讲座的心得文章，写得非常有高度和深度，既体现智商、情商，又体现灵商。具体来讲，我对颜思迈《工作并学习着》文章的评价有以下几点：一是篇幅长。这是颜思迈当时写过的最长的文章，全文共2500多字。二是质量高。文章思路清晰，文字非常通顺，已经体现出了相当水平的思想深度，同龄人中少见，用殷亚敏老师的话说：“小小年纪有这种能力，今后长大了想不成功都难。”三是题目起得好，内容也切题。从题目到内容，我看不出问题。对此，殷亚敏老师说：“这是长期写作积累的结果。”我认为主要不是写作积累的结果，而是思想积累的结果。颜思迈自己也同意我的说法，因为她平时写作不多，主要是没有时间，学业太忙，但是长期以来，家教思想积累，特别是三年“车轮商学院”的效果，从杭州市建兰中学进入上师大剑桥国际中心，思想水平与认知维度的确有了质的飞跃。

殷亚敏老师说："有的成年人，一辈子都达不到颜思迈的思想水平。"上海广生行公司董事长陈英看了颜思迈这篇文章的评语，跟我说："你的思想很优秀，知道怎么去育人，对于孩子，这一点太重要了！你女儿作为主持也很出众！我看到照片和文字后，我觉得她写得很好，主持得也很好，笑容仪态都很阳光，你一定为你的女儿骄傲。我也为你感到高兴！"

我认为，颜思迈《工作并学习着》这篇文章具有里程碑意义。我突然发现，颜思迈很会写文章，而且考虑问题很全面，一点不像小孩子了，而是像一个能干的大人。由此引发我对颜思迈成长、家庭教育方法、智商情商灵商等一系列重大问题的思考。

年少老练

颜思迈写《工作并学习着》这篇文章时只有17岁。2010年我们一家三口游欧洲时，台湾导游张导说："颜思迈16岁像26岁那样老练。"根据颜思迈代表上师大剑桥国际中心学生会接受上海电视台、中国青年报社记者采访时讲话滴水不漏的表现，殷亚敏老师说他本人在40岁前都想不出、说不出这些话。这是现象，背后的本质是什么？我认为，一个人的成功涉及"三商"：智商、情商、灵商。颜思迈智商是高的，小时候在上海育儿基地测出来的智商可以佐证。我认为，颜思迈的情商比智商高，如果说智商有遗传因素，那么情商主要是后天家庭教育的结果。颜思迈的灵商也是比较高的。什么叫灵商？灵商就是潜意识商数。尊重自己潜意识内心世界的想法，然后付诸行动，即知行合一，知是良知即潜意识，行包括意识与行为，起身动念均为行，这是王阳明的本意。作为父亲，我总是尽力营造颜思迈自信与宽松的环境，压抑是潜能开发的死敌。颜思迈的家庭环境是不压抑的，这极大培养或者说激发了她的灵商。

我认为，人的一生，从小到大，不同年龄段，从智商到情商，再到灵商，后者总比前者重要，也就是说情商比智商重要，灵商又比情商重要。丹娜·佐哈尔和伊恩·马歇尔写了一本书叫《心灵资本》，告诉我们，人与企业需要三种资本：物质资本、社会资本与心灵资本，只有这三种资本统一的模式与机制才能驾驭自己或企业通向繁荣、幸福、长寿与代际传承的终极目标。关于灵商资本开发，中国与西方存在着差异。

在中国，从小学到高中，智商比情商更重要。就自身而言，青少年时期，人没有成熟，自身独立性不强，依附性很强，很多人际关系都由家庭或学校帮着处理了；就环境而言，社会选拔人才的标准也是唯分数论，比如中考和高考，学习成绩很重要，且成绩优秀者就能成为学生领袖。但是，到了大学，分数的重要性下降了，大学毕业的前途不再是唯分数论了，大学生从心理上开始摆脱对父母的依赖，开始自己作主，进入社交领域，这是生理发育的需要，也是精神走向成熟的表现，情商的重要性开始显现。有的大学生能够适应环境，有的大学生不能适应环境，情商的高低使前途与命运开始分叉，通常情况下，情商高的大学生机会多，情商低的大学生机会少。

在西方国家，情商的重要性在年龄上比中国更早显现，他们也许在高中，甚至在初中就表现出情商的重要性，因为他们从小学到初中学习都不是很紧张，分数也不是很重要，而人际交往就显得比较重要，所以西方人普遍活泼开朗，善于交际，实际上是从小培养起来的，西方的社会教育环境培养了人的情商。

我认为，孩子在走出校门、步入社会前，情商教育的第一责任人是家长，而不是学校。从放大时空背景与彻底解剖分析法的量子思维心智模式来看，家长对孩子负责实际上是对自己负责、对子孙后代负责，因为子女或子孙后代是家长生命的延伸，孩子或子孙后代前途与命运的第一责任人是家长，而不是社会。

走出校门、步入社会后，灵商和情商远比智商重要，低灵商和低情商的人将难以担当社会领导角色，仅仅高智商的人很可能被在学校里分数不那么拔尖的前十名左右（有一个“前十名现象”，意思是说成绩在班级里前十名左右的人在社会上反而更能干）的同学反超。如果想当“一把手”或企业家这些掌舵角色，那么高灵商是必需的。灵商就是潜意识商，就是潜意识信息与能量商数（涌现程度），就是一个人潜能开发程度。彼得·德鲁克说：“21世纪的领导力将由管理他人转向管理自己。”实际上是通过管理自己来管理他人、影响他人，与“修身、齐家、治国、平天下”同一个意思。

从学科选择上也能看出中外不同的价值取向。西方人重人文科学、轻理工科学，中国人重理工学科、轻人文学科。西方认为，学习人文学科在学校就能直接提高学生处理人际关系的能力，更多学生毕业后也愿意从事人与人打交道的职业，比如教育、新闻、法律、政治、哲学、宗教、历史、地理、经济、管理、文化、艺术、音乐等。相比之下，中国人长期以来被培养成从事人与物打交道的职业，比如技术、工程、研发、设计、生物、医学等。简单地说，西方文化侧重于培养人驾驭人的能力，中国文化侧重于培养人驾驭物的能力。种豆得豆，种瓜得瓜，中国作为制造大国，大部分利润却被更懂得人性与艺术的老外通过全球贸易赚走了。中国历史已经为轻人文付出了巨大代价，希望以后有所改进，方法从重视灵商与情商开始。

如何看待智商、情商、灵商？

颜思迈说的观点还是很有代表性的。她说，她从小学到大学都得一直刻苦读书，因为小学和初中在国内读，这是一个苦读的环境；高中在国际学校（上师大剑桥国际中心）读英国课程，为了考上顶尖大学又得努力，当然是自己愿意的；来到英国的大学，又将进入苦读行列，在英国不努力读书，这些名牌大学是不会让你毕业的。

虽然颜思迈和我都知道智商的重要性，即学习成绩不抓也不行，但是我们看得更远，想得更远，一点都没有放松对于灵商和情商的教育与锻炼，所以颜思迈在这些方面已有不少收获，长期担任班干部或学生会领袖，这些锻炼同时收获了眼前、中期、长期甚至是超长期的回报——超时空和超生命对于子孙后代的影响。

灵商和情商未来越来越重要的自然科学依据是什么？我认为，在生命科学里，生命的本质是细胞分裂，细胞分裂一分为二的属性，又源于潜意识量子（粒子“自破缺重聚”天性）追求民主与平等的天性，这是潜意识克服环境阻力不以人的意志为转移的永恒的方向性。既是动力，又是方向，那么其路径是什么？这就是各种道路的选择问题，包括第一条道路、第二条道路以及第三条道路的事实上的争论，甚至是战争。然而，人类认知世界的（自身）局限性以及自然资源匮乏的（环境）局限性，涌现出生物界的共性之一——恶的一面，弱肉强食，抢夺资源，表现为百姓纠纷、组织欺骗以及国际战争。战争与纠纷两败俱伤，真正的智慧者可以不战而胜，即使非战不可，也能得道多助。灵商正解决这一问题。

高灵商和高情商具有复杂性与不确定性环境下防范“黑天鹅”事件风险的能力。人既是机会的来源，又是风险的来源。复杂性与不确定性主要指人的复杂性与不确定性，不是指物。物能伤人，被物伤害，伤痛时间一般较短，痛苦较轻，一般会认为自己运气不好；人也能伤人，被人伤害，伤痛时间一般较长，痛苦较深，容易产生复仇心理。我很幸运，我母亲一生没有任何敌人，即使有她也把他们（敌人）包容进来了，所以我把母亲智慧概括为“大爱无仇，包容一切”。即使是矛盾对立，总有一种方法能够创造性地解决矛盾，既能满足这方面的需求，又能满足那方面的需求，这叫智慧，真正的智慧。我母亲就有这种智慧，也大部分遗传给了我们兄弟姐妹。这也从另一个侧面解释并帮助我们理解各种抑郁症与自杀现象。我认为，抑郁症与自杀现象跟低灵商和低情商有关，跟智商关系不大甚至是没有关系。也就是说，智商不高不一定会造成个人、家庭与社会悲剧，但是灵商与情商不高，往往会造成个人、家庭与社会悲剧。

正反两方面都充分说明了，智商不是坏东西，情商很重要，灵商更重要，每一个家长应该及早认识培养孩子“三商”（智商、情商、灵商）的重要性，并付诸行动。我是知行合一者，从小培养颜思迈的“三商”。功夫不负有心人，颜思迈不但在学生时期，而且在工作后，均收到了“三商”的回报，有幸福指数的可持续的能干。“不能让孩子输在起跑线上”这句话相当于中国家长的“圣经”，我认为，孩子的真正的“起跑线”不只是好成绩和好学校，而是“三商”培养，对此家长责无旁贷。

虽然颜思迈已经赢在了起跑线上，但是革命尚未成功，孩子还需努力，自己创业还没有开始，人生漫漫长路仍然面临着各种复杂性与不确定性的挑战。无论如何，“三商”修炼一定是正确的方向，能确保“方向—动力—路径”自洽。

如何抓重点？

如何抓重点？这是一天下午放学后接女儿颜思迈从学校回家路上“车轮商学院”与她讨论的主题。我归纳整理了以下四点——如何抓重点的四部曲，发给颜思迈，让她铭记。我说：

一要抓住真正的重点，有人会抓错的；

二要给予时间的保证，价值是时间转化来的；

三是汲取足够的知识，知识没有量的积累不可能有质的提高；

四是找到最好的方法，方法具有至高无上的力量。

由此可见，抓重点的四部曲就是，围绕重点→时间保证→注入知识→讲究方法。

我认为，按照上述四部曲，重点就能抓住，问题就能解决，结果水到渠成，功夫不负有心人。这是我长期以来能够同时抓住并处理好几件大事及不断积累知识的诀窍，正好解释了几天前颜思迈表扬我的话——“能够同时处理几件大事，是了不起的”。我认为，解决一件大事产生的价值及其辐射的能量往往比解决多件小事产生的价值及其辐射的能量大得多、有意义得多。大问题解决后，能量纵横辐射，以点带面，很多小问题也将迎刃而解。问题往往不是孤立的，总是存在着问题与问题之间的内在联系，甚至是连锁反应，或者说多米诺骨牌，所以解决问题必须应用系统论和量子论的世界观与方法论，上述四部曲作为方法论，符合放大时空背景与彻底解剖分析法的量子思维心智模式的世界观与问题观。

颜思迈能同时做多件事情

据说，美国人一般要求自己同时能够做两件或两件以上的事情。他们认为，一个人不能只做一件事情。与此相反，中国人普遍认为一个人在同一时间只能做一件事情，认为把一件事情做好已经蛮好了。这是东西方的文化差异。

我认为，二元战略是企业同时处理两件大事的例子，在复杂性与不确定性的环境下比一元战略更安全，更能预防并抵御“黑天鹅”事件的风险，虽然前者比后者实施起来难度更大。难度既是问题所在，又是机会所在，我难别人也难，看谁有能力解决难题。容易做的事情，我容易别人也容易，既是机会，也是风险。我本人具备同时处理多件大事的本领与效率，日积月累变成了复合型人才，内心世界想做什么就能做什么，且能做成什么。在2021年6月10日“褚方鸿的会客厅”直播视频第十期节目《志坚智达，代际传承》中，主持人褚方鸿问我：“你最想做又没敢去做的事情是什么?”我说：“我想做的事情基本上都去做了。”我认为，这不只是胆大与信心的问题，而是有一个更重要的复合型知识结构的问题。对此，我创造了一个概念叫“人生搭积木”，意思是通过多实践与多读书，身心灵修炼成复合型知识结构，相当于准备好了各种积木，然后根据环境的变化而变化，想怎么搭积木就怎么搭积木。请记住一个很重要的量子思维心智模式与方法论，即在复杂性与不确定性的环境下，路径是不确定性的，而且是十分灵活的，但方向与动力是确定性的，方向是终极目标，比如我和新颜物流的终极目标是繁荣、幸福、长寿与代际传承，动力是发自内心的喜欢、追求与渴望，复合型知识结构的人就比较容易实现“方向—动力—路径”自洽以及与大环境和大系统的再自洽。

作为案例，经过32年（自1989年新颜物流创立至今）的实践与理论修炼，我现在已经集企业家、学者于一身。这两件事情可以说每一件都是大事，但是我一箭双雕同时干了，怎么做到的呢？我认为，一是两者实际上相辅相成，相互促进，并不矛盾；二是按照抓重点的四部曲：“围绕重点→时间保证→注入知识→讲究方法”，纲举则目张；三是我是甩手掌柜，按照领导力的四种类型，我不是指挥型与教练型的领导力，而是顾问型与授权型的领导力，准确地说是量子领导力实战体系顶层设计（有为之处）与无为而治（设计了自组织与自运行机制）相结合的领导力。

下面主要说说颜思迈的情况。我认为，我已经把自己“同时能做多件大事”的方法论“代际传承”给我的女儿颜思迈了。俗话说，时间就像海绵里的水，要挤总是有的。颜思迈也认为，一个人不能只做一件事情。她多次跟我说：“人生短暂，时间不能浪费，应该抓紧做事、提前做事。”如此惜时，所以她一方面做事抓得很紧，做得很快；另一方面做事“胃口很大”，这个也想学，那个也想干。她17岁的时候，已经做了好多件既上档次又有长远意义的大事了，盘点如下：

1. 学业方面。毛泽东说：“学生也是这样，以学为主，兼学别样。”颜思迈从小学、初中、高中基本上都是三好学生，成绩一直名列前茅。她不死读书，能把时间分配到复合型知识结构与综合素质提高方面。

2. 领导力方面。颜思迈小学担任副班长，初中担任班主任助理和年级主任助理，高中担任学生会主席和东西文化研究社社长。我认为，颜思迈组织能力与领导力的锻炼和培养将是受益一辈子的大事。

3. 锻炼身体方面。颜思迈已经自觉养成每天锻炼身体的习惯，源于初三体育达标强化锻炼，那时我带领她一起锻炼身体，并每日享受锻炼的乐趣。一个人只要每天保持两个习惯——阅读与锻炼，成功几乎是确定性的。

4. 艺术方面。颜思迈也有两方面收获，学习古筝和学习唱歌。她在上海读高中那几年，拜声学教授、国家一级演员李学钧为师，学过乐理知识。

颜思迈在新颜物流会议上发言
（摄于2017年12月23日）

5. 著作方面。颜思迈的第一本著作《雏燕起飞》于2008年6月由浙江人民出版社出版，这是中英文双语的著作，书名由余秋雨题写，余秋雨说："这是为年龄最小的小作者题写书名。"我认为，颜思迈既然会写第一本著作，以后也就会写第二本著作、第三本著作，万事开头难，套路方法知道了，再出书也就不难了。

以上内容，今天我整理出来了，发现内容挺好，是正能量。我想告诉子孙后代，一个人可以同时做多件大事，我可以，我女儿颜思迈可以，其他人也可以，关键是世界观与方法论，珍惜生命，惜时如金，潜能开发，马上行动。

培养颜思迈能力的五力模型

我提出培养颜思迈的"五种能力"：学习能力、组织能力、创造能力、抗挫能力和自律能力。这是我的希望，也是颜思迈独特能力的构成要素、人的能力的五力模型。

学习能力。这是理论能力。学习能力对于学生来说，是最重要的能力。提高学习能力是任何一个要求上进的人一辈子的任务。古雅典梭伦说"活到老，学到老"。我说"学到老，活到老"。学习能力的本质是认识自然、改造自然的能力，是人处理与自然关系的能力。学习能力是改造自然的能力，所以排第一。

组织能力。这是认识社会和改造社会的能力，是处理人与人的关系的能力。狭义的组织能力是领导力，广义的组织能力包括领导力和团队合作能力。因为领导者特别是“一把手”毕竟是极少数，“一把手”也通常是从领导班子（团队）中提拔的，甚至是从基层一步一步培养出来的。组织能力作为改造社会的能力，次于改造自然的能力，所以排第二。

创造能力。这是解决问题的能力。我认为，解决问题的能力就是创造力，因为从放大时空背景与彻底解剖分析法的量子思维心智模式看，任何问题都是独一无二的问题，解决独一无二的问题需要独一无二的办法（处方），独一无二就是创造力。创造力包括并表现在理论创新与实践创新。这既要处理人与自然的矛盾，又要处理人与人的矛盾，所以，创造力就是解决矛盾并实现目的的能力。伟大人物无不表现出极大的创造力，从小立大志，干大业，长期胸怀“修身、齐家、治国、平天下”的雄心壮志。只有具备了上述学习能力与组织能力以后，才可能表现出创造力，所以创造力排第三。

抗挫能力。这是穿越复杂性与不确定性环境、预防并抵御“黑天鹅”事件风险的能力。抗挫能力是逆境下的生存与发展的能力，是克服困难并解决问题的心智模式与方法能力。智者一定有以下认知：没有人不碰到困难，困难总是能克服的，方法具有至高无上的力量，一定要找到解决困难的方法，这种方法不行，换那种方法，单一方法不行，多种方法试试，简单方法不行，复杂方法试试，方法找到了，问题也就解决了。前者三种能力（学习能力、组织能力、创造能力）都是向前的能力，抗挫能力是暂停、转弯、倒退甚至是救命自保的能力，所以排第四。

自律能力。这是自我管理即驾驭自己身心灵的能力。管理世界的强者，一定是管理自己的高手。“修身、齐家、治国、平天下”从修身开始，修身从自律开始，自律从驾驭自己的身心灵开始，驾驭自己的身心灵从放大时空背景与彻底解剖分析法的量子思维心智模式开始。实际上，自律能力（特别是驾驭潜意识心灵的能力）是用量子方法，逆时空设计出来的，时间空间与前途命运是从未来流向现在的（量子世界的真相），不是从现在流向未来的（经典世界的假象），其运动轨迹不是线性的，而是波粒二象性与量子跳跃的。未来与其说是干出来的（只会低头拉车不行），不如说是设计出来的（抬头看路＋脚踏实地），量子领导力实战体系是“未来设计师与建设者”，因为它驾驭企业家与企业组织实现自律，知行合一并天人合一，协同进化并潜能开发。凡事预则立，不预则废。智者倒过来活，庸者顺着活。自律能力是上述四种能力（学习能力、组织能力、创造能力、抗挫能力）的前提条件。虽然排第五，但并不是说它不重要。

全才比专才更幸福

颜思迈曾主动跟我聊起全才与专才的话题。我说，爱因斯坦说过，伟人与凡人的区别在于业余时间如何分配。颜思迈也知道这句话，她以前曾把这句话送给我。她说，她现在不可能花很多时间专门学一种知识成为专才。我说，是的，你现在生活够丰富、够忙了，对于你来说，成为全才比成为专才更重要，因为你的方向是企业领袖，领导力需要全才。

我进一步分析给她听。全才的人生结局往往比专才幸福得多，因为真实世界是多维度的，多因多果的，全才比专才对生命与万物的认知维度更多更深更广，考虑因素更多，更接近于真实世界，更接近于事实和真理，更知道各方面的平衡，更能处理复杂关系，更能适应复杂性与不确定性的环境，更能驾驭自己的身心灵，更能实现“方向—动力—路径”自洽，更能取得放大时空背景与彻底解剖分析法的量子思维心智模式意义上的成功，更符合繁荣、幸福、长寿与代际传承的终极目标。

我有一个习惯或者说思维方式就是联系实际，联系到颜思迈本人，我说，你现在的精力是全面投放的，全面发展的，已经很好了，比如担任学生会主席、社团社长、成绩基本上都是A+、上电视、上报纸、学音乐、学跳舞等，人生在学生阶段的综合得分已经比较高了，也为以后的工作与事业打下了很好的基础——综合能力，具备了“人生搭积木”的基本条件，至少方向是对的，所以你的后劲会很足。我说，我是擅长长期主义并顶层设计的人，所以我很清楚你的未来，特别知道你现在需要打下什么样的基础。比如，全才比专才更重要，以后也将更幸福。当然对于人生的选择是因人而异的，我讲的是颜思迈的情况，对颜思迈适用，不一定对所有人适用。我说，你这次以学生会主席的身份，邀请中国国家级的金话筒金奖获得者殷亚敏到你们学校作演讲，从邀请到策划的过程中，你跟李梅珍校长多次落实，你主持300人的讲座，接受上海市与徐汇区电视台采访，制作纪念光盘，花了两个小时写出2500多字的精彩总结报告等，这种全方位、复杂性、高难度、全才式的锻炼经历，你一定终生难忘，受益终生。

天资、经历与阅读

一天上午，我接到颜思迈发来的短信：“帮我想想看：我还缺什么方面的素养啊？”我为看到这条短信感到高兴，因为她还没有骄傲，还挺谦虚的。我仔细想了想：她到底缺什么呢？不可能不缺，问题是缺什么？只有找准问题，才能解决问题，才能成长更快。

最近，我思考了一个话题：一个人如何能干并干出大事业？有一天晚饭后，我带着已经看了一整天书的女儿颜思迈到小区散步时，专门跟她讨论了这个话题。我说：“一个人如果想要拥有大的能力与水平、成就大的事业，那么需要三个条件：天资、经历与阅读。天资要聪明，经历要丰富，阅读要大量。”联系到颜思迈，我说：“你天资非常聪明，这个没有问题；你经历没有问题，因为我每周跟你讲述并讨论公司问题、社会问题与人生问题的许多现实问题以及背后原因，其中蕴含着深刻哲理，这方面你已经胜过你的同龄人了；你唯一欠缺的是，阅读量不够，还没有达到‘大量’阅读级别，缺乏丰富的理论指导，缺乏复合型知识结构，缺乏巨人的肩膀，这是你的短板，根据‘木桶理论’，你的能力之‘水’就从阅读‘短板’漏掉了，潜能尚未得到充分开发，太可惜了。所以，从现在开始，你要抓紧时间，大量阅读，恶补理论，只要且只有这样做，你的整体素质与综合能力就一定能大大提高。”

我给颜思迈举例，我说，颜楠（我的大侄子）就是例子。何佳容老师（颜楠的MBA老师）说他最近气场明显上来了。我也认为颜楠读了MBA后水平显著提升，表现在他现在不但做董事会会议记录字数经常会有一两千字，而且思想性和条理性比以前好多了。我说，颜楠也是天资聪明，但是他小时候既缺少经历，又缺少阅读，所以表现平平，不算出色。进入新颜物流四五年后，经历了好多部门（特别是基层）的锻炼，接触了许多人与事，这算补上了经历；然而真正体现水平上升的还是读了MBA以后，这算补上了阅读量。阅读量大，进步才快。

颜思迈在上海（摄于2020年2月16日）

我说：“‘抓住拐杖的一头，等于抓住其另一头’，因果关系。你如此抓紧时间，大量阅读，这是‘拐杖的一头’，我已经看到了未来一个伟大人物——颜思迈，那是‘拐杖的另一头’，两者存在着必然的因果关系，《高效能人士的七个习惯》这本书解释了这种因果关系，我也这么认为。”

夸张法：唱歌与走路的学问

什么叫栽培？栽培的意思是种植、培养。为什么园林那么精致？因为有园林工人经常对树枝杂节进行修剪。同样道理，孩子有不良习惯也要进行纠正，所以对人才的培养也叫栽培。家长要有长期栽培孩子的思想准备与不懈努力，这样的孩子长大后才能成为一个有修养与心灵美的人。

颜思迈唱歌方法与走路姿势需要纠正。有一种纠错方法叫矫枉过正，通过夸张的办法解决问题，“过正”就是夸张，过正与反弹的两种力量抵消才可能刚好达到我们的要求。夸张通常不被提倡，但实际上夸张并不都是坏处。有两种夸张都是需要的和有好处的，一种是“唱歌是诗朗诵的夸张”，另一种是走路姿势也需要夸张。

唱歌的声音和嘴巴需要夸张。给颜思迈一对一上课教唱歌的国家一级演员、歌唱家李学钧教授说：“唱歌就是诗朗诵夸张十倍、二十倍即可。”我也听著名歌唱家蒋大为在节目里介绍过，他说：“唱歌就像说话一样，是夸张的说话。”颜思迈以前唱歌声音发闷，唱不响亮，在李学钧教授讲授“夸张法”后，声音一下子响亮了，好听了。李学钧教授说：“唱歌声音起来后，说话声音也响起来了，这种声音讲话才有气场。”我对颜思迈说，你平时讲话好像中气不太足，这种温柔声，作为女性给人的印象是比较好的，但是，李学钧教授讲的也是对的，在正式场合，比如大会讲话，你还是应该大声点，中气足，有气场。此刻，我回想起了有一天在博士班课堂上，复旦大学经济学院马涛教授请我讲一下我研究的前沿学科——企业仿生学，课后马涛教授评价我：“声音响亮，全身心投入，富有激情，手舞足蹈，很有气场。”这是声音夸张的好处，当然要有底蕴，因为企业仿生机制是我自己研究出来的，在新颜物流得到实践检验，所以讲话时我是不用稿子的，充满着自信。

走路姿势也需要夸张。有一天，我在等红灯时看人们过马路的姿势，发现多数女孩走路姿势有点闷，就是动作不够夸张，走路没有节奏感，没有动感，不带劲，不给力，不好看。突然，有一位女孩走过，令我眼睛一亮，不是她脸蛋有多好看，而是她走路姿势迷人，她的姿势就是步伐有点大，双手有点摆动，动作很放松，摆动很自然，行如风，有动感，有节奏，给人力量与美感，不但美了她自己，也美了过路人。我当时联想到的是，颜思迈的走路姿势应该向这位姑娘学习，学会夸张，改变闷姿。当天晚上回到家里，跟平时一样，在小区里先锻炼一下身体，这是颜思迈难能可贵的生活习惯——百忙中挤出时间锻炼身体。首先开始的不是各种体育设施的锻炼，而是走路姿势与步伐训练。这时，颜思迈回忆起，好像小时候练过走路姿势，在学习"小小主持人"课程的时候，她一边回想，一边用夸张的姿势走路，看上去还真有点效果。看她走了第一遍，我想起前些天教颜思迈唱歌的李学钧教授讲的话："唱歌是诗朗诵夸张十倍、二十倍，而且下巴塌落，不是夸张一倍、二倍就够了。"我说："小迈（颜思迈），你脚和手动作可能需要再夸张一点。"颜思迈第二遍用"夸张法"走路，果然，姿势更有力也更有气场了，看上去也更美了。我鼓励她："你趁现在年轻，要养成走路好姿势，不能随便走，走路不能闷，需要适度夸张，潇洒走一回。"

颜思迈在伦敦摄政公园（摄于2019年4月10日）

我认为，外国人说话的脸部表情与手势动作都比中国人夸张。这种夸张的效果一方面能使信息传递更加充分、更加有效，因为借助肢体语言，使说话表达的意思更加形象、完整、准确；另一方面看上去也更吸引眼球，体现气质与气场。这也是夸张的效果，与唱歌夸张、走路夸张，异曲同工，同样道理。世事洞明皆学问，生活处处要用心。唱歌与走路，如果不深入挖掘，那么好像没有什么好研究的，但是深挖下去还是有学问的。

如何培养女性领导力？

蔡淳华教授跟我说："其他人做父亲基本上做不到这一点，不可能花这么大精力培养女儿。”我说：“也许是的。我认为，培养女儿也是一种投资。”蔡淳华教授说：“女儿培养好了，家长今后可以少费心。”

蔡淳华教授说得对。我认为，子女只有全面与全部（如果有多个子女的话）优秀，家长今后才能真正少费心，如果单项优秀或者多个子女中有一个子女没有出息，那么家长仍然免不了要为子女操心。可怜天下父母心，父母的心连着子女的幸福与痛苦，因为遗传基因的关系以及长期在一起的感情。然而，一个人全面优秀，以及多子女家庭子女个个优秀的确是很难的。但是，我还是希望并相信我的女儿颜思迈是全面发展的，孝顺、能干、聪明、开朗、大气、运动、健康、智商情商灵商“三商”都高。身教重于言教，我自己也努力成为全面发展的父亲，一边做企业，一边在职读博做研究，一边写出多部著作，一边锻炼身体，一边引领整个家族三代人共同发展等。孩子的优秀离不开家长夫妻俩的共同努力，正如颜思迈2021年5月28日在收看了“褚方鸿的会客厅”直播视频《代际传承，彼此为岸》节目后给我们一家三人群发来微信说的：“今天发现一个特别的事情，就是你们两个虽然在生活的一些观点方面不认同，但是最大的共同认识，就是如何把家庭的长远规划搞好。”

有一种现象：按照人口比例，无论哪个国家，男女比例基本上是一半对一半，为什么不少家庭女性主导，而大部分社会组织（比如企业）基本上是男性主导——领导者是男性而非女性？这是带有普遍性的事实，溯源找原因，不能简单归结为重男轻女或性别歧视这么简单。我认为，这种现象背后存在着更深层次的生理、历史和教育等方面的自然科学与社会经济原因，集中表现在女性领导力存在着问题，除非进行女性领导力的长期与有效的培养。为此，我就与颜思迈讨论了这个话题，我要求她做到以下几点：

第一，阅读一些心理学与生理学著作，特别是男性心理学与生理学方面的著作。我说：“你将来做企业家，是女性领导者，你的团队和领导的对象大部分是男性，你要了解男同事们：想什么？为什么这么想？知己知彼才能百战百胜，才能有效领导，要解决复杂问题，先要从理论上武装自己的大脑，增加这方面的素养。”

第二，平时学习、工作与社交活动中，不要把自己圈在女性社交圈，应该有意识地多与男生、男同事交流和交往，这是从实践上增加这方面的历练，实践出真知，包括女性领导力。作为未来的企业领导者或商业领袖，懂的东西一定要多，现在就开始有意识、有目的地增加这方面的理论与实践，同时积累这方面的人脉。一切问题都是人的问题，人是机会的来源，也是风险的来源，人脉是解决问题的钥匙之一。

第三，培养生活能力和处事能力。教育专家也告诉我们，如果是女生，读小学的时候，家教以妈妈为主比较好，主要是培养生活能力，但读初中的时候，家教应该以爸爸为主比较好，主要是培养处事能力。需要特别指出的是，初中阶段是一个人“三观”（世界观、人生观、价值观）形成的重要时期，既然颜思迈的目标是企业家与商业领袖，那么一定要从小培养出大气自信的气质与气场。我认为，初中以后的家教主导意见应该多听父亲的（不负责任和没有能力的父亲除外），当然母亲的意见也很重要。我的感悟与教育专家的意见是一致的。

需要注意以下三点：一是我建议女儿颜思迈多与男生交流，这不是说不要或者减少与女性交流，而是说要加强与男生的交流，因为女生与男生交流本身就不够，尤其是在中国传统文化背景下的女生；二是正如我在杜伦—复旦DBA学霸女同学Rola所说的：“和什么人交流更重要，性别其次，否则有性别歧视之嫌”；三是女性中也有一大批非常杰出的领袖，包括企业家、科学家、政治家以及更多的职场精英等，“站在巨人的肩膀上”包括站在女性巨人的肩膀上，向前人学习包括向女性前人学习，而且很久很久以前人类社会就是母系社会，女性固有的内在优势不可小觑，挖掘出来可以增加女性领导力，比如直觉力与同情心。

人由两部分组成

人由两部分组成，一部分是身体，另一部分是思想。有的人这两部分都非常富有，健壮的身体，丰富的思想；有的人只有一部分富有，或健壮的身体，或丰富的思想；有的人这两部分都不富有，身体不行，思想贫乏。

人的身体是要死的，是有使用年限或者说寿命限制的，但是人的思想是可以不死的，可以留下的，可以突破生命局限性与时空局限性的，可以成为永恒。所以，人要长命，除了身体尽可能长寿外，最主要的还是让自己的思想如何长寿，让自己的思想与智慧造福子孙后代。生命可以通过基因延续，思想可以通过载体（比如著作）延续。思想延续的目的是，把自己的经验教训等思想智慧提炼出来，作为量子载体激发子孙后代的潜能——潜意识的信息与能量，使他们借助祖先的力量更有能力驾驭自己的身心灵，实现“方向—动力—路径”自洽，实现繁荣、幸福、长寿与代际传承的终极目标。

如果一个人为子孙后代留下的思想是有价值的，那么他们就能受益，进而就能想起你，敬仰祖先。如果你没有为子孙后代留下任何有价值的思想，那么他们怎么能想起你呢？他们很可能很快遗忘了祖先，这是自然规律，不是子孙后代良心好不好的问题。一般情况下，如果第一代人没有家书或著作，那么第三代人就很少知道第一代人的经历与心路历程，这是对祖孙三代人潜能的极大浪费，因为实际上每一代人（无论多么普通的人）都有着生命繁衍、承上启下和代际传承的生存方式的精华，如果把这些精华（生存经历和心路历程的经验教训）整理提炼并铭记于心，那么就能够极大开发祖孙三代人的潜能，变成穿越复杂性与不确定性环境的生存和发展能力，以及创造未来的智慧。即使第三代人小时候与第一代人有接触，比如隔代带过孙子，但是小时候的记忆与理解力是非常有限的，而且很容易淡忘，如果祖辈没有为孙辈以及子孙后代留下家书或著作的话。

总之，我认为，一方面家书或著作是无价之宝；另一方面第三代人挖掘、整理并铭记第一代人、第二代人即祖上两代人的经历与心路历程对于自己的潜能开发是极其有用的，其价值是无可替代的。同样道理，生命繁衍与轮回，第三代人又将成为第一代人或第二代人，第三代人也要有“自己是祖先”的意识，用心写家书或著作，为第四代人、第五代人以及子孙后代创造载体——家书或著作等，记载（承载）自己的经历与心路历程，这能极大激发第四代人、第五代人以及子孙后代的潜能。记住并链接上下五代人（上下各两代加上自己这一代）200年的累积经历与心路历程，就能科学有效地促进孝悌、敬老爱幼、家和万事兴、代际创业，以及每一代人的潜能开发。

也许我的要求比较高，但是我认为，如果人活着的时候没有思想，或者没有留下思想，那么就像“植物人”，身体是活的，思想是空的，不但自身浪费了潜能，而且制约了子孙后代的潜能开发。潜能开发存在着代际传承问题，遗传不但是基因层面的——身体繁衍，更主要是模因层面的——思想传承。我希望这篇文章给予女儿颜思迈等子孙后代启迪：重视家书、著作以及思想的代际传承。

守时是素质的“晴雨表”

守时是素质的“晴雨表”。我今天提出这个观点，理由如下：时间约定是一种承诺，不管是口头的或者书面的，双方必须共同遵守。这是一种权利，更是一种义务。将心比心，你总是希望对方准时，同样道理，对方也希望你准时。你准时，对方就高兴；你不准时，对方就不高兴。如果你对由于你的责任（迟到既不道歉也不说明原因）造成对方不高兴还无动于衷，那么你的素质甚至是人品是有问题的。

除非你是封建社会的皇帝，可以完全不计较别人的感受。现代民选总统理论上都是非常尊重别人感受的，带有代表性的别人感受就是民意，民意不可违。水能载舟，亦能覆舟。不尊重民意的人，不可能当上总统，即使当上了，也不可能连任。

我提出守时是素质的“晴雨表”这个概念，是想说明守时是一个人综合素质的表现，是一个人综合能力的表现，是衡量一个人是否具备领导力的重要标准之一。事实上，不守时的人在社会上是吃不开的，令人讨厌的，没有威信的，在事业上也是难以取得成功或长久成功的。

如果我迟到，我会感觉非常不好意思，会事先或第一时间说明迟到的原因。颜思迈似乎已经养成了守时的习惯，她如果要迟到了，就会主动打个电话向老师说明迟到的原因。迟到能致歉，我就很高兴；若能不迟到，我就更高兴。

与颜思迈交流微笑和灵感两个问题

我跟颜思迈交流了两个重要问题，一是关于微笑，二是关于灵感。我认为，这两个话题很重要。

关于微笑。颜思迈的确是微笑女孩，中文名思迈，同音的英文名Smile刚好也是微笑的意思。经常有朋友夸颜思迈的微笑，说：“你的微笑可以征服社会的心。”颜思迈的气质跟别人不同，一般人大场合不太爱说话，而颜思迈不拘束，说中带笑，这跟家教有关，这是素质教育的结果。

我记得，在上师大剑桥国际中心读高中时，颜思迈有一个任课老师告诉班主任边瑞香老师，说班上有一个微笑女孩Smile，即指颜思迈。边瑞香老师告诉我：“中外老师们对颜思迈的印象都很好。”我认为，印象好可能开始时跟微笑有关，后来主要跟人品与能力有关。

关于灵感。我对颜思迈说，灵感是一个好东西，灵感非常珍贵。什么是灵感？我认为，灵感顾名思义是灵魂感应，机理是包含祖先潜意识在内的集体潜意识超时空与超生命量子感应，终于形成了一个解决方案，可以解决苦思冥想渴望解决的重大问题。百度百科解释，灵感也叫灵感思维，指文艺与科技活动中瞬间产生的富有创造性的突发思维状态，不用平常的感觉器官（“五觉”）而能使精神互相连通，亦称远隔知觉。在我国古代没有“灵感”一词。它于“五四”时期被介绍到中国。在希腊语中，灵感指的是“神的灵气”。后来，先儒们就将其译成了汉语“灵感”一词。

既然灵感是一种生命现象，也是一种自然现象，蕴藏着信息、能量与物质，那么我们如何挖掘、应用甚至训练灵感呢？我对颜思迈说，虽然每个人一生中或多或少都有灵感，但灵感不常有，而且来得快，去得也快，稍纵即逝，所以灵感来了及时“捕捉”，灵感过后马上“抢救”，写下来。

颜滨与颜思迈在英国怀特岛
（摄于2015年12月23日）

我说，很多伟大的科学发明是靠灵感的，这是科学家的观点，也是我的体会。灵感来了是很容易写文章的，思如泉涌就是灵感，怎么想就怎么写，自然就有条理，写了条理更清楚，不写可能条理不够清楚。我认为，把灵感及时变成文章，有利于训练并培养潜意识（右脑）的形象思维能力，这种能力特别善于认知并创造未来，也有利于修身养性并提升人性化的写作水平（潜意识性即人性，即良知），提升王阳明知行合一的“知”，好让“行”（包括意识与行为）与“知”一致，驾驭并尊重自己的内心世界，实现“方向—动力—路径”自洽。

颜思迈的“德鲁克经典五问”

颜思迈的成长故事，就其潜能开发而言，本质在于自身，奥秘在于环境，一方面是她自身努力的结果，另一方面也是我们夫妻俩顶层设计出来的。我们不但要知道颜思迈成长的事实是什么，而且要知道她成长背后的原因是什么。这种用放大时空背景与彻底解剖分析法的量子思维心智模式是潜能开发的量子武器。

德鲁克经典五问是先对自己进行彻底解剖，然后开发潜能的科学方法。下面是颜思迈16岁时写的“德鲁克经典五问”：

1. 我是谁？什么是我的优势？我的价值是什么？

◎ 我叫颜思迈，1994年出生于杭州。(颜思迈“简传”：幼儿园在杭州幼儿师范幼儿园，小学在杭州市学军小学，初中在杭州市建兰中学，高中在上师大剑桥国际中心，大学与研究生在伦敦大学学院，现在在伦敦的普华永道总部工作，将来可能回来接班)

◎ 因为常常笑，而且名字是“思迈”，所以英文名是Smile。

◎ 性格介于安静和外向之间，乐于和别人交流。

◎ 偶像是《21岁当总裁》的作者董思阳，最崇拜的人是世界成功学大师Anthony Robbins（安东尼·罗宾斯）。

◎ 我最喜欢的励志语：一个人能取得多大的成就，关键在于他能够多么精准地定义自己想要什么。

◎ 特别喜欢学习新的知识，并且在各个方面挑战自己。当然，对世间一切抱有满分的好奇和热情。常常给自己定些大计划、中计划和小计划。

◎ 初一时（2008年）出版文集《雏燕起飞》。该书由文化大师余秋雨先生题写书名。

◎《小鬼当家——我学炒饭》2005年（11岁）被教育部中国教育报刊社培训中心与全国中小学小作家作文大赛组委会评为第三届全国中小学“小作家”作文大赛一等奖，《冬》《海边》被评为二等奖。

◎《中国少年报》高级学生记者。

◎ 经常给小圈圈里的人带来帮助和快乐。

2. 我在哪里学习？我属于谁？是决策者、参与者还是执行者？

◎ 就读于CIC（2010年颜思迈在上师大剑桥国际中心读国际高中）——我心目中理想的国际学校。

◎ 属于未来，属于我的家人、我的朋友、我的老师和世界上所有需要帮助的人。

◎ 对于所处的小团体和自己的未来，我既是决策者、参与者，也是执行者——从参与讨论、作决定到执行。我喜欢Anthony Robbins说的这句话：“成功者往往都是快速作决定，慢慢地推翻一个经过深思熟虑的决定。相反，失败者往往都是慢慢作决定，却频繁地改变主意。”

颜思迈著作《雏燕起飞》2008年出版

3．我应做什么？我如何工作？会有什么贡献？

◎ 尽可能在明年的考试中得到全A。

◎ 抓紧时间，办好学生会和社团。（2010年，颜思迈是上师大剑桥国际中心学生会主席和东西文化研究社创办者、社长）

◎ 就像我在学生会竞选演讲中所说的：“充分发挥每个部门和每个人的作用”，“善于总结，善于开始”。

◎ 希望凡是我参与的事情都对别人有利。

4．我在人际关系上承担什么？

◎ 作为人与人的桥梁，结交更多朋友，也让我的朋友结交更多朋友。

◎ 我的朋友觉得我靠得住。

5．我的后半生的目标和计划是什么？

◎ 为自己热爱的工作、事业尽每一份力。

◎ 报答曾经帮助过我、启发过我、教导过我的人。

◎ 帮助需要我帮助的人。

◎ 让世界变得更美好。

颜思迈谈本书的出版与她的全球定位

从几年前我有了出书的想法，到现在颜思迈再读书稿，她经历了二十几岁最重要的几年。

颜思迈2018年从伦敦大学学院研究生毕业后，顺利进入伦敦普华永道总部的交易部门工作。她花三年时间成为了注册会计师，并在大公司的培训机制下，学习世界顶级的管理体系。在此期间，我尽量放手让颜思迈去成长，相信之前的教育理念让她有这个实力在职场中找到自己的定位与方向。

在这个去全球化且国际矛盾暴增的时代，颜思迈对于她的中国背景非常看重，认为拥有多样性的背景和专业的思维模式，才能在同样接受精英教育的人才中脱颖而出，创造超越常人的价值。

颜思迈跟我说，她虽然知道自己要到哪儿去，但本书让她更深入地了解自己是从哪儿来的，且真正理解自己的品质的深层来源。她也想通过自己的努力，为家庭创造新的品质。我认为，这就是一种传承。

第二节　兄弟姐妹孩子们的成长与创业故事

大侄女颜曦的成长与工作故事
——老实、孝顺、不啰唆

颜曦是我大哥颜明德的女儿，1982年出生，是我的11个子侄男女中第一个来到这个世界的人。颜曦小时候是个漂亮女孩，因为她爸爸妈妈都是眼睛大大的，脸方方正正的，长相也都是不错的。颜曦出生以及成长的时候，我们家族还处于艰苦岁月，一个农民家庭，我的父母只能靠务农养家糊口，我在读书或工作，还没有“下海”创业，五个兄弟姐妹还在老家跟着父母干

活。也就是说，那个时候我们兄弟姐妹这一代创业都还没有开始，家族资源比较少，所以家族对颜曦学习与成长的帮助是比较少的。我认为，一个人如果出生以及成长的时候，家族已经发达，那么她从小读书、一路成长以及工作事业就会得到家族更多的指导与帮助，因为发达的家族聪明人比较多、资源也比较多。

大侄女颜曦（摄于2021年5月）

颜曦小时候，她父母在外地撑船，很少有时间管她。颜曦说："我爸妈没有文化，忙于生计，只能做一些苦力活，比如撑船，卖海鲜，在百花电珠厂上班，在新颜物流做外勤（带司机装货）、管理仓库、开叉车等。"我大哥颜明德和大嫂徐领花在宁波撑船运沙时，好几个月才能回温岭老家一次，那时他们的两个孩子颜曦和颜楠在老家上学，平时只能住在他们外婆家。

撑船运沙生意门槛比较低，干的人很多，供过于求，恶性竞争，我大哥大嫂辛辛苦苦也没有赚到什么钱，而且那份活比较危险。颜曦学校放假后也去跟过船，她回忆道："站在船头看着船进入港口，船上货物装得很重，船在水中走，海水都快进船舱了，看着就非常危险。自己亲眼看了才知道这活很危险，爸妈挣钱很辛苦，自己不应该让爸妈操心。"

颜曦在温岭读高中的时候，新颜物流事业已经有所发展，已经从杭州复制到上海。这时，我大哥和大嫂去了上海新颜物流工作。学校放假的时候，颜曦去上海玩，初到上海的时候，她"觉得上海很繁华，出门还有点胆怯，不敢往外走"。颜曦从温岭职业高中会计专业毕业后，直接进入上海新颜物流担任总出纳，后来调回杭州担任新颜物流总出纳，一直到现在，工作勤勤恳恳。颜曦总结她的成长过程："大家都很照顾我。上班后我才知道自己的性格缺陷，才知道人和人之间的沟通技巧很重要。”

颜曦找的对象是新颜物流的同事，然后在杭州结婚生女，安居乐业，小日子过得挺不错。颜曦说：“女儿钱欣悦很懂事听话，但性格有点内向。”我认为，性格虽然跟遗传有关，但是通过后天的学习与锻炼是可以改变的。在我的印象里，颜曦是一个老实、孝顺、不啰唆的人。

大侄子颜楠的成长与创业故事
——工作踏实与顾家典范

颜楠是我大哥颜明德的儿子，也是我的大侄子，他2006年毕业于台州广播电视大学（全日制）。毕业后，我希望他凭自己的能力在社会上锻炼一下，切身感受在没有任何亲朋好友帮忙下如何独立生活、独立工作、独立处理人际关系。我认为，这种人生经历与困难磨炼对他（包括对任何人）是有好处的。于是，颜楠自己找到工作，在台州海天机械销售有限公司干了半年。

2007年3月，颜楠进入新颜物流，先到新颜物流旗下杭州早早物流有限公司（专线运输）做出纳、开叉车、接单、落地配等，学习专线运输的操作流程和运营管理。2009年，他被调到上海新颜物流管理应收款。2010年10月，被调到新颜物流“亚太股份项目部”担任驻厂管理，学习项目管理与团队合作。2011年，被调到杭州石大路货运市场担任“杭一事业部”管理员。2013年，被提拔为新颜物流总部运营管理部审核中心主任兼客服。2014年，升任新颜物流董事、董秘、运营管理部副部长、“老板电器”项目经理。2020年，兼任贵州新颜网络科技公司法人代表。

在颜楠担任董事与董秘期间，我个人出钱资助并帮他落实MBA学习。我资助兄弟姐妹的多个孩子读大学或MBA。我个别兄弟姐妹对于下一代读书（包括在职学习MBA）的重要性认识不足，没有我的认识那么深刻，当然也可能是他们心疼钱，因为读一个MBA需要10多万元。我认为，这笔学费宁

大侄子颜楠（摄于2021年3月26日）

愿我来出，也要支持他们读在职MBA课程，提升他们的素质。我资助兄弟姐妹的孩子们读书，也是对父母以及兄弟姐妹以前支持我读书的一种感恩与回报。我给侄子、外甥、外甥女交学费读MBA的事，我从来没有跟兄弟姐妹说过。

我认为，颜楠在公司里，工作踏实，兢兢业业，任劳任怨，认真负责，性格比较耿直，做人做事比较靠谱；在家里，对他父母的照顾是非常用心的，把别人浪费在应酬上的时间，都用于培养孩子与照顾家庭了。从老家回来，颜楠感慨："我现在感觉，与老家其他同辈人比较，我爸妈晚年是幸福的。唯一担心的是，老爸不重视自己的身体，不戒烟。"颜楠的确把家里生活安排得井井有条，所以我们兄弟姐妹都羡慕大哥与大嫂，晚年享福，有孝顺的儿子和女儿。现在颜楠在杭州有两套房子，第二套房子的设计、装修、买材料等都是他自己完成的，显示颜楠勤俭治家的理念与能力。

颜楠的儿子（我的侄孙）颜哲，2012年10月出生，从小活泼可爱，眼睛大大的，天资聪慧，学习优秀，一直是班长和课代表。除了学习课堂知识外，颜楠还根据儿子的兴趣爱好，周末陪儿子学习英语、画画、钢琴和街舞等，培养孩子的艺术素养、美感以及全面素质。颜楠说："未来人才既要有知识和学习能力，也要懂得艺术。"我认为，从小注重人文素养的培养对于未来领导力的形成是很有好处的。

侄媳妇汪莎莎的成长与创业故事

汪莎莎是颜楠的夫人，我的侄媳妇。颜楠认识汪莎莎是经我弟媳妇林春莲介绍的。宁波职业技术学院旅游管理专业毕业的汪莎莎也是温岭人，跟林春莲是同一个镇（大闾镇）。莎莎的父亲汪云寿一直在大闾镇上做自己热爱的餐饮事业，他已经开了30多年的早餐店，技术精湛，热情周到，赢得了客户的口碑。莎莎对父亲像日本寿司之神小野二郎一样的敬业精神钦佩有加，也从中领悟并提炼出做生意的秘诀。她说：

第一，真材实料，货品新鲜；

第二，热情待客，服务周到，薄利多销（买得多了就送）；

第三，手艺要好，动作要快，眼光独到，做出精品（做得快而且好看）；

第四，展区不断翻新，品种丰富齐全。

受父亲影响，莎莎姐弟三人也都各自做起了生意。我认为，莎莎一家也是具有创业精神的创业之家。她的姐姐汪君飞创办的杭州祺胜服饰有限公司，是一家专注于童装设计、生产和销售的专业品牌运营公司，通过加盟与直营相结合的销售模式，在全国各地开设多家连锁专卖店，为3—16岁的儿童提供“健康、快乐、时尚”的童装产品，现有员工150多人，年产值过亿元。弟弟汪雨杰创办湖州雨杰童装加工厂，现有员工50多人，年产值千万元。

莎莎学校刚毕业时帮姐姐做生意。为了实现创业梦想和人生价值，莎莎结婚后于2015年开始自己创业。莎莎说：“刚开始创业，条件非常艰苦，不但每天起早贪黑，而且精神压力很大，商铺一年房租费50多万元，还未包括人员工资。”创业发愁的事可多了，既发愁如何寻找好货源，又发愁能不能卖出去。莎莎说：“每天眼巴巴看见客人进别人店里购买，再看看自己店里挂满衣服却没有顾客光顾，有时候好不容易有客户进店，内心真希望他们能够下单，精神上特别煎熬。”莎莎感慨：“当初酸甜苦辣的情景，如今仍历历在目。”

通过几年打拼，现在莎莎在杭州四季青服装市场拥有两家营业档口专做童装批发生意，总面积100多平方米，其中60平方米是自己购买的店铺，现有营业人员10多名。已经经过创业历练的莎莎现在对未来充满信心，计划两年后再开一家大型童装店。她说："只要做得精，质量好，有品牌，就不怕没生意。"虽然现在只是作为厂家的代理商搞批发，但是莎莎的目标是"以后走自产自销的一体化道路，自创品牌，自建渠道，外包生产，并实现童装连锁经营"。此时此刻，我有一种预感，不久的将来，颜家家族又将走出一位企业家，莎莎很可能成为颜家家族第三代多位优秀女企业家之一，因为莎莎有理想、有抱负、有事业心。她说："现在家里不愁吃，不愁穿，生活也有了品质，经营事业更多的是一份责任。"我认为，她的这份责任心与使命感，不仅为了家人、家族、子孙后代，更是为了社会，比如童装事业、安排就业、缴纳税收以及弘扬企业家精神等。

侄媳妇汪莎莎（摄于2021年8月5日）

因为莎莎很孝顺公婆，所以我大哥与大嫂对莎莎也非常满意，常在我们面前表扬莎莎"每天早出晚归，起早摸黑做生意"。我们颜家家族有一个习惯，每当重要节假日，整个大家族在大哥家里聚餐，莎莎都会主动帮助婆婆一起做麦饼筒，招呼大小客人。莎莎说："整个大家族二三十个人，从老人到小孩，其乐融融的，气氛好极了。"

莎莎也重视自身学习以及对孩子的教育。她家里珍藏着我的著作《企业生命科学研究》《公司长寿的学问》以及颜思迈的著作《雏燕起飞》等家族成员写的书。她说："有空就和儿子（颜哲）一起读一读。"

外甥女梁珊珊的成长与工作故事
——都市女性，追求完美

梁珊珊是我大妹妹颜美琴的女儿，我的大外甥女。她是典型的都市女性，追求完美，是一位白领丽人；非常喜欢读书，思想与文笔都有一定的功底；工作一丝不苟，有工匠精神，经历也比较丰富，办事能让人放心；花了很大精力帮助她家建造或装修了三处房子——上海的、杭州的和温岭老家的，出钱出力奉献给家里，而把个人得失抛在脑后，值得尊重。

珊珊在温岭老家读完幼儿园后，我建议她到上海读小学，我觉得上海的教育质量比温岭老家高，而且上海是国际大都市，可以长见识。那时新颜物流的事业已经从杭州复制到了上海，而且公司总部就在上海，我和几个妹妹能够照顾珊珊，虽然珊珊的父母那时都不在上海。经过各种考试和面试，珊珊被上海市宝山区高境镇第二小学录取了。珊珊平时住校全托给班主任，周末回到公司由我的三妹妹颜小平照顾。颜小平一边工作，一边照顾珊珊，从不计较，从无怨言。我认为，不计较与无怨言，是我们颜家的家教家风，是我父母身体力行影响的结果。

珊珊户口在温岭，无法在上海参加中考，只能转学回到温岭。珊珊在温岭读五年级的时候，她父母却到上海新颜物流工作，她又只能一个人留在温岭读书。虽然珊珊家与学校只有10分钟的步行时间，但是她妈还是把她寄宿在班主任家里，所以珊珊从小独立学习与生活。杭州电子科技大学计算机专业是珊珊在大学就读的专业，读了两年后，因为不喜欢编程，她参加转专业考试，成功转到了该校国际经济与贸易专业，所以她学了两个专业，拿了两个文凭。

杭州是后来我们颜家家族的大本营，整个家族大部分人都在杭州，珊珊在杭州读大学享受到了大家族的便利与温暖。珊珊说："在杭州读大学期间，我受到雪梅姨妈一家，小演舅舅一家，以及外公外婆很多的照顾，逢年过节做什么好吃的，从没有落下。对此，一直心存感激。”

大学毕业后，我希望珊珊到上海发展，她自己也喜欢上海，所以我给她介绍了第一份工作，上海和邀电子，一个外向型的制造企业，老板是我博士班同学张建华。珊珊负责外贸跟单、对接工厂、跟进交货期、联系货代以及各类证书检验等。珊珊现在回忆说，这是她唯一专业对口的工作，后来因为单位搬迁，离家太远，换了工作，但“第一份工作是一段很开心、很珍贵的经历”。

她自己找了第二份工作，进了一家国内最大的进口葡萄酒代理公司（ASC FINE WINES），干了五年。最初是以IT总监助理的身份进入这家公司的。一年以后，她的部门领导吞并整个物流部门成立了IT&供应链事业部，珊珊的工作量也多了一倍。因为工作干得出色，次年她去了一直想去的品牌部门，负责市场运营工作。在公司的耳濡目染下，珊珊对葡萄酒文化产生了浓厚的兴趣。兴趣是最好的老师，她利用工作之余报课学习，顺利考到了英国认证的品酒师证书WSET三级，准备业余做葡萄酒讲师。后来公司新来了CEO，组织架构变动，珊珊被调到了新成立的电商部门做销售总监助理，最后又被调回到IT部门做CRM运营。珊珊是“在每一个岗位上都尽力做到最好”的人，单位HR在给她办调岗手续的时候写道：“适应性挺好的，干一行爱一行，每个岗位都能做得不错，也蛮神奇的。”珊珊解释说：“每一个新的岗位就意味着未知、挑战，比较享受这种从0到1、升级打怪的过程，所以每一个岗位我都乐在其中。”

在珊珊大学毕业进入社会的第二年，我推荐她去复旦大学读在职MBA，并资助她大部分学费。珊珊说这种在职MBA对她非常有用，不仅认识了来自各行各业的管理者，拓展了人脉和眼界，还学到了很多经典案例。她有时候直接带着工作中碰到的问题去上课，课间休息时和老师探讨以后，解决问题的思路就有了。她说：“每次上课，都是一次对自己、对工作、对生活反省和反思的过程。”虽然毕业已经很久了，但是这些年她一直有陆陆续续回去蹭课，上课对她来说既能充电又可以放松。

珊珊的第三份工作是在上海豪宇股权投资基金管理有限公司（豪宇资本）担任董事会秘书。豪宇资本的初心是代际传承平台兼具投资功能，是上海几位成功企业家与教授的资源整合平台。作为豪宇资本成立第一天就入职的董秘，珊珊负责豪宇资本第一个办公地点上海证券大厦南楼2009室的装修。豪宇资本的另一个功能是助力股东企业发展，已经举办过多场“走进企业”的活动，比如走进新颜物流、走进宜兴紫砂文旅城、走进复客中国、走进台宏国际等。新冠肺炎疫情以后，为了节约成本，豪宇资本已搬到上海市光复西路2899弄10号楼办公，与大股东方世俊的台宏国际合署办公。珊珊现在兼任台宏国际人事与行政工作。她说：“新的岗位，新的起点，学无止境！”

在梳理家族史与自己的成长经历后，珊珊思考了更深层次的人生问题，她说：“就一个人短暂的一生来说，怎么活？如何在有限的时间抓重点、有价值地活？这是一个值得深究的命题。”对此，她提炼出三个行为准则与大家共勉：第一，要有足够的耐心。要认识到时间的价值，每个人成功的时机都不同，有的早一些，有的晚一些，不要停止精进自己。第二，做对事，跟对人。做正确的事，并且“付出不亚于任何人的努力”（稻盛和夫的观点，也是方世俊董事长的座右铭），同时还要善于发现贵人，学习贵人身上优秀的品质和能力，如果能得到贵人的指点，就更好了。第三，不断提高自己的能力。个人能力的增长可以有很多种方式，珊珊说：“解决当下难点问题是个人成长的最好途径，也是人生价值所在。所以，不要敷衍任何一件交到你手上让你烦恼的事情。”我认为，珊珊这三点人生感悟非常棒。

谈到对妈妈颜美琴的评价，珊珊说：“我妈妈虽然读书不多，但一直有远大志向，一心想干一番事业。”珊珊认为这可能跟她妈妈年轻时走南闯北的经历有关，所以做事比较有胆识。珊珊认为，她妈妈是一个非常能干、有远见与果断的人，实现了她们家在上海、杭州与温岭老家的不动产布局，并把家里安排得井井有条。珊珊说：“能干的人都免不了比较操劳，我的妈妈这一生都在为这个家付出，现在她年纪大了，希望她多多考虑自己，为自己而活。”

外甥女梁珊珊（摄于2019年10月）

谈及她爸爸，珊珊说，她爸爸是一个比较安于现状的人，比较容易知足，平时主要管生意上的事情，家里的事情管得很少。她爸爸的优点是，对健康饮食非常讲究，自己会烧饭。珊珊认为，虽然有时候我们觉得爸爸在吃上面有些极端了，但是在健康饮食这一块，爸爸也是功不可没的。

最近几年开始，珊珊和弟弟梁治达成了一个默契，就是出去旅游一定要带上父母。珊珊说：“趁父母他们还走得动的时候，带他们出去走走，看看外面的世界。他们老了，走不动了，回忆过去的时候，除了辛苦打拼的日子，还有美好的回忆可以回想。”珊珊心里装着父母，她说：“都说50岁知天命，我的父母已经是奔60岁的人，希望他们健健康康、开开心心度过每一天，陪伴我们久一点。”

谈及我的时候，珊珊说：“我的舅舅（颜滨）是整个家族里面学历最高、读书最多的人。他是我们整个家族的精神领袖，也是我的人生导师。他博览群书，见识渊博，思路清晰，善于剖析问题抓住本质。我每一个重大决定，都会跟他探讨，听听他的意见。我觉得家族里有这样一个指引方向的人，是特别好的。他的身上有很多优秀的品质，比如换位思考、利他精神、不计较个人得失、孝顺父母、以身作则、不停学习等。他的思想与精神都在潜移默化地影响着整个家族的正向发展。他创办了一家成功的企业——新颜物流，培养了一个优秀的女儿——颜思迈，带领整个家族从农村走向城市，现在都在城市里扎根，并过上了比较好的生活。”

大外甥梁治的成长与创业故事

梁治是我大妹妹颜美琴的儿子，我的大外甥。

梁治从小对我有一种“高而远”的感觉，他说：“不是指现实距离，而是指境界上。”他认为，我这个年龄依然对学习充满兴趣，还在攻读第二博士学位，一直都是后辈的榜样。梁治明知读书对他当下就有重大意义，但总是沉不下心来学习，心太浮躁，他自认为跟从小到大的经历有关，因为在家族里他是转学最频繁的一个。

梁治1990年8月13日出生，身高1.83米，见过的人没有一个不说他长得帅的。他全面认真梳理了自己“踢足球”式的求学、转学与求知之路。我认为，一个人，不管什么年龄段，都应该养成“分阶段全面系统总结”即反省的习惯，只有“善于总结”，才能“善于开始”。他小学一二年级在温岭老家雨伞小学，当时成绩非常好。三年级开始，因为父母到上海新颜物流工作，梁治随父母转学到上海，就读于上海市普陀区桃浦小学。到了桃浦小学，梁治发现了自己的体育天赋，三年级的时候就能跑过五年级同学的成绩，短跑、长跑、跳高、跳远都是全校前几名。体育老师自然很看好他。梁治说：“当时自己也热爱体育运动，以至于对其他学科热情减退，成绩也开始下滑。”四年级的时候，梁治参加了上海市普陀区举行的区级比赛，60米短跑、跳远、跳高、400米跑都取得了区里前三名的成绩，因此被区里的体校老师看上了。这位老师曾多次写信甚至上门家访，想让梁治去普陀区体育学校上学，结果被他妈以学业为重婉言谢绝了。我记得，当时他妈也找我商量，我也投了“反对票”。

梁治说：“很长时间都怪母亲不让我在热爱的领域里发展。”直到十几年以后，在社区篮球场碰上了跟梁治同届且去了区体校的一位同学，才对自己的想法有所反思。那位同学因为体育成绩好，又从区体校升到了上海市田径队，但是能进国家队的万里挑一，巅峰时期过后退役回来，有点无所事事，且给人一种与社会格格不入的感觉。梁治说："这时才知道，可怜天下父母心，父母当初也是为了子女将来好。"我认为，将来的好才是真正的好，将来的苦才是真正的苦，我们的一切都是为将来设计与努力的，都是为了将来的繁荣与幸福。但是未来存在着可能性，也存在着不确定性，人一生中的黄金时期就这么几年，试错成本太大，还是不能冒险的，因为世上没有后悔药，所以我主张"创新与确定性并重"，否则就不够聪明、不够智慧。

梁治五年级开始，桃浦小学并入了桃浦中心小学。到了中心小学，梁治开了眼界，才知道小学教室这么好——教室铺木地板，要穿鞋套进教室；操场跑道铺塑胶，比原先的煤渣跑道好了不知道几倍。匆匆一年过去，六年级与初一，梁治到了上海市桃浦中学。从那时开始，他没有再去校田径队，也慢慢开始将心思花在学习上，梁治回忆说："当时感觉别的科目实在是太简单了，上课认真听讲，考试就能上90分以上，但是英语与语文，怎么学都学不好。"

初二开始，因为户籍关系，在上海无法高考，梁治转回到老家，就读于温岭之江中学。梁治说："这时候让我感觉到，学校也是社会，有的同学拉帮结派，可能是运气好，我总能与那些校霸处成兄弟，既跟他们走得很近，但又不跟他们同流合污，这让我在学校里如鱼得水，完全没有那些弯弯绕绕的压力。"听到这段话，我感觉梁治初二的时候就有点老到、高情商、阅人无数了。初三的时候，梁治又转学到了温岭三中，进入全校学习成绩最差的班级。中考的时候，班主任曾预言这个班肯定考不好，但是"人算不如天算"，梁治说："那一届，我们整个班级都超常发挥，班级总体成绩在当时10多个班级中属于上游。"

梁治高中三年在温岭二中。那时，他篮球打得十分好，属于全校一流水准，学习成绩也还不错，全校前100名。梁治高考的时候没有考好，于是高复了一年，他说："高复的日子实在太乏味，每天都在学校里面，教室、食堂、寝室三点一线，不过100多米。"高复上半学期成绩还名列前茅，下半学期因为实在憋坏了，就开始丰富课余活动，学习也懈怠下来，又赶上那届高考更新了考试政策，梁治说："自己学的好多东西都不在考试范围内，那届的高复同学大部分都发挥失常，当然幸运女神也照样没有眷顾我。"

梁治考入上海东海职业技术学院物流专业，他说："其实，我原先是想去外省上大学闯一下，但是考试失利也就放弃了这个想法。"在大学，梁治望着五湖四海的同学们，想起从小学开始老师们一直跟他们说的话，"坚持住，到了大学就解放了、轻松了"，梁治当时也认为"考上大学，世界就亮了"，可是到了大学才知道上了个大当，他说："大学当上了班长，每年拿着奖学金，但总感觉少点什么。"

2013年，梁治大学毕业后，先在社会上的两家企业——上海某酒类公司与上海某化妆品公司做了两年物流。第三年即2015年，我才让他进入新颜物流，开始让他在基层锻炼。几年下来，我发现他聪明开朗，富有同情心，算账能力强，善于研究业务，同事们都喜欢他，但他肚里"墨水"不多，缺乏理论功底，于是我个人资助他大部分学费，安排他去上海交通大学就读美国西顿大学在职MBA。我认为，那两年（2017—2019年），梁治是真正用心学习了，效果很明显，不仅理论水平上升很快，而且实践方面也钻研得深。梁治说："在读MBA期间，跟社会精英们一起，感觉自己的眼界与判断力有了质的提升，才知道原来自己上大学时缺的是见识，世界太大，自己像一粒灰尘实在太渺小了。"为了让"灰尘"飘得更远，梁治最近几年经常利用节假日带着家人出去旅游。他还真的"行万里路"，游历了国内不少地方，还去了泰国。我感觉，他现在比以前更能静下来思考问题与看书学习了。正如他自己所说的："出去走走，见识不同的人文与河山后，慢慢静下心看书，也想学古人，读万卷书，行万里路。"知道自己渺小，方能发愤图强。

梁治能站在对方角度考虑问题。我认为，这种思维方式很好，属于量子思维，能够多维度看问题、看别人、看自己。梁治现在是新颜物流董事兼杭州三志新颜总经理。他的工作是开创性与挑战性的，但他不怕吃苦，喜欢研究，百折不挠。善于研究者，终将有未来。他说，这两年物流业变化飞快，网络叫车平台的崛起颠覆了以前红火了十几年的物流信息市场定点叫车模式，造成物流专线与三方物流压力越来越大，这意味着老的物流模式正在受到前所未有的冲击，就像金山毒霸被360打败，银行支付体系被支付宝与微信打败一样。梁治认为，科技革命使得商业模式不断被迭代甚至颠覆，物流行业也是风起云涌，每一个环节都在不断诞生寡头，路歌、G7、满运宝等在解决物流行业的老大难“票务”环节，运满满、货车帮、货拉拉等在解决城市间长短途的整车车货匹配问题，三志、德坤、聚盟等在解决城市间零担市场资源整合问题，运联上和等在解决仓库之间的链接问题，天地汇在解决运力平台问题（卡车滴滴），剩下的传统三方物流也要有自己的方向，是供应链一体化整合？还是个性化解决方案？或是保持原有的模式做工厂与运力之间链接？梁治说：“在这关键的时间段，我深感自身不足，每天好多认知外的东西接二连三进入眼帘，需要快速消化眼前的变化，更需要扩大视野看到行业的动向，也许唯有一步一个脚印地前行，才能在前方发现柳暗花明。”

大外甥梁治（摄于2017年11月西藏拉萨）

外甥女吴梦的成长与创业故事

吴梦出生18个月大的时候，因为吴梦的父母事业繁忙，没办法照顾孩子，就把吴梦托管了，所以吴梦的童年一直是在各个阿姨或各位老师家度过的。父母的陪伴少，小时候的吴梦对父母有些抱怨，性格有点孤僻，但长大后，吴梦发现这些经历对她来说是隐形财富，因为吴梦的父母每一阶段给她找的阿姨都是有针对性的，使吴梦一路成长，素质得到全面培养。

吴梦认为，她父母对孩子在教育上的花费是丝毫不会吝啬的。幼儿园大班的第一年，刚好兴起一个项目“蒙特梭利早教”，当时早教还没有流行，收费很贵，她妈妈毫不犹豫地给她报了名，整个班只有五六个学生。

吴梦是懂事比较早的孩子。幼儿园大班的第二年，吴梦除了上课，另一个任务是协助老师照顾因想念爸妈而哭闹的小朋友，很多老师搞不定的小朋友，都是吴梦去搞定的，以至于吴梦在幼儿园里就出名了。吴梦自己也认为，她一直是不太让大人操心的小朋友，她的第一个认知是自己的事情自己做。

吴梦妈妈担心吴梦不适应小学生活，一年级时特地把吴梦放在幼儿园一直照顾她的王老师家里，让吴梦在这一年的学习里有一个过渡。王老师家里有老有小还有自己的两个孩子要照顾，很小的房子挤着很多的人，吴梦站在角落里，感觉自己好孤独，对比在自己家里抢着爸妈的电视，在沙发上蹦跳，是整个家的中心，那种落差是很明显的。于是她养成了一个习惯，做一个乖巧的孩子，学会独立，学会观察，学会安静地思考。

吴梦二至四年级住在从国企退休的卢阿姨家里。吴梦分析，可能是爸妈发现迈入小学的她没有那么活泼了，遇事有点畏畏缩缩，生怕做得不好，也可能是王老师太繁忙了，没办法很好地关注到她的心理活动，于是爸妈在报纸上看到卢阿姨的求职广告后联系了卢阿姨。卢阿姨的性格和王老师产生明显的反差。卢阿姨非常温和且健谈，因为她的小孩去读大学了只有假期回家，吴梦是唯一一个住在卢阿姨家里的小孩，所以她对吴梦的照顾无微不至。每晚睡前卢阿姨会给吴梦讲故事，丰富了吴梦的思维想象能力。

吴梦认为，她爸妈的教育方法和卢阿姨完全不同。她妈妈跟小时候的吴梦说过，不能欺负别人，受了一点委屈没关系，不要太计较，大事化小，小事化了。但卢阿姨教会吴梦的是，做事做人一定要有自己的姿态，如果受欺负了一味忍让是不对的，当然也不能欺负别人。吴梦说，卢阿姨是最给她安全感的阿姨。

吴梦在五至六年级的时候住在杭州市九莲小学一个主课教数学的洪老师家里。洪老师家有两个住家的小孩，还有一些只是放学后去洪老师家辅导作业，然后父母来接回，所以洪老师家一直非常热闹。吴梦说，洪老师逻辑思维非常敏捷，也善于表达，几个淘气的同学合伙捣蛋也丝毫难不了洪老师，全班同学都信服于她。洪老师曾经担任班主任的那个班级是年级里考上重点高中最多的一个班。洪老师不顾校长的反对，只要学生达到她的要求，她便让出一节数学课作为奖励，让达到目标的男孩去打篮球，女孩去看小说或乘凉闲聊。洪老师告诉吴梦："任何事情没有绝对的对和错，只要达到目的了，那过程怎么走其实也不重要，别人也不会在意。"我认为，洪老师的教育理念与方法是非常科学的，心本管理，方向要明确，动力要充足，路径要灵活，这样就能开发潜能。吴梦在洪老师家生活了两年，也受到了潜能开发的熏陶。

洪老师平时的业余爱好很多，常常带吴梦等同学一起娱乐，比如玩弹珠、扇纸牌、打乒乓球等。吴梦说："与洪老师相处的两年里，打开了我的另一个维度，她一边和我妈妈商量，一边鼓舞我，要多学兴趣爱好。"洪老师也强调一个人要有一技之长。吴梦说，受洪老师的影响，她确实报过特别多的课程，比如茶艺、花样旱冰、越剧、舞蹈、唱歌、下棋、游泳、绘画、模特、主持等，学得比较专业的是画画，后来延伸到设计。

吴梦读初中与高中时是住校的。2006年小学毕业后，吴梦升入绿城育华学校读初中。吴梦个性随和，也会倾听，所以同学们都愿意把家里发生的事情、困惑或矛盾跟吴梦讲，吴梦也会边听，边分析，边开导，吴梦说："这练就了情商。"

随和的性格和高情商的吴梦帮助班主任解决了不少难题。吴梦说："初中与高中阶段，班里的问题小孩，精神状态不好的或者被排挤的同学，班主任都会安排他们/她们坐在我旁边。我依然能跟他们/她们相处得很好，不会被他们/她们的坏风气带偏。所以一直以来，老师比较喜欢我。"

吴梦读初中的时候，对于学习也曾出现过迷茫。初中来到了综合性学校，眼界突然打开了，一些东西是九莲小学给不了她的，对万事万物万般好奇的吴梦自然没有放太多精力在学习上。也刚好遇到叛逆期，吴梦觉得课本知识帮不了她什么，当然也有缺少疏导以及方法不对、动力不够的缘故。得过且过过日子，结果可想而知，吴梦中考落榜了。

今天回忆当初，吴梦说："10年前，人生低谷的时候，是颜滨舅舅给我指点，他并没有放弃我，而是参与我的人生规划。"吴梦从小喜欢画画，在画画方面非常突出，虽然没上过专业课，但她小学时候的绘画作品在杭州市得过奖。一直以来，读书的每一个阶段，学校的黑板报都是被吴梦"承包的"。直到一次家长会上，初中班主任的一句话点醒了吴梦妈妈，然后我对吴梦的兴趣爱好也非常支持，吴梦才下决心踏上了艺术这条路。

吴梦和我在一次聚餐深聊后，目标很快锁定杭七中（杭州市艺术高中）。一进这所学校，吴梦就发现，原来同学们都是有绘画基础的，不乏绘画世家的后代，就算不是绘画世家，也是从小就学了绘画技巧，他们/她们都学了好多年了。相比之下，吴梦是全校最没有绘画基础的，在专业考试之前，吴梦就上了一星期的绘画课，是晚自修抽空去上的，还是隔一天上一次，考试的排名吴梦几乎是最后的，也许是运气好，刚刚过了专业课的分数线。

高中一开学，吴梦就处在高压下学美术，因为在小学与初中阶段，吴梦的美术成绩排名都是前几名的，但到了专业高中，她的成绩排名突然靠后了，而且是自己认为最拿得出手的这一门，所以心理自然会有落差，急得想马上赶上去。吴梦更加努力了，美术课其实管得比较松，吴梦却每一节课都非常认真，把基础打扎实，然后记笔记，反复推敲，寻找规律。因为本身有这方面的天赋，加上一段时间的努力，从高一（下）开始，吴梦的美术成绩一下子又上去了，高二、高三甚至有几次达到绘画考核的年级第一。在2012年的艺考中，中国美院艺考综合成绩排名到了前100名（共有10万人参与考试），其中素描拿到了当年的高分。这一高分作品参加了中国美院那一年的展览，甚至被纳入了高分试卷中。

吴梦研究生刚毕业就嫁人了。吴梦与李扬结婚的日子是2020年1月18日。吴梦还在伦敦读书的时候，我们就深入讨论过创业与嫁人在时间上的矛盾如何处理的问题。我支持吴梦嫁人与创业两不误，因为智慧解决方案总能统筹矛盾双方，既能满足这方面的要求，又能满足那方面的要求。我说："如果遇到合适的家庭与男朋友人选，那么先锁定确定性，该结婚就结婚，该生娃就生娃，这是理性与明智的人生设计。这些必须完成的人生步骤走完以后，就可以全身心大干事业了。真正的潜能开发者（科学高效）能长期同时干两件或三件大事。"

简单说一下吴梦的新事业——夫家事业。吴梦先生李扬的爷爷创办了一家鞋厂，虽然在李扬爷爷手上企业规模并不大，但在李扬爸爸手上，企业规模得到了很大发展，成为温岭乃至台州有名的制鞋企业——台州飞鹰鞋业。李扬爸爸没有兄弟，有四个姐姐。李扬爸爸在自己创业的同时，也培养了他的三个外甥，现在外甥们也都自己创业办鞋厂，而且规模都不小，所以他们家族也是温岭有名的制鞋家族。

台州飞鹰鞋业创建于1998年，是一家集自主研发、生产、销售、管理于一体的现代化企业，现有员工1500多名，标准化厂房7万多平方米，拥有6条进口生产流水线，年产童鞋500万双，主要产品包括儿童运动鞋、儿童板鞋、儿童凉鞋、儿童棉鞋、儿童户外鞋、儿童登山鞋、儿童雪地靴、漂亮公主鞋、公主凉鞋、沙滩鞋、学生鞋等，创立的“独家龙”品牌畅销全国并出口海外。该公司现在的经营管理策略是不断引进先进设备和优秀人才，舍得投入，严肃采购，严格生产，诚信销售，以客户需求为导向，对消费者认真负责，所以产品深受客户青睐。

外甥女吴梦与她的儿子李秉燊
（摄于2021年4月）

飞鹰鞋业正在实施“二元战略”。20多年的创业积累，已经具备一定的资金实力，李氏父子两代人开始各有侧重，吴梦与李扬侧重于主业——鞋业板块，李扬爸爸负责“第二战略”——投资板块。这是家族企业代际传承意义上的协同进化与潜能开发，让年轻一代企业家放手干，传承家业；老一代企业家腾出时间与精力，发挥经验与智慧，负责投资，探索商机，已经在重庆、吉林、厦门等地投资上亿元，获得墓地经营管理权。

2021年，吴梦与李扬接手飞鹰鞋业的经营管理者角色后，在经营上试水社群营销、网红直播、快闪营销等新销售模式，在沉寂的传统市场里激起不小的浪花；在管理上不断完善内部管理机制，通过ISO9001：2000质量管理体系认证和社会责任认证，以一流的执行力实施企业战略，大刀阔斧地改革创新，在品牌管理、产品设计、工艺创新、品质管理等方面都得到显著提升，因此在业内包括他们家族各企业中引起不小反响。

外甥吴凯的成长故事
——漂洋过海寻找未来

吴凯是我二妹妹颜雪梅的儿子，是我的外甥。

2000年10月5日，吴凯出生，成为他们家里的第四个成员。吴凯小名叫浩浩。吴梦小时候叫他“浩子”（与“耗子”同音）。如今20岁出头的吴凯，身高1.92米了，吴梦说：“再也不好意思叫他‘耗子’了，因为不应景了。”

吴凯小时候住在杭州市下城区石桥街道杨家村。他爸妈为了工作方便以及离幼儿园比较近，把自己在城西的房子出租，再租用城东的独栋农民洋房。吴凯一家人租了一层。吴凯的叔叔（吴春方）一家人住在他们楼上。房东夫妇是杭州本地人，心地十分善良，也很喜欢吴凯。

吴凯在浙江省农科院读幼儿园，每天都是他外公骑自行车接送，外婆照顾小吴凯的日常生活。吴凯回忆：“他们基本上是我的全部，因为很多小时候的回忆都是和外公外婆一起度过的。”不去幼儿园的时候，吴凯去父母工作的地方——杭州石大路货运市场，因为当时做物流是没有周末的。每次去父母办公室，小吴凯总会和叔叔阿姨们玩一会，有时帮办公室工作人员在桌与桌之间递单子。办公室里有一台收费复印件，小吴凯有时候也负责收复印的钱，他至今还记得“复印一张1元钱”。

幼儿园毕业后，吴凯进入城西的杭州绿城育华学校读小学。从小学开始，吴凯一家搬回到城西住自己家的房子——新金都城市花园。吴凯也开始了寄宿生活。刚进学校的时候，他很不适应，每天哭着闹着要回家，因为新环境非常陌生，又是集体生活。吴凯说：“那个时候印象很深，最难受的就是周一上午和父母告别的时候。之后就是一日盼着一日。周四永远是最兴奋的，因为再过一晚就到周五了。”“到后来就非常适应寄宿生活，”他说，“其实寄宿，对我来讲的好处是独立生活与自理能力的一种锻炼，但是弊端是和家人相处的时间比较少。”

吴凯读小学时刚好与他姐姐吴梦是同一所学校——杭州绿城育华学校，吴凯在小学部，吴梦在初中部。姐弟俩以前接触不是很多，吴梦一直住校，吴凯一直在家由外公外婆（我父母）带大，他们俩“情感密切是在绿城育华”。他们家有一个习惯，只要在一起就会开始聊天，聊天聊地，沟通特别好，所以每个周末开车回家的路上，吴凯爸爸妈妈都会问他们：这一周发生了什么事？有什么特别好玩的？学习上有没有困难？与同学之间或与老师相处得怎么样？和好朋友之间有没有发生特别的事？姐弟俩挨个回答，姐姐回答好了，弟弟回答，吴凯妈妈也会参与讨论，逐一帮他们分析。他们家两代人以及姐弟俩的沟通在车上比较多，吴梦说：“沟通是完全没有阻碍的，什么都可以聊。”这很像我跟女儿颜思迈沟通与教育的方式之一——车轮上的“商学院”。也许是巧合，也许是家长与孩子都太忙了，只能利用车轮上的时间进行交流，也许是我二妹妹颜雪梅（吴梦和吴凯的妈妈）有意模仿我的车轮上的“商学院”。

吴凯“小升初”考取杭州英特外国语学校。姐姐吴梦已经留学英国，初二开始，吴凯也开始申请英国GCSE（英国的初中）。我推荐了一家在英国的华人留学中介，吴凯成功申请到了一所伦敦比较出名的私校。

2016年8月15日，吴凯独自一人坐上了东航航班从上海浦东机场飞往伦敦希思罗机场，开始了为期一年的学习。在学校里，吴凯结交了很多朋友，他知道一个道理，在家靠父母，出门靠朋友。这实际上是一种行之有效的生存方式。

GCSE一年学习结束后，吴凯顺利进入为期两年的A-Level课程选修，虽然新的学校不在伦敦，但是吴凯依然会每个周末都来伦敦，因为他姐吴梦在伦敦艺术大学时尚学院读书。有时候我把他们请到我伦敦的家里聚一聚、交流一下，了解他们的学习与生活，看看我有什么可以帮助他们的地方。

2017年，吴梦如愿考进了专业最好的硕士学校，吴凯高考落榜，被心仪的大学拒绝了，虽然补录取给了吴凯一个不错的机会，仍然能够上英国还算不错的大学。“能否接受这样的结果?”这个问题让吴凯思考了好几天，最后还是跟我商量，吴凯说：“我很感谢颜滨舅舅当时点醒我，让我作出了重大决定，复读一年。”复读就是背水一战，我也有这个切身体会。吴凯把这一次打击化为了动力，比以前更努力了。一年后，吴凯终于考入心目中理想的大学和专业——伦敦大学玛丽女王学院经济与金融本科。

吴梦现在有了自己的家庭和事业，吴凯会时常找机会回台州看姐姐，姐姐也会利用出差机会来杭州与弟弟以及父母见面。吴凯说：“与姐姐的感情永远不会变。有兄弟姐妹会增加很多幸福感，因为血缘相同，有一种默契，可以无话不谈。很多人生抉择，首先听听姐姐的想法，因为没有代沟，也没有距离感，就像挚友。”不仅吴梦与吴凯为有姐弟俩感到幸福，而且他们的父母也为有一儿一女感到幸福。即使从降低生命繁衍与代际传承风险视角考虑，用放大时空背景与彻底解剖分析法的量子思维心智模式，我的研究发现，家有二胎（无论男女）比一胎更安全，双轨制比单轨制更安全，二元战略比一元战略更安全，这是生命科学。

吴凯有着超出同龄人的成熟，当他的姐姐吴梦遇到疑惑的时候，他会帮她客观分析。比如吴梦一毕业就马上回国订婚结婚了，在刚结婚的第一年，吴梦接触到新的家庭氛围和亲戚，环境和身份的转变太大，所以有段时间吴梦非常不适应，不知何去何从，甚至有点怀疑是不是结婚太急了。吴凯知道后，和吴梦从晚上10点聊到凌晨2点多。经吴凯开导，让吴梦很受启发。聊完后，吴梦说：“我豁然开朗，心情变得舒缓多了。”

父母的辛勤付出，并创造条件，吴凯才接受了良好的教育。吴凯从小学一年级就开始寄宿，周一去学校，周五回家。寄宿使一个人从小独立，培养自理能力。周末基本上在兴趣班，比如奥数、拉丁舞、英语等，安排得满满当当。

吴凯回忆说：“那个时候，我比较叛逆，哭着吵着不想上英语课。”但是他妈依然坚持，每周五送他去上英语课，且在车上每天重复听英语。努力终于有了回报，吴凯能够流利背诵英语，也开始对英语感兴趣。

小学和初中的英语课，吴凯变得非常自信，一直是英语课代表。“这些自信的来源就是从小坚持上着的英语课”，说到这里，吴凯十分感激父母对他从小的教育与坚持。如果没有父母与杨丽黎老师的付出，吴凯认为自己的英语水平就达不到留学的要求。

吴凯认为，爸妈虽然平时生活节俭，但对他和他姐从小到大的学习投资可不少，从私校，到国际学校，再到出国，爸妈一直给他们灌输要好好读书、知识很重要的观念。吴凯说，虽然从父母口中得知的创业故事只有短短几句话，但猜想他们一定是经历了很多艰辛才换来下一代无忧无虑的学习与成长空间。

什么是家族？家族是具有血缘关系的人组成一个社会群体，包括几辈人，甚至是几十代人。我用简洁而不完全的语言认为，家族是数代人组成的血缘群体。家族的意义是什么？每个人的认识与解读可能是不一样的，吴凯认为，家族的意义主要表现为以下两个方面：

第一，培养家族成员的自信心。家族的凝聚力有利于培养家族成员的自信，因为集体的力量远远大于个人力量之和。如果家族成员充满矛盾与仇恨，那么对于家族每一代人（包括成年人，特别是孩子们）的自信心是一种打击，而且这种打击是深刻的与超时空的，是对身心灵潜能开发、知行合一与天人合一等生命底层逻辑的违背和摧残。我认为，家和万事兴，冤家路窄，上代积怨太深很可能影响子孙前程，上代积怨太深一定影响子孙后代幸福指数，用放大时空背景与彻底解剖分析法的量子思维心智模式看，这些都是十分明显的因果关系。在吴凯看来，我们的家族现在是比较庞大的，他的父母辈即我们六个兄弟姐妹以及他爸爸这边大多数兄弟姐妹也都进入了物流行业，经过数十年打拼，现在大家都发展得不错。吴凯这一辈即我们兄弟姐妹的下一代，现在有的还在学习，有的已在工作，有的开始创业，下一代都是在上一代的基础上成长与发展的，起步更高，发展得也更好。下一代不只是在物流行业发展，涉足的行业包括会计师事务所、制造业、物流业、服装、医学、外贸、投资等。吴凯说："我们家族上一辈的主业是物流，已经取得了一些成就，在社会上也有一定的影响，整个家族引以为豪；下一辈其他行业的家族成员也能为大家提供帮助。"吴凯深有感触地说："基于家族成员多领域的信息交流与知识积累，我对自己未来的工作或创业更有信心。"吴凯说："颜滨舅舅的励志故事印证了知识是可以改变命运的。失败并不都是坏事，可以点醒你，激励你不断超越自己，从而实现自己的更高目标。"我认为，失败与挫折很可能是潜能开发的契机。

外甥吴凯（摄于2017年3月）

第二，帮助家族成员决策，降低试错成本。吴凯认为，自己年轻，学历与阅历都不够，还不具备认知和处理复杂性与不确定性问题的能力，所以很多重要决策都是先找颜滨舅舅商量。吴凯说："颜滨舅舅书读得多，实践经验丰富，对于很多事物有独到的见解和科学的分析。比如，我高考失利后，和颜滨舅舅的沟通总能让我对未来有很明确的目标。有时学业上遇到困难，或者对自己的未来感到迷茫，我都会去找他交谈。他虽然不会直接替我作决定，但他能培养我独立思考和分析能力，所以每一次的选择都能做到试错成本最低，这一点是我十分佩服和感恩的。"

外甥女梁婷婷的成长与工作故事
——医者仁心，悬壶济世

梁婷婷是我三妹妹颜小平的女儿，她现在在上海一家医院工作，是针灸科医师。婷婷说，我们家是浙江土著（"土著"这个词用得好，正宗本地人），有着浙江人“背靠山川”的敦厚与踏实，也有浙江人“面朝大海”的开阔与通达，现在经济发达了，交通便利了，虽然我们家族成员已经踏上了外地或外国的土壤，但是内心仍然是很浙江的。

婷婷小时候便目睹了母亲一辈的奋斗。实际上，我们家族的创业史，在婷婷出生前就开始了。婷婷在温岭老家上学，从小学到高中，但暑假会在上海过，因为我在上海办公司（上海新颜物流），我的好几个兄弟姐妹也在我上海的公司里工作，包括婷婷的妈妈颜小平。婷婷说：“暑假都是妈妈骑着电瓶车送我去美琴姨妈家和表哥表姐（梁治与珊珊）一起玩的，于是我暑假也过上上学一般早出晚归的生活。早上他们上班顺路定时送我，在亲戚家待一天，晚上他们下班回来接我，但是晚上的时间就掐不准了，因为妈妈经常加班，有时候我等妈妈等着等着睡着了，就在姨妈家住一晚上。”婷婷小时候比较苦，苦的孩子懂事早，婷婷学习与工作都非常努力。婷婷的学习、工作与成长主要靠自身努力，家族对她的帮助也不少。

在婷婷的记忆中，她妈妈工作真的忙，但回家后丝毫没有什么坏情绪。婷婷说：“妈妈的好脾气和沉稳，我看在眼里，记在心里。”我认为，母亲的性格对孩子的影响太大了，所以女性的修养包括后天学习非常重要，不仅影响夫妻关系，而且影响子孙后代。婷婷说：“家族各个企业和整个家族正是因为上一辈人勤勤恳恳的付出才日渐稳固与发展。”

婷婷认为：“在家中，妈妈时时刻刻言传身教，做事非常靠谱。”她举了一个例子，自己的棉袜子破了一个洞，她妈妈周末一针一针把那个洞补好，做工非常精细。婷婷说：“妈妈不会一遍一遍唠叨节俭与勤劳的概念，而是用她的实际行动，向我们传递价值观。这对于我和弟弟来说是个瑰宝。”婷婷说：“现在再碰到破旧的衣物，甚至棘手的事，第一反应便是修补和思考，而不是一扔了之。”

婷婷说：“上大学那会儿在杭州，和舅舅、姨妈接触比较多，他们非常客气，我周末很喜欢到他们家住，这使我在杭州上学也有在家的感觉。”婷婷认为，大舅舅颜明德的性格是踏踏实实做事，敏于事而讷于言。

说到我，婷婷认为："颜滨舅舅是家族里的标杆。"婷婷认为我给她的激励以及建设性的意见"都是非常恰当的"。婷婷高中毕业时，我正在研究量子管理学，婷婷说："当时我刚高考完物理，对于量子相关知识还是谙熟于心的，但对于量子理论应用于管理学还是第一次听说。随着舅舅逐年坚持，我开始相信其应用前景。"

婷婷认为，小舅舅颜小演"善于交朋友"。颜小演对于任何人都非常随和，继承了母亲"大爱无仇，包容一切"的性格与精神，还喜欢不时说几句笑话，所以他的朋友很多，大家也愿意与他交朋友。婷婷说："小辈们和他相处起来也非常愉快，一点没有代沟的感觉。"

婷婷高中就读于温岭中学，这是浙江省重点中学。2012年参加高考，但高考成绩并没有让她非常满意。婷婷询问她妈妈中医和计算机两个专业如何选择，我当时刚好在上海，婷婷和她妈来我上海的家找我商量，婷婷说："家里所有的事都是这样有商有量的。"我支持婷婷选择中医专业，我跟婷婷说："中医专业，你大学毕业后，不用担心找工作难的问题，既可以在中国找工作，也可以去英国发展。"

婷婷说，她选择中医专业，弥补我们家族多经商而无人涉及医疗行业的空白。我继续帮助婷婷从各个维度进行分析，我说："如果以后你男朋友也是针灸推拿专业，那么你们两个人自己就可以开诊所了，而且很容易。"我当时有一个预感，婷婷以后的男朋友是同学或同事且是医生的概率很大。

我是用放大时空背景与彻底解剖分析法的量子思维心智模式得出上述逻辑结论的，结果真的被我猜中了，这可以说是巧合，也不完全是巧合。婷婷的男朋友正是她实习医院（上海市中医医院）的同事，一名推拿科医生，也是她读研究生时的大学校友（上海中医药大学）。婷婷这个苦孩子还是很幸运的、有后福的，她的男朋友各方面条件都不错，可以预见他们会有美好的未来。

2012年9月，婷婷如愿进入了浙江中医药大学的针灸推拿学专业。婷婷很庆幸，大二的时候跟到了一个好老师，也是台州人，是浙江体育学院的针推专家，婷婷说："有名师指点，也是技艺精进的一大要素。"

婷婷自己也很努力，工作日的晚上，婷婷跟着老师夜里门诊，这不但丰富了课余时间，而且在跟师学习以及与病患交流中体会到针灸这个行业的点点滴滴。婷婷说："印象最深刻的是，一位股骨头坏死伴随膝骨关节炎的老太太，由于年龄太大，不能进行西医手术治疗，老师对她进行了针灸治疗，配合推拿手法，帮助老太太缓解疼痛，患者的病情得到了缓解。与此同时，老师日常给这位患者家人般的关切，帮助老人建立起长期与这个疾病斗争的信心。"

在"大五"（学医的有大学五年级）毕业之际，婷婷开始思考之后的发展方向。她认为，医学这个行业还是需要提升学历的。国内研究生入学考试，是选拔性考试，难度并不小，但是留给婷婷准备的时间比较短，只有三个月。她说："前期规划就做了一两个月，因为规划做得好，所以考核成绩名列临床学院前茅。"以一个相对少的复习时间取得不错的成绩，婷婷回顾这段经历后认为，这与家人的影响以及老师的鼓励是分不开的。她说："也就是颜滨舅舅经常提到的方法——智者倒过来活。"婷婷在一定程度上掌握了潜能开发原理，她说："用科学的思维方式与处事方法处理复杂问题就会更加有效，良好的结局又增添了迎接下一次挑战的信心。"

婷婷最终选择临床型的研究生专业，她说："我十分清楚，学医的目的首先是治病救人，所以即使在做临床课题研究，我仍然很注重临床技术的提高。"婷婷的研究生导师比较有名，所以找她导师看病的人很多，其中"情志病"人也很多，有时候人多了病人会急躁，这时候，领导力就显得非常必要，就是管理病人的能力，要在有限的门诊时间内，把病人管理好，时间安排好，保证有序治疗，特别是在快节奏的情况下，有效稳定就医病人的情绪，这是对医生领导力的挑战与考验。上海作为国际大都市，对于医生的要求是多维度的，婷婷说：“一个出色的医生需要具备综合素质，我们家族的商业场景、管理风格以及颜滨舅舅的领导力理论的熏陶，对于我成为一个好医生是非常有帮助的。”

外甥女梁婷婷（摄于2017年11月）

婷婷妈妈颜小平说起婷婷的成长故事，写了一些感想发给我，颜小平说：“颜家家族无私奉献的精神值得学习与弘扬。从父母一代开始，卖货郎担的人、讨饭的人，父母都会安排他们在我们家落脚住宿，不收任何费用，有时候还免费管饭，从来不计较得失。”是的，我认为，我们兄弟姐妹也继承了父母乐善好施的品行，比如婷婷在杭州上大学的时候，因为那时她家境困难，我和弟弟颜小演分别出资2万元和1万元设立“婷婷学习补助基金”，每个月的利息300元给婷婷作为生活费，婷婷还可以把这笔钱用于急需。颜小平说：“姨夫姨妈也对婷婷照顾很多，都把婷婷当作自己的孩子，照顾吃的用的，从不计较。”

小外甥董洋的成长故事

我有三个妹妹，每个妹妹各有一个儿子，所以我有三个外甥。董洋是我三妹妹的儿子，他是我最小的外甥。2007年生于上海的董洋，现在正在上海读初中。

从董洋出生以来，他奶奶一直在上海和董洋一家一起生活。但是，自从董洋爷爷前些年去世后，他奶奶这两年已去陕西他大姑姑家住了一段时间。叶落归根是不少老年人的想法，董洋奶奶也说年纪大了一定要回老家。不久前，董洋的大姑姑和二姑姑一起把奶奶送回甘肃老家。因为疫情的原因，董洋两年没看到奶奶了，他说："很是想念。"董洋说："百善孝为先，只要奶奶开心，住在哪里都一样。"我认为，董洋这孩子是懂事的。

董洋觉得，甘肃很远很远，因为上海到甘肃有2000多千米的路程。他说："从上海上高速一路向西经过5个省份，印象最深刻的是过了陕西后一半都是大大小小的山洞，最长的隧道12千米。我在想：谁先研究出隧道的？我感觉这个人很伟大，联想到自己：我长大以后做什么呢？"我认为，能多问几个为什么并联系自己进行思考的孩子是有思想的孩子，有思想才有未来。如果能尽早确立终极目标，以终为始，那么就能极大开发潜能，少走弯路，生活也会更有意义与激情。

说到代际传承，董洋说："我们现在老家住的房子，是爷爷小时候他爸爸，就是我的太爷爷（曾祖父）从'后湾'买到这里建的房子，'后湾'是大山里面还有人家的意思。这是我们家族（董家家族）从山沟沟里走出来的第一步。"他说："爸爸从甘肃老家到上海创业后于2000年（在董洋出生前7年）买的房子，现在我们已经安家在国际大都市上海了。我觉得爸爸这一步迈得非常大，我要向爸爸学习，步伐也要迈得大一点，比如迈出国门。我的表哥表姐们都有在国外留学，我想只要我努力，完全有可能，而且舅舅就是我的榜样，他是靠终身学习、全球学习改变自己与整个家族命运的人。"

我认为，步子迈得大一点，而且确保成功，需要注意三点：一是人生意义与终极目标导向，像马克·吐温说的"智者倒过来活"，从老活到小；二是方向必须十分清楚，动力必须十分充足，路径必须十分灵活，这样"方向—动力—路径"才能自洽，自洽意味着成功、有意义，而且幸福；三是跳跃式发展的，不是按部就班线性发展的。

董洋说："我很荣幸，能成为友爱、温馨且有着深厚学习知识氛围的两个大家族（董家家族与颜家家族）中的一员，其给我带来了许多的影响和绚丽多彩的童年生活。"家庭与家族的氛围对孩子各方面的影响极大，董洋是幸运的，不仅受到了颜家家族家训"重教、好学、创业、修身、图腾"的影响，而且受到他爸爸创业精神与长期自学的影响。他爸爸董祥宇本来是高中毕业，一边创业，一边参加自学考试，现在取得了大学文凭。这是一般人难以做到的，但董祥宇做到了，不仅造福了他自己，而且对他儿子董洋都是极其正能量的榜样。董洋看在眼里，落实在行动上。

董洋是德智体美劳全面发展的孩子。他书法不错，会跆拳道，还有其他爱好。他说："我小时候每当放假，都会和爸妈一起去他们工作的地方——自己创业的上海生力物流有限公司，比起那时办公室里接连不断的电话声，我更偏爱姑姑做的红烧肉。等他们下班后，我就和爸爸那一边大我十几岁的表哥们围着乒乓球桌打得热火朝天，这让我喜欢上了打乒乓球。有对乒乓球的热情，在学校比赛中大放光彩。后来被学校选中，和同校几个同学一起训练，代表学校参加区里的比赛，我与队友共同努力，取得了令人满意的成绩。这对我来说是巨大的荣誉。所以每次假期，打乒乓球便是我最期待的事。"热爱是最好的老师。我认为，一个人只要思维方式正确（用正确的方式做正确的事情），充满热爱，加上能力，那么学习也好、工作也好、人生也好，就一定能够成功。

董洋对爷爷奶奶充满爱与美好的回忆。他说："以前，爸爸会开车带我们从上海回到雄伟壮观的黄土高坡去看爷爷奶奶。那时，山路崎岖、陡峭，我在车上不敢睁眼看山下。但到老家后，看到爷爷奶奶最亲切的笑容，以及由甘甜的井水做成的一个个独有美食，印象最深刻的是油馍馍蛋滚水，吃起来别有一番风味。"董洋说在老家的时候，有时会拿着棍子和弹弓，拉着爸妈去打野兔给爷爷奶奶吃。他说："虽然野兔没抓着，但口袋里收获满满——从河沟里捡的一块块石头，然后带着这些美好记忆和心爱的石头返回了上海。"每一个人都是如此，家乡总有值得回忆并给我们力量的某些神圣的东西，基因链接着故乡的土地。

说了爸爸那边的故事，再说妈妈这边的故事。董洋说："在我的印象里，妈妈、外婆外公那边家族有着浓厚的知识和文化气息，无论舅舅、舅妈还是哥哥姐姐，都一直在不断努力学习与工作。他们一直在激励着我，让我明白学习与知识的重要性。对此，我必须要有正确的态度，必须刻苦学习，为将来打好基础。”董洋是一个诚实的孩子，他说：“说实话，我现在还没有明确目标，长大后不知道向哪方面发展。我想，有坚实的基础是必需的，而且我有信心自己不比别人差。”董洋还蛮谦虚的而且说得很对，与我外婆说的“我从不与别人争高低，只为生活争口气”的意思一脉相承。我认为，我们不一定要把别人打败，协同进化，潜能开发，可能是做人与做事的上上策。

小外甥董洋（摄于2017年淀山湖）

我认为，董洋的思维方式真的很棒。最后他没有忘记总结爸爸妈妈两大家族——董家家族与颜家家族。董洋说：“无论是我的爷爷奶奶，还是外婆外公，他们的言行、习惯都有很深的意义。比如外公总会检查门窗是否锁好，体现出生活的严谨和防范风险的意识。外婆虽然已经去世，但在我的印象中，她脸上总是带着温暖的微笑，我任何时候回想起外婆总有一种暖意。我的爷爷生前会一身的功夫，他还教过我棍法，很有威严与气势。奶奶的身上是劳动人民的朴实与勤劳……”我认为，记住并链接三代人140年的累积经历与心路历程就能促进家族企业代际传承潜能开发。对于这一规律性，从我的小外甥董洋身上也能得到佐证。上图是董洋在淀山湖学习射箭，我相信他一定能瞄准并射中未来——繁荣、幸福、长寿与代际传承的终极目标。

侄子颜坦森的成长故事

颜坦森是弟弟颜小演的儿子，是我的侄子，现在在英国读大学。坦森很懂事，表现出来的智慧似乎超越他的年龄。坦森还有一个优点——绅士风度，待人接物懂礼节，又很细心。

关于代际传承，坦森说："我的成长经历，或多或少掺杂了家族的因素。"坦森认为，他这一代人，刚好是颜氏家族从小到大、从衰到兴的见证者。

在坦森印象中，他小时候，父母格外忙碌，坦森说："我睁眼时父母早已出门了，闭眼时床边空空也。爷爷奶奶和外公外婆都毫无怨言地承担起了隔代带小孩的任务。"坦森的童年基本上是祖辈带大的，所以他对世界的很多认知源于祖辈。

我认为，坦森不是完全隔代培养的，算是"半隔代培养"，他跟父母以及爷爷奶奶（有时候是外公外婆）住在一起，但从小受到了爷爷奶奶思想的熏陶，这在一定程度上促进了坦森思维能力与绅士风度的形成。

隔代培养到底好不好？我认为，无论是隔代培养还是父母培养，教育的成败最重要的因素取决于教育者"三观"（世界观、人生观、价值观）是否正确。家庭教育最主要的是"三观"教育，不是知识教育。在人的一生中，"三观"的重要性远远大于知识的重要性，当然知识与"三观"有着密切的关系，在通常情况下，知识与"三观"正相关，知识就是力量，"三观"驾驭命运。从我们颜氏家族"半隔代培养"的几个案例来看——颜坦森与吴凯等小时候基本上都是由我父母带大的，他们长大后都比较优秀。正如坦森总结的："爷爷奶奶有三个儿子和三个女儿，全都健康长大，在社会上均

侄子颜坦森（摄于2021年3月26日）

有所作为，他们对孩子教育方面的成功可见一斑。”我认为，颜氏家族的家教家风特别是我父母的智慧与实干，不仅直接影响了我们兄弟姐妹，还间接影响了我们的下一代。

坦森给奶奶精神提炼出三个字：和、省、学。他认为奶奶对晚辈的教育，最重要的是“和”；“省”也是奶奶留下的精神遗产；还有一个“学”，早在六七十年以前，奶奶就意识到“学”的重要性。

坦森说：“奶奶虽然离世，但奶奶精神的三字真经——和、省、学，永远留在了我们每一个家族成员的骨子里与血液中。随着时代的进步，奶奶精神又融入更多精气神，再从我们这一辈传递到下一辈、再下一辈，直至子孙后代。”詹姆斯·洛夫洛克在1972年提出“盖亚假说”，认为：地球是一个生命有机体，是一个“巨生命世界”，所有分子都意识互通。坦森认为：“家族也像是一个小型的盖亚生命体，我们作为个体在发展，以一个集体在进步。”这句话完全符合企业仿生机制的精髓，个体阿米巴的繁殖复制与能生能死的功能，确保企业整体的免疫力与生命力，这是企业长寿与代际传承的科学依据。我认为，坦森已经拥有一个哲学与科学头脑，只要坚持学习与实践，就一定能够成就一番事业。

小侄子颜宸的成长故事
——想当一名科学家

颜宸是我弟弟颜小演的小儿子，生于2008年，是我最小的侄子。给孩子起什么样的名字，通常寄托着家长的希望。颜宸的哥哥颜坦森的名字是我给起的，我当时给坦森起名“探深”，意思是探索深层规律，具备复合型知识结构，提升思维维度，掌握大学问，干出大事业。我认为，“探深”这两个字首先是很好听，其次是寓意好，再次是容易记住。坦森的父母先是把“探深”改为“泰森”，后来觉得“泰森”是世界拳王，再把“泰森”改为“坦森”。其实“坦森”这两个字也不错，我喜欢。颜宸的名字是颜宸大舅舅家的表哥表姐给起的，“宸”是一个幸运的词，封建时代指帝王居所，大富大贵，寓意颜宸从小条件优越，希望他刻苦学习，学有所成，大有作为。

颜宸说：“小时候的记忆很模糊。只记得那个时候父母做生意很忙。”他妈妈林春莲临产前还在办公室忙着工作，月子未满又火急火燎地去上班了，早出晚归，只能请别人来家里帮忙带小孩。颜宸出生满一百天后，他妈妈先是请远房亲戚桂子来带他，后来请小舅妈春香来带，其间也请过外来保姆。通过比较，颜宸妈妈认为，带小孩还是自己带或亲戚带效果好，因为外来保姆缺乏责任心，而且从小家教很重要，有“四两拨千斤”的功效。

颜宸说：“在我小时候的印象里，我爸是一个全能的人，小到烧菜做饭和家里维修，大到城市道路和各种车辆，懂的东西很多。”颜宸认为，他爸妈热情好客，又烧得一手好菜，所以来他们家吃饭的亲朋好友特别多。的确，我弟弟颜小演，人很聪明，实践经验丰富，人缘也很好，就是文化程度不高制约了认知的维度与事业的高度，虽然他们生意做得不错。一个人要想获得巨大成功，老祖宗已经告诉我们秘诀——“读万卷书，行万里路，阅人无数，高人指路，自我感悟”，这五个要素一个都不能少，需要复合型知识结构，提升认知维度，才能从根本上开发潜能。现在，我弟弟和弟媳妇在工作与事业中切身体会到知识的局限性，所以对两个孩子（颜坦森与颜宸）的读书特别重视。近几年，他们在颜宸身上倾注了更多精力，包括陪伴与周末辅导。

颜宸比哥哥颜坦森小11岁，从颜宸有记忆开始，坦森一直住校，节假日才回家，家人团聚的时间不多，后来坦森又去英国留学了。虽然兄弟俩见面的机会很少，但坦森非常喜欢并关心弟弟，细心引导弟弟成长。对哥哥的关心，颜宸也体会到了，他说：“与其说是哥哥，更像是一个好朋友，他比爸妈更懂我，经常会给我推荐书和电影。”颜宸认为，他爸妈给他的是不错的物质条件，他哥哥在精神方面给他的帮助更多。

从幼儿园开始，颜宸妈妈林春莲就带小颜宸去学唱歌、模特、街舞，希望他性格外向一点，并拓展知识面。颜宸说：“那时候，我不知道为什么我

小侄子颜宸与颜滨
（摄于2021年2月8日颜滨书房）

妈要我学习这些。现在才明白父母希望我不局限于读书，还要全面发展。”颜宸认为，他父母培养他全面发展这一招帮了他升学的忙，在大家挤破头的小学面试中，他因为全面发展得以顺利通过。联想到了他父母做生意的不容易，颜宸说：“物流门槛不高，进入者一批接着一批，但是面对越来越激烈的市场竞争，不少物流企业被淘汰，然而强者却能做强做大。”对此，喜欢生物学的颜宸引用生物学里的一句话来形容：“物竞天择，适者生存。”2021年春节期间，由于新冠肺炎疫情影响，我们都在杭州过年，颜坦森和颜宸来我家拜年，我送给他们兄弟俩几本书作为新年礼物，颜宸说：“书中自有黄金屋，虽然二伯伯颜滨没有这么说，但我猜想是这个意思，鼓励我多读书。”

小学时，老师常让学生写关于未来的遐想，颜宸每次都会郑重地写下：“我要当一名科学家。”颜宸说：“这个看似遥不可及的梦想，恰恰是我内心的真实写照。科学家这个职业可以满足自己无法遏制的探索欲和好奇心。”颜宸以前科学这门课的成绩是中等，有一次考差了，反而引发他的斗志，激发其潜能，他说：“从那时起，我发愤图强，刻苦学习，期末考试科学成绩全班第一。”

颜宸报了科学课外班，在这里更是如鱼得水，颜宸说：“每节课都有实验道具和科学模型，每个模型我都格外爱惜，每个实验我都认真操作。”看样子，颜宸是科学家的苗子，我似乎也看到了颜氏家族一个科学家在快速成长。希望颜宸能探索未知领域的深层奥秘，用知识改变社会，用科学改造自然，为家族、为子孙后代、为全人类作出伟大贡献。

下篇
理论部分

家族企业领导力的新理论
——量子领导力实战体系

这一篇是理论研究部分，揭示颜氏家族一家三代人创业故事背后的心理逻辑和研究心得，尤其是理论发现。这是我正在（2018—2022年）攻读的英国杜伦大学商学院（联合复旦大学经济学院）工商管理博士学位（我的第二个博士学位）的研究课题——量子领导力实战体系解决家族企业代际传承领导力问题。我认为，这部分是本书的亮点之一，涉及：什么是量子领导力实战体系？为什么以及如何用量子领导力实战体系解决家族企业代际传承问题？量子领导力是前沿的领导力理论，是不确定性环境的企业领导力，它有利于解决家族企业代际传承这个社会热点、难点、痛点问题。

本篇分为三章，从第五章到第七章。第五章是新《颜氏家训》，我用放大时空背景与彻底解剖分析法的量子思维心智模式和量子领导力实战体系的理论框架对1789年再版的颜之推创作的《颜氏家训》进行重新解读，可以理解为颜滨版的《颜氏家训》；第六章是家族企业代际传承的道，讲述量子领导力实战体系的文献综述部分，列举了各种传统领导力理论的研究视角以及认知维度与应用场景的局限性，提出量子领导力实战体系的独特性与理论创新之处，这是复杂性和不确定性环境下的超时空与超生命的领导力实战体系；第七章是家族企业代际传承的术，讲述量子领导力实战体系的方法论与实证研究部分，即案例分析。

第五章　新《颜氏家训》

第一节　重教

颜之推为什么要再版《颜氏家训》？

《颜氏家训》最早出自公元531年（南北朝时期），1789年（清朝乾隆五十四年）《颜氏家训》的再版作者是颜之推。据《北齐书·颜之推传》的记述，颜之推，字介，北齐文学家，琅琊临沂（今山东临沂）人，来自北方的士族，古代学士，享年70岁左右。颜之推的思想：

一是以儒家传统思想为立身治家之道，也受道家思想的影响，主张谦退。颜之推的思想继承了颜回的思想。颜回也是兼具儒家与道家思想，既学孔子的“为之”，强调社会秩序；又学老子的“无为”，强调遵循自然规律。我认为，自然规律（自然秩序）包含社会秩序，但是社会秩序不等于自然秩序，量子领导力实战体系的“三个世界”（量子世界、经典世界、生命世界）划分与逻辑切换机制能够把自然秩序和社会秩序进行划分、逻辑切换并有机统一。也许儒家与道家统一于中庸之道，儒家中庸的底层逻辑基于道家的阴阳环抱——量子机理是彼得·希格斯（1964）发明的粒子“自破缺重聚机制”，哲学上的对立统一。

二是强调家庭教育的关键是父母，认为父母的品行与教育方法对子女影响极大，远远大于学校教育。一方面要更加重视家庭教育，对那些错误地认为教育只是学校的事的家长是一种惊醒；另一方面父母必须把教子与爱子结合起来，更加重视幼年教育，四两拨千斤（颜之推著，梁海明译注，1999）。

为什么要再版《颜氏家训》？颜之推说：“我如今之所以要再写这部《颜氏家训》，并非敢于给大家在为人处事方面做什么规范，而是专门用来整顿家风，教育子孙。同样的言语，因为是所亲近的人说出的就相信；同样的命令，因为是所佩服的人发出的就执行。”（颜之推著，梁海明译注，1999）

从2016年3月我母亲去世到2021年8月，历时五年，我为什么要写《代际传承》这一现代版的《颜氏家训》？原因如下：

第一，为了子孙后代。这是最主要的原因。我要把自己艰苦创业的人生经历与心路历程告诉我的女儿颜思迈等11个子侄男女。我认为，本人一辈子学习与创业，在学习吸收前人的基础上（站在巨人的肩膀上），已经形成了本人独特的“读万卷书，行万里路，阅人无数，高人指路，自我感悟”的世界观与方法论，并形成了理论体系与实践体系，这对于颜氏家族的子孙后代具有价值以及潜能开发的指导意义，就像颜之推说的：“同样的言语，因为是所亲近的人说出的就相信；同样的命令，因为是所佩服的人发出的就执行。”（颜之推著，梁海明译注，1999）。

第二，为了列祖列宗，特别是为了我的父母。《代际传承》的出版抢救了颜氏家族特别是从我的上一代到我的下一代祖孙三代人的精神遗产，整个家族智慧也从这三代人的经历与心路历程中被提炼出来了。我的父亲已经年迈，母亲已经去世，我和我的兄弟姐妹也都是60岁上下的年龄，用放大时空背景与彻底解剖分析法的量子思维心智模式的人都知道，环境（包括内外环境）具有复杂性，生命具有不确定性（总趋势是繁衍与进化），智者都是既有创新创造意识，又有使命感与危机感的人。因此，我愿意花五年时间，集中大家的智慧，发动大家回忆、收集、整理、提炼家族历史与家教家风，包括我们上一代人（父母一代）的创业精神、我们这一代人的创业故事以及我们的下一代人的成长与创业故事。可以肯定的是，如果家史散落，不回忆，不收集，不整理，不提炼，不出书，那么子孙后代基本上就不知道：列祖列宗尤其是祖辈与父辈都干了什么？他们的经历是什么？心路历程是什么？

第三，为了我自己，我必须为这个世界留下一点什么。这是生命的价值。我有这个能力，为什么不使用这个能力呢?！我常常思考一个问题：我来人世间，拿什么孝敬我的父母和列祖列宗？又拿什么奉献给我的女儿以及子孙后代？一百年、一千年以后，子孙后代与全人类凭什么记住并找到历史上曾经有一个颜滨以及他独特的思想？“干出事业，写出文章”是我的座右铭，我尽我所能，知行合一，天人合一，一边创业实践，一边研究理论，一边著书立说。

第四，为了传播科学知识。我是一辈子创业与一辈子读书的人，读书的目的在于应用知识，理论的目的是为了指导实践。与此同时，我更懂得知识就是力量，科学技术是第一生产力，知识能改造社会，科学能改变自然。写《代际传承》这本书，既能改造社会，又能改变自然，这是功在当代、利在千秋的事业。我愿意为传播科学知识付出心血。

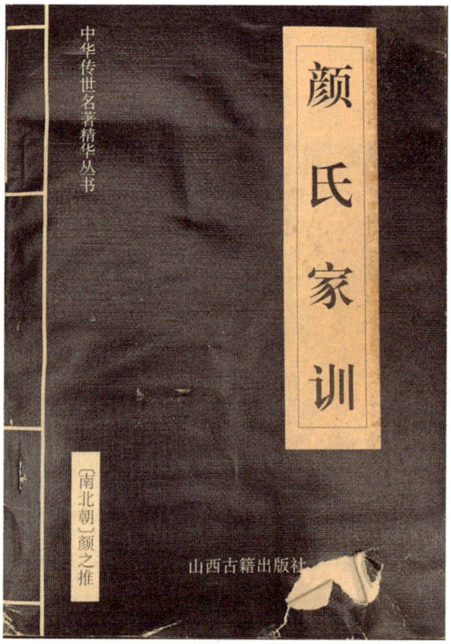

颜之推的《颜氏家训》

如何做一个好婆婆？

颜之推说："妇女的习性，多宠爱女婿而虐待儿媳妇，宠爱女婿那女儿的兄弟就会生怨恨，虐待儿媳妇那儿子的姐妹就易进谗言。这样看来女的不论出嫁还是娶进都会得罪于家，都是为母的所造成。以至谚语有道：'落索阿姑餐'，说做儿媳妇的以此冷落报复婆婆。这是家庭里常见的弊端，能不警戒吗！"（颜之推著，梁海明译注，1999）

看来，做一个好婆婆的确不是一件容易的事。这是社会现象、历史现象，还存在着心理学原因。一个家庭的好坏，家族成员命运的好坏，社会上的口碑，以至于对子孙后代的影响等，很大程度上源于母亲的素质。如果妻子的素质有缺陷，那么丈夫应尽可能弥补妻子这方面的缺陷，以减少母亲对子女的不利影响。我很幸运，我们兄弟姐妹很幸运，我的母亲充满智慧。我认为，我母亲集好婆婆、好母亲、好女儿、好儿媳、好妻子于一身。我们兄弟姐妹虽然大部分文化程度不高，但做人做事做生意办企业都还可以，都从农村到城市，实现城市化，安居乐业。我们的下一代都受到了大城市甚至是国外的良好教育，这得益于父亲的实干与母亲的智慧等家教家风的影响，特别是母亲"大爱无仇，包容一切"的高级智慧，凝聚、影响、传递、创造着整个家族以及子孙后代的繁荣、幸福、长寿与代际传承的终极目标。

处理婆媳关系太难了，又太重要了，这里再举一例：浙江金龙再生资源科技股份有限公司（新颜物流的战略合作单位）董事长施彩莲婆媳关系处理得非常好。她的做法是，一方面要求儿子"结婚前多看女方的缺点，结婚后多想女方的优点"；另一方面，在儿子结婚前，施董事长就直接跟儿子的女朋友说清楚：自己只有一个儿子，没有女儿，会把儿媳妇当亲女儿，也要求儿媳妇把婆婆当亲妈，婆媳之间有话必须直接说、当面说，不能在儿子面前搬弄是非。我认为，施董事长话粗理不粗，"丑话说在前面"是一种智慧与理性。事实上，儿子结婚后，施董事长婆媳关系处理成为典范，被电视台录制了电视节目——《超级女掌门》，大家在网上现在都可以搜到并进行回放。《颜氏家训》也说道："教媳妇要在初来时，教儿女要在婴孩时。"（颜之推著，梁海明译注，1999）所以，我劝子孙后代有空读一读《颜氏家训》，里面充满智慧。

家教的关键是父母

颜之推强调，家庭教育的关键是父母，父母的品行与教育方法对子女影响极大。父母必须把教子与爱子结合起来，更加重视幼年教育，四两拨千斤（颜之推著，梁海明译注，1999）。17世纪英国唯物主义哲学家约翰·洛克继承和发展了古希腊哲学家亚里士多德的"蜡块说"，提出了著名的"白板说"。他说，人出生时心灵像白纸或白板一样，只是通过经验的途径，心灵中才有了观念，因此，经验是观念的唯一来源。但是哈佛大学教授史蒂芬·平克（Steven Pinker）反对洛克的"白板说"，认为先天基因（先天经验）对人的发展起着比较大的作用，虽然后天教育与经验也起一定的作用，他的观点是因材施教，才能潜能开发。他说："在对人的研究中，如果想要对人类经验的某些重要领域进行解释，比如美、母性、亲属关系、道德、合作、性行为、攻击性等，可能只有进化心理学才能提供比较连贯的理论。"（Pinker，2002）综合洛克与平克两人的观点，我认为，两个人的观点都是有道理的，他们的认知维度不同，所以得出了不同的结论，更加正确的观点应该是，本质在于（基因）自身，奥秘在于（模因）环境，即人的潜能开发既跟先天的基因有关，又跟先天和后天的模因有关，基因起着决定性的作用，模因也对基因与生命有着重要影响。先天的模因是基因的模子，蕴含着比基因维度更高的信息和能量——混沌中的序以及量子粒子的力量，知其然知其所以然，就能潜能开发。潜能开发是基于心理学特别是进化心理学的。达尔文（1859）在他的《物种起源》结尾处预言："在不久的将来，会有更多重要的研究领域被开启。心理学将会找到全新的理论基础，那才是我们逐步认

识各种心理特质与心理能力的必要前提。”（Buss，2019）

家庭教育的关键是父母，家庭教育顾名思义包含家庭与教育两个方面：第一，家庭的重要性。家庭环境是孩子教育的第一重要场景，家庭环境好则对孩子成长有利，家庭环境不好则对孩子成长不利。家庭可以塑造孩子的各种经验，让孩子在爱的氛围中学习，在经验中成长。我认为，家庭的重要性还应该包括基因的重要性，所以男女找对象要慎重，找对象，与其说是人找人，不如说是基因找基因，生命管理已经慢慢进入基因、分子、量子层面的精准管理时代。第二，教育的重要性。南宋王应麟所著的《三字经》认为：“子不教，父之过。”我认为，就家庭教育而言，对于孩子的教育越早越好，但是教育方式要适应年龄需要，并随年龄变化而变化。1997年，我在杭州市建兰中学家长会上（本人时任家长委员会主席）发言时说：“如果用商业语言描述家庭教育的重要性，那么我认为，对人的一生命运的影响而言，家庭教育的重要性大于学校教育，前者权重大于51%，后者权重小于49%，也就是说家庭教育是控股的，学校教育只是参股。”我的这一观点符合平克的基因决定论、后天修补论的观点，同时没有否定洛克的“白板说”的观点，后天教育与经验仍然有着极大的潜能开发空间，因为正常人的潜能开发程度不到10%。

那么，什么是家庭好环境呢？一个字：“善”。善有善报，不仅是人间（社会）规律，而且是宇宙（自然）规律。我认为，“协同进化”是最大的善，而且协同进化就能潜能开发，“记住并链接三代人140年的累积经历与心路历程就能促进家族企业代际传承潜能开发”，上下三代人协同进化，就能开发三代人的潜能。“百善孝为先”这句名言出自清朝王永彬著作《围炉夜话》。我的理解是，好家庭的善与孝主要包含两个因素：爱与敬，即爱人与敬天。爱就是爱人，珍惜生命，包括不浪费宝贵的生命时间，包括自己的时间与他人的时间，具体表现为孝敬父母，关爱兄弟姐妹，照顾子侄，所以孝悌教子就是《曾国藩家训》的精髓。敬就是敬畏，敬畏天地，尊重自然规律与社会规律，具体表现为要有复杂性与不确定性意识、风险意识、危机意识、死亡意识，要终身学习，增加认知维度，掌握更多规律，遵循“生命以宇宙为背景”的高维空间的规律性，实现由必然王国进入自由王国。

什么叫必然王国与自由王国？在马克思主义哲学原理中，人类历史是一个不断地从必然王国向自由王国发展的历史。必然王国是指人们在认识和实践活动中，对客观事物及其规律还没有形成真正的认识而不能自觉地支配自己和外部世界的一种社会状态。自由王国则是指人们在认识和实践活动中，认识了客观事物及其规律并自觉依照这一认识来支配自己和外部世界的一种社会状态。我认为，量子领导力实战体系似乎是自由王国的企业管理体系，企业家甩手掌柜、企业不倒翁、家业长青、“方向—动力—路径”自洽，以及繁荣、幸福、长寿与代际传承的终极目标从理论上讲都是可以实现的，正在验证，新颜物流已经取得一些实证研究的效果。

马克思认为，自由王国按照事物的本性来说，它存在于物质生产的彼岸，但并不是说物质生产的彼岸就是自由王国，只有当人类把自己能力的发展作为目的本身时才有真正的自由王国。物质生产活动的此岸和精神生产活动的彼岸的对立，实质上是劳动时间和自由时间的对立。自由王国的实现是此岸和彼岸对立的扬弃，是劳动时间和自由时间的对立的扬弃，劳动是自由劳动，学习是自由学习。本人基本上做到了这一点。新颜物流自2001年建立仿生机制以来，管理出现神奇效果；2020年又建立量子领导力实战体系，这是复杂性与不确定性环境下的企业领导力，作为企业家，我基本实现了“主要在书房，经常在课堂，有时在国外，偶尔在公司”的生存方式。我认为，这是自由王国企业家的特征。

我的自由状态基于终身学习的习惯与知识的力量，基于父母对我读书与创业的一贯支持，基于家教家风的善与孝。法国启蒙运动时期思想家、西方国家学说以及法学理论的奠基人孟德斯鸠说：“世界上，没有读书不能解决的事情。”

如何教子成才？

“如何教育子女成人成才，则是古往今来家庭里的大问题。”（颜之推著，梁海明译注，1999）颜之推说，上智的人不用教就能成才，下愚的人教也不起作用，只有中庸的绝大多数普通人要教育，不教就不知。（颜之推著，梁海明译注，1999）什么是中庸之人？中庸之人就是除“上智、下愚”以外的普通人。（颜之推著，梁海明译注，1999）显然，颜之推把“中庸之人”视为普通人。

颜之推对于“上智的人”的解读与苏格拉底的观点类似，但不完全一样。苏格拉底认为，我要教学生的知识，学生潜意识里都是知道的，我只要启迪学生的智慧即可。怎么启迪呢？通过“诘问法”，就是对一个问题不停地追问，查根问底，类似于“5Why”，这是思辨的方法，问到事物的本质，问到内心的想法。苏格拉底不强迫别人相信自己的判断，而是引导别人自愿地说出想说的话，他把这种方法称之为精神的“助产术”（他母亲是助产士），就像助产婆只能帮助孕妇生孩子，而不能代替别人生孩子。实践证明，苏格拉底的“诘问法”非常有效，所以他培养出了大名鼎鼎的柏拉图与亚里士多德，他们三人被称为“古希腊三贤人”。

与颜之推的教育观相比，我更倾向于苏格拉底的教育观。我认为他们的分歧点是“下愚的人”可不可教的问题上。颜之推认为，是不可教的。苏格拉底认为，是可教的。我认为，是可教且应教的。我的理由如下：

第一，所谓“下愚的人”可能本身就是一个伪命题，任何人都是可教之人，如果以心为本，那么不可教之人也可以变成可教之人，因为教育是为被教育者服务的，老师以学生为本，教育的本质是要解决人的认知维度问题。因此，新颜物流量子领导力培训中心的宗旨就是“以学员为中心，以问题为导向”，用放大时空背景与彻底解剖分析法的量子思维心智模式提升学员的认知维度，从而实现潜能开发的效果。

第二，即使是“下愚的人”也是教比不教好，因为不教问题更大，教了也能进步。如果“下愚的人”家庭不教，社会也不教，那么将引发家庭问题与社会问题。根据进化论的观点，人类是共同祖先演化与分化而来的，各种人种和每一个人都基于人类特有的共同载体——共同基因及其更底层、更共同的波粒二象性的量子粒子。我认为，“人类命运共同体”的心理、生理和科学机理是建立在人类共同的波粒二象性的基础上的。美国科学家史蒂夫·奥尔森在2018年8月《自然》杂志上说，尽管目前地球上生活着高达65亿人，而且世界各地的人在肤色、语言和宗教上大相径庭，但现在地球上的65亿人都有一个共同的祖先。这意味着只要溯源到古希腊的黄金时代或者中国的皇帝时代，我们就能够找到一个人，他与现今世界上所有的人都存在血缘关系。我认为，从生物学与心理学意义上剖析，现在世界上国家之间在吵架与打架（斗嘴与战争），本质上是“一家人”的矛盾，本是同根生，相煎何太急，不过这种国家间的矛盾也会像老百姓家里闹矛盾一样，随着时间变化而变化，老百姓的心态应该做民间“和平大使”为好，不要参与起哄。

第三，在一个家庭里，不论地位高低，分工不同，贫富差距，应该相互关心与提携。人类意识与潜意识，特别是血亲与姻亲，血缘与姻缘，血浓于水，存在着基因即生命的内在链接。对此，英国伦敦大学博士生威廉·哈密尔顿（William D. Hamilton）1964年提出了震动整个生物学界的基因“广义适合度理论”。他说：“有机体可以通过帮助自己的兄弟姐妹、侄子或侄女、外甥等亲属的生存和繁殖来扩大其自身基因的传播，因为这些亲属都携带有与他相同的部分基因。”（Buss，2019）我认为，即使超出家族范围，也存在着基因更“广义适合度理论”，因为人类存在着共同祖先与共同基因。

第二节　好学

读书人为什么厉害？

有志向的人都读书、必读书。颜之推说："士大夫的子弟，几岁以上，没有不受教育的。""有志向的，就能因此磨炼，成就士族的事业；不想有所建树的，从此怠惰，就成为庸人。""为什么不愿用几年时间勤学，以免一辈子时间受愧辱呢?"（颜之推著，梁海明译注，1999）颜之推还说："只有有学问才艺的人，才能随处可以安身。""如能经常保有几百卷的书，过上千年也不会成为小人。""从这点来看，怎能不自勉呢?"（颜之推著，梁海明译注，1999）

我认为，读书是最高雅、最高效、最安全的投资。读书赚的是未来的一切，现在是重要的，未来比现在更重要。书山有路勤为径。生意人投资是在经典世界的投资，回报是现实的财富。读书人投资是在量子世界的投资，回报是未来的幸福，其机理是在量子世界找到"量子纠缠"，即把知识点与知识点链接起来变成灵感，创造性地解决问题，然后"蝴蝶效应"涌现于经典世界与生命世界，实现繁荣、幸福、长寿与代际传承的终极目标。所以，历史上的读书人往往是：辛苦好几年，回报一辈子；努力我一生，造福于子孙；燃烧我一人，照亮无数人。何乐而不为?！当然，现在的读书人应该是终身学习的，仅仅"辛苦好几年"是远远不够的。终身学习也并不是说一辈子脱产学习，而是大多数时间的在职学习。我的切身体会是，一看书就有灵感，不看书就没有灵感，灵感来了就有创造性的解决方案，有创造性的解决方案才能从根本上解决问题。

读书人有多厉害？颜之推说，父兄不可能永远依靠，家乡不可能永远保有，一朝流离，无人保佑，只能自己靠自己了。俗话说："积财千万，不如薄技在身。""技之容易学习而且可贵的，没有比得上读书了。"（颜之推著，梁海明译注，1999）读了颜之推的这句话，我也感慨万千。因为生命无论本质还是环境都是复杂性与不确定性的，是波粒二象性的底层逻辑决定了的，"生命是量子的"（薛定谔，1944），必须自己要有创造力，家乡要有"二元战略"，除了第一故乡，还要创造第二故乡、第三故乡。"狡兔三窟"这个词不好听，意思是"狡猾的兔子有三个洞穴"，比喻人要多些掩蔽措施和应变办法，用以保护自己。这是智慧。

读书人为什么厉害？颜之推说："读书的人，从伏羲、神农以来，在宇宙之下，认识了多少人，经历了多少事，人间的成败好坏，自不必说，即使天地的神秘而不能藏，鬼神的原形也不能隐啊！"（颜之推著，梁海明译注，1999）我的体会是，现象千千万，万物理相通，读书要精读，读经典，读得深，读得透，掌握作者的思想体系，与作者心灵"对话"，作者的意识来自当时他的环境，我要联系我的环境，但是作者的潜意识能够穿越时空激发我的潜意识，我与作者的潜意识是相通的，荣格等心理学家说过，没有个人潜意识，所谓潜意识是指集体潜意识，基于波粒二象性的量子粒子载体的运动机理，从心理到生理，从无感知到感知，从灵感到创造，知行合一，天人合一。

查理·芒格是读书人的榜样，终身学习的榜样。他是百科全书式的投资家或企业家，近百岁的智慧老人。芒格说过，要掌握最重要的四门课——数学、物理、工程与生物。我认为，仿生机制刚好综合了这四门课程，基于生物原理的数理工程。这也是复杂性与不确定性环境下有效领导力的四门基础课，量子领导力实战体系基于企业仿生学与量子管理学，它应用到了数学、物理、工程与生物这四门课的基础知识。查理·芒格非常看重复利的重要性，认为复利是商人的第一定律、投资的第一武器。用我的语言，我认为，智慧的商人，应该有意识和有能力始终"锁定前果，重新创业"，这样做既符合复利的精髓，又符合企业家的精髓，一言以蔽之就是“创新与确定性并重”。这句话是2020年12月27日新颜物流公司年会的横幅标语，我的用意是告诉颜氏家族与新颜物流全体员工，创新是必须的，确定性也是追求的，两者关键是可以统一的，量子领导力实战体系具有这一功能，这是宇宙赋予生命的智慧。宇宙智慧一部分已经变成了人类集体智慧，作为个人无论年龄大小，只需站在巨人的肩膀上即可，读万卷书，行万里路，阅人无数，高人指路，自我感悟，就能成功。

复利的本质是什么？其本质是做事情A，会导致结果B，而结果B，又会反过来加强A，不断循环。我的生存方式符合复利公式。我从1997年开始潜心研究企业仿生学至今已经20多年，2012年在企业仿生学基础上升级研究量子管理学至今10年，我一直同时干三个人的活，边做企业，边读书（做研究），边出书，这三个方面不是矛盾的，而是相互促进，互相强化，不断循环的，从实践到理论，再从理论到实践，再理论与实践同步创新。我认为，这就是复利。创新与确定性并重的本质也是复利，创新促进确定性，确定性促进创新。

新颜物流公司年会横幅标语（摄于2020年12月27日）

为什么即使不读书，也已经读过了？

颜之推说：“埋头读书，传扬道德文章的人，劳而无益的，少如日浊；追求名利，耽于享乐的人，四处碰壁的，多如秋草。一生下来不学就会的人，是天才；经过学习才会的人，就差了一等。只有天才才能出类拔萃，像这样的人，即使不读书，我也说他们已经读过了。你们现在既然不能达到这

样的水平，如果不效仿古人勤奋好学的样子，就像盖着被子蒙头大睡，什么也不知道。”（颜之推著，梁海明译注，1999）

为什么有些天才不学就会？为什么这些人即使不读书，也已经读过了？我认为，最简单且不乏科学支持的回答就是两个字：先验。即先天的经验，机理是祖先的理论与实践通过基因与模因双重渠道（有线与无线，有形与无形）遗传给了天才孩子。天才现象不是无法解释的，而是用科学可以解释的，包括遗传学、基因科学、进化心理学、量子科学等。

天才是他的潜意识厉害，是潜意识“祖先脑”机制在起作用，天才跟遗传直接有关。荣格、春山茂雄等心理学家认为，潜意识是“祖先脑”，是祖先的学习与经历的信息超时空遗传在我们的意识中，否则任何人不可能无缘无故地变成天才，仅靠烧香拜佛、许个愿是不解决根本问题的，虽然也有心理效果。“在量子力学里，当几个粒子在彼此相互作用后，由于各个粒子所拥有的特性已综合成为整体性质，无法单独描述各个粒子的性质，只能描述整体系统的性质，所以称这种现象为量子纠缠。量子纠缠是一种纯粹发生于量子系统的现象；在经典力学里，找不到类似的现象。”这是百度百科的解释。苏格拉底也说，我要教学生的知识，学生潜意识里都是知道的，我只要不断地追问，启迪学生的智慧即可——激发潜意识里的祖先信息与能量——天才的机理与缘由。所以，我认为，所谓天才就是这么来的，来自祖先的勤劳。他之所以即使不读书，也已经读过了，是因为他的祖先帮他读过了，他出生后由于基因与环境（模因）的双重作用，幸运地涌现而不是继续隐藏潜意识里的祖先与人类文明信息，这是量子原理解读。在牛顿思维看来，这是天才。牛顿思维是看不到量子世界的底层逻辑的，不知道生命万物底层的波粒二象性的本质与特性，然而正是它具有主宰并决定生命万物未来命运的巨大力量，这一点是我特别提请子孙后代注意的，因为很多身心灵与人世间的混乱，追溯源头都是因为不知道量子世界的底层逻辑引起的。

潜意识“祖先脑”机理告诉我们，不教已会，功在祖先，利在当代。天才，至少有一个或一代好祖先，甚至有一批或数代好祖先。这是祖先的集体智慧变成了子孙后代的智慧，使子孙后代变成天才有了可能性，如果子孙后代自身基因与环境模因好，就很可能变成天才。从天才身上，我清晰地看到了其祖先集体勤奋的影子，一个勤奋是不够的，集体勤奋才可以。一个不勤奋的人很可能成为集体勤奋的短板，水从这块短板漏掉。曾国藩说，一个家庭的兴衰只需三看：早起、勤劳、读书。父母遗传给我们基因（当然也隐含着祖先基因），祖先智慧更是可以超时空直接进入我们的意识与潜意识，通过某种特定的家族能量场或频率，超时空涌现为子孙后代的智商、情商或灵商。如果这“三商”都高，那么就是天才；如果只有其中一个或两个高，则是不完善的天才，即偏才专才。杭州市就有高层次人才政策，吸引全国与世界的偏才专才到杭州落户，政策包括房子限购优先摇号，符合条件的再给予购房补贴等。

潜意识“祖先脑”机理还告诉我们，我本人和我们也都可以成为子孙后代的好祖先。我们的智慧可以通过基因和模因的双重渠道，通过意识与潜意识直接超时空变成子孙后代的智慧。如果我们是好祖先，“早起、勤劳、读书”，那么子孙后代成为天才是大概率事件。用经典世界的语言，子孙后代是我们生命的延伸，从本质上说，用量子世界的语言，子孙后代就是我们自己，子孙后代不仅仅有着我们的基因，而且他们就是我们基因的复制。我们要做好祖先，为子孙后代着想，为自己的未来或者说未来的自己着想。我近六十，身体将老，但我以查理·芒格为榜样，践行《老年颂》，学到老活到老，做智慧老人，岁月换智慧，智慧留后人。

如果我的子孙后代（包括我的女儿颜思迈）涌现天才潜质，“三商”（智商、情商、灵商）都高，那么请你们不要忘了，你们只是身心灵涌现出来的先验，溯源找原因，是你们的祖先集体，包括我的父母、我们六个兄弟姐妹等的“早起、勤劳、读书”通过基因与模因双重渠道以及意识与潜意识直接超时空影响你们的结果。天上没有掉馅饼，你们绝对不是无缘无故有那么好的基础，无缘无故变成天才潜质的。你们不能躺在祖先功劳簿上睡大觉，你们各方面条件比我们好，就应该充分利用这些条件比我们更努力才是，一方面喝水不忘挖井人，另一方面你们还要继续成为挖井人，让你们的子孙后代（也是我们的子孙后代）在复杂性与不确定性环境下也能创新与确定性并重，喝上祖先智慧之水以及他们自己用汗水换来的甘泉。

“知行合一”的出处

“知行合一”是明朝思想家王阳明提出来的。王阳明的名字叫王守仁（1472—1529年），字伯安，浙江余姚人，因为曾经筑室于绍兴阳明洞，所以世人称他为“阳明先生”。

王阳明的典型思想就是知行合一。他首先强调人的活动是有目的和有意识的，即他说的“致良知”。如何使人的主体与客体联系起来呢？王阳明主张“求理于吾心”，求理向内到底，一箭中“心”，要有意义，即“三观”（世界观、人生观与价值观）统一。他用主体包容了客体，将客体的独立性、自然性和物质性否定了，实际上淡化了环境与意识的作用。对于“行”，他解释道：“凡谓之行者，只是着实去做这件事。若着实做学、问、思、辨工夫，则学、问、思、辨亦便是行矣。”所以王阳明的“行”范围很广，包括学、问、思、辨，起身动念。这在《中庸》里是“知”的四个侧面，在这里王阳明把它们合一了。这说明，王阳明也是站在巨人的肩膀上。原来，学、问、思、辨，是公元前475年—公元前221年在《中庸》里就提出来了，比王阳明早近2000年。《中庸》的作者是战国时期的子思，这是中国古代论述人生修养境界的一部道德与哲学专著，是儒家经典之一，认为“中庸”是道德行为的最高标准，“至诚”是人生最高境界，提出“博学之，审问之，慎思之，明辨之，笃行之”的广义的“行”的五要素——学、问、思、辨与行动，即除潜意识外的意识与行动。

虽然，王阳明明确提出，人的“一念发动处即是行”，即把“意识过程”包括在“行”中了，但是，明末清初的思想家王夫之（即王船山）批评王阳明“销行以归知”。这从另一个侧面佐证了“致良知”就是致潜意识，即“不忘初心”，强调潜意识（人性）的作用，淡化意识（物欲）的影响。我认为，王阳明把“意念过程”包括在“行”之中是有着科学、合理和积极的一面的，他要求人们树立一种信念，在刚开始意念活动时就应该按照“人之初，性本善”的“善”的原则去想去做，将恶念消灭在萌发状态。《三字经》开篇就说：“人之初，性本善。”我的座右铭是“择善固执”，我的潜意识、意识与行为总是按照“择善”进行“固执”的，追求共赢与创造，信念是“协同进化与潜能开发”，指导思想是企业仿生学与量子管理学，方法论是量子领导力实战体系。

吃透王阳明思想（心学精髓）具有重要意义，正如达尔文在《物种起源》书中说的，心理学，不久的将来将被赋予新的基础。在阅读了王阳明经典著作《传习录》后，我有以下心得：格物致知，清零私欲，到达本体，本体归一。知行合一，方动自洽（方向与动力自洽），灵动消意，路径灵活。必有事，且精一，不空谈，灵干家，非书呆。精气神，身心灵，本特功（本质、特征、功能），固液气，皆质一。我认为，普利高津基于耗散结构理论揭示从混沌到有序以及生命以负熵为生的演绎机理，稻盛和夫基于“作为人，何谓正确?”揭示“付出不亚于任何人的努力”以及“人生或工作＝思维方式×热情×能力”的成功方程式，王阳明更早基于心学即心灵哲学揭示道儒两家天人合一、知行合一、格物致知、心性于事、绝非书呆的原理。我现在基于量子领导力实战体系与“方向—动力—路径”自洽模型，揭示人与企业“生命以宇宙为背景”的心理机理、行动机理、创造机理以及心事必成（大概率）的管理机理、幸福机理，一脉相承。

读书的目的是知行合一

颜之推说：“读书做学问，本意在于使心胸开阔，使眼睛明亮，以利于行。”（颜之推著，梁海明译注，1999）读书是为了掌握潜意识，即致良知，目的在于“行”，即是为了解决实际问题，包括现实问题与未来问题，特别是未来问题。我认为，读书的奥秘在于服务与服从于人的终极目标，在于知行合一与天人合一。

什么叫知行合一？“知”是“致良知”即潜意识（初心），“行”是指广义的行动，包括大脑内部的意识过程即动念（“学、问、思、辨”）以及大脑外部的身体实践（狭义的行），“合一”就是身心灵合一即意识、潜意识与行为的一致性。我们要做发自内心（潜意识）想干的事情，通过意识的理性与精确计算，然后付诸行动，这样才符合王阳明知行合一的本意。我认为，人生的高级境界应该是颜回思想精髓——好学乐知，既学孔子的有为，又学老子的无为，干在乐中，乐在干中，学在乐中，乐在学中。人生与企业的顶层设计必须有为，遵循生命基于宇宙背景的《道德经》，运行过程可以自运行、自组织、自洽，儒学与道学（孔子与老子）这两者并不矛盾，完全可以统一，当然需要仰赖于知识与智慧，比如量子领导力实战体系。

知行合一是人人向往的境界，虽然耳熟能详，但是我估计，大部分人（包括我以前）并没有真正理解王阳明先生的本意，因为王阳明先生明确指出“行”包括意识过程，起身动念皆为行，但是经历牛顿经典物理400年统治的人们普遍认知是“行”仅指看得见摸得着的身体行动，没有包括看不见摸不着的意识过程。人们的这种误解不符合王阳明的本意。如何正确理解并运用王阳明关于“知行合一”的本意？我认为，可以分两步，第一步确保自己的意识与潜意识的一致性，第二步确保自己的行动与意识潜意识的一致性，这样身心灵就合一了。潜意识是听生命的，但是意识与行动往往受到环境（包括自然环境与社会环境）的很大干扰，所以真正做到知行合一是不容易的，只有身心灵一致性、知行合一与天人合一，才能开发宇宙与生命赋予我们的潜能。

知行合一还可以分狭义与广义两种。就狭义而言，知行合一是指潜意识与行为的一致性，淡化意识的作用，强化潜意识的作用，强调内心世界与兴趣爱好的重要性，即“不忘初心”。初心就是潜意识，心就是意识，心思就是意识与思想。意识绝大部分来自潜意识，来自基因的影响，这是意识的本质，也受自然环境与社会环境的影响，这是意识的环境。就广义而言，知行合一是指潜意识、意识与行为的一致性，强调意识的作用，强调潜意识与意识、行为一致性，强调身心灵三层结构、三种频率同频共振的重要性。潜能开发就是根据这些科学原理进行的，包括心理学与量子学。

心神意气的度

颜之推说，我常思考，寻找病根，文章这样的东西，要高超兴致，触发灵性，这就会使人夸耀才能，从而忽视操守，敢于追求富贵利禄。在现代文士身上，这种毛病更加深切，比如，一个典故用得恰当，一个句子做得轻巧，就会心神上达九霄，意气下凌千年，自己吟咏，自我欣赏，不知道身边还有别人。应该认真思考防范，来保有大福。（颜之推著，梁海明译注，1999）

颜之推分析非常到位，我也深有同感。真正的好文章往往源于灵感，很可能心神意气“上达九霄”、“下凌千年”，思若泉涌，气势磅礴，表达出来，有可能成为好文章，也有可能伤及他人的自尊心，触发他人的嫉妒心。这可怎么办呢？关键在于“度”的把握，我认为，有两个办法：一是态度上，按照颜之推的忠告，站在他人视角，顾及他人感受，“思考防范，来保有大福”，谦虚，谦虚，再谦虚；二是方法上，按照丹尼尔·卡尼曼的“思维双过程理论”，既充分发挥潜意识直觉灵感快速反应——利用感性，又充分发挥意识精确计算对潜意识纠偏——利用理性。

别的办法，比如颜之推说，学做文章，先和亲友商量，得到他们的评判，知道拿得出去，然后出手，千万不能自我感觉良好，为旁人所取笑。我认为，写文章或发表文章要有工匠精神、科学精神、“新药”精神。什么叫

“新药”精神呢？新药人命关天，一个新药出来，必须小心翼翼地经过小试、中试、投产等各个阶段，每一步都马虎不得。文章也应该如此，先让挚友看看，相当于“小试”；再放在朋友圈看看，相当于“中试”；最后提交老师、学校或出版，相当于“投产”。颜之推说，从古至今，执笔写文章的，多得说也说不清，但“真能做到宏丽精华的，不过几十篇而已。只要体裁没有问题，辞意也还可观，就可称为才士”（颜之推著，梁海明译注，1999）。我不是文学专业出身，可能连“文士”都算不上，只是在努力而已。看来写文章与做人一样，一般情况下，应该朴实无华，低调为好，特别是在社会上有一定地位基础的人，更没有必要张扬个性，不需要刻意推销自己。

颜之推说：“凡是作文章，好比人骑千里马，虽有俊逸之气，还得用衔勒来控制它，不要让它乱了奔走的轨迹，恣意跃进那坑岸之下。文章要以义理意致为核心脊梁骨，气韵格调为筋骨，用典合宜为皮肤，华丽辞藻为冠冕。”（颜之推著，梁海明译注，1999）也就是说，文章如骑马，马儿虽然能跑很快，但是骑马的人需要收敛，最主要的是意义与逻辑，以及解决实际问题，其他都是外表，不要苛求自己，也不要苛求文章。我认为，写文章，应该意义为本，逻辑为形，源于人性，解决问题，只求实用主义，也可以是务实的理想主义，比如《代际传承》这本书，是把上下三代人140年积累经历与心路历程链接起来，搞清楚事实是什么，背后的原因是什么，这种放大时空背景与彻底解剖分析法的量子思维心智模式，既是实用主义的，又是务实的理论创新。我相信能够击中读者的心灵。正如2021年6月15日，我的启蒙老师马光达老师对《代际传承》书稿的反馈意见，他说：“这本书是一部电影，我认为是你创业成功的大型纪录片。这本书又像一部兵法，我认为是你在指挥团队、克服困难、战胜困难的颜氏兵法。这本书好像是道学（《道德经》），指引千家万户要觉醒，甩掉精神上旧的枷锁，号召各行各业走共同富裕道路。仔细阅读，你克服困难、克敌制胜这种英勇形象在字里行间都能体现出来。你像将军一样，无所畏惧、处事谨慎的姿态和形象流露在读者面前。另外，你作为一个学者，严谨治学、一丝不苟这个风度也在文章中看得出来。总之，这本书对各方面的人都能起到很大作用。读了这本书以后，我觉得内容是丰富的，事迹是生动的，这是你前半生辛勤学习钻研的结晶，确实对后人有很大的帮助，将一石激起千层浪。”

颜之推说，古人的文章格局大，如今的文章文辞好，“应该用古文的体制格调为根本，以今人的文辞格调作补充”（颜之推著，梁海明译注，1999）。为什么古人的文章格局大？我分析，本质在于自身，奥秘在于环境，古代生活节奏慢，读书人清心寡欲，环境安静，非常有利于潜意识信息与能量的弱力升频让大脑神经感知，激发灵感，涌现人性，显现文章与人生的大格局。现在的文章仍然普遍存在“格局小，文辞好”的现象。我们可以对症下药，加以改变。我认为，格局与文辞比起来，格局更重要，我们要加强格局，增加认知维度，因为看问题的高度基于认知的深度，如果认知的深度到达分子与量子、基因与模因等级，那么看问题的高度往往就是知行合一与天人合一的境界。根据我本人的潜能开发体验，在一天24小时中，凌晨5点钟左右刚醒来的时候，往往是灵感最多的时候，因为此时大自然环境幽静，潜意识频率相对上升，弱力升频的潜意识频率有可能刺激大脑神经感知，触发灵感，实则知识点与知识点的链接，变成了我们苦思冥想的解决方案，找到了“方向—动力—路径”自洽的生命意义，这种现象我称之为“昨夜星辰的灵感涌现”。从2012年至今，我的潜意识在量子学和心理学的学习与修炼中已经训练有素，每日灵感不请自来。现在我的大部分灵感文章是凌晨写的，平均每天两篇以上。我记得，已故美国职业篮球运动员科比（Kobe Bryant）说过：“朋友，你知道洛杉矶凌晨4点是什么样子吗？”科比知道，因为他每天凌晨4点钟已经起来练球，日积月累的功力，科比成为世界著名球星——被誉为“小飞侠”。

第三节　智慧

为什么要向古人学习？

颜之推说："人们看到乡邻亲戚中有称心的好榜样，叫子弟去仰慕学习，而不知道叫去学习古人，为什么这样糊涂？世人只知道骑马披甲，长矛长弓，就说我能为将，却不知道要有明察天道，辨识地利，比较衡量是否顺乎时势人心、明察通晓兴亡的能耐。只知道承上启下，积财聚谷，就说我能为相，却不知道要有敬神事鬼，移风易俗，调节阴阳，推荐选举圣贤之人的水平。只知道不谋私财，早办公事，就说我能治理百姓，却不知道要有诚己正人，治理有条理，救灾灭祸，教化百姓的本领。只知道执行律令，早判晚赦，就说我能平狱，却不知道侦查、取证、审讯、推断等种种技巧。在古代，不管是务农、做工、经商、当仆人、做奴隶，还是钓鱼、杀猪、喂牛牧羊的人们中，都有显达贤明的先辈，可以作为学习的榜样，博学寻求，没有不利于成就事业啊！"（颜之推著，梁海明译注，1999）

为什么要学习古人？颜之推这段话已经说得非常透彻，苦口婆心，也印证了我的想法。在学习颜之推这篇文章前，我已经有所认知，我们每个人（没有一个例外的）都会面临许多问题和挑战，但是解决这些问题和挑战的思想与方法在古人集体智慧里都有，不是没有。值得注意的是，这些思想与方法，或者解决问题的钥匙，分散（散落）在古今中外的著作中，因此我们要做三件事：

一是通过终身学习，掌握更多知识点，包括专业知识与复合型知识结构。

二是把这些知识点与知识点链接起来，涌现灵感，变成智慧解决方案。

三是传承智慧。学习过程以及解决问题的过程本身也是传承与创造文明的过程，每一个生命都肩负着神圣的承上启下的历史使命。没有我们的传承，列祖列宗与子孙后代是链接不起来的，无论生命与精神，一方面我们要向古人学习，另一方面子孙后代也要向我们学习，这不是复古，而是溯源寻找智慧。古人的知识不及我们，古人的集体智慧超越我们个人。我们缺的是智慧，不是知识。真正的成功者基于智慧，不是知识。知识只是工具，智慧是解决方案及其意义。

越是智慧的人越有危机感

越是智慧的人越有危机感，智者敏于内；越是盲目的人越没有危机感，无知者无畏。我阅读了普利高津与斯唐热的著作《从混沌到有序——人与自然的新对话》这本书，深感万物每时每刻都在结构耗散，走向无序与死亡，生命的过程实际上是逆水行舟，应该这么想——生命是偶然的，死亡是必然的；绝对不能倒过来想——生命是必然的，死亡是偶然的。“生命以负熵为生”。（普利高津，1979，1987）熵是无序的意思，负熵就是有序的意思。我认为，生命在于有序，特别是内部有序，包括内外有序，时空中的动态的序。熵的概念是由德国物理学家克劳修斯于1865年提出，熵的本质是一个系统“内在的混乱的程度”。

量子思维心智模式是生命以宇宙为背景的，所以遇事需要用放大时空背景与彻底解剖分析法，这是“三个世界”（量子世界、经典世界、生命世界）统筹的认知维度，只有这种高维空间的思维方式，才可能知道我是谁，我从哪里来，我到哪里去。有了这样子的认知，才知道创新与创造是必须的，因为不进则退。要想提高创新与创造的确定性概率，我认为，首先思维方式要正确，其次复合型知识结构武装大脑或团队，再次科学技术支持。这些思维方式与知识技术都在书上，孟德斯鸠说“世界上，没有读书不能解决的事情”，黑格尔说“方法具有至高无上的力量”。我认为，我们只需站在巨人的肩膀上就能创新与创造未来。

我习惯于把雅典哲学家梭伦的“活到老，学到老”这句话颠倒过来。梭伦的原话是“我越是年长，学到的东西越多”。我提出“学到老，活到老”的新提法。我可以用梭伦的口吻改变学与活的逻辑关系：即我越是学习，活着的时间就可以越长，简而言之就是“学到老，活到老”。反之，如果不能学到老，就不能活到老，也就是说，活不了多久就没有命了。长寿企业都是学习型组织。人的聪明（知识）程度都是差不多的，无论在商场上还是战场上，其实赢别人是很难的，当别人失误的时候，我们可能赢，所以别人是他们自己打败自己（因为他们缺乏向前人学习智慧），我们只是自己赢了自己（因为我们向前人学习智慧）。如果我们的企业倒闭了，与其说是被竞争对手消灭的，不如说是被客观规律以及自己的无知消灭的。所以，“学到老，活到老”揭示了活是学的结果的规律性，学与活存在着因果关系，强调了学的积极性、主动性、创造性与重要性，而且学得好才能活得好、活得久、活出质量、活出幸福。

人生导师就在身边

颜之推批评世上很多人不重视身边的人生导师。他说：“世上的人多有所壅蔽不能通明，重视耳闻而轻视目睹，重视远处的而轻视身边的。从小到大经常往来的人中，如果有了贤士哲人，也往往轻慢，缺少礼貌尊重。而对身居别县他乡的，稍微传闻名声，就会伸长脖子，踮起脚跟，如饥似渴地想见一见，其实比较二者的短长，审察二者的精粗，很可能远处的还不如身边的，所以鲁人会把孔子（名丘）叫作‘东家丘’。”（颜之推著，梁海明译注，1999）我认为，远亲不如近邻，这句话同样适用于人生导师的选择。

颜之推认为，不应该“贵耳贱目，重遥轻近，以致身边明明有贤人却不知礼敬”（颜之推著，梁海明译注，1999）。古人云：“一千年出一位圣人，还近得像从早到晚之间；五百年出一位贤人，还密得像肩碰肩。”（颜之推著，梁海明译注，1999）所以，颜之推劝颜氏子孙后代，圣人贤人如此稀少难得，如果遇上世间所少有的明达君子，怎么能不攀附景仰啊！

颜之推进一步分析道："人在年少的时候，精神意志还未定型，和人家交往亲密，受到熏陶，人家的一言一行，即使无心去学习，也会潜移默化，自然相似，何况人家的操行技能，这是更易于学习的东西。"（颜之推著，梁海明译注，1999）孔子说："不要和不如自己的人做朋友。"就凭这句话，孔子不是书呆子，非常务实、精明与智慧，所以孔子的话要多听，颜回的话要多听。颜回是孔子最得意的学生，颜回是创造性地学习孔子，表现为既学孔子的有为，又学老子的无为，儒道兼学，有知识有智慧，所以能做到好学乐知，幸福一生，虽然短暂。颜之推说："像颜回、闵损那样的人，哪能常有，只要有胜过我的地方，就很可贵。"（颜之推著，梁海明译注，1999）

找身边的人生导师，通常应该找年纪比自己大的人做导师，这是我的经验与做法。我认为，那些受人尊敬的长者，他们吃过的盐比我吃过的饭还多，他们走过的桥比我走过的路还多，他们的经验教训可以变成我的聪明智慧。所以，我在人生每一个阶段都要找一位长者做我的人生导师，比如温岭新街中学读初中时的马光达老师，浙江台州供销学校读中专时的应道秀老师，复旦大学读法律时的程天权教授，美国纽约中央州立大学（复旦授课）读第一个博士学位时的蔡淳华教授，杜伦大学（复旦大学合办）读第二个博士学位时的张军教授。我认为，每一位人生导师都对我人生不同阶段的跳跃式发展产生重大影响，比如马光达老师的"五指理论"——一种自信理论，应道秀老师的"擦边球的智慧"——善于打擦边球却又不越轨的智慧，程天权教授的"报纸中缝的真理"——报纸中缝往往代表着真理并预示着趋势，蔡淳华教授的全球化与二元战略的避险思维，张军教授的"真实世界多因多果的系统性思维"。

生命如何做减法？

颜之推说，做官、积财都应该有一个限度，财富太多、官位太高都容易招来祸患，不如有个限度得以平安过日子为好；要省些事，有些事不该做，不必做，不必做无用功。（颜之推著，梁海明译注，1999）他说：“无多言，多言多败；无多事，多事多患。”（颜之推著，梁海明译注，1999）颜之推说的是心里话，而且很实用，至今没有过时，我也希望子孙后代铭记在心。

人生应该集中精力干成一件或几件大事，如果精力太分散，那么很可能什么事也干不成。生命通常不到百年，去掉小时候不懂事，老时候干不动，真正大干事业的青壮年仅仅只有50年左右，这50年也是事情挺多的，担子挺重的，压力挺大的，所以，智慧者一般要学会做“减法”，用排除法聚焦正事、大事、影响深远的事，比如我的最大的事情就是终极目标——繁荣、幸福、长寿、代际传承。不该做的事情不做，不该花的精力不花。本人写《代际传承》这本书，这是生命中的大事，其他的事情比如应酬、公司日常事务等都是不大的事情，我能推则推，也是为了让人锻炼。我在中共中央党校读在职研究生时（2000—2003年），学校规定不能请假的理由是，不管少了谁，地球照样转，不能以事忙为由请假，不能以官大为傲请假，上课必须去。颜之推说：“多而少善，不如执一。”（颜之推著，梁海明译注，1999）这意思与我的座右铭“择善固执”的意思相近。我这个人性格温和，看上去什么都可以商量，其实我会坚持该坚持的东西——生命价值，比如知行合一、孝悌教子、“下海”经商、共同富裕、全球化、代际传承等。

柔是一种包容，刚是一种减法。我认为，刚就是身心灵聚焦终极目标与生命价值。新颜物流轮值总经理邓勇在阅读《代际传承》书稿后问我几个问题：你“下海”前在省级外贸公司的工作经历给你哪些启示？“下海”这个关键节点你是如何抉择的？当时家人怎么看？我说：“我是主动辞职的，我认定市场经济是大势所趋，计划经济将日落西山，我相信自己经商成功是大概率事件（知识＋勤劳＝成功），自己办企业是为了代际传承，我‘下海’可以解决兄弟姐妹就业、创业与城市化问题，进而使父母无后顾之忧并安享晚年，在商业成功的基础上还可以造福社会，立功立德立言。”邓勇听后感慨：“当年的颜总在省级公司工作，人生处在顺境却主动选择‘下海’，这个选择很大胆，做到并不容易。”这个例子佐证我柔中见刚与择善固执的一面。

我的“刚”还可以举两个有趣的例子：我戒烟与戒酒都是说戒就戒的。我的抽烟史是1988年“下海”开始抽烟到1994年女儿出生前戒烟，共六年。戒烟之前我一天两包烟量，一支接着一支抽，有烟瘾。怎么戒掉的呢？我的一位从事外贸的同学告诉我，美国人一般只有一项不良嗜好，要么抽烟，要么喝酒，很少有人既抽烟又喝酒的，烟酒叠加毒性1＋1＞2。我的另一位同学的妻子（时任浙江医院手术室护士长）告诉我，不吸烟者的肺是粉红色的、有弹性的，吸烟者的肺是灰色的且弹性比较差。我听了这两个人的话，立即把烟戒了，当即把口袋里剩下的半包中华牌香烟送给抽烟的同学了，从那天起，至今我再也没有抽过一口香烟，而且没有任何烟瘾。有人认为我有毅力，我自己并不认为这是毅力，我认为，这是神奇的精神力量，自然而然，源于量子的超时空力量。戒酒，我是2021年3月5日开始的。前几年我的血压在140/90 mmHg的临界线徘徊，2021年春节期间血压有点超过临界线了。上海市中山医院高血压研究所所长邹云增教授说，现在吃高血压药的副作用不大，如果有高血压症状而不吃药，那么高血压引发的副作用比吃高血压药产生的副作用更大。听了教授的一席话，我立即戒酒。现在我很少喝酒了。戒烟与戒酒这两个例子说明，为了生命价值，我一方面择善固执，另一方面在做“减法”。

“打擦边球”的度

颜之推说：“我见到世上的人，清名播扬但金钱暗入，信誉昭著但许诺有亏，真不知道是不是后面的矛戟在捣毁前面的盾牌啊。”他告诫子孙后代："由于有一件事情伪装出现假，而毁掉了百件事情的真，这就是贪名不足的结果啊。"（颜之推著，梁海明译注，1999）这种现象，当今社会也有，我相信每个人身边都有这方面的例子。如何从根本上解决这一问题呢？一方面要加强自身修养，避免作假而得不偿失；另一方面要加强法制，不让"劣币驱逐良币"。

关于真与假的度如何把握？记得我的一位人生导师（应道秀老师）说过的话颇有指导意义。他说，真正聪明的人是那些善于"打擦边球"的人，他们不会直接触碰法律或红线，但也不是那种老实巴交、远离边缘的人。我知道，"边缘"这个词既是哲学词汇，又是生命科学词汇，属于自然哲学的词汇，诸如，"混沌的边缘产生生命"，"从混沌到有序——人与自然的新对话"，"生命是量子的"（艾尔-哈利利&麦克法登，2016；普利高津，1979，1987；薛定谔，1944）。

我认为，"打擦边球"的思维与现象在现实生活中是存在的、有用的，也是有风险的。说是"不会直接触碰法律或红线"，但"常在河边走，哪能不湿鞋"，必须要有预防机制以及向死而生（失败后如何求生）的预案，任何侥幸心理都是不可取的，牢房里的许多人是侥幸心理的牺牲品。我希望子孙后代要用科学与理性武装自己，而不是用侥幸心理偷鸡摸狗。

知道"打擦边球"的好处与风险，特别是掌握它的度，那是一种高难度的智慧。事实上，很多人正是靠"打擦边球"成功的，也有不少人"打擦边球"输掉了。我认为，量子领导力实战体系是一种"略带保险"的"打擦边球"游戏，多阿米巴项目部的科学性是，单个有风险，我有多个，始终把握整体的命运，从而整个企业生命体提高了确定性的概率。

杀身灭族的祸根是怎么发生的？

颜之推说："国家的兴亡，战争的胜败这类问题，希望你们在学问达到渊博的时候，细心加以研究。"他告诫颜氏家族子孙后代："如果生活在太平盛世，就蔑视宫廷，幸灾乐祸，首先起来叛乱，连累贻害善良；如果在兵荒马乱的时代，就勾结煽动众人反叛，无所顾忌，四处游说，拉拢诱骗，不识存亡之机，拼命相互扶植拥戴。这些都是招致杀身灭族的祸根。要引以为戒啊！要引以为戒！”（颜之推著，梁海明译注，1999）我认为，这个真的要引以为戒。杀来杀去真的没有意思，杀来杀去不是量子智慧，儒家的仁政以及道家的天人合一本质上都不是提倡杀来杀去的。我认为，放大时空背景与彻底解剖分析法的量子思维心智模式是不会带来杀身灭族祸水的。我母亲精神“大爱无仇，包容一切”的智慧演绎了颜氏家族的繁荣与幸福，希望这一精神在颜氏家族子孙后代中得以切实弘扬。

然而，社会上有些人，包括身边也有这样的人，不关心自己分内的事，却整天关心国际大事，尤其是国际斗争大事，这是非常不好的兴趣爱好，是在浪费宝贵时间。智慧的古人早就告诉我们，“修身、齐家、治国、平天下”，这是正确的底层逻辑与前后次序。如果你真有能力，那么先修身与齐家，在此基础上，你还有余力与能力，你可以治国与平天下，先后次序千万不要颠倒了。颠倒了的坏结果是，治国与平天下你够不着，家里却弄得一团糟。这样的人，实在是十足的笨蛋。牢记颜之推的嘱托与告诫，国家的兴亡，战争的胜败，因果关系与历史渊源非常复杂，只有“学问达到渊博”的程度，才可以“细心加以研究”，否则你根本搞不清到底谁对谁错？在政治上，朋友与敌人是随时会变的，今天的敌人很可能是明天的朋友，今天的朋友也很可能是明天的敌人，要知道背后的原因，的的确确需要高深的学问与渊博的知识。

所以，无论太平盛世还是兵荒马乱，造反的事情想不得、干不得。我认为，全人类都应该倡导“温和的变革”，不应该倡导“急风暴雨式”的革命。老百姓首先要把个人与家庭建设好，这是身心灵的“根据地”。中国传统道德准则是“忠、孝、节、义”（出自明朝许仲琳的《封神演义》），“忠”排第一，就是首先要爱国；“孝”排第二，就是孝敬父母，关爱兄弟姐妹。

人与企业长寿的底层逻辑

颜之推说："得道成仙的事情，不能说全是虚假，只是人的性命长短取决于天，很难说会碰上好运还是遭遇恶运。"（颜之推著，梁海明译注，1999）颜之推这句话是辩证的、智慧的、科学的。"成仙"是有这么一回事，问题是怎么理解"仙"字？仙，本义指长生不老，升天而去，引申为具有高超才能的人、超越凡品的人或事。在现实中，仙是指长寿，不是指不死。不死的说法违背宇宙规律，违背"耗散结构理论"讲的熵增—热寂—无序（死亡）的总趋势，所以不死是不可能的。但是，长寿是可以做到的，按照诺贝尔奖获得者普利高津（1979）提出的"生命以负熵为生"及其演绎原理，我们可以知道生命的底层逻辑是什么，熵是什么，如何负熵，如何"从混沌到有序"，再到生命，再到长寿。颜之推说的"得道长寿"，"道"是宇宙规律性，是生命的底层逻辑，"道"的载体是"波粒二象性"的量子态。量子态通过化学、物理、生理、心理等一系列演绎，从信息到能量到物质再到生命，这是过程也是趋势。

毛泽东说的"得道多助，失道寡助"符合量子原理，这是人心的吸引力法则。得道者能够吸引多数人的人心，人心的载体是量子，量子能够演绎信息、能量与物质，得道者获得这些力量，就能改变世界，改造社会，实现成功；失道者失人心，失人心者失量子，不能演绎信息、能量与物质，失道者不能获得这些力量，就不能改变世界，不能改变社会，不能成功。毛泽东之所以伟大，不仅在于有马克思主义的哲学指导，还在于他的仿生思想。我认为，1927年他提出的"支部建在连上"的本质是组织架构的仿生DNA双轨制，一轨是党委，另一轨是行政，这个仿生顶层设计一直延用至今；1939年他提出的统一战线的本质是潜能开发的量子机制，就是人心的吸引力法则。毛泽东思想包含着仿生思想与量子思想，中国国家治理包含着仿生机制与量子机制。

人和企业长寿的底层逻辑，是协同进化与潜能开发，协同进化能够实现天人合一，这是生命以宇宙为背景的逻辑；潜能开发能够实现知行合一，这是真正的人本管理即心本管理的逻辑。我认为，知行合一与天人合一的统一就能实现繁荣、幸福、长寿与代际传承的终极目标。

第四节　潜能

“140年链接理论”

“140年链接理论”是本研究者发明的理论。所谓“140年链接理论”，是指“记住并链接三代人140年的累积经历与心路历程就能促进家族企业代际传承潜能开发”。颜之推说：“从自身算起，加上父、祖、曾祖、高祖，以下的子、孙、曾孙、玄孙，一共九代叫九族。”（颜之推著，梁海明译注，1999）颜之推认为，“夫妻，父子，兄弟，一个家庭里的亲人，就有这三种关系，以此类推，直推到九族，都是原本于这三种亲属关系”（颜之推著，梁海明译注，1999）。

“记住并链接三代人140年的累积经历与心路历程就能促进家族企业代际传承潜能开发”这一发现，为了形象易记，我称之为“140年链接理论”。相对于马光达老师的“五指理论”是自信理论，我的“140年链接理论”是潜能理论。为什么三代人的积累经历是约140年？假设人的平均寿命80岁，两代人相差30年，那么两代人的生命接力是80＋30＝110年，三代人的生命接力是80＋30＋30＝140年，上下这三代人（父母这一辈、自己这一辈、子女这一辈）通常我们都是见过，甚至一起生活过、一起工作过，记住这三代人的经历与心路历程就能潜能开发。怎么潜能开发呢？三部曲：第一步，记住这三代人中每一代人的经历；第二步，挖掘这些经历背后的原因（即心路历程）；第三步，把每一代人的经历与心路历程积累并链接起来，寻找这些链接在时空中的因果关系特别是倒因果关系（从思想到行为），以及本质与环境的相互关系，你会发现一个很有趣的现象，在这三代人的链接中，潜能开发者（智者）往往是跳跃式发展的——遵循量子世界波粒二象性的不确定性与创造性，尚未潜能开发者（凡人）往往是线性发展的——遵循经典世界墨守成规的确定性与稳定性。

记住并链接上下三代人140年的累积经历与心路历程不是一件非常困难的事。这次《代际传承》的出版，我让三代人中的每一代人及每一个人讲述或写出各自的经历与心路历程，无论是我们六个兄弟姐妹还是我们下一代11个成员，他们写的文章都大大超出平时的认知维度与写作水平。这是潜能开发的表现，源于三代人在经历与心路历程上的超时空和超生命的链接，这种链接蕴藏着巨大的信息、能量与物质，变成了每一个人的信心、力量与智慧。

“记住并链接三代人140年的累积经历与心路历程就能促进家族企业代际传承潜能开发”是有科学依据的。这些科学依据包括基因科学、进化心理学、量子科学等，按照“三个世界”（量子世界、经典世界、生命世界）划分与逻辑切换机制，这三代人有着共同（部分相同）的基因和模因（生存方式），认知这些基因与模因的现象与本质（经历与心路历程），就能获得巨大的力量，驾驭活蹦乱跳的心灵，朝着正确的方向，实现“方向—动力—路径”自洽，实现繁荣、幸福、长寿与代际传承的终极目标。

体形虽死，精神犹存

颜之推说：“人的形体虽然死去，精神依然存在。人活在这个世界上，远望死后的事，似乎生前与死后毫不相干，等到死后，你的灵魂与你的前身之间的关系，就像老人与小孩，早晨与晚上一般关系密切。”（颜之推著，梁海明译注，1999）“世上有死者的灵魂，会在活人梦中出现。”“现在有人看到自己一辈子贫贱痛苦，无不怨恨前世没有修好功德的。从这一点来说，生前怎么能不为来世的灵魂开辟一片安乐之地呢？至于人有子孙，他们只不过是天地间一个百姓而已，跟我自身有什么相干？尚且要尽心加以爱护，将家业留给他们。何况对于自己的灵魂，怎能轻易舍弃不顾呢？凡夫俗子愚昧无知，无法预见来世，所以就说来生与今生不是一体。”（颜之推著，梁海明译注，1999）

对于颜之推“体形虽死，精神犹存”的观点，我基本上赞同，这一方面属于科学，物质不灭，能量转换，信息传递，做梦除了“日有所思，夜有所梦”的心理学解释外，还可以用量子物理学解释，这是“两个粒子”超时空与超生命的量子纠缠；另一方面属于哲学，无论物质，还是精神，无论体形，还是灵魂，都有载体的——波粒二象性的量子粒子，生命万物底层粒子基本上是一样的，或者说是非常相近的，都是118种化学元素演绎出来的信息、能量与物质，包括生命中的身心灵。据说《道德经》在世界上销量仅次于《圣经》，与其说其自然哲学观“道生一，一生二，二生三，三生万物”，符合彼得·希格斯（1964）粒子“自破缺重聚机制”、孟德尔遗传学、达尔文进化论、沃森和克里克DNA密码、普利高津耗散结构理论等，不如说这些自然科学原理从各个维度解释了《道德经》哲学原理。

我认为，“体形虽死，精神犹存”讲的是信息、能量与物质的转换，包括体形的转换——活人变成了死者，也包括精神的转换——祖先的意识与潜意识变成了子孙后代的意识与潜意识。祖先精神永存。比如，我母亲智慧“大爱无仇，包容一切”以及颜氏家族精神“重教、好学、创业、修身、图腾”将一代一代传承下来。

为什么智慧存在于高维空间？

《淮南子·齐俗训》上说：“古往今来谓之宙，四方上下谓之宇。”（颜之推著，梁海明译注，1999）时间由来即为宙，空间广宇即为宇，时空即宇宙，宇宙即时空，在复杂性与不确定性加速涌现的今天，信息革命激发了量子力量，解铃还须系铃人，我们要用放大时空背景与彻底解剖分析法的量子思维心智模式驾驭量子力量，包括生命内部的量子力量（身心灵的心本管理）和生命外部的量子力量（比如互联网与物联网）。生命是以宇宙为背景的高维空间的生命体，智慧比生命更高级，智慧比生命的维度更高，智慧存在于更高维的空间。量子领导力实战体系的涌现逻辑或者说指导思想是，顶层设计，自下而上，多则不同，涌现秩序，涌现生命，涌现智慧，涌现未来。这四个涌现（秩序—生命—智慧—未来）维度是越来越高的，生命比秩序维度高，智慧比生命维度高，未来比智慧维度高。也就是说，最高级的智慧也不能涵盖所有未来信息，所以未来仍然存在着复杂性与不确定性，我们只能且可以利用智慧提高确定性的概率即成功率。

量子领导力实战体系是基于秩序和生命的智慧领导力和未来领导力，表现在这是一种超时空与超生命的全景式的领导力，是复杂性与不确定性环境下的有效领导力，适用于长寿企业、家族企业以及家族企业的代际传承。就领导力维度而言，低维度的领导力管物——把人也当物管，中维度的领导力管人——表面上管人不一定入心，高维度的领导力管心——通过管心实现管人。量子领导力实战体系是高维度的领导力，实施的是心本管理，超越人本管理与物本管理。

以新颜物流为例。新颜物流的量子管理本质上是心本管理，通过使命、愿景、价值观、“方向—动力—路径”自洽机制，以及吸引力法则，实现人的潜能开发；新颜物流的仿生管理本质上是组织的芯本管理，通过结构与功能的仿生化以及设计企业DNA，实现企业繁殖功能与免疫功能的同步；新颜物流的量子领导力实战体系的本质是高维空间管理，包括三大思维与四大机制——溯源思维、终极思维、秩序思维，以及仿生机制、量子机制、生命力与创造力互嵌机制、“三个世界”（量子世界、经典世界、生命世界）划分与逻辑切换机制，这是生命以宇宙为背景的全景式领导力。

为什么智者喜欢隐身?

颜之推说:“老子、庄子的著作,强调修身养性,保全本质,不肯让外物妨碍自身的天性。所以,老子隐姓埋名在周朝担任柱下史,最后进入流沙,隐居起来。庄子在漆园隐身匿迹,终于辞却了楚相。他们都是无拘无束,自由自在的人。”(颜之推著,梁海明译注,1999)老子与庄子都是智者,智者隐身,一方面是环境原因,为了保全自己;另一方面是本质原因,为了潜能开发,穿越复杂性与不确定性的环境。

为什么智者喜欢隐身?智者知道生命万物存在着“三个世界”(量子世界、经典世界、生命世界)及其逻辑切换的复杂性与不确定性,需要潜意识灵感涌现,需要安静的环境,“不肯让外物妨碍自身的天性”。根据心理学与神经科学,潜意识信息与能量涌现是“类脑电图”的量子频率,这种弱力低频的潜意识频率平时难以让大脑神经感知,当外界的环境频率下降、内在的潜意识频率相对地上升时,才能刺激大脑神经感知,潜意识变成意识与灵感,涌现复杂问题的创造性解决方案。智者隐身并不是逃避现实,而是改变作战方式,提升商战维度,实施降维打击。

量子领导力实战体系是高维空间的领导力,这是一种超时空与超生命的领导力,适合于长寿企业与代际传承的家族企业。这是降维打击的作战方式,在“三个世界”(量子世界、经典世界、生命世界)即三个战场协同作战:

第一战场——量子世界战场。量子领导力实战体系以心为本,自下而上,多则不同,利益相关者参与头脑风暴。此举一举两得,理顺人心,获得智慧,量子世界是生命与宇宙的本源,具有“类量子计算”(类似大数据)功能,它能计算量子如何演绎生命,心理如何演绎生理与行为,所谓降维打击就是在分子与量子等级的精准打击,出奇制胜,无形战胜有形。

第二战场——经典世界战场。量子领导力实战体系也需要依靠组织的力量，自上而下，结构决定功能，职能部门按照DNA四碱基原理设置有且只有四个——市场营销部、运营管理部、人力资源部、财务审计部，组建、复制并驾驭阿米巴项目部不断连锁复制，实现繁殖与免疫的双重功能，获得生命力与创造力。

第三战场——生命世界战场。量子领导力实战体系更需要依靠顶层设计的力量，根据使命、愿景、价值观等生命意义，统筹“三个世界”的信息、能量与物质，在复杂性与不确定性环境下实现“方向—动力—路径”自洽，协同进化，潜能开发，实现繁荣、幸福、长寿与代际传承的终极目标。

第六章　家族企业领导力的理论创新

第一节　家族企业领导力的新理论
——量子领导力实战体系的提出

领导力问题的提出

当今世界是以复杂性与不确定性为显著特征的世界，由于技术革命的力量比如信息技术、人工智能、大数据、云计算、互联网、物联网的力量推动，激发了物质底层量子世界的混沌力量以及生命底层量子世界的人心力量，源于宇宙底层波粒二象性的量子粒子的密码破译及其天性涌现——人性与物性的涌现（薛定谔，1944；普里戈金，1977；老子、孔子、苏格拉底等，2500年前）。值得注意的是，万物与生命本来就是复杂性与不确定性的世界，只是以前大部分人感觉不明显，因为环境变化慢，人类寿命短，且忙于工作，苦于生计，饥荒战乱，苦于奔命，难以觉察人性与物性的天性，那时技术水平也达不到如今对于分子与量子的认知水平，唯有极少数人，主要是学者与智者，比如孔子、老子、苏格拉底、孟德斯鸠等人，才能感悟人心与世界的复杂性与不确定性，并提出对策，比如孔子的儒学、老子的道学、苏格拉底的诘问式、孟德斯鸠的“世界上，没有读书不能解决的事情”等。我认为，上述认知是我们今天看任何问题的时空大背景。

包括中国在内，全世界绝大部分私人企业都是家族企业，浙江省的比例是80%，这是浙江省工商联与统计局的数字。家族企业虽然社会上很普遍，但是规模比较小，家族企业的领导力普遍缺乏科学性与长期有效性，所以家族企业的长寿与代际传承是全社会的热点、难点、痛点问题，本人研究聚焦家族企业代际传承的领导力问题。

虽然各种传统领导力理论在不同的历史时期作出过不同的历史性贡献，但是它们的视角普遍存在着时空局限性，不是放大时空背景与彻底解剖分析的、基于量子思维心智模式的领导力，难以有效适应复杂性与不确定性的环境，难以有效防范并抵御各种“黑天鹅”事件的风险，不是超时空与超生命的长寿型企业以及家族企业代际传承的领导力。

美国学者沃伦·布兰克（1997）首先提出了量子领导力的概念，牛津大学教授丹娜·佐哈尔2016年提出了量子管理学的新理论，从而成为该领域的奠基人。海尔集团创始人张瑞敏和阿里巴巴集团创始人马云都曾邀请佐哈尔教授来他们公司讲学与交流。量子管理学虽然在全世界仍然非常前沿，然而在中国却已经受到不少企业家的关注，包括本人的研究最早于2012年10月1日进入英国华威大学做博士后研究前就已经开始自行研究量子物理学与管理学的一一对应关系。这是物理学、管理学与心理学的交叉科学与复合科学，我那时已经写了一些学习与研究心得。2012年我首次在实践中提出了“双链管理”的新概念，强调供应链管理与心链管理相结合才可能把供应链管理变成智慧供应链，通过顶层设计，自下而上而不是自上而下真正实现员工、项目、公司以及供应链上下游客户相关人员发自内心的高效协同，而且动态地协同进化，潜能开发，实现“方向—动力—路径”自洽。在企业仿生学与量子管理学研究与实践领域，中国或许已经走在了世界的前列。

然而我们也不能过分乐观，在领导力领域，一个持续存在的争议是，领导者到底在多大程度上可以在组织中发挥作用。在极端情况下，种群生态学的研究表明，领导和管理行动往往是无效的（Hannan & Freeman，1977，1984）。有一本叫《领导力危机》的书，解释了缺乏领导力的原因，主要是由于缺乏系统的领导力发展。对于领导力效用的悲观观点与消极倾向，我持保留意见，本人是谨慎的乐观者。我认为，我们有能力在实践与理论两个方面解决复杂性与不确定性环境下的超时空和超生命系统的领导力问题。

家族企业领导力的复杂性源于家族企业的复杂性

“领导力是将企业推向未来的一种能力，它必须是有效的，领导者必须以行动为导向。有效的领导者的其他特性还包括：有远见，有诚信，考虑整体利益而非个人需求，愿意倾听他人的意见和建议，能表述大家的目标与愿望。”（Aronoff & Baskin， 2017）也许逆向思维更容易搞清楚什么是领导力。用排除法，哪些不是领导力呢？仅仅占据一个位置不是领导力，仅仅拥有一个头衔不是领导力，有自己的个性不是领导力，以自己的利益为中心不是领导力，仅仅是与员工聊天不是领导力，执着于获得别人尊重不是领导力，仅仅是发号施令不是领导力（Aronoff & Baskin，2017）等。本人结合颜之推的《颜氏家训》以及自身的颜氏家族，提炼出颜氏家族的特质是“重教、好学、创业、修身、图腾”，服务于颜氏家族企业“繁荣、幸福、长寿与代际传承的终极目标”。

彼得·德鲁克根据杜邦家族企业管理的基本准则，指出只有家族服务于企业，家族与企业才能生存和有美好的前程（Aronoff & Baskin，2017）。记住关键词：是家族服务于企业，而不是企业服务于家族。意思是每一个家族成员要呵护家族企业，助力家族企业，不要成为旁观者，因为“其他企业只需关注一个系统即企业组织，但是家族企业需要同时关注三个系统：家族、企业和所有权，而且每一个系统都有自己的领导方式”（Aronoff & Baskin，2017）。

本研究者认为，企业的问题一定是老板的问题，家族的问题一定是家族长的问题。家族企业的领导力应该是智勇双全的领导集体，应该由那些读万卷书、行万里路、阅人无数、高人指路、自我感悟的人组成，包括家族成员和能干忠诚的非家族成员。领导者拥有自身必要复杂性，才能适应复杂性与不确定性的环境变化，才能驾驭人心与“企业之芯”（组织架构设计的科学性，比如仿生机制），通过驾驭自己的身心灵进而驾驭他人的身心灵，实际上是吸引力法则，管理学领域的量子力学。

领导者个人必要复杂性理论

领导者个人必要复杂性理论（Requisite Complexity，简称为RC理论），是英国杜伦大学Lord教授等提出的重要前沿理论，意思是领导者只有通过自身必要复杂性才能匹配与适应环境复杂性（Lord，Hannah & Jennings，2011）。环境本身是复杂性与不确定性的，领导者自身如果缺乏必要的认知和知识结构的复杂性，那么就不能有效带领组织全体成员穿越复杂性与不确定性的环境，包括时空与生命的复杂性与不确定性，其穿越性表现为两个层次，低级穿越性即是适应性，高级穿越性则是创造性——创造了复杂性与不确定性，自带“护城河”与“防火墙”，这是来自宇宙的超时空与超生命智慧——《道德经》的自然科学密码，我们可以破译之变成数理模型与管理工程。RC理论包括大脑分层的五个层次与四个领域，“五个层次与四个领域”象征着我们的大脑分层始终像青年一样充满活力与创造性。Lord教授等人提出大脑分层的五个层次是指感知、意识、目标涌现、情感系统和工作自我概念，四个领域是指一般（认知）复杂性（我理解为认知局限性）、社会复杂性、自我复杂性与情感复杂性（Lord，Hannah & Jennings，2011）。

如何驾驭复杂性与不确定性？

本研究者认为，复杂性的本质是不确定性，复杂性是哲学语言，不确定性是物理学语言，哲学的基础是物理学，物理学的发展推动了人类认知维度的升级，认知维度是哲学，所以无论如何，复杂性与不确定性，两者的本质是一样的。我们应该有这么一个认知，讲到复杂性意味着不确定性，讲到不确定性意味着复杂性。

不确定性原理是量子领导力实战体系的基本原理。英文“Uncertainty Principle”，中文直译为“不确定性原理”。现今在中国大陆的教科书中该原理的正式译名已改为“不确定性关系”（Uncertainty Relation）。我认为，一方面中国人重视关系，另一方面量子的本质的确是关系，从粒子“自破缺重聚”的希格斯机制（希格斯，1964）——物理机制，到达尔文与普利高津“从混沌到有序”再到生命起源——化学机制，再到“道生一，一生二，二生三，三生万物”老子《道德经》的宇宙演绎——自然机制（自然哲学）。本研究者认为，一个人的认知维度如果能够深刻理解人与人、人与社会、人与自然等一系列关系的本质是波粒二象性的量子关系，那么就意味着成功，准确地说，成功对于这样的人是大概率事件，因为这样的人才真正称得上是“透过现象看本质”的人。事实上，社会上很多人所谓的“透过现象看本质”，其实他们根本没有看到本质，他们只是看到特征，甚至是个人认知的局域特征，很可能是本质的假象，因为他们的认知没有解剖到分子一级与量子一级，所以不知道“我是谁？我从哪里来？我到哪里去？”的超时空与超生命的宇宙规定性。

1922年诺贝尔奖获得者尼尔斯·玻尔明确指出：“不确定性关系的基础是波粒二象性。”玻尔发明粒子之间或者说观察者与被观察者之间的“互补原理”（共轭关系）：

第一，关于粒子的不确定性。海森堡发现粒子与粒子（观察者与被观察者，即人与人之间）位置与速度共轭关系的不确定性（海森堡，1927），即同样的事物，不同的观察者会得出不同的结论。我认为，也许这是造成每个人认知维度差异性的自然科学基础——虽两者共轭，却因人而异，物广泛纠缠，宇链接成网，波粒二象性。这告诉我们（特别是领导者），必须使用量子思维心智模式增加看问题维度才可能接近（不可能绝对相同，世界上没有两片叶子是完全相同的）事实真相与客观真理，必须增加对于人心粒子与环境粒子的不确定性意识——危机意识，包括风险意识与机会意识。风险意味着机会，机会也意味着风险，机理正是底层粒子的不确定性。

第二，关于波的不确定性。厄尔·肯纳德（Earl Kennard，1927）发现不确定性原理是所有类波系统的内秉性质，这是经典物体与量子物体之间的相互作用，不论是否有任何观察者参与这过程。对此我们可以这样理解，客观规律（内在的、本质的、必然的联系）之所以客观，是因为波的秉性，而不是粒子的属性。波由粒子组成，但有着与粒子不一样的秉性。这是量子诡异。当然我们知道它诡异以及知道它为什么诡异（知其然，知其所以然），它也就不那么诡异了。作为实践应用，比如应用于量子领导力实战体系，我们可以利用粒子属性获得创造性——抓机会，与此同时，我们可以利用波的秉性获得确定性——去风险，所以“创新与确定性并重”是可以做到的，“鱼和熊掌”在量子世界是可以兼得的，虽然在经典世界不可兼得。量子世界的不确定性关系既有因人而异的因素（就粒子而言），又有与人无关的因素（就波而言），不确定性中的相对确定性是基于波的规律性，表现为概率，未来是可知论的（不是不可知论的）、可创造的、可预测的、可实现的。我认为，认知这一点（量子思维心智模式就能认知这一点），这是智慧。智慧属于生命，但智慧超越生命，生命彻底解剖是粒子，智慧彻底解剖是波，波是粒子，但波超越粒子。这一原理为智者即智能人类提供了无限可能性的科学性，我们可以向量子世界要创造力与生命力。看得见的金矿在经典世界，看不见的“金矿”在量子世界。在经典世界挖矿用牛顿力学，在量子世界挖矿用量子力学。

海森堡说：“在因果律的陈述中，即‘若确切地知道现在，就能预见未来’，所得出的并不是结论，而是前提。我们不能知道现在的所有细节，是一种原则性的事情。”本研究者认为，时间与空间的因果关系在量子世界是倒置的，通俗地讲，在量子世界，因为未来，所以现在，不是因为现在，所以未来，但在经典世界，因为现在，所以未来，也就是说，量子世界与经典世界的因果关系是相反的。杜伦大学教授Lord等人也认为，时间不是从过去流到现在再流到将来的，而是从将来流到现在的，现在作一些创造性的改变，未来有无限可能。生命世界（身心灵知行合一）的作用是根据量子世界与经典世界的不同规律性进行顶层设计，实现“三个世界”（量子世界、经典世界、生命世界）的逻辑切换，实现天人合一的终极目标，实现繁荣、幸福、长寿与代际传承。

根据哥本哈根诠释，在量子力学里，量子系统的量子态可以用波函数来描述，波函数是个数学函数，专门用来计算粒子在某位置或处于某种运动状态的概率，测的动作造成了波函数坍缩，原本的量子态概率地坍缩成一个测所允许的量子态。我认为，所谓量子态就是波粒二象性，波粒二象性就是量子态。单一量子粒子的本质是非定域、不确定性、纠缠，“粒子文化”（粒子的生存方式）是波即量子态变成了函数，变成了确定性的概率，粒子是不确定性的，波是相对确定性的，掌握了粒子的规律性以及波的规律性，我们就掌握了波粒二象性的量子态的规律性。量子领导力实战体系是基于这些规律性的领导力，是复杂性与不确定性环境下的领导力。作为实证案例，新颜物流基于量子领导力实战体系的企业文化（企业生存方式）是仿生文化与量子文化，指导思想是协同进化与潜能开发，方法论是驾驭阿米巴项目部的“波”的概率以及驾驭人心的“粒子”的不确定性，实际效果是穿越了2003年非典疫情、2008年全球金融危机以及全球新冠肺炎疫情等“黑天鹅”事件的风险，管理上和谐有序，经营上连续20年持续增长，体现了复杂性与不确定性环境下的有效领导力。

量子领导力实战体系聚焦家族企业领导力的潜能

本研究聚焦家族企业领导力及其代际传承的潜能开发，包括战略潜能、组织潜能以及人心潜能。

战略潜能：主要是二元战略，或三元战略，既分散风险，又相对聚焦。值得注意的是，一元战略从放大时空背景与彻底解剖分析法的量子思维心智模式看是不行的，因为“单轨制”风险太大，然而四元战略也是不行的，因为战略太分散，协同进化与潜能开发的难度太大。战略之道，“一生二，二生三”比较好，即一般规模的私人企业二元战略比较好，国企央企等规模企业三元战略比较好。实际上，许多私人企业一元战略以及许多国企央企等规模企业超过三元战略，这些都是不好的、不科学的，不是恰到好处的战略，不符合量子领导力实战体系。

组织潜能：战略依靠组织才能落地。企业的组织效率是千差万别的，组织效率高的企业与组织效率低的企业的区别在于组织架构设计是否科学。量子领导力实战体系的组织架构设计的科学性是仿生机制，其理论基础是企业仿生学。本研究者第一个博士论文《企业生命科学研究》（颜滨，2011）和在美国出版的著作*Decoding Critical Genes of Enterprises*（Yan，2013），已经破译了企业仿生密码，建立了企业仿生模型——B234模型，解决的问题是企业生命力，使企业同时具有繁殖能力与免疫能力的双重功能，结构决定功能，仿生结构决定生命功能。

人心潜能：组织是人的组织，没有人就没有组织，人的关键是心，组织需要的是有心的人，不是无心的人，更不需要坏心的人，与其说是人力资源管理，不如说是人心资源管理。人有没有心或者说有多少心的表现与衡量标准是自我效能，在一个企业中以及不同的企业间，人的自我效能是千差万别的。量子领导力实战体系的人的潜能开发的科学性是量子管理，其基础理论是量子管理学。本研究者正在就读的第二个博士学位的研究课题“量子领导力实战体系解决家族企业代际传承领导力问题”主要是解决人的潜能开发问题。正如《培训与发展100年文献回顾》（Bell et al.，2017）以及彼得·德鲁克的观点：对于任何组织而言，伟大的关键在于寻找人的潜能，并花时间开发潜能。只有恢复对人的尊重，才可能真正把人的才能释放出来。（Drucker，1954）

第二节　传统领导力理论的视角与局限性

领导力的定义

领导力至今没有统一的定义。Yukl列举了过去50年间关于领导力的几种有代表性的定义，比如：领导力是“指阐明愿景、赋予价值，并创建有助于获得成就的环境”（Richards & Engles，1986），是“一个对集体努力赋予目标（有意义的方向），并使人们有意愿投入努力以实现该目标的过程”（Jacobs & Jaques，1990），是“一个人影响、激励和推动他人为组织效力和成功做出贡献的能力”（House et al.，1999），是“指能够创建前进方式并使他人跟随指定途径进步的能力”（Aronoff & Baskin，2017）。本研究者认为，领导力是一种基于使命、愿景、价值观，能够实现人与组织“方向—动力—路径”自洽，进而实现人与环境协同进化与潜能开发的能力。本文所指的领导力聚焦家族企业领导力，包括家族领导力、家族企业领导力、家族企业所有权领导力，特别是家族企业代际传承领导力等。

领导力涉及领导与管理的关系。广义上，领导与管理并没有严格的界限，领导包括管理，管理包括领导，比如项目经理既是管理者，又是领导者。从这个意义上说，领导者与管理者基本上是通用的。狭义上，领导与管理是有区别的，领导是顶层设计者，通常是董事会的职能，管理是执行者，通常是CEO及其执行团队的职能。本尼斯和纳努斯厘清了领导与管理的边界："管理者是指那些正确地做事的人，而领导者则是那些做正确的事情的人。"（Bennis & Nanus，1985）本研究视领导与管理这两个词是通用的，所以一些地方使用"领导"这个词，另一些地方使用"管理"这个词，讲的都是大大小小的领导力。从放大时空背景与彻底解剖分析法的量子思维心智模式看，天外有天，山外有山，领导外面还有领导，量子领导力是生命基于宇宙背景的高维空间的超时空与超生命的领导力，所以这种复杂性与不确定性环境下的领导力能够领导家族企业实现繁荣、幸福、长寿与代际传承的终极目标。

传统领导力理论的视角与局限性

泰勒的科学管理。泰勒科学管理理论的精髓是提倡管理要走向科学以及劳资双方都要进行心理革命。本研究者认为，越是朴素的道理与理论往往方向越是正确，110年以前泰勒提出"走向科学"与"心理革命"这两个关键词，作为领导力的理论与实践的方向性在今天看来都是完全正确的。泰勒认为，各种要素（全要素）而不是个别要素构成科学管理，科学而不是单凭经验，协调而不是不和别人合作，最高产量而不是有限产量，通过发挥每个人最高效率，实现最大富裕（Taylor，1911）。他在美国国会的证词中说，科学管理实质上包含着要求工人进行一场全面的心理革命，也要求管理部门的人进行一场全面的心理革命。没有双方的这种全面的心理革命，科学管理就不能存在（Taylor，1911）。也就是说，管理学是建立在心理学基础上的，管理就是管心，即心本管理，只有心本管理才能实现"方向—动力—路径"自洽，就像160多年前达尔文在《物种起源》中说的，在不久的将来，心理学将被赋予新的基础（Darwin，1859）。本研究者认为，泰勒科学管理理论开创了管理学的先河，但是批评者批评他把人性假设为"经济人"。

梅奥的霍桑实验。针对泰勒的"经济人"假设，梅奥提出"社会人"假设，通过提高员工满意度提高绩效，领导者关注点从物转移到人。霍桑实验（Hawthorne Experiment）是管理心理学中的一个著名实验，1924—1932年哈佛大学教授梅奥（Mayo，George Elton，1880—1949）在霍桑工厂进行一系列实验，并于1933年出版了《工业文明的人类问题》（Mayo，1933），解释工人不是只受金钱刺激的“经济人”，而个人的态度在决定其行为方面起重要作用，发现职工是“社会人”，新型领导能力在于提高职工的满意度。本研究者认为，梅奥的霍桑实验开创了管理心理学的实验先河，霍桑工厂成为了实证研究的经典案例，虽然霍桑实验的贡献在于对人心的重视，但对“经济人”假设的过分否定也是不可取的、不智慧的，应该把两种假设结合起来，这样效果会更好。

麦格雷戈的X-Y理论。不同的管理方法源于对人性的不同假设。早期研究人性只停留在简单的善恶之分，于是派生出X理论（假设人性是恶的）与Y理论（假设人性是善的）。美国心理学家道格拉斯·麦格雷戈在《企业中人的方面》（*The Human Side of Enterprise*）（McGregor，1957）一书提出关于工作原动力的理论，把传统管理学称为X理论，他自己的管理学称为Y理论。X理论认为，多数人天生懒惰，逃避工作，没有抱负，对这种人应该严加管教，软硬兼施，强迫命令；Y理论认为，多数人愿意对工作负责，有想象力和创造力，通过满足爱、尊重与自我实现等高级需求，实现个人与组织目标一致，提高生产率（McGregor，1957）。麦格雷戈认为，员工行为与表现是管理造成的（这与本研究者提出的观点“企业的任何问题都是老板的问题”是一致的），像剥夺生理需求会使人生病一样，剥夺较高需求（心理）层次也会使人产生病态行为，所以要将员工想象力与创造力等潜能激发出来（McGregor，1957）。从此可以看出，潜能开发需要激发人的较高层次的心理需求。人性善恶至今存在着争议，本研究者认为，人性善恶不是起源于天生，而是起源于后天的教育与环境，正如中国传统启蒙教材《三字经》认为的，“人之初，性本善，性相近，习相远”。量子领导力实战体系是“性本善”的领导力，这是基于协同进化的潜能开发，基于知行合一的天人合一，是生命基于宇宙背景的全景式的领导力。

大内的Z理论（搭档理论）。Z理论把东方文化融入西方管理，这种东方文化在企业叫作企业文化，是把人与人之间的密切关系、信任、忠诚度等上升为“企业人”。最早提出企业文化概念的人，也是Z理论的创始人美籍日裔管理学家威廉·大内。他比较了X理论和Y理论后在《Z理论——美国企业界怎样迎接日本的挑战》（*Z Theory*）一书中提出，应根据各自个性和特长组成最佳搭档或团队以增强效率（Ouchi，1981）。本研究者认为，日本是把东西文化结合得最好的国家，日本的发达基于此，既保留了东方文化精髓——集体主义，又吸收了西方文化精华——科学主义，日本文化是“集体科学主义文化”，在这样的文化背景下，Z理论（搭档理论）应运而生，但其科学性仍然不够深入，还没有深入到分子与量子等级。本研究者揭示的企业仿生学三大定律——分离定律、组合定律与互换定律，被誉为“颜滨定律”。

莫尔斯和洛希的超Y理论。超Y理论是“权变理论”的别称，已经把人性的假设从“经济人”“社会人”“企业人”，进入了“复杂人”阶段。所谓“权变理论”，是指组织对环境变化的适应性，即随机应变能力。美国管理心理学家约翰·莫尔斯（J.J.Morse）和杰伊·洛希（J.W.Lorscn）根据“复杂人”的假定在《组织及其他成员：权变法》一书中提出这种新理论（Morse & Lorscn，1974）。该理论认为，没有什么是一成不变的，最佳管理方式必须根据组织内外环境变化而变化，灵活采取措施，管理方式要适合于工作性质与成员素质，实质上要求将工作、组织、个人、环境等因素作最佳的配合（Morse & Lorscn，1974）。本研究者认为，超Y理论已经有两方面的突破，一是认识到人、组织与环境的复杂性与不确定性，二是强调管理方式的灵活性适应复杂性与不确定性，但是莫尔斯和洛希“知其然，不知其所以然”，他们不知道造成人、组织、环境复杂性与不确定性的底层逻辑——量子世界的波粒二象性以及“既共轭关系，又因人而异”的量子诡异。

20世纪70年代以来，各种领导力理论如雨后春笋般出现，也出现细化与分化，比如：（1）魅力型领导理论（Charismatic Leadership Theory），强调领导者利用其自身的魅力鼓励追随者，认为重大组织变革是领导者、下属与环境条件共同作用的产物（House，1977；Bennis，1985）；（2）交换型领导理论（Exchange Leadership Behavior Theory），这是用“走在大街上的”普通人眼光，把领导行为理解为一种交易过程，但在实践中得到广泛应用（Bass，1985）；（3）变革型领导理论（Transformational Leadership Theory），是指领导者通过让员工意识到所承担任务的意义和责任，激发下属更高层次需求，为团队和组织而超越个人利益（Burns，1978）；（4）愿景型领导理论（The Visionary Leadership），是指领导者在了解员工的前提下建立组织共同奋斗的愿景，担当“组织设计者”的角色，激发员工动机，构建组织文化（Sashkin，1988）；（5）领导—成员交换理论（Leader-member Exchange Theory），是指由于时间压力，领导者与下属中的少部分人建立了特殊的关系，这些个体成为圈内人士，他们受到信任，得到更多关照，也更可能享有特权，强调感情和信任，分成圈内与圈外（Graeo & Uhl-Bien，1976）；等等。本研究者认为，领导力的真实场景是多因多果的，不是一因一果的，然而上述各种过于细化与分化的领导力理论是假设一因一果的研究模型，这对于研究而言是简单易行的，在实践中也是行之有效的，但其效果是十分有限的，没有真正激发领导力的应有潜能，更不能适应复杂性与不确定性环境下多因多果的真实世界对于超时空与超生命领导力的更高要求，量子领导力实战体系弥补了上述理论的缺陷，成为上述理论的集成领导力，是单一等式的全景式的多因多果的领导力。

虽然上述各种传统领导力理论在不同历史时期，在实践中发挥过不同的作用，但从20世纪下半叶计算机革命以来，特别是进入21世纪以来，人类文明已经进入复杂性与不确定性加速度的时代（本来就存在，现在加速度），信息技术、人工智能、大数据、云计算、互联网、物联网等量子力学已经激发出万物底层量子世界的混沌力量以及生命底层量子世界的人心力量（薛定谔，1944；普里戈金，1977；老子、孔子、苏格拉底等，2500年前），各种“黑天鹅”事件越来越多，各种传统领导力理论束手无策，暴露出局限性。这些传统领导力理论都强调了某一个方面的领导力，不是放大时空背景与彻底解剖分析法的领导力，不是生命以宇宙为背景的全景式的领导力，不是复杂性与不确定性环境下的领导力，不能有效防范并抵御“黑天鹅”事件的风险，不是超时空与超生命的家族企业代际传承的领导力。

任何问题都有解药。黑格尔说过，方法具有至高无上的力量。就领导力的理论和实践而言，领导力的生命是什么呢？生命是量子的（薛定谔，1944）。本研究者认为，“黑天鹅”事件的本质也是量子的。在量子领导力实战体系看来，经典世界的“黑天鹅”事件，在量子世界却是正常事件。量子领导力实战体系正在成为复杂性与不确定性环境下的家族企业的领导力。

第三节　家族企业领导力的复杂性

什么是家族企业？

什么是家族企业？家族是具有血缘关系的人组成一个社会群体，通常包括同一血统的几辈人或几十代人。家族企业就是指股份主要控制在一个家族手中，家族成员出任企业的主要领导职务的企业。美国学者克林·盖尔西克认为，判断某一企业是否是家族企业，主要看企业所有权的归属。学者孙治本将是否拥有企业的经营权看作家族企业的本质特征。

家族企业的地位与作用在上升。美国学者克林·盖尔西克认为，即使最保守的估计，家庭所有或经营的企业在全世界企业中占65%—80%。全世界500强企业中有40%由家庭所有或经营。在我国，20世纪70年代末到80年代初，才掀起了家庭经营的第一次浪潮。随着对私营经济在国民经济中地位的认同，占据私营经济绝大比例的家族企业得到了长足发展。根据《中国统计年鉴》的资料，私营经济对GDP的贡献率由1989年的0.57%上升到2001年的12.7%，20世纪90年代以来平均每年提高近1个多百分点。1989年全社会每100个新增就业者中只有0.07人流向私营企业，到2001年时已增至有33人流向私营企业。

家族企业有三种类型：（1）纯粹的家族式企业，从老板到管理者再到员工，全都是一家人，一般规模非常小，通常称之为作坊。（2）传统的家族式企业，是由家族长来控制大权，关键的岗位基本都是由家族成员来担当的，外来人员只能处于非重要的岗位。（3）现代的家族式企业，是家族持所有权，而将经营权交给有能力的家族或非家族成员。如果家族成员有能力，就由家族成员来担当管理职责；如果家族成员没有这种能力，就把它交给有能力的非家族成员。这是现代化家族企业的一种趋势，很多大型的国际级的家族式企业，基本上都在走这样的道路。而走这条路的关键，就是所有权和经营权必须分离。新颜物流属于现代的家族企业，虽然颜氏家族持有大部分股权，但是所有权与经营权已经分离，从总公司到各项目部交由有能力的家族或非家族成员管理。

在家族企业中，家族成员所有权与控制权两权合一，既参与企业经营管理，又参与剩余索取权的分配，所以有动力经营好企业，这使得逆向选择和道德风险大大降低。同时，家族企业中家族成员之间形成了一个小型的团体，团体内部由于经常在一起沟通交流，使得内部成员的信息不对称以及成员间的协调成本大为降低。不仅如此，由于血缘关系的维系，家族成员对家族高度的认同感和一体感，使其对家族产生了一种神圣的责任，这使得家族成员为家族企业工作都是“各尽所能，各取所需”，不计较自己付出的劳动和获得的报酬是否处于合理的比例关系，从而使企业成员间的交易费用大大降低。

事物都是一分为二的，家族企业也有弊端。随着市场经济体系逐步发达和经济日益全球化，纯粹的家族企业只是在一些行业、一定范围内有着有限的生存与成长空间，不能成为市场竞争中的真正主角。当市场变革速度越来越快、竞争越来越激烈时，完全由家族成员掌控的封闭式家族管理的弊端就显现出来了：

弊端一，组织机制障碍。随着家族企业的成长，其内部会形成各类利益集团并夹杂着复杂的感情关系，使领导者在处理问题时增加了复杂性与不确定性。

弊端二，人才机制限制。在家族式企业中，一般外来人员很难享受股权，其心态永远只是打工者，始终难以融入组织中。由于难以吸收外部优秀人才，企业更高层次的发展会受到限制。

弊端三，领导力机制限制。决策的独断性是许多民营企业初期成功的重要保证，但是随着企业的发展，外部环境的变迁，企业主的个人经验开始失效，生意越做越大，风险也越来越大，此时，保证决策的民主性与科学性就显得特别的重要。

据美国一所家族企业学院的研究表明，约有70%的家族企业未能传到下一代，88%未能传到第三代，只有3%的家族企业在第四代及以后还在经营。也就是说，在美国，家族企业能够成功传到第二、第三代、第四代的比例分别为30%、12%和3%。在中国，资料显示，家族企业的平均寿命为24年，恰好与企业创始人的平均工作年限相同。从这些数据我们可以看出，家族企业能持续发展下去的并不多。

目前，中国家族企业主主要通过以下途径解决企业接班问题：一是子女接受国内外大学教育；二是子女独立创业；三是在家族企业内工作，这是主要的接班方式。实收资本超过1000万元的家族企业中，53.4%的企业主有子女在其企业内工作。接班问题是家族企业面临的最主要问题。

可见，家族企业代际传承是全世界的热点、难点、痛点问题。多数企业主希望家族企业代际传承并努力尝试过，但是绝大部分家族企业代际传承都是失败的，成功的案例很少。本研究者认为，失败的原因是多方面的，可能有行业的原因、企业的原因、创业者的原因、下一代的原因、家教的原因、社会环境的原因、机会与风险不对等的原因等，即使存在着上述一个或多个原因，但仍然不是根本原因，根本问题是家族企业代际传承的领导力问题。

新颜物流属于现代的家族企业

本研究者从1988年“下海”创业，至今已经33年了，可以分为两个阶段，2001年是分界线。2001年以前是“非仿生机制”即本研究者拥有全部股权阶段，这一阶段共13年，属于纯粹的家族式企业和传统的家族式企业阶段，非家族成员没有股权，企业管理基本上是家族成员控制大权，非家族成员处于非重要的岗位。2001年以后是“仿生机制”与吸收中高层经营管理者入股公司股份阶段，这一阶段至今已经20年了，属于现代的家族企业，表现为家族持主要股权，而将经营权交给

新颜物流股东会成员在公司年会上合影
（摄于2020年1月15日）

颜滨、蒋频与另外四位股东夫人合影
（摄于2020年1月15日）

有能力的家族或非家族成员。这是一种比较好的顶层设计与制度安排，源于企业仿生学的思想以及仿生机制的落地，以股权为纽带的股东会与董事会集体智慧，确保了决策的民主性与科学性，基于各级圆桌会议机制提高了管理者与员工的认知维度以及“方向—动力—路径”自洽。这是高维空间的集体科学主义文化。

董事会的职责是什么？《家族领导力之道》作者阿伦诺夫指出，优秀的董事会为企业提供战略与监督，评估企业和高管们的绩效，代表广大股东并与股东们保持联系是高层管理的资源之一，保护和拓展公司的资产，使所有活动符合法律要求。通常情况下，董事会至少包含家族和企业之外的2—3位企业领导人才（Aronoff & Baskin，2017)。新颜物流公司一级股权75%由颜氏家族成员持有，25%由“非家族成员”持有。董事会成员共13人，其中家族成员5人，占38%；非家族成员8人，占62%。新颜物流是典型的现代家族企业。

新颜物流董事会成员

姓名	职务	是否家族成员	物流第几代
颜滨	董事长	是	第一代
颜思迈	董事长助理	是	第二代
蒋频	董事、副总	是	第一代
邓勇	董事、轮值总经理兼营销总监	/	
邓邵涛	董事、轮值总经理兼管理总监	/	
胡宇全	董事、人力资源总监	/	
吴晓剑	董事、财务审计总监	/	
余海峰	董事、营销部常务副总兼金颜物联总经理、九江新颜总经理	/	
颜楠	董事、管理部副总兼老板项目经理	是	第二代

续表

姓　名	职　务	是否家族成员	物流第几代
梁　治	董事、营销部专职副总兼杭州三志新颜总经理	是	第二代
姚国龙	董事、营销部副总兼文化专员	/	
郭小刚	董事、成都早早公司总经理	/	
郭汝梅	董事、制度纪检专员兼管理部常务副总	/	

什么是家族领导力？

“领导力是将企业推向未来的一种能力，它必须是有效的，领导者必须以行动为导向。有效的领导者的其他特性还包括：有远见，有诚信，考虑整体利益而非个人需求，愿意倾听他人的意见和建议，能表述大家的目标与愿望。”（Aronoff & Baskin，2017）本研究者认为，领导力是领导者引领团队创新与创造未来的能力。

根据颜之推的《颜氏家训》以及本研究者的颜氏家族实际情况，本研究者提出了颜氏家族领导力的使命、愿景与价值观。这与 Aronoff & Baskin（2017）在《家族领导力之道》一书中所说的家族领导力吻合，但补充如下：（1）建立家族意识。因为在家族中，基因（分子等级）是链接的，模因（量子等级）是一体化的，记住并链接三代人140年的累积经历与心路历程就能促进家族企业代际传承潜能开发。（2）培养家族凝聚力。因为在家族中，存在着基因“广义适合度理论”（哈密尔顿，1964）。哈密尔顿说：“有机体可以通过帮助自己的兄弟姐妹、侄子或侄女、外甥等亲属的生存和繁殖来扩大其自身基因的传播，因为这些亲属都携带有与他相同的部分基因。”（Buss，2019）（3）表达清楚家族的使命、愿景、价值观是什么。颜家家族的使命、愿景、价值观即家训是“重教、好学、创业、修身、图腾”。（4）建立家族政策。比如家族就业政策以及家族成员的培养政策。本研究者已经把五个兄弟姐妹都从农村带出来到大城市创业搞物流了，兄弟姐妹的下一代自己找工作或者到家族企业工作都可以，愿意读书的家族成员在经济上有困难，我们兄弟姐妹都愿意提供帮助。（5）确保每一个家族成员都被倾听。本研究者认为，多听听利益相关者的意见，尽可能增加看问题的维度，这是量子思维心智模式，能有效增加决策的民主性与科学性，只有好处，没有坏处。（6）确保每一个家族成员地位平等。本研究者提出的人际关系九字准则“独立，对等，尊重，吸引力”适用于每一个家族成员。（7）不断重新定义“家族”一词：“我们的家族是什么？”本研究者认为，家族应该根据“家族三环模式”——家族、企业和所有权，与时俱进，不断创新。（8）保证家族成员都能学习家族企业的运作过程。本研究者认为，家族领导者需要为家族成员提供企业管理的锻炼机会，帮助他们认识企业基本元素，成为优秀的股东或管理者。家族领导力推进家族成员成长，家族成员成长后又能支持家族企业发展。

什么是家族企业领导力？

管理大师彼得·德鲁克根据杜邦家族企业管理的基本准则，认为只有家族服务于企业，家族与企业才能生存和有美好的前程。杜邦家族的男性要从公司最底层做起，家族成员在工作了五年后，家族的多名长辈都要考核他的业绩，如果考核结果说明他不能胜任高级管理的职位，他就会被体面地免职。要使家族充满凝聚力地向前发展，并给予家族成员和企业重要的协助，对家族领导者来说是一项关键技能（Aronoff & Baskin，2017）。“领导一个企业是很难的，家族企业的领导力同其他任何一种企业比起来都显得尤为不同，因为家族企业的情况更加复杂。”（Aronoff & Baskin，2017）其他企业只需关注一个系统即企业组织，但是家族企业需要同时关注三个系统：家族、企业和所有权，而且每一个系统都有自己的领导方式（Aronoff & Baskin，

2017)。家族企业的领导者要求集知识、经验、良好的判断、社交技巧和公信力于一身(Aronoff & Baskin，2017)。本研究者认为，企业的问题一定是老板的问题，家族的问题一定是家族长的问题，家族企业代际传承一定要在领导力上找原因。

如何审查家族企业的领导力？一个积极的董事会、家族委员会、家族使命和价值观宣言、家族企业政策都可以用来审查家族企业的领导力(Aronoff & Baskin，2017)。最可贵的事情就是我们有能量和企业精神，在企业里创建一个能够让能量和企业精神繁荣发展并不受拘束的环境(Aronoff & Baskin，2017)。本质在于自身，奥秘在于环境。本研究者认为，量子领导力实战体系可以衡量家族企业的领导力，这方面的内容在后面有论述。

四种家族企业领导力类型

家族企业领导力的四种类型分别是指挥型、教练型、顾问型、授权型。这也是保罗·赫塞博士(Paul Hersey)和肯尼思·布兰查德(Kenneth Blanchard)1966年提出的情境领导力的四种类型(赫塞 & 布兰查德，1966)。每一种类型的特征是："指挥型领导者给予追随者具体的指导，而且进行直接管理。"(Aronoff & Baskin，2017)"教练型领导者关注未来，而不是只关注当前该做什么。"(Aronoff & Baskin，2017)教练型领导者充当老师与导师角色，有培养下一代领导者的很强大的能力。顾问型领导者帮助有能力的领导者寻找机会，然后协助他们分析利弊(Aronoff & Baskin，2017)。"授权型领导者是很有远见的领导者，他能预见未来各种可能性并依靠团队行动来达到目标。"(Aronoff & Baskin，2017)授权型领导者不愿意与部下讨论技术细节，相信自己的团队会做出正确的决定。优秀的授权型领导者知道，授权意味着放弃权力，保留责任。也就是说，授权后，权力是下属的，责任是领导者的，所以授权通常是困难的，需要条件与授权机制的。授权是指领导者对追随者的成熟度和准备情况很自信，认为他们能够自如地处理事情并且完全知道目标（Aronoff & Baskin，2017），“如果管理者与团队没有准备好，授权型领导力会给大家制造一种无助感”（Aronoff & Baskin，2017）。

综上所述，本研究者同时具备教练型领导者、顾问型领导者、授权型领导者的特征，没有指挥型领导者的特征。2021年6月17日，江西三志物流公司总裁王武在新颜物流，谈及杭州三志新颜的大发展还需要时间，但是努力准备必须在现在时，我说：“大准备大未来，小准备小未来，不准备没未来。”未来机会有两种，一种是被动等出来的，需要客观条件的到来；另一种是主动创造出来的，你不创造是没有未来的。新颜物流与本研究者的最大特点是一直为未来准备着，而且这个未来还是相当长远的，比如企业长寿以及代际传承等。

以上四种领导力类型，哪一种类型比较好？“这个问题的最佳答案是，视情况而定。”（Aronoff & Baskin，2017）优秀的领导者能够培养一种选用合适领导力类型的技能，从而使他们在企业和家族持续发展的任何给定时刻都能针对环境需求作出回应。“在不同类型的领导力之间自如地切换是非常重要的，原因之一是领导力所处的情形是不断变化的，也就是说，由于情况不同，领导力面临的每个机会都需要领导者给出不同的回应。”（Aronoff & Baskin，2017）本研究者认为，一方面，家族企业的三个发展阶段——纯粹的家族式企业、传统的家族式企业与现代的家族式企业，与四种领导力类型有很大的关系，家族企业应该根据不同的发展阶段选择合适的领导力类型，一切“视情况而定”；另一方面，从放大时空背景与彻底解剖分析法的量子思维心智模式看，家族企业领导力应该从传统领导力升级到量子领导力实战体系——这是复杂性与不确定性环境下的领导力，能够有效预防并抵御各种“黑天鹅”事件的风险，并对非量子领导力实战体系的企业实施降维打击。

家族企业什么规模比较好？“为了在市场中保持真正的竞争力，企业需要达到何种规模？企业规模需要多大才能满足家族需要？我们需要家族事业甚至企业的运营吗？”（Aronoff & Baskin，2017）本研究者认为，思考这些根本性的问题是很有意义的，企业规模大小的好坏，不是一成不变的，这是一个需要科学研究的问题。其基本规律是，在工业革命时代，企业规模越大，产品成本越低，诺贝尔经济学奖获得者罗纳德·科斯在《企业的性质》和《社会成本问题》中讲的是规模经济；在信息革命时代，企业规模并不是越大成本越低，所以摩托罗拉与诺基亚等大公司都倒闭了。与此同时，仿生企业与量子企业表现出新的生命力、创新力与创造力，比如美国的3M公司、中国的海尔电器等。韩国银行发表的《日本企业长寿的秘密与启示》报告书称：日本拥有3146家历史超过200年的企业，为全球最多，这些企业大部分是人数不到300人的家族企业、隐形冠军，大部分是传统行业。新颜物流目前规模不到200人，也属于传统行业，在量子领导力实战体系下，从1989年至今已经30多年了，已经穿越了2008年全球金融危机与全球新冠肺炎疫情等“黑天鹅”事件的风险，公司业绩从2001年至今已经连续20多年增长，员工辞职率从早期（量子领导力实战体系实施前）的25%下降到现在的1%，企业呈现可持续发展的态势。

自私者当领导缺乏公信力

获得公信力比继承与生俱来的领导权和机会更重要，如果领导者被他人认作是一个自私自利的人，那么会造成领导者的信任度缺失（Aronoff & Baskin，2017）。自私自利是领导力与公信力的大敌，领导力基于公信力，公信力缺失，将失去群众基础。在量子领导力实战体系中，公信力是量子世界自下而上的吸引力，领导力是经典世界自上而下的执行力，经典世界建立在量子世界基础上，所以领导力建立在公信力基础上。公信力是“水”，领导力是“舟”，水能载舟，水也能覆舟。在家族企业中，家族成员管理者如何赢得非家族成员的心？不是依靠家族关系或继承人的身份，而是“充分准备并培养领导者必备的品质来赢得员工的尊重、信任与公信力才是正确的”（Aronoff & Baskin，2017）。根据父亲与我的经验，我提炼出以下四点赢得公信力的方法：吃亏、吃苦、公平、能干。

吃亏。自私自利的人不肯吃亏，老钻空子捞好处，没有公信力，不能当领导。我的父亲长期担任温岭新街百花村五队队长，我记得每次生产队里分东西的时候，父亲总是让别人先拿，自己后拿。我要求新颜物流高层管理者，当公司与员工发生利益冲突时，只要员工有道理，就要尊重员工的意见，按员工的道理办，宁可公司吃亏一点，也不要让员工吃亏。我的观点是，员工是弱势群体，管理者不能占员工便宜。我的公务招待费用，也是经常不去公司报销的，由自己个人承担。我认为，在经济上肯吃亏，是赢得公信力的重要方法。

吃苦。领导者必须吃苦在前，享受在后，敢于担当，勇于奉献。也就是说，做领导就要有做领导的样子。“先天下之忧而忧，后天下之乐而乐。”这是宋朝的范仲淹在《岳阳楼记》里写的一句话，意思是为官者应把国家民族利益摆在首位，为祖国的前途命运分愁担忧，为天底下的人民幸福出力。这样的胸襟与魄力才能赢得公信力。

公平。圆桌会议机制是决策科学化与民主化的好机制，一方面有效率且兼顾公平；另一方面也是更为重要的方面是能够听到各种利益相关者多维度的意见，增加认知维度，获得各种智慧，涌现创造性解决方案，满足最大多数利益相关者的利益。

能干。如果说前面三项——吃亏、吃苦与公平是赢得公信力的内在修养，那么“能干”则是赢得公信力的外在能力。本研究者认为，公信力基于品与行——内有品，外能行，两者缺一不可。我为什么一直当领导？从学生领袖到企业家，我的切身体会是，只要体现忠诚与能干，当领导是迟早的事，只是时间问题，机会来了就当上了，比如换届，或者新设立的机构需要增加新的领导。在社会上，忠诚但不能干的人很多，能干但不忠诚的人也很多，既忠诚又能干的人不多，甚至很少，所以当领导的机会多得是，不用担心。如果担心，那就是“天下本无事，庸人自扰之”（出自《新唐书·陆象先传》)。

领导者的回报是什么？本研究者认为，领导者的回报包括精神与物质两个方面：主要是精神上的回报，比如为家族、为企业、为子孙后代、为社会、为人类做贡献，满足道格拉斯·肯瑞克提出的基于生命历史的“七个需求层次”（生理、自我保护、归属、尊重、配偶获得、配偶保留、父母养育子女）；其次是物质回报，包括家族企业由贫到富，由温饱到小康到富裕，实现繁荣、幸福、长寿与代际传承的物质世界利益。

重视“无形的”领导者

“经常出现的情况是，不在领导位置的人总能提供一些最有力的领导力。”（Aronoff & Baskin，2017）俗话说，民间有高手，高手在民间。本研究者认为，顾名思义，高手是基于高维空间认知的能手。高手主要在于认知维度，实施的是降维打击。新颜物流自2001年建立仿生机制至今连续20多年业务持续增长，是在董事长几乎不在公司的情况下实现的，这是量子领导力实战体系的力量，每一个阿米巴项目部实施仿生机制——协同进化，每一个员工实施量子机制——潜能开发，生命在分子与量子等级实现“方向—动力—路径”自洽。这是“三个世界”（量子世界、经典世界、生命世界）逻辑切换的领导力，这是一种“无形的”领导力。

有的家族成员擅长让孩子领悟成为家族企业的一分子意味着什么，有的家族成员擅长协助家族汇编和维护家族历史，还有的家族成员擅长组织家族聚会和将不同时代的家族成员聚集起来。（Aronoff & Baskin，2017）本研究者认为，记住并链接上下三代人140年的累积经历与心路历程，这三代人都涌现出了极大的创造力与凝聚力，表现在第二代与第三代人（我们兄弟姐妹这一代以及我们的下一代）写的文章都大大超出了大家平时的水平，源于灵感，源于集体潜意识的超时空与超生命涌现。

重视家族发展是家族企业长存的秘密。“秘密是拥有一个健康的家族。”

（Aronoff & Baskin，2017）在这个家族里，家族成员相互关心，在一起很开心，将家族利益置于个人利益之上，看到所有个体的发展从而开发他们所有的潜力，相互有效沟通，对涉及所有人的事情一起讨论做决定。（Aronoff & Baskin，2017）有学者指出："当前的趋势是家族越来越将重心放在企业及其领导力上。但是，家族控股企业需要尽量多关注家族本身及其领导力，因为如果没有强大的家族在背后支撑，企业不会发展成未来的家族企业。"（Aronoff & Baskin，2017）本研究者从观察到的现象感觉，中国目前的大多数家族企业普遍不够重视对所有家族成员的培养与成长，缺乏全覆盖与梯队培养的顶层设计，缺乏量子领导力实战体系的指导，美国的情况跟中国差不多，所以中美两国家族企业代际传承成功率一样低、失败率一样高。本研究者认为，量子领导力实战体系一箭三雕，既提高家族领导力，又提高家族企业领导力，还提高家族企业所有权领导力，它破译了"家族企业三环模式"（家族、企业、所有权）的底层密码，包括道、术与美三个层面。正如学者指出："（科学的）领导力准则对家族领导者与企业领导者同等适用。"（Aronoff & Baskin，2017）

培养下一代领导者要趁早

经验＋知识＝干练，实践＋理论＝能干。"只有拥有足够的经验和知识从而足够干练，才算为进入领导层做好了准备。"（Aronoff & Baskin，2017）"一次继承者选拔通常需要5—15年时间。"（Aronoff & Baskin，2017）本研究者认为，这是指企业家和"一把手"的选拔，一般管理者的培养不需要那么长时间。一般来说，40岁左右进入领导层比较合适（Aronoff & Baskin，2017）。培养下一代领导者要趁早，"切勿期盼领导力会出现在需要之时"（Aronoff & Baskin，2017）。本研究者认为，家族企业领导者如果拥有量子思维心智模式，用放大时空背景与彻底解剖分析法，那么通常会有一种危机感，潜意识会较早觉醒，能够进行生死统筹以及全家族顶层设计，自觉自愿、积极主动趁早培养下一代领导者。最重要的原因有两点：一是现在领导者的生命存在着不确定性，即使身体健康，也存在着死亡的可能性，因为存在着生命内外环境的不确定性；二是新一代领导者需要长期培养（通常是10年）才能培养出来，量子领导力实战体系是复杂性与不确定性环境下的领导力，需要认知并掌握“三个世界”（量子世界、经典世界、生命世界）逻辑切换原理，需要认知并应用人与企业生命的底层逻辑、数理模型与管理工程，这些都需要时间的积累与知识结构的完善，不可能一蹴而就。学会量子领导力实战体系，掌握“颜氏兵法”（这是2021年6月15日我的启蒙老师马光达老师首次提出的新概念），要打持久战，不是速决战。本研究者认为，“颜氏兵法”的本质是量子兵法。

岁月换智慧，年长者的“最大贡献就是成为一个模范领袖”（Aronoff & Baskin，2017）。本研究者认为，年长者，年长的领导者，如果在品与行两方面已经成为伟大的祖先，那么子孙后代出优秀人才的可能性很大，种瓜得瓜，种豆得豆，龙生龙，凤生凤，这些现象的底层逻辑是基因与模因的代际传承以及超时空、超生命的潜意识影响——生命中的量子力学。为了我们子孙后代的繁荣、幸福、长寿与代际传承，我们自己首先要成为好祖先。然后，学习孔子培养出72贤人、苏格拉底培养出柏拉图与亚里士多德徒子徒孙的经验。

《三字经》说：“子不教，父之过。”阿伦诺夫说，家族领导者和家族企业的企业家“可以帮助下一代家族成员，在他们还小的时候，就让他们慢慢理解领导力意味着什么，可以协助他们认识到成为领导者能够充分发挥天赋与才能，为世界做贡献并回报丰厚，包括财富与声誉，可以帮助他人甚至创建一个企业带来的喜悦和满足感”（Aronoff & Baskin，2017）。

阿伦诺夫在《家族领导力之道》一书中提出了帮助年轻一代做好准备成为领导的七种方式：（1）先让自己成为一个模范领袖；（2）对家族成员表示足够的尊重；（3）为年轻一代提供领导他人的小机会，训练他们，然后给出反馈；（4）鼓励年轻一代在学校和社区多参加一些领导活动；（5）将年轻一代分派到家族委员会或青年董事会中；（6）鼓励他们培养一种使命感——我做的这一切是为了什么？（7）帮助年轻一代学习识别领导力机会。（Aronoff & Baskin，2017）

事实上，我本人与新颜物流正是这么做的，一方面在我女儿读初中时开始，我利用每日接送机会与女儿讨论企业管理现象与企业领导力问题，从小熏陶并培养她将来作为接班人的兴趣和知识面；另一方面，新颜物流董事会成员共13人的年龄结构已经涵盖了公司里的三代人的代表性。他们是公司里离我最近的人，受我的影响最大，潜能开发最多，水平提高最快，成为新颜物流强有力的领导集体，同时一直为代际传承作准备。

领导力的首个挑战是变革与创新

关于变革。"领导力首个挑战就是促进企业中的变革，同时维持以前的优点"，"变革经常发生，企业只有很好地适应并引领这些变革才能保持成功"（Aronoff & Baskin，2017）。本研究者认为，用放大时空背景与彻底解剖分析法的量子思维心智模式，人心、企业与环境的内部与外部因子（波粒二象性的量子粒子）时刻不停地运动着，客观上要求领导力也能基于底层逻辑时刻不停地进行变革，这种领导力在经典世界叫变革型领导力，在量子世界叫量子领导力实战体系或者叫量子型领导力。量子领导力实战体系不仅是变革型领导力，而且是知道为什么变革以及怎么变革的变革型领导力，从而成为在复杂性与不确定性环境下的有效领导力，其原理是驾驭波粒二象性的量子态，实现"从混沌到有序"，再到生命，预防并抵御各种"黑天鹅"事件的风险，提高确定性的概率，虽然不是绝对的，但也不是不可知的，阿米巴单个有风险，我们有多个，我们始终把控了生命的整体命运，这是量子领导力实战体系的精髓。

关于创新。"创新理论"的鼻祖约瑟夫·熊彼特、现代管理学之父彼得·德鲁克，以及硅谷创新工具IDEO是指引我们创新的灯塔。据统计，熊彼特提出的“创造性毁灭”（企业创新的本质），在西方世界被引用率仅次于亚当·斯密“看不见的手”（市场力量的本质）。熊彼特指出，企业家和他们的企业是“创造性毁灭”过程的龙头。他认为，企业家的本质是创新。本研究者认为，熊彼特的概念是经典世界的概念，在放大时空背景与彻底解剖分析法的量子思维心智模式看来，创新的本质是向死而生，不创新就死，创新有可能生，“生命以负熵为生”（普利高津，1979，1987），不创新意味着熵增、无序、热寂、死亡，这是宇宙对于生命的规定性，是生命万物的底层逻辑，这是量子世界的概念。

如何变革与创新？创新是把从来没有过的生产要素和生产条件“新组合”引入一种生产体系和管理体系，包括5种情况：产品创新、工艺创新、市场创新、供应链创新、组织创新。比如，新颜物流引入量子领导力实战体系的组织创新。本研究者认为，在中国物流业发展的初级阶段（比如1990—2020年这30年），生产体系的新组合似乎没有组织体系的新组合更为重要，因为生产体系可以拿来主义——这是物的体系，组织体系必须自己创造，无法拿来主义——这是人的体系（准确讲是心的体系）。值得注意的是，“创新”不是一个技术概念，而是一个经济概念，它严格区别于技术发明，而是把现成的技术革新引入经济组织，形成新的经济能力。本研究者认为，创新的特征是排列组合，是搭积木，是资源整合，是供应链优化，是物流向供应链管理升级，是降本增效，是创造力与生命力的落地，是人与企业的生存方式，是企业文化的差异化。

什么是企业家？熊彼特明确给出了跟一般人理解不一样的“企业家”定义，他说，一个人只有当他实际上实现“新组合”时才是一个企业家。言下之意，没有“新组合”发生就不是企业家。熊彼特认为，企业家并不是一种职业，也不是一种持久的状况，企业家并不形成一个专门意义上的阶级，也就是说企业家不等于资本家，企业家的本质是创新家。本研究者认为，企业家像是动词，是动作与持续的过程，不是名词，不是固定不变的存在。熊彼特在1912年发表的《经济发展理论》一书中指出："一旦当他建立起他的企业以后，也就是当他安定下来经营这个企业，就像其他的人经营他们的企业一样的时候，他就失去了这种资格。"因此，一个人在其一生中很少能总是一个企业家，且企业家的职能本身是不能继承的。本研究者认为，家族企业代际传承不仅仅是"死"的资产，而且是"活"的创新精神——在"三个世界"（量子世界、经典世界、生命世界）知行合一与天人合一"新组合"和"搭积木"的世界观与方法论。

为什么彼得·德鲁克高度评价熊彼特？德鲁克一向承认其深受熊彼特的影响。他与熊彼特同样强调企业家在"繁荣"这个目的上所扮演的角色比资本家更为关键，并且改良了熊彼特对于精英的看法，更多强调精英分子的社会责任；另外德鲁克也同意"创新"便是生产要素的重新排列，且更深入地剖析了创新的价值。本研究者也认为，在人与企业生命终极目标的四要素——繁荣、幸福、长寿与代际传承中，繁荣与幸福是企业家最优先和最神圣的使命，相比之下，资本家可能更关注资产的保值与增值。这也是人们尊敬企业家而讨厌资本家的原因。另外，家族企业的企业家应该把培养下一代企业家尽早列入战略任务，不仅在思想上，更应该在行动上，如果上一代企业家的使命、愿景与价值观是代际传承，那么首先企业必须长寿，然后还要长期培养接班人，一个有风险，应该多培养几个，提高确定性的概率，驾驭整体的命运。

为什么领导力需要制衡？

领导力，像其他任何一种力量一样，同时存在着潜在的机会与危险，如果有能力驾驭，那么可能变成创造力与机会，如果没有能力驾驭，那么可能变成破坏力与风险。制衡是宇宙赋予生命的驾驭智慧——分子等级的DNA双轨制以及量子等级的粒子"自破缺重聚机制"。2013年，喜欢修行的伦敦快桥物流董事长汪柏屹跟我说过的一句话我至今记忆犹新，他说：“宇宙的奥秘就两个字：平衡。”本研究者认为，首先，平衡是指两个力，不是一个力；其次，平衡就是制衡，对立统一，阴阳环抱；再次，制衡是相互的，不仅可以横向制衡，而且应该下级对上级制衡，量子世界对经典世界制衡，量子世界有这个智慧与能力。量子领导力实战体系的28字法则是“顶层设计、自下而上、多则不同、涌现秩序、涌现生命、涌现智慧、涌现未来”。量子领导力实战体系的24字功能是“协同进化、潜能开发、资源整合、无中生有、超越危机、实现共赢”。

如果不会制衡或制衡不好，那么领导力会失去控制，会导致腐败（Aronoff & Baskin，2017）。回顾人类历史，制衡经历了三个发展阶段：

第一阶段，权衡阶段。制衡最早源于商鞅的这句话：“法者，国之权衡也。”这是权贵之间的制衡，简称为“权衡”。法律是唯一令制衡得以存在的基础。但是这种制衡关系是脆弱的，在权力就是一切的社会里，拥有权力的权贵只要勾结一起，就会视法律为儿戏，无法做到他们之间的制衡。

第二阶段，则是孟德斯鸠提出的制约思想：抗衡阶段。这是让人民拥有权力来对抗权贵，简称为“抗衡”。这种制衡关系建立的基础，就是让人民拥有对权贵的监督权与选举权，还提出了权力与权力制约的多权分立，比如二权分立、三权分立等，以及限定高位权力者掌权年限的方法。抗衡的本质，与对立统一、阴阳环抱、DNA双轨制、RNA连锁复制、粒子“自破缺重聚机制”等大自然的底层逻辑和宇宙赋予生命智慧的二权分立与三权分立，以及中国传统自然哲学，比如《道德经》“道生一，一生二，二生三，三生万物”的经义等都是完全一致的。

第三阶段，交衡阶段。即交叉制衡，意思是建立每一个人都是掌控社会某一种利益的至高权贵，又是别人掌控利益下的人民，通俗说就是领导者也是被领导者，被领导者也是领导者，领导者与被领导者是平等的。一旦这样的社会被建立的话，那么在事业上所有人都是相对平等的，并且人人都是自己事业的权贵，都是他人事业的人民。这种相互牵制关系就是交叉制衡。本研究者认为，根据生物学原理，生命体内有两种免疫，一种是细胞免疫，另一种是体液免疫，前者相当于职能机构的监督功能（比如仿生企业的运营管理部与财务审计部的职能），后者相当于人民群众的监督功能（比如管理过程的透明度，阳光下无蛀虫，项目部的股份制与多劳多得等人人都是“能量球”）。本研究者一直有一种感觉，宇宙是通过量子世界赋予经典世界信息与能量，量子思维心智模式的认知者表现为生命世界的智慧——源于潜意识信息与能量的涌现，量子领导力实战体系就是这种状态下（生命基于宇宙背景的认知以及“三个世界”的划分与逻辑切换）被一步一步发展并完善的。

作为量子领导力实战体系的实证研究案例，新颜物流的制衡聚焦组织与人两个方面：一是组织制衡是仿生机制，通过阿米巴项目组织不断连锁复制，实现繁殖与免疫的双重功能，这是一种繁殖式免疫，或者说免疫式繁殖；二是人的制衡是量子机制，通过激发人心潜能，使使命、愿景、价值观参与文化制衡，使战略、组织与人心立体制衡，使“方向—动力—路径”自洽制衡。

总之，基于量子领导力实战体系的组织制衡和人心制衡是基于心本管理与《道德经》的知行合一和天人合一的超时空与超生命的宇宙制衡。老子名言“人不为己，天诛地灭”，人们普遍理解有误，“为己”的意思是修身，“为”是修为，“己”是身心灵，老子的本意是人不修身养性，德不配位，天地人心都将追杀你，深谙宇宙与生命奥秘、提出“天人合一”主张的老子绝对不是教你自私自利的。老子的另一句名言“天地不仁，以万物为刍狗”（出自《道德经》第五章），人们也是理解有偏，有人理解为老天并不仁慈，把万物当作没有生命的贡品，然而联系上下文，这种理解有失偏颇；另一种理解则认为老子想表达天地公平的观点，天地看待万物是一样的，不对谁特别好，也不对谁特别坏，发展的好坏在于自身对于宇宙规律的认知。本研究者基于量子思维心智模式的理解是，天地是仁的，表现为天地是协同进化的，天人合一的，作为天地之子，人类是有能力潜能开发的；另一方面，生命与万物本来就是“刍人”“刍狗”“刍物”，这是进化论（达尔文，1859）与耗散论（普利高津，1979，1987）的产物，不是宇宙怎么对待你的问题，而是你自己怎么对待自己的问题，我们需要生命基于宇宙背景的反省，量子领导力实战体系就是通过反省研究方法在实践中得出的研究结论——逻辑结论与实证结论，从而成为复杂性与不确定性环境下的领导力实战体系。

第四节　领导者个人必要复杂性

复杂适应系统的定义

Uhl-Bien，Marion & McKelvey认为，复杂适应系统是组织内部复杂性与其环境复杂性之间的匹配。（Lord，Hannah & Jennings，2011）本研究者认为，组织内部的复杂性，包括人的复杂性和组织复杂性两方面。必要复杂性以适应性为标准，复杂性不是越多越好，也不是越少越好，以动态适应为好，适者生存，不是强者生存，也不是弱者生存。只有人的复杂性与适应性而没有组织的复杂性与适应性是不行的，因为没有组织环境保障，人的复杂性与适应性无法实现与长久维持。同样道理，只有组织的复杂性与适应性而没有人的复杂性与适应性也是不行的，组织只是保障，人才是一切。

Lord等人提出的领导者个人必要复杂性理论（RC理论），阐明了领导者自我调节系统的机理是源于大脑内部的分层结构，包括五个层次与四个领域，分别是感知、意识、目标涌现、情感系统和工作自我概念，以及一般（认知）复杂性、社会复杂性、自我复杂性与情感复杂性，解释了大脑内部过程如何通过静态过程到动态过程，或者说组合聚合过程到演绎聚合过程的相互作用来创造复杂性，进而与环境复杂性相匹配。（Lord，Hannah & Jennings，

2011）

本研究者认为，人与组织最主要的是通过深度学习（分子等级与量子等级），调整自己（基因层面与模因层面），适应环境（包括内部环境与外部环境），也可以发挥智慧在一定程度上创造环境，适应生命，智慧高于生命。在复杂性与不确定性环境下，企业更需要像生物适应性与量子跳跃式发展那样随机应变地适应环境变化，比如仿生机制的阿米巴项目部——一种“变形虫”一样的企业灵活组织。有学者指出，组织需要一种更具有流动性的方法，以促进整个组织的涌现性自组织。（Lord，Hannah & Jennings，2011）本研究者认为，“涌现性自组织”这个词非常准确，涌现性来自量子世界，自组织来自经典世界，“涌现性自组织”是量子世界涌现经典世界，与量子领导力实战体系的28字法则——“顶层设计、自下而上、多则不同、涌现秩序、涌现生命、涌现智慧、涌现未来”不谋而合。所以，量子领导力实战体系是复杂性与不确定性环境下的领导力。

自上而下难以有效

Surie & Hazy认为，中央指导（即经典世界的自上而下）不太可能有效，因为当行动者彼此协同进化时，它们所创造的涌现结构和过程是动态的而不是静态的，因此无法充分预测（Lord，Hannah & Jennings，2011）。系统生物学创始人贝塔朗菲也认为，涌现不是各部分简单相加，而是各部分分层的生成性系统（Lord，Hannah & Jennings，2011）。我认为，量子等级本身是一个系统（混沌系统），分子等级也是一个系统（有序系统），分子是量子的涌现（分子由原子组成，原子由亚原子即量子组成），分子系统也是量子系统的涌现，生命建立在分子上（比如企业生命建立在阿米巴分子上，当然每一个阿米巴分子都携带着总部四个职能部门的遗传基因信息），分子溯源又是量子的，所以薛定谔（1944）说：生命是量子的。

本研究者认为，“各部分分层的生成性系统”的机理主要有两点：一是粒子与粒子之间的量子纠缠既共轭关系，又因人而异，对于不同的观察者，粒子会有不同的变化，粒子好像有灵性一样；二是自下而上涌现，“从混沌到有序”（普利高津，1979，1987），到生命，到智慧，到未来。

本研究者认为，量子领导力实战体系揭示了“三个世界”（量子世界、经典世界、生命世界）划分与逻辑切换机制，量子世界是自下而上机制，经典世界是自上而下机制，生命世界是对量子世界与经典世界进行逻辑切换的顶层设计机制，该自下而上的时候自下而上，比如心本管理与圆桌会议机制；该自上而下的时候自上而下，比如协调作战与执行力。

本研究者认为，在“三个世界”中，无论哪个世界，都需要领导力，领导力都很重要。正如Uhl-Bien et al.指出，涌现过程必须在正式的行政管理层级中运行，正式的领导力过程可以鼓励或阻止局部的适应。（Lord，Hannah & Jennings，2011）通过“鼓励或阻止”，领导者在组合聚合（相当于归纳）与演绎聚合（相当于演绎）过程中，创造个人必要复杂性，驾驭量子世界——驾驭人心，驾驭经典世界——驾驭组织，驾驭生命世界——驾驭企业这个生命体，实现繁荣、幸福、长寿与代际传承的终极目标。Lord，Hannah & Jennings（2011）提出，演绎聚合（相当于演绎与进化）除了利用现有的复杂性外，还创建了复杂性。本研究者认为，这正是为什么生命万物的总趋势总是不断进化的理由，为什么人类文明的总趋势总是不断发展的理由，为什么量子领导力实战体系28字法则——顶层设计、自下而上、多则不同、涌现秩序、涌现生命、涌现智慧、涌现未来的理由，为什么自上而下难以有效的理由——自上而下除在经典世界（抓执行力）有效，在量子世界（心本管理）与生命世界（身心灵与环境协同进化潜能开发）难以有效。

为什么静态的知识结构与动态的学习都很重要？

动态的认知与学习是基于静态的知识结构基础上的。然而，Lord，

Hannah & Jennings（2011）进一步解释，长期形成的静态的知识结构，必须根据任务、环境、终极目标的未来信息进行自我调节，不断形成新的心智结构，只有这种心智结构才具有复杂适应系统的能力。理解个体适应的关键，在于理解长期静态的知识结构如何与来自任务环境的信息以及内部自我调节过程的层次相互作用，从而创造出指导适应性行为的瞬时心智结构（Lord，Hannah & Jennings，2011）。用本研究者的语言，静态的知识结构与动态的学习的关系是，本质在于自身，奥秘在于环境，动态的本质因子（潜意识的波粒二象性）与动态的环境因子（人或物底层的波粒二象性）相互作用，形成新的复杂适应系统，这种新的复杂适应系统应该是放大时空背景与彻底解剖分析法的量子思维心智模式的，所以量子领导力实战体系是复杂适应系统的领导力，即复杂性与不确定性环境下的领导力，即使在“黑天鹅”事件下仍然能够实现“方向—动力—路径”自洽，实现繁荣、幸福、长寿与代际传承的终极目标，量子领导力实战体系是生命以宇宙为背景的、单一等式的、全景式、全天候的领导力体系。

查理·芒格认为，人类大概需要100种心智模式，常用的20—30种，而且知识结构最好是数、理、化、工程与生物学等多学科结合。（Kaufman，2016）本研究者认为，量子领导力实战体系的心智模式是量子思维的，即放大时空背景与彻底解剖分析法，其知识结构是复合型知识结构，涉及量子物理、生物化学、心理学、工程学、组织行为学、管理学等，量子领导力实战体系是数理模型与管理工程。

为什么不同的人对于世界的感知是不一样的？

相同的环境信息，为什么有些人有感知，有些人没有感知？为什么有些人是这样的感知，有些人是那样的感知？为什么每个人的记忆不同？科学地认知这些问题，有利于潜能开发。从感知的量子机理而言，量子的共轭关系与因人而异的属性是根本原因，通俗地说就是，观察者（粒子）不同，被观察者（粒子）会做出不同的反应，即同样的世界，不同的观察者会有不同的量子纠缠，发生在观察者与被观察者（底层）的量子世界，这是量子诡异，在经典世界不会发生这种现象，经典世界没有诡异。杜伦大学教授Lord等人提出的观点是，环境与记忆共振引发感知。（Lord，Hannah & Jennings，2011）即记忆的本质因子与环境底层载体因子（两种因子都是量子粒子）共振使弱力低频的量子频率升频刺激大脑神经引发感知。记忆是非常重要的能力，聪明与智慧的机理都是意识与潜意识的学习记忆以及超时空超生命的灵感记忆，但记忆是有选择性的，或激活，或抑制，抑制不利于记忆，激活有利于记忆。

本研究者认为，激发肯瑞克基于生命史提出的“七个需求层次”（生理、自我保护、归属、尊重、配偶获得、配偶保留、父母养育子女）有利于唤醒生命记忆；激活使命、愿景、价值观、人生意义与终极目标，有利于唤醒潜意识的记忆；危急时刻有利于唤醒祖先遗传给我们的各种“适应器”（Buss，2019）。大脑神经感知外界量子信息（无论是机会，还是危险），信号都是非常弱的，通常情况下，需要升频才能感知。升频是有内在条件与外在条件的，内在条件受到心智模式与知识结构的影响，外在条件受到环境噪音以及机会与危险的影响，记忆的激活或抑制还跟先天基因模因与后天的学习有关。在技术上，Lord，Hannah & Jennings（2011）认为，需要对感知刺激激活提升，这需要时间，神经冲动集成接收到的信息是一个相对缓慢的过程（> 50毫秒），需要意识的努力，关注和代谢资源。本研究者认为，灵感是超时空、超生命的知识点与知识点的链接，是解决问题的智慧解决方案，是实现“方向—动力—路径”自洽的无价之宝，但灵感稍纵即逝，灵感一来必须马上写下来。

本研究者对于世界的感知，来自五个因素——“读万卷书，行万里路，阅人无数，高人指路，自我感悟”，来自每日灵感。自2012年研究潜能开发以来，本人的潜意识灵感已经训练有素，每天凌晨5点左右灵感不请自来，据此本人平均每天能写出两篇以上的“星辰灵感”文章，有时候是运动桑拿后来灵感。总而言之，不同的人对于世界的感知是不一样的，这是正常的，源于先天的量子属性（既共轭关系，又因人而异），以及后天学习的不同。

从感知到意识，这是新的意识结构

意识不是大脑中的一个地方，而是全局工作空间的一种紧密相连的“系统状态”，是一个由投射到大脑不同区域的较长的神经元组成的网络（Lord，Hannah & Jennings，2011）。意识会自动进步。本研究者认为，感知是生理的，意识是心理的，感知与意识客观上受到记忆与任务环境的影响，主观上受到心智模式与知识结构的影响，影响的结果形成的意识已经是新的意识结构。

基于不同的意识结构（心智模式与知识结构），每个人的目标涌现是不一样的。Lord，Hannah & Jennings（2011）认为，目标涌现有助于保持有用的信息在记忆中，同时激励特定的行动。本研究者认为，生命对上光宗耀祖、对下代际传承是神圣使命与终极目标，这是“我是谁？我从哪里来？我到哪里去？”的量子答案。

本研究者认为，生命的能量分为正能量与负能量。正能量是有利于生命的能量，表现为引力与“负熵”，物质与暗物质都是引力，生命需要这两样东西，没有它们生命就没有结构，没有结构也就没有功能即没有生命。“生命以负熵为生”（普利高津，1979，1987），负熵的本质是有序，有序才可能有生命。负能量是不利于生命的能量，表现为斥力与“熵”，暗能量斥力是耗散的，熵就是无序、热寂与死亡的倾向，无序不可能有生命。但生命也需要它，甚至是生命来自它，生命处于“混沌的边缘”，是混沌中的序，“从混沌到有序”（普利高津，1979，1987）到生命，这是诺贝尔奖获得者普利高津的观点，量子领导力实战体系基于细胞分裂原理以及心灵量子的耗散原理提炼出来的阿米巴连锁复制商业模式正是驾驭人与企业生命正能量与负能量的应用。

从感知到意识，这是新的意识结构。从本质而言，因为生命内部身心灵的本质因子与生命外部环境因子都是动态的波粒二象性的量子粒子。从特征而言，Lord等人（2011）提出的领导者个人必要复杂性理论（RC理论）关于大脑分层的五个层次（感知、意识、目标涌现、情感系统、工作自我概念）与四个领域（一般认知复杂性、社会复杂性、自我复杂性、情感复杂性）能够解释为什么从感知到意识，这是新的意识结构。本研究者认为，生命利用“自身携带的潜意识超时空与超生命的信息库与能量库”从理论上讲是能够吸引所有资源，演绎信息、能量、物质的转化，表现为创新、创造、进化以及发展人类文明，这符合进化心理学（Buss，2019）以及基于生命史的七个需求层次理论（Kenrick et al.，2010）。

一般而言，意识结构僵化不适合当领导，被批思想僵化、墨守成规、官僚主义等。学者们认为，长期坚持一个太长意识结构的倾向可能是一个重要的个体差异，这是负相关的必要复杂性（Thatcher，North & Biver，2008；Lord，Hannah & Jennings，2011）。本研究者认为，复杂性源于（量子）动态性，动态性自带（量子）复杂性，领导者个人动态的必要复杂性才能成为动态的复杂适应系统以动态适应环境的复杂性。量子领导力实战体系是基于这种复杂性的领导力理论，是复杂性与不确定性环境下的领导力。

差异化与多元化孕育着生命的诞生

“多元性代表着把差异当机会。这有赖于西方人做出的‘量子跃迁’，意思是向前跨出一大步。”（Zohar & Marshall，2011）本研究者认为，在潜意识的量子世界，过去、现在与未来，以及时空都是可以倒流的。

佐哈尔说的量子跃迁是向前跨出一大步。本研究者认为，可能性与不确定性、机会与风险等都是波粒二象性的量子跃迁引起的，但量子跃迁不一定都是向前跨出一大步，可能向前跨出一小步，也可能暂时不跨出，可能向左跨出一大步，也可能向右跨出一大步，可能向上跨出一大步，也可能向下跨出一大步，可能原地打转，也可能向后跨出一大步等，量子跃迁的各种可能性都有。量子始终保持着极其灵活的姿态，随时随地都能实现“方向—动力—路径”自洽。方向是坚定不移的终极目标，比如颜氏家族企业（新颜物流）的繁荣、幸福、长寿与代际传承的终极目标。动力必须是自己发自内心的动力（一般都是潜意识的渴望），动力必须十分充足，如果动力不足，那么必须天天加油，把油加满，就像我天天学习。“书中自有黄金屋”在量子世界是什么意思呢？就是书中“方向—动力—路径”生命在时空中的三要素都有，就像孟德斯鸠说的：“世界上，没有读书不能解决的事情。”方向与动力这根“量子拐杖”的两头是确定的，唯有路径这根“量子拐杖”两头的链接不是线性的，而是波粒二象性的，量子跃迁的，时空倒流的，终极目标导向的，极其灵活的，生命中的智慧或者说智者的一生是随时随地准备搭积木的与资源整合的，这是量子跃迁。以毛泽东为首的中国共产党人创造的奇迹，比如二万五千里长征、四渡赤水、地道战、地雷战、游击战等，本质上都是结果导向的量子跃迁产生的效果，如果线性思维，那是达不到这样的效果的。

企业也是如此，差异化与多样性孕育着生命，量子领导力实战体系指导下的阿米巴项目部不断连锁复制，一是体现差异化，二是体现多样性，阿米巴项目部虽然能够享受公司的资源，但是阿米巴本身是自生自灭的，能生则生，不能生则死，项目业务来了，阿米巴项目部就成立了，项目业务没有了，阿米巴项目部就解散了。新颜物流公司的终极目标是繁荣、幸福、长寿与代际传承，动力是每一个员工与经理发自内心的潜意识渴望，表现为积极性、主动性与创造性，唯有路径（阿米巴项目部）是极其灵活的，根据自身条件与环境变化而变化。

神经科学家发现脑部“神点”与“无线神经系统”

我们平时所说的神经系统是指身体内部的神经系统，本研究者称之为有线神经系统，因为肉眼或仪器能够找到它的线性。相对于有线神经系统，还有一个无线神经系统——肉眼和仪器找不到它的线性，它是波粒二象性的量子粒子超时空与超生命刺激“六觉”——“五觉”生理感知（视、听、嗅、味、触）和“心觉”心理感知（意识、临界意识、潜意识）。潜能开发主要是找寻并激发这些超时空与超生命的潜意识信息与能量，链接的渠道有两个：一是基因，二是模因，即分子等级的渠道与量子等级的渠道，路径是“无线神经系统”，机理是波粒二象性的量子粒子的信息传递与能量转化，表现为灵感，内容是知识点与知识点的链接，功能是智慧解决方案解决复杂问题。

科学家指出，大脑的前额叶皮层密集地分布着神经元，具有广泛连通性，涉及大脑许多区域（Dehaene & Naccache，2001；Lord，Hannah & Jennings，2011），从这些区域和结构中吸收相关信息。本研究者认为，这些信息有些来自祖先，有些来自未来（Lord，Dinh & Hoffman，2015），有些来自内心，有些来自环境，这些信息量子粒子处于混沌或混沌的边缘状态，动态存在于“三个世界”（量子世界、经典世界、生命世界），从放大时空背景与彻底解剖分析法的量子思维心智模式看，相当于“七零八落部队”，这支部队需要一个“总司令”，需要对“三个世界”的信息、能量与物质进行统筹与顶层设计，基于知行合一与天人合一的宇宙规律，智者借势借力实现繁荣、幸福、长寿与代际传承的终极目标。

神经科学家Persinger在《在神经认知过程中加特定的刺激能使人产生前世的意识》一文发现人脑中的“神点”（God Spot）。（Zohar & Marshall，2011）“神点是位于脑侧叶的神经组织物质，刚好位于太阳穴后方。”（Zohar & Marshall，2011）当我们追求生命意义与终极目标寻求解决方案时，“神点表现得非常活跃”（Zohar & Marshall，2011）。

佐哈尔说：“这种智能让我们了解更深层次的意义与基本价值，以及生命中所坚守的核心目标，当然还有这些意义、价值、目的在生命、策略和思考过程中所扮演的角色。”（Zohar & Marshall，2011）在麻省理工学院获得物理和哲学学位，此后在哈佛大学获得哲学、宗教及心理学硕士及博士学历，现为牛津大学教授的丹娜·佐哈尔指出：“这些结合神点活动的40赫兹波动，非常可能是我们SQ（Spiritual Quotient，灵商）的神经基础，也是SQ决定了我们有资格成为具有高度智慧和杰出才能，并且能够自主控制情绪的高级动物。”（Zohar & Marshall，2011）佐哈尔发现灵商后，提出灵商资本的概念，指出企业家同时具备“三种资本”——物质资本、社会资本与灵商资本，才能获得巨大成功。本研究者认为，量子领导力实战体系是建立在这“三种资本”基础上的，量子领导力实战体系作为复杂性与不确定性环境下的领导力不仅是符合逻辑的，而且是实证有效的。

人是机会的来源，也是风险的来源

复杂适应系统的领导力，具有自我保护意识，可以通过别人的情感（包括喜、怒、悲、恐、忧、思、惊）避免风险，甚至可以把消极情感转化为积极情感。事物总是一分为二的，一些学者提出，情感还有另一个非常重要的功能，作为一种警报机制，可以超越目标，重新引导个体面对危险。如果领导者或团队成员有复杂能力，在追求积极目标的同时，还能在他人身上发现负面情绪，那么他们就能更好地避免负面后果。（LeDoux & Phelps， 2000；Lord，Hannah & Jennings，2011）

本研究者认为，人是机会的来源，也是风险的来源，机会与风险可以相互转化，机会可能会变成风险，风险也可能会变成机会，关键看有没有能力以及如何引导消极情绪与负面情绪。这里有一个非常有用的方法是“超越目标”。一般情况下，目标越小，矛盾越大；目标越大，矛盾越小，目标与矛盾成反比、负相关。矛盾双方，当一方或双方目标放大时，矛盾会缩小，退一步海阔天空，所谓“退一步”就是目标放大的意思。本人提炼出来的母亲智慧“大爱无仇，包容一切”，就是“超越目标”的案例。母亲的一生是没有一个敌人的，即使有矛盾冲突，母亲也把它包容进来了，所谓智慧就是总能找到一种解决方案，既能满足这方面的要求，又能满足那方面的要求，使矛盾双方都能接受，这一定是创新与创造性的解决方案，给双方带来了价值甚至是更大的价值。

“深度谈心”是化解情绪风险的另一个有效方法。佐哈尔说，通过相互尊重与“深度谈心”，通常可以创造性地把员工中的负能量转化为正能量。（Zohar & Marshall，2011）量子领导力实战体系指导下的新颜物流长期坚持圆桌会议机制，2020年正式建立了一对一深度谈心制度，员工们普遍反映新颜物流实施的是人性化管理，即使是变革也是温和的变革，新颜物流虽然是现代的家族企业，但是变革采用的是“温和的家长制”，与“将心理学引入进经济学”而获得2017年诺贝尔经济学奖的理查德·塞勒与卡斯·桑斯坦的合著《助推》（塞勒 & 桑斯坦，2018）中的观点一样。在新颜物流，领导、管理者与员工之间是非常平等的，员工什么话都可以说，在管理上是没有压抑的，因为压抑是潜能开发的大敌。新颜物流在“一对一谈心制度”中明确要求在一年两次的人力资源部与全员的一对一谈心时，员工必须谈心里话，把真实的想法与要求告诉公司，公司视一个一个员工为量子粒子——“能量球”，公司与阿米巴为员工创业的平台，公司帮助员工与阿米巴实现“方向—动力—路径”自洽，再自洽就是新颜物流与上下游供应链客户的动态自洽。新颜物流量子领导力实战体系实施20多年来，管人与管心的效果明显，员工离职率从量子领导力实战体系前的25%下降到量子领导力实战体系后仿生管理时的3%，再下降到量子管理时的1%。也就是说，量子领导力实战体系实施后，新颜物流员工稳定性是好的，满意度是高的，负面情绪是少的。

工作自我概念是一种自洽

工作自我概念（WSC）是Lord等人（2011）提出的领导者个人必要复杂性理论（RC理论）大脑分层（五个层次与四个领域）中的最后层次。一些学者认为，自我是如此的广阔，与如此多的其他心智结构相连，在任何时候，自我只有一部分是活跃的，这个瞬间活跃、有限的方面，称为工作自我概念（即为自己的灵魂而工作），指导认知、动机和情感反应，这一部分被激活，同时意味着其他部分被抑制（Higgins，Van Hook & Dorfman，1988；Kihlstrom，Beer & Klein，2003；Lord，Hannah & Jennings，2011）。Lord，Hannah & Jennings（2011）同时指出，群体对个体WSC有重要的、跨层次、自上而下的影响，与此相反，个人对集体必要复杂性也有自下而上、跨等级的影响。

本研究者认为，Lord等人所说的工作自我概念，类似于弗洛伊德人格结构理论"三我"——本我、自我与超我。什么是"三我"？这是1923年弗洛伊德提出的概念，以解释意识和潜意识的形成和相互关系。"本我"（本能的我，即生物性的我）代表欲望，受意识遏制，遵循快乐原则；"自我"（人际关系和社会意识的我）负责处理现实世界的事情，遵循现实原则；"超我"（超生命、超时空链接祖先和子孙以及生命底层潜意识高维空间的我）是良知，遵循道德原则，即知行合一与天人合一的境界格局。

工作自我概念也类似于本研究者在"生命量子时空十字坐标系模型"（在后面有论述）这一生命（本质是量子）以宇宙为背景的潜意识良知导航系统。工作自我概念在集体与个体之间（波与粒子之间）是相互影响的，集体到个体是自上而下的影响，个体到集体是自下而上的影响。同样道理，意识与潜意识之间也是相互影响的，意识到潜意识的影响是自上而下的，潜意识到意识的影响是自下而上的。工作自我概念是生命以宇宙为背景在时空中的定位与导航，受到情绪等自然环境与社会环境，受到认知等心智模式、知识结构、生命意义与终极目标的影响。Hannah等人指出，自我复杂程度越高的领导者在环境和角色需求中适应性越强，这似乎与共享领导过程特别相关，在共享领导过程中，个体可能需要在多个角色之间交替。（Lord，Hannah & Jennings，2011）本研究者认为，领导者应该提升自己的认知维度，认识到领导力从个人领导者，到集体领导者，再到共享领导者的方向性与必然趋势，在这一过程中，丹娜·佐哈尔和伊恩·马歇尔的《心灵资本》一书介绍的灵商理论为量子领导力实战体系提供了一个新的视角（Zohar & Marshall，2011）。

第五节　心灵资本是潜能开发的“钥匙”

什么是心灵资本？

丹娜·佐哈尔、伊恩·马歇尔夫妇首先提出了灵商的概念。2001年8月，他们合著的《灵商：人的终极智力》一书在中国出版。人的大脑由左脑和右脑两部分组成，左脑主司智商（意识商），包括逻辑、分析、抽象、计算、语言等内容，侧重于抽象思维，被称为“科学脑”；右脑主司灵商（潜意识商），包括形象、想象、虚构、创造等内容，侧重于形象思维，被称为“艺术脑”。

关于左脑与右脑的不同功能，著名未来学家、美国前副总统阿尔·戈尔的首席演讲撰稿人、耶鲁大学法学博士丹尼尔·平克（Danniel Pink）著作《全新思维——决胜未来的六大能力》提出决胜未来的六大能力都是右脑的功能：（1）设计感：设计先于一切，设计高于一切；（2）娱乐感：乐于意义，意义于乐，把意义与快乐结合起来；（3）意义感：意义在于潜意识的量子世界即精神世界，在于“方向—动力—路径”自洽；（4）共情力：心与心之间的量子纠缠与同频共振；（5）交响力：协同进化能力，知行合一与天人合一是生命以宇宙为背景的“交响曲”；（6）故事力：记住并链接三代人140年的累积经历与心路历程就能促进家族企业代际传承潜能开发，未来是潜意识右脑清晰的愿景图像。著名未来学家彼得·伊利亚德说：“今天我们如果不生活在未来，那么未来我们将生活在过去！”我认为，我是生活在未来的人，虽然是务实主义者，但未来看得特别重，表现在三代人140年统筹规划与顶层设计、长期主义、倒过来活等特征。

灵商的载体是波粒二象性的量子粒子。量子力学之父普朗克认为，富有创造性的科学家必须具有鲜明的直觉想象力，无论是阿基米德从洗澡中获得灵感最终发现了浮力定律，还是凯库勒关于蛇首尾相连的梦而导致苯环结构的发现等都是科学史上灵商的例证。爱因斯坦主要是用右脑（潜意识形象脑）思考问题的，他说：“我思考问题时，不是用语言（左脑功能）进行思考，而是用活动的跳跃的形象（右脑功能）进行思考。当这种思考完成以后，我要花很大力气把它们转换成语言。”说明爱因斯坦是典型的“思维双过程”，主要靠潜意识直觉灵感，然后意识精算纠偏。由此可见，基于量子跃迁原理的右脑形象思维能力是创新力与创造力的源泉，灵商是智商与情商的源泉。“心灵一词来自拉丁文spiritus，意思是‘给予系统生命与活力’，它是增进世界活跃的力量。”（Zohar & Marshall，2011）佐哈尔说：“心灵智商是我们获取深层意义、价值、目标与高层次动机的智商。心灵智商如同一个思考体系，用以帮助我们正确决策，以及判断如何合理取舍等。当然这些决策也包括我们如何制造、分配自己的物质财富。”（Zohar & Marshall，2011）心灵智商也就是灵魂智商，佐哈尔说：“只要我们把灵魂视作传输管道，把想象力与心灵的深刻丰富，带进我们的日常生活、家庭、组织与机构中，心灵智商也可以是灵魂的智商。”（Zohar & Marshall，2011）《心灵资本》“将努力向现在以及未来的领导者阐释，如何运用他们的‘心灵智商’，为广大的组织文化创造‘心灵资本’，最终达成一个可持续发展长久运作的资本富足的社会，使得人们的生活更加富有，物质不虞匮乏，文明永续不辍”（Zohar & Marshall，2011）。本研究者认为，量子领导力实战体系激发家族企业代际传承的潜能需要开发“心灵资本”，挖掘超时空与超生命的代与代之间集体潜意识的信息与能量。

著名科学家钱学森说：“灵感是潜意识，当酝酿成熟时突然沟通（知识点与知识点之间的链接），涌现于意识即成为灵感。”其实，灵商并不是大科学家、大艺术家、大发明家的“专利”，普通人也有灵感。本研究者认为，平时我们说某人脑子“灵光”，指的就是灵商。“灵商”是每个人与生俱来、人皆有之的潜意识涌现程度与反应速度。潜意识的灵商载体——波粒二象性的量子粒子超时空与超生命链接着祖先与子孙以及人类文明，贯穿于每个人的三个时间段——生命前、生命中与生命后，灵商与宇宙同在，在生命中涌现，用量子方法潜能开发。

一个人的洞察力是对抽象事物、对心灵的敏感度和洞察力，这种力在教育工作者、心理学家、哲学家、神职人员、商人身上比较常见，所以商人的智商、情商、灵商都是比较高的。高灵商者能够觉悟生命意义与终极目标，他们的方向是明确的，动力是充足的，路径是灵活的，“方向—动力—路径”是自洽的，人的潜能是开发的。

通常情况下，灵商越高的人，对环境的依赖程度越小，他不那么容易受到环境好坏的影响。好的环境，能够充分运用条件，去实现自己的追求和梦想，去做自己想做的事情。不好的环境，通过那些困境磨炼，扩大自己的认知度和理解力，扩大自己的灵魂格局，扩大自己的包容力，这样的环境往往更加激发创造力，化逆商为灵商。组织大师查尔斯·汉迪（Carles Handy）赞誉那些不屈不挠的开创者“他们具有卓越的能力，可以让事物绝处逢生”（Handy，1994，1999）。维珍集团创始人理查德·布兰森（Richard Branson）说：“我的企业源自我的经验，并且还通常是坏经验，因为我看到有些事做得很糟，因此知道我可以做得更好。”（Zohar & Marshall，2011）与布兰森一样，我的企业也源自于我的经验，而且通常是坏经验，因为我看到有些事情做得很糟，比如以前员工频繁跳槽。我发现，我身边的大部分企业都不是用量子领导力，这些企业的老板并不轻松，这些企业也并不长寿。我认为，这些都不是好的现象。我可以用量子领导力领导我的企业，并对中高层进行动态的量子领导力培训。我相信，我可以做得更好。正如英国作家拉迪亚德·吉卜林（Rudyard Kipling）的诗《如果》所说的："孩子，如果你在面对胜利与失败时都能泰然处之……你就能够成为真正的男人。"佐哈尔说："心灵智商的一个重要特征是在逆境中进行正面思考，它让我们从错误中学习，在痛苦和挫折中成长，并从中收获些成长的经验，让我们知道自己的极限，不只是要与之共处，还要超越极限。"（Zohar & Marshall，2011）

"三种资本"对应"三个世界"

丹娜·佐哈尔提出"三种资本"的概念：物质资本、社会资本、心灵资本。佐哈尔说："目的就在于让人们知道在他们的生命、家庭、社会和组织中，如何接近、积聚并深刻地留下心灵资本的意义与价值。"（Zohar & Marshall，2011）本研究者认为，心灵资本为量子领导力实战体系的心本管理提供了理论武器，量子领导力实战体系通过心灵资本的潜能开发，促进物质资本与社会资本的潜能开发，使得"三种资本"与"三个世界"的潜能都得到开发。万物理相通，佐哈尔的"三种资本"与本研究者在量子领导力实战体系中提出的"三个世界"具有一一对应关系，物质资本对应经典世界，社会资本对应生命世界，心灵资本对应量子世界。

佐哈尔说："必须具备持续性的特质，并且能够自我维持和演进，科学界将此类与众不同的构造，命名为复杂适应系统即自组织复杂系统"，"物质、能量与信息能够顺畅自如地穿行于这类系统中，它们的组织呈现由内向外的态势，且处于混沌边缘，换句话讲也就是一个远离平衡的临界点之间"（Zohar & Marshall，2011）。本研究者认为，"三个世界"划分与逻辑切换机制是量子领导力实战体系四大机制之一，也是知行合一与天人合一的最重要机制，其重要性在于使领导力在复杂性与不确定性环境下、在“三个世界”实现自由穿梭而不乱，在量子世界不乱，在经典世界不乱，在生命世界也不乱，在“三个世界”的逻辑切换中不乱，表现为战略不乱、组织不乱、人心不乱，企业的生存与发展不乱，体现出全天候与全景式的领导力。

心灵资本与量子世界的载体是波粒二象性的量子粒子。量子是人类潜意识的载体、集体潜意识的载体、基因的载体、基因“广义适合度理论”的载体、家族企业代际传承的载体、时间与空间的载体。“生命是量子的”（薛定谔，1944），企业是量子的，战略是量子的，组织是量子的，人心是量子的，智慧是量子的，未来是量子的。我们知道了心灵资本与量子领导力实战体系的载体及其本质与特征，我们就有能力驾驭这些载体，解铃还须系铃人，解决量子问题必须使用量子领导力实战体系，无论经典世界的浪花如何乱溅（环境影响），量子世界的一江春水总向东流（熵），生命世界的顶层设计。本研究者认为，设计耗散结构的组织架构（比如仿生机制）——借势，“生命以负熵为生”——向死要生，在危机感中创新与创造，生存与发展，应用心灵资本与量子领导力实战体系，我们不仅可以创造我们的时代，还可以创造子孙后代的时代。著名心理学家和精神分析医师荣格说：“在我们最个人及主观的人生中，我们不只是时代的被动见证者，也不是受难者，而是时代的创造者。我们创造自己的时代”。佐哈尔说：“只要我们能够一如既往坚守我们内心深处的价值和理想，并且不管处于生命的任何阶段、遭遇任何的艰难困苦，我们都能够尽其所能、力求改变，那么我们就能够创造我们自己的时代。”（Zohar & Marshall，2011）

全新的企业典范

佐哈尔说：“现今社会需要一个全新的企业典范，这个典范包括基本的财富与资本概念，提供给我们崭新的企业运作模式，让我们用全新的角度理解企业的本质，学会如何更智慧更有效地管理企业”（Zohar & Marshall，2011），“心灵资本作为唯一出路以新典范的形象出现。这种新典范具体是指什么含义呢？回答这个问题最事半功倍的办法就是以案例来说明”（Zohar & Marshall，2011）。

本研究者认为，世界是多维度的，多因多果因果关系的，人与企业在世界中，人与企业也是多维度的，多因多果因果关系的。生命以宇宙为背景的量子领导力实战体系，是单一等式的全景式的领导力，这是复杂性与不确定性环境下的领导力，是一种概率领导力，它解决的是未来的成功概率，不是绝对的，也不是不可知的，单一生命（比如一个阿米巴）有风险，我们可以多个，我们能够把握企业生命的整体命运，预防并抵御各种“黑天鹅”事件的风险，实现可持续的生存与发展，实现繁荣、幸福、长寿与代际传承的终极目标。量子领导力实战体系是领导力领域（理论与实践）的新范式，具体指什么？最事半功倍的办法是以案例来说明。量子领导力实战体系自2001年至今已经在新颜物流经历了20多年的实证研究，已经积累了一些重要的、有说服力的数据。

组织大师查尔斯·汉迪提出：“企业存在的意义是什么？它属于谁？在这个企业工作以及在这个社会生存的我们，我们的终极目的是什么？”（Handy，1999）本研究者认为，汉迪这个问题问得好，问到人与企业的超时空与超生命的本质了，答案在量子世界，不在经典世界。量子领导力实战体系正是在“三个世界”（量子世界、经典世界、生命世界）的逻辑切换与统一领导中，回答企业与企业家存在的意义、员工在企业工作的意义、企业服务客户的意义等，这些意义的实现在于某种交集——“方向—动力—路径”自洽的交集，此交集是创新与创造的点，也是潜能开发的点。

美国心理学家、双因素理论的创始人弗雷德里克·赫茨伯格（Frederick Herzberg）关于工作动机的研究结论：工作满足感与工作动力来自成长进步，担当责任，以及工作效率得到改善，自我表现得到肯定，因为这能给予员工成就感和充实感（Herzberg，Mausner& Snyderman，1966）。也就是说，工作动力在于成长、效率、成就感与充实感。本研究者认为，工作动力在于“方向—动力—路径”自洽，能自洽则动力，不自洽无动力。

佐哈尔认为，基因自远古至今很长时间都是无私的基因，只是最近200年资本主义制度与文化造成了人们的自私心理，扭曲了基因无私的本性与人性。这与中国古代流传至今的名著《三字经》“人之初，性本善”的观点一致。但是，理查德·道金斯的观点是《自私的基因》（Dawkins，1976）。本研究者认为，佐哈尔与道金斯的观点都是对的，在经典世界，基因是自私的，基因是有边界的；在量子世界（基因的底层世界与底层逻辑），基因是无私的，量子是无边界的，量子是无私的，从量子纠缠（变成“上帝粒子”）到蝴蝶效应，“道生一，一生二，二生三，三生万物”。量子领导力实战体系用放大时空背景的量子思维心智模式与彻底解剖分析法，突破了“自私的基因”的局限性。

企业制度的第三条道路：心灵资本与量子道路

“第三条道路”原指区别于资本主义道路与社会主义道路的第三条道路，这里讨论的是企业制度的“第三条道路”，是指企业除物质资本（第一条道路）与社会资本（第二条道路）外，引入并重视心灵资本（第三条道路）。佐哈尔说，虽然英国社会理论家吉登斯与前首相布莱尔都已经提出“第三条途径”（Zohar & Marshall，2011），“但令人遗憾的是，第三条途径并未引发足够的关注，由于它缺乏坚实的哲学、经济学与心理学的基础，因此难以改变人类的动机”（Zohar & Marshall，2011）。

本研究者认为，人们的习惯（习以为常的惯性）与行为的改变，必须从思维方式与知识结构开始。佐哈尔在寻找转变人类动机的道路和方法的第三条道路时发现：“心灵资本作为唯一出路以新典范的形象出现。”（Zohar & Marshall，2011）也就是说，众里寻他千百度，第三条道路就是它——心灵资本。本研究者认为，这可以成为一副管理学对联，左联“众里寻他千百度”，右联“第三条道路就是它”，横批“心灵资本”。心灵资本在心灵（意识与潜意识）的量子世界能够实现“方向—动力—路径”自洽，这与本研究者发现的量子领导力实战体系的应变量“方向—动力—路径”自洽不谋而合，殊途同归，佐哈尔在山的那一边（英国那一边）往山顶上爬，本研究者在山的这一边（中国这一边）也往山顶上爬，结果在山顶我们会合了。量子领导力实战体系不但是物质资本的领导力，而且是社会资本的领导力，也是心灵资本的领导力，这是建立在哲学、经济学、心理学基础上的领导力，量子领导力实战体系是对丹娜·佐哈尔量子管理学的继承与发展，是理论的落地与创新。量子管理学已经发展到数理模型与管理工程的新阶段，且已经经过“小试”（新颜物流）与“中试”（颜氏家族相关企业，包括龙企物流公司、中颜供应链公司等），可以进入“批量生产阶段”即已经具有推广应用的“资质”与价值。

佐哈尔说：“心灵资本是人类掌握的一笔足以支撑自身未来可持续发展的财富，而且不断滋养并维系人类的心灵”，“心灵资本是组织与社会运行的基础，它通过创立并控制企业的核心目标，然后把人们团结起来，从而使彼此建立紧密的依存关系”（Zohar & Marshall，2011），“心灵资本更是一股来自组织之内的强大无比的改变动力。因此，那些拥有丰富心灵资本的企业，不仅能够保持基业长青，更可以借此不断进行自我完善”（Zohar & Marshall，2011）。本研究者认为，如果说物质资本信奉“有钱能使鬼推磨”的信条，社会资本信奉“关系就是一切”（“我爸是李刚”心理）的信条，那么心灵资本信奉“心灵量子条条道路通罗马”。量子领导力实战体系是企业制度的第三条道路，此“罗马”就是繁荣、幸福、长寿与代际传承的终极目标，管理学将从必然王国进入自由王国，企业家“甩手掌柜”以及企业“不倒翁”这一千千万万企业家的“企业家梦”是可以实现的。

宇宙第三秩序：量子秩序

佐哈尔说："生命系统是复杂适应性系统，混沌的边缘，宇宙第三秩序。""混沌的边缘似乎是存在于宇宙中的一种全新的第三级秩序。"（Zohar & Marshall，2011）本研究者认为，我们已经知道分子与原子等级以上的自然秩序（第一秩序）与社会秩序（第二秩序），现在还知道亚原子等级的量子秩序（第三秩序）。第一秩序是物质秩序，第二秩序是社会秩序（比如国家、社会或企业秩序），第三秩序是量子秩序（比如身心灵秩序）。"生命是量子的。"（薛定谔，1944）佐哈尔所说的第一秩序、第二秩序、第三秩序是按照人类认知这些秩序的先后顺序命名的。按照本研究者提出的"三个世界"（量子世界、经典世界、生命世界）划分与逻辑切换原理，宇宙三种秩序与三种资本以及三个世界存在着一一对应关系。心灵资本属于量子世界（量子秩序）和宇宙第三秩序。佐哈尔说："经典世界解剖到有形的原子为止，亚原子属于无形的量子世界。"（Zohar & Marshall，2011）本研究者认为，宇宙三种秩序既相互独立，又相互依存，可以逻辑切换，实际上循环运动，演绎进化，量子领导力实战体系基于对这些秩序的认知以及对"三个世界"的逻辑切换，实现对"三个世界"的驾驭，表现为对企业战略、组织、人心与员工身心灵以及环境的驾驭，从而成为复杂性与不确定性环境下的领导力。

佐哈尔说："从单细胞的阿米巴原虫到人类、人类的组织和文化，所有的生命体，都具有成为复杂适应系统的能力。我们本身就是处在混沌边缘的复杂适应系统。""心灵智能也是一种处在混沌边缘的复杂适应系统智能，这也就是为何它能够打破并创造一切典范、终止（那些）思想或行为的既定模式的缘由。当我们的头脑和所处的环境开始进行富有创造性的对话时，心灵资本便会自动形成一整套的意义模式。与此同时，头脑中所有与此相关的复杂适应系统也就与这套意义模式进行良性的互动和交流。"（Zohar &

Marshall，2011）本研究者认为，仿生机制的阿米巴组织涌现为企业生命力（繁殖力与免疫力的双重功能），量子机制的心本管理涌现为人和组织的创造力，量子领导力实战体系基于三大思维与四大机制涌现复杂性与不确定性环境下的领导力，其所驾驭战略、组织与人心的能力基于生命意义与终极目标在“方向—动力—路径”上的自洽。

本研究者认为，意识与潜意识都是有载体的，就是波粒二象性的量子粒子，使命、愿景、价值观（“三观”）也是有载体的，也是波粒二象性的量子粒子。知己知彼百战百胜可以发生在量子世界，知道意识、潜意识以及“三观”的载体是量子，我们就可以用量子方法解决意识问题、潜意识问题以及“三观”问题，对于量子世界的认知以及掌握量子方法，有着十分深远的现实意义、生命意义与超生命意义。佐哈尔说：“价值像是能量的量子，事情通过它们才能发生。人之所以为人，就是因为其拥有深刻的价值观，正是如此，人类才能在组织与社会中发挥潜能。”（Zohar & Marshall，2011）佐哈尔说，心灵资本兼具“个人价值观，人际价值观，超越人的价值观”（Zohar & Marshall，2011）。本研究者认为，宇宙三种秩序是“倒金字塔”式的，最底层的量子世界是整体的与统一的，源于宇宙大爆炸，向上涌现一层是经典世界，再向上涌现一层是生命世界。这与本研究者提出的量子领导力实战体系28字法则（顶层设计、自下而上、多则不同、涌现秩序、涌现生命、涌现智慧、涌现未来）是一致的，准确地说，该28字法则是根据宇宙秩序（“三个世界”的秩序）的认知顶层设计出来的，并成为复杂性与不确定性环境下的领导力法则——量子领导力28字法则。

宇宙秩序呈倒金字塔的七重天图，也就是量子领导力实战体系28字法则呈倒金字塔图。本研究者形容其为“倒七重天”，是因为七重天是西方传说中的善良之地，量子领导力实战体系也分七级涌现。第七重天“涌现未来”，那是超越智慧的至善之地，所以“涌现未来”在“涌现智慧”之后；智慧高于生命，所以“涌现生命”之后才“涌现智慧”；宇宙先有秩序后有生命，所以“涌现生命”在“涌现秩序”之后；“生命是量子的”（薛定谔，1944），自然选择的进化论的奥秘在于量多，人算不如天算，也符合从量变到质变的哲学，基于量子世界向经典世界涌现的量多与“自下而上”一定涌现“多则不同”；人类可以根据这一宇宙秩序以及“三个世界”（量子世界、经典世界、生命世界）的逻辑切换进行顶层设计，这种顶层设计发生在量子世界的第一性原理，属于自然哲学，进入老子《道德经》的境界，甚至可能已经破译了《道德经》的自然科学密码。总之，未来是可知的，量子领导力实战体系的未来是基于某种复杂规律（复杂适应系统）的认知、灵感与体系涌现，正在得到包括新颜物流在内的越来越多的案例的实证检验。

心灵资本的整体性

心灵资本之所以能够超越自我，是因为它的整体性。佐哈尔认为，在科学领域，整体论是量子学说与复杂适应自组织系统的基本概念，是心灵资本的一项基本特性，是把握大局与关系的能力，在整体中内在链接与相互影响的能力。本研究者非常认同佐哈尔的观点。她说：“大部分差异所蕴含的本质其实是共同的，通过了解整体的本质可以预测局势的未来可能发展方向”，在心灵层次，“整体性可以让我们看到有限中的无限，也让我们预测到未来的可能走向，因此我们可以看到多种可能”（Zohar & Marshall，2011）。杜伦大学Lord教授等人与佐哈尔教授的观点一致，他认为，时间从未来流向现在，现在作一些创造性的改变，未来有无限可能（Lord et al.，2015）。本研究者认为，未来在整体性中，不在局限性中，量子领导力实战体系是生命以宇宙为背景的、对内知行合一与对外天人合一的整体性的领导力。

佐哈尔说：“注重整体的人十分依赖直觉，对于整体形式、关系与一致性的判断，在逻辑得到结论之前直觉便会感知到。”（Zohar & Marshall，2011）我认为，左脑功能的逻辑和右脑功能的直觉应该对立统一应用于决策科学。正如浙江供应链协会常务副会长赵成锋于2022年5月7日在量子会客厅介绍的：现在他们是怎么做决策的呢？首先，研究部门去做项目的策划研究，这是解决逻辑问题；然后，赵成锋凭丰富的经验与直觉灵感做决策，这是解决直觉问题。逻辑与直觉是不同的人分头独立完成的，在这个过程中互不影响，也就是说研究部门在研究的时候，赵成锋不去干涉，不影响他们的研究；等到研究成果出来之后，赵成锋再权衡逻辑与直觉，看看研究成果的成功概率多大以及可行性如何。相当于同时发挥了直觉的超时空“大数据”功能与逻辑的精算纠偏功能。这符合意识与潜意识的思维双过程理论。潜意识整体性，超时空，类大数据，类量子计算，反应快，估算，感性，表现为灵感；其缺点是不够精确，有时存在着潜意识偏见。相比之下，意识非整体性，局限性，精确计算，理性，对潜意识纠偏；其缺点是反应慢，受环境影响大，同样存在着意识偏见。值得注意的是，人类日常生活大部分决策都是潜意识直觉灵感作出的，重大决策是意识与潜意识在“思维双过程”中协同作出的。思维双过程理论对于我们的指导意义是，首先充分发挥潜意识的直觉灵感作用，其次发挥意识的精确计算作用，把感性与理性结合起来，而潜能开发主要是开发潜意识的信息与能量，通过直觉灵感涌现出来，变成智慧解决方案，实现“方向—动力—路径”自洽。自2012年至今，本人潜意识已经训练有素，几乎每天凌晨5点钟左右都来灵感，都是有价值的灵感，这是潜能开发的表现。我比较尊重自己潜意识的直觉灵感，尽可能及时付诸行动，获得较高的自我效能，边办企业，边读书，边写书，20年来都是如此。这一点被我的导师——复旦大学经济学院院长张军教授看出来了，张教授说：“颜滨最大的一个特点是系统思考问题，而不是零打碎敲。”

如何培养整体性思维？佐哈尔说：“当问题发生时，从宏观的角度去审视问题，观察眼前，思考事物间的关系，从而判断之后会发生的连锁反应。思考实际中发生的重大事件的前因后果，并从中判断事件发生后将会出现的余波，试着在之后验证自己能从中预测到多远的结果。”（Zohar & Marshall, 2011）本研究者认为，记住并链接三代人（父母一代、自己一代与子女一代）约140年的累积经历与心路历程就能促进家族企业代际传承潜能开发。本人的颜氏家族的实证研究表明，这种量子方法是有效的，通过基因与模因、本质与环境的双重渠道或两个方面的协同进化与潜能开发，我们能够预测、影响甚至驾驭以后的事情。

包容多元的目的除了增加看问题的维度，还在于吸取当下人心的力量。佐哈尔说：“真理是多面向，甚至拥有无穷面向，没有什么拥有唯一最佳方案”，“我们最好的老师往往是那些与我们持有不同意见的人”（Zohar & Marshall，2011）。本研究者认为，创新与创造型人才，一般都不是按部就班工作，不是线性思维发展的，而是以终为始，“倒过来活”（马克·吐温的话），跳跃式发展的。这些人为什么能够做到这一点？机理（底层逻辑）是量子跃迁，受到心智模式与知识结构的影响，拥抱失败是重要的环境因素，本质在于自身，奥秘在于环境。量子领导力实战体系是包容性、多维度、多元化的思维与机制，表现为三大思维与四大机制，其功能是24字：“协同进化、潜能开发、资源整合、无中生有、超越危机、实现共赢。”

大脑“神点”主管使命、愿景、价值观

神经科学家Persinger（1996）发现人脑中的“神点”，他说：“主管使命、愿景、价值观的大脑神经区域是位于大脑侧叶太阳穴后面的神点，这是复杂适应系统即生命系统特有的现象。”（Zohar & Marshall，2011）

诺贝尔奖获得者、神经科学家弗朗西斯·克里克（Francis Crick）说：“你、你的快乐与悲伤、你的记忆与野心、你的自我认同与自由意识，其实不过是一大群神经细胞，和它们有关的分子所构成的行为。”（Crick，1994）本研究者认为，每一个人的一切都是他的细胞的与分子的，归根结底是量子的，人与企业生命的底层逻辑（第一性原理）均源于分子与量子运动，量子领导力实战体系基于分子与量子维度的认知，是高维空间的领导力，能够超时空与超生命起作用，载体是量子，其力是量子力学与心理学，需要量子思

维心智模式与复合型知识结构。

哲学家维根斯坦说："如果我手上只有铁锤，所有东西看起来都像铁钉。"（Zohar & Marshall，2011）思维定势的局限性被查理·芒格称之为"铁锤人综合征"。佐哈尔说："转变动机是转变行为的唯一可靠的方式。动机是因，行为是果。"（Zohar & Marshall，2011）本研究者认为，动机是因，即方向与动力是因，行为是果，即路径是果，也就是说未来是因，现在是果，符合Lord等人（2015）说的时间从未来流向现在，现在作一些创造性的改变，未来有无限可能。量子领导力实战体系从放大时空背景与彻底解剖分析法的量子思维心智模式入手，从家族企业代际传承的使命、愿景与价值观出发，通过"三个世界"（量子世界、经典世界、生命世界）的逻辑切换，通过心理学与行为科学（包括组织行为科学），实现繁荣、幸福、长寿与代际传承的终极目标。

"施行善选，财富迟早会来找你。"（Zohar & Marshall，2011）佐哈尔说："发展自我，然后积累财富"，"只有从提升个人生命动机切入，我们才能最终改善和提升整体文化的状况，这是必由之路"（Zohar & Marshall，2011）。本研究者认为，量子领导力实战体系基于放大时空背景与彻底解剖分析法的量子思维心智模式，激发人与企业使命、愿景、价值观、人生意义与终极目标，心灵资本转化为物质资本与社会资本。

佐哈尔说："从心灵的层面上讲，通过谦逊我们明白，人的重要性来自每个人深刻的内在，不是单纯的自我。谦逊超越了世俗中'了解自身地位'的观念，帮助我们审视自身的存在——自己是人类、宇宙、上帝之子的一分子，是人类整体能力中的一部分"（Zohar & Marshall，2011），"使命感是一种被愿景召唤、努力要去实现它的、从内心发出的真实渴望"（Zohar & Marshall，2011）。她认为："通常使命感也来自感恩之心，当感觉到自己受到的帮助十分多，希望回馈他们的时候，不是单纯给予帮助，而是希望回馈他人，并给人帮助；使命感也来自崇高之心，对典范人物的崇拜，或是出于对生命本身的崇敬。”（Zohar & Marshall，2011）本研究者认为，人在家族中（包括在家族企业中）是有使命感的，颜氏家族使命或者说颜氏家族精神是“重教、好学、创业、修身、图腾”，使命、愿景、价值观不仅仅是个人的，而且是家族的，家族的也是自己的，因为基因相同，血浓于水，符合基因“广义适合度理论”（哈密尔顿，1964），源于“第一性原理”，这是感恩之心，也是客观规律。

量子领导力实战体系的“软件”与“硬件”

佐哈尔认为，人脑是“硬件”，心智是意识经验的“软件”。她说：“荣格提出集体潜意识，指出我们心理生活中的某些共有部分，充斥着原始、意义、大规模，以及创伤事件。荣格相信我们的梦境与不断发生在各种文化中的神话，都是来自这种集体潜意识。他也认为人与人之间不计其数的心电感应经验，以及不同事件但却有共同意义的‘同时性’证明了集体潜意识。”（Zohar & Marshall，2011）

美国心理学家陶布拜纳姆（E. Bruce Taub-Bynum，1984）研究集体潜意识论并取得了两个重大进步：第一，家庭成员都有某种家庭潜意识，这种家庭潜意识是隔代的，甚至跨越数个世纪。第二，个别家庭成员中或者全部家庭成员间有一种潜意识场，这与电磁场、重力场、量子场十分相似，甚至相同。

浙江省已有80%的民营企业已经、正在或计划代际传承，这可能是列祖列宗与子孙后代之间存在着的共同潜意识场有关，希望家族实现繁荣、幸福、长寿与代际传承的终极目标。

本研究者认为，量子领导力实战体系的三大思维——溯源思维、终极思维、秩序思维，是领导力智慧的“软件”，量子领导力实战体系的四大机制——仿生机制、量子机制、生命力与创造力互嵌机制、“三个世界”（量子世界、经典世界、生命世界）逻辑切换机制，是领导力智慧的“硬件”，领导力智慧的“软件”与“硬件”的结合，使得量子领导力实战体系成为复杂性与不确定性环境下的领导力，成为复杂适应系统的领导力。

心灵是复杂适应系统

佐哈尔说：“系统分为简单系统、复杂系统，简单适应系统、复杂适应系统。”（Zohar & Marshall，2011）简单适应系统能够演进与适应，佐哈尔说：“基因并不受所处环境的任何影响，似乎也无法影响所处的环境，但基因却能够以自身的突变出发，从单个基因突变开始，最终改变整个有机组织。”（Zohar & Marshall，2011）我认为，基因突变，既是可怕的，又是需要的，因为它始于单个基因，改变整个组织，“一生二，二生三，三生万物”。20世纪中后期，“复杂生物学家最终发现了‘复杂适应系统’，此种复杂系统包括众多彼此可以相互作用的个体，而且能够与所处的环境进行持续性的富有创造性的交流。这种复杂适应系统存在于‘混沌边缘’，也就是说，当系统感受到来自环境的威胁时，整个巨型系统（包括有机体与环境）和其间的个体便会‘共同演化’”（Zohar & Marshall，2011）。

本研究者认为，简单适应系统是一种被动的适应与演化能力，复杂适应系统是一种主动的创造与进化能力，或者说，创造与进化系统其底层逻辑发生在基因与模因等级，或者说分子与量子等级。量子世界是混沌的世界，生命世界是混沌的边缘的世界，经典世界是秩序的世界，“三个世界”相当于气态、液态与固态，在一定条件下，可以相互转化。第三次与第四次科技革命以来，人类对于量子的认知越来越多了，互联网、物联网、人工智能、大数据、云计算等越来越普及，心灵资本借助技术手段，人类主动的创新力与创造力显著增强了，不只是被动的适应与演化能力，量子领导力实战体系属于主动的而不是被动的、复杂适应系统的领导力。

佐哈尔说：“牛顿学说的简单系统是以经典的牛顿力学三大定律为基础的，而复杂适应系统则是从自我组织中所产生并发展的。”（Zohar &

Marshall，2011）本研究者认为，量子领导力实战体系四大机制本质上是企业自组织、自运行与自洽机制。

佐哈尔说："封闭系统、稳定状态系统、复杂适应系统和混沌系统，是自然界与生命系统赖以生存和运作的四种状态。前面三种状态都需要该系统拥有物质资本、社会资本和心灵资本。如果缺少了这三种资本，没有任何人类系统能够持续性永存。"（Zohar & Marshall，2011）本研究者认为，混沌系统才是佐哈尔所说的前面三种状态（封闭系统、稳定状态系统、复杂适应系统）的发动机、推动力与驾驭力，也就是说，心灵资本是物质资本与社会资本的发动机、推动力与驾驭力，心灵是思维与行为的发动机、推动力与驾驭力，心本管理是企业管理的发动机、推动力与驾驭力，量子领导力实战体系是复杂性与不确定性环境下的发动机、推动力与驾驭力。

佐哈尔说："物质从一种状态转变为另一种状态，科学家称之为相变"，"人类社会从一个平衡的稳定状态（传统社会）到远离平衡的复杂适应状态（现代社会）也是一种相变"，"我们必须使用我们的心灵智能来接近人类的基本意义和价值，并且在重塑后赋予它们新生命"（Zohar & Marshall，2011）。本研究者认为，在列祖列宗到子孙后代的生命繁衍的历史长河中，我们是接力者，又是传承者，记住并链接三代人140年的累积经历与心路历程就能促进家族企业代际传承潜能开发，如果我们潜能开发，那么我们不但能够成为祖先的好子孙，而且能够成为子孙的好祖先，我们能够创造我们自身生命的意义并实现超时空与超生命的价值，塑造我们子孙后代的新生命与新未来，这不仅是潜能开发的科学性，也是潜能开发的实用价值。

质疑，跳跃，超越危机

真理是变化的。德国哲学家尼采说："对真理而言，深信不疑比谎言更危险。"（Zohar & Marshall，2011）勇于质疑的人，才能超越僵化思维。佐哈尔说："科学精神就是无止境的探究，主动、好奇与喜欢探问原因是科学精神的关键”，“德国物理学家海森堡知名的‘不确定性原理’告诉我们，问问题实际上能创造现实”，“‘问题’从无数的潜力之洋中攫取了各种可能性，并将之实现”（Zohar & Marshall，2011）。本研究者认为，问题就是机会，量子领导力实战体系是问问题并彻底解剖探究出来的，探究到分子等级找到了企业生命的DNA密码，探究到量子等级找到了潜能开发的“方向—动力—路径”自洽密码，从而形成了量子领导力实战体系，解决复杂性与不确定性环境下的领导力问题。

佐哈尔说：“有些观点就解决短期问题来讲很有效，但是却是以牺牲长远利益为代价，这就有些愚蠢了。”（Zohar & Marshall，2011）本研究者认为，追求短期利益，牺牲长期利益的现象在社会上是很普遍的，这有着深刻的历史、心理、经济与社会原因。但智者更看重长期利益，兼顾短期利益，以终为始，跳跃式发展，而不是线性发展，实现“方向—动力—路径”自洽。正如佐哈尔所说的：“能重塑观念的人和组织，比较有愿景，能够想象并致力于尚未实现的未来”，但是，“重塑问题（或机会）的最大障碍也许是我们自己，大部分的人习惯于在既定框架与假设内思考，所以我们首先要认清这一点，在其框架内做好假设，这样才能为打破框架做准备。虽然这可能让我们走进心理上的‘不舒适区’”（Zohar & Marshall，2011）。我认为，量子思维心智模式与量子方法的创造性行为，即使走出了舒适区，即使在“不舒适区”，仍然感到舒适，不过这是量子世界的舒适，经典世界的不舒适，通过生命世界进行逻辑切换。

佐哈尔说：“世界上99%的物种都是稳定的，剩下的1%，在遇到环境浩劫时将会突然发生各种变异情况，所产生的变种会在浩劫之后存活下来并成为新的物种。”“改变一个稳定系统的位置或构成需要很大的能量。但是系统演化过程中的那1%的时间，就能让一切变得不同。当一个稳定系统遭遇到危机时，它会移到混沌边缘。处在混沌边缘时，系统内的个体变得非常不稳定。”“人类和组织遇到危机时，不需要很大的能量即能改变行为操控系统的基础动机。因此假如心灵资本处在一个危机中的系统里，会比总是保持在稳定系统中的心灵资本要更加有效。”（Zohar & Marshall，2011）本研究者认为，在量子领导力实战体系28字法则——顶层设计、自下而上、多则不同、涌现秩序、涌现生命、涌现智慧、涌现未来中，自下而上与多则不同，就是解决99%稳定，1%变成新物种的问题，就是阿米巴项目部必须不断连锁复制，在繁殖中免疫，在免疫中繁殖，而且在99%中会涌现1%，这1%成为新物种，使得整个生命得以繁衍、生存与发展。量子领导力实战体系作为复杂性与不确定性环境下的领导力，不是说不会遇到“黑天鹅”事件，而是说遇到“黑天鹅”事件后影响比较小，不会致命，不会从根本上影响生存与发展，而且会在“黑天鹅”事件后涌现新物种。量子领导力实战体系是一种超越危机而活得久的领导力，正如量子领导力实战体系24字功能——协同进化、潜能开发、资源整合、无中生有、超越危机、实现共赢。

一对一谈心与激励

佐哈尔说：“（深度会谈）源自2500年前雅典人的集会广场，并因苏格拉底而为更多人所熟知”，20世纪40年代重获新生，“由于它充当了团体心理学中讨论和纷争协调的新方法”，“20世纪70年代，量子物理学家戴维·鲍姆（David Bohm）开始采用深度会谈，他相信这个过程必将改变社会”，“管理大师彼得·圣吉（Peter Senge）在其畅销书《第五项修炼》中也详细阐述了深度会谈的概念”，“之后又由麻省理工学院的比尔·艾萨克斯（Bill Isaacs）发展出一个深度会谈计划”（Zohar & Marshall，2011）。本研究者认为，深度会谈是开发心灵资本的有效手段，是实现协同进化与潜能开发这一量子领导力实战体系精髓的实施路径。

佐哈尔认为：“心灵资本进程就如同一个扩散的、波动的、互相连接的整体，推动着参与者意识的各个阶段。因此，这也就是为何它能成为另一个动机转变的最佳方法的原因。”（Zohar & Marshall，2011）本研究者认为，一对一深度谈心，是心灵与心灵之间的量子纠缠到蝴蝶效应的过程，也是“一个扩散的、波动的、互相连接的整体”的过程，是潜意识涌现意识的过程，是物质资本演绎社会资本再演绎心灵资本的过程，也是实现生命意义与终极目标的过程。在量子领导力实战体系指导下，新颜物流成立了谈心与激励委员会，对于员工潜能开发是有效的，也能开发组织潜能。我认为，一对一谈心是深度会谈的好形式，是团体心理学的量子方法，是纷争协调的事前方法。

佐哈尔说：“文化涵盖了我们共同的思想、理念、价值观、对于意义的整体共同认知，以及由这个整体意识所辐射出来的一切活动，包括相同的动机和行为。任何文化都是为个体所用，没有不为个体所用的文化，文化对单一个体的冲击是无所不在的。”（Zohar & Marshall，2011）本研究者认为，文化的本质是生存方式，企业的生存方式由人的生存方式组成，企业文化由人的文化组成，企业文化与人的关系，相当于海与鱼的关系，鱼在海中，海在鱼里，海是鱼的生存方式。

佐哈尔说，我们只有以心灵资本主导的动机为出发点，我们的改变才能沿着正确的方向持续前进，持续性转变的动力起初来源于动机上的改变，进而扩展至行为上的转变，最终归根于文化上的转变，组织的基础结构会逐渐进化，并且可以通过某种方式来保存这些转变。所以，假如组织内的改革者想要改变文化，他们就必须以最根本的部位——动机作为切入点。动机包括动力与方向，即“方向—动力—路径”自洽三要素的两头，这两头应该是固定不变的，唯有路径是极其灵活的，企业管理的重心也应该管这两头——方向与动力，而不是管链接这两头的路径，谈心与激励的重心也应该围绕方向与动力，而不是路径，路径可以灵活，让员工拥有随机应变的能力，公司应该拥抱失败，这是量子领导力实战体系企业应有的企业文化。

企业家的骑士精神：创新与冒险

企业家是不穿华服的圣殿骑士。麦肯锡管理顾问公司悉尼总部的合伙人麦克·瑞尼（Michael Rennie）说过："很早以前，我的身体就一直同时存在着两种声音。一方面我喜欢刺激和物欲世界的酣畅和直接，但另一方面我也喜欢独处并享受天马行空的思想。"（Zohar & Marshall，2011）麦克认为："商业是这个世界上最强悍的组织"，"在某些方面商业已经为人类发挥了巨大的贡献作用，但这远远未达到它所应具备的潜能"（Zohar & Marshall，2011）。本研究者认为，市场是看不见的手，企业是看得见的手，商业包括市场与企业，既是看不见的手，又是看得见的手，在市场经济环境下，市场的潜能已经开发得淋漓尽致，但是企业的潜能（特别是企业中人的潜能）远远没有开发足够，包括战略潜能、组织潜能以及人心潜能都有待进一步开发。

骑士精神是潜能开发的重要精神。骑士精神就是创新与冒险精神。如何正确处理创新与冒险的复杂关系？本研究者认为，本质在于自身，奥秘在于环境，首先人要有创新精神，其次环境要鼓励创新并拥抱失败。创新应该是自觉行为，包括领导者的创新精神与员工的工匠精神，用放大时空背景与彻底解剖分析法的量子思维心智模式看，每个人都要明白，逆水行舟，不进则退，生命以负熵为生。为什么创新型领导者要拥抱失败？因为下命令本身意味着风险，正如德国哲学家尼采说的话："下命令比顺从更为困难。这不仅仅是因为领导人需要承担所有被领导者的责任，而这些责任可以轻而易举地压垮他，更重要的是所有的命令在我看来都是一种尝试甚至冒险，而所有的生物在命令时，都需要把自己作为冒险的赌注。"（Nietzsche，1961）我认为，如果把骑士精神与潜能开发相结合，那么就能够做到创新与确定性并重，降低不必要的风险，这是仿生机制和量子机制的功能，即量子领导力的功能。

佐哈尔说："骑士的基本特征就是在掌握企业必备的专业知识的基础

上，并以高瞻远瞩的洞察力和坚持不懈的意志力，来服务更高层次的价值”，“骑士并非天生如此，他们是通过自身的经历以及对过往经历的思维模式被逐渐塑造出来的”。我认为，骑士的思维模式应该是放大时空背景与彻底解剖分析法的量子思维心智模式，其认知维度是高维空间的。他们“必须深思那些‘深层的问题’，比如生命的意义，以及他自己生命的意义和初衷。这意味着卸下一切不够深刻的价值观，包括自我欺骗和无意识的幻想，从而使整个过程就像重生一样”（Zohar & Marshall，2011）。“我们已经强调了混沌边缘对于自我组织系统的重要意义。它处在秩序和混沌之间，也存在于已知和未知的边界，它在一定程度上决定了能否提供给此系统源源不断的创造动能。或许在某种程度上，我们与其说骑士是处在‘边缘的灵魂’，还不如说是存在于‘真实’与‘可能’两种世界边界的领导者。”（Zohar & Marshall，2011）“我们所认可的骑士应该是那些已经踏上深度心灵之旅的领导者。通过他们个人无可复制的经验，他们已经先知先觉了某些人类生活中的神圣之处。”（Zohar & Marshall，2011）本研究者认为，佐哈尔这些话讲得非常精辟，骑士是量子世界的涌现者（自下而上），经典世界的执行者（自上而下），生命世界的总设计师（顶层设计），骑士通过创新与冒险实现“三个世界”的逻辑切换，量子领导力实战体系将培养出越来越多具有骑士精神的企业家，包括公司企业家与项目企业家。

佐哈尔说：“对于工作与生活，骑士严守五项规则：一是宇宙中肯定存在着某种神圣、深沉、共享的意识，我的理解，这实际上是集体潜意识，蕴含着祖先的经验教训信息，至今仍然在我们生命的底层却属于高维空间，穿越生命与时空，到达子孙后代并以此为基础建立生命的多样性；二是生命的珍贵与勇于冒险、锐意进取是相辅相成的；三是包括商业成就在内，世界上所有的美好都是人们千辛万苦培植起来的；四是个体的幸福与世界的福祉存在着相互的承诺与责任；五是在服务中体现出谦逊和感恩的深层意识。”（Zohar & Marshall，2011）本研究者认为，骑士的五项规则浮现骑士的伟大形象于我们面前，在家族企业代际传承的神圣使命中，骑士是量子领导力顶层设计功能的五个自洽：（1）商业模式—管理模式—盈利模式的自洽；（2）战略—组织—人心的自洽；（3）方向—动力—路径的自洽；（4）本我—自我—超我的自洽；（5）致良知—知行合一—天人合一的自洽。量子领导力实战体系是企业家脑子里与手中的“量子武器”。

骑士与大师的关系，佐哈尔认为，骑士高于大师。大师是师匠与专家，主要是管理者，比如管理大师彼得·德鲁克、文化大师余秋雨等；骑士有创新与冒险精神，主要是领导力比如杰克·韦尔奇、埃隆·马斯克等。佐哈尔说：“大师是追随既有典范，成为精熟已有完美模式的专家”，“骑士引入刺激心灵资本的要素，大师使用这些新的心灵资本来建设组织现有社会资本”，“有一个几乎人所共知的社会学定律提到，任何文化中，10%的少数人就可以动摇并改变整个文化。然而，一个文化能够培养出10%的骑士似乎太过乐观”（Zohar & Marshall，2011）。本研究者认为，量子领导力实战体系旨在培养创新与确定性并重的科学骑士，而不只是培养大师，企业高层管理者与项目经理都有发展成为骑士与大师的潜能，本质在于自身，奥秘在于环境。这是量子领导力培训中心的意义与价值所在。

佐哈尔说：“人性之所以为人性（共性和个性），就在于它能够区分良莠，辨别善恶，如果我们总是习惯于人云亦云（只要共性，不要个性，或只要个性，不要共性），那无疑有悖于人性的自然进化，无异于强制压抑我们的天性。”（Zohar & Marshall，2011）本研究者认为，人性的共性与个性兼顾，即集体潜意识与意识兼顾，或者说天性兼顾环境，在共性基础上尊重个性，这样才能心情舒畅。心情舒畅是潜能开发的朋友，压抑是潜能开发的大敌。骑士是人性的勇士，“方向—动力—路径”自洽的勇士，量子领导力是企业家和领导力的骑士。

第七章　量子领导力实战体系

量子领导力实战体系的内容包括：(1) 量子领导力实战体系概论；(2) 量子领导力实战体系的"软件"(心智模式)——三大思维；(3) 量子领导力实战体系的"硬件"(方法论)——四大机制；(4) 量子领导力实战体系的美(知行合一与天人合一)——商业文明；(5) 量子领导力实证研究案例(现代的家族企业)——新颜物流；(6) 量子领导力实战体系的培训中心——中国物流界首个量子领导力培训中心。本研究者认为，量子领导力实战体系无论是理论还是实践，已经初步形成实战体系，虽然仍然处在完善与发展之中。

第一节　量子领导力实战体系概论

什么是量子领导力?

"量子领导力"的概念最早是由美国学者沃伦·布兰克(1997)提出的。他认为量子物理学揭示了更深层次的自然界活动，并且提供了一种新的、令人信服的经济、技术和心理内容，将量子领导力概括为"一个活动范围，一种相互作用，一种领导者与追随者之间的相互依赖关系”（彭剑锋，马晓苗，甘罗娜，2019）。几十年前，David Bohm 指出了在我们的思维过程和量子过程的行为之间许多令人吃惊的相似性（Zohar，2016）。量子管理学的奠基者丹娜·佐哈尔认为，量子领导力是“关于一个人在公司、社会或政府中成为领导者的原则，更多的是关于领导者的道德原则”（彭剑锋，马晓苗，甘罗娜，2019）。佐哈尔认为，企业需要新的量子管理思维，将每个员工看作特殊的能量球，放手让员工集体发挥创意，“由下而上”地为公司注入源源不绝的动力（Zohar，2016）。

本研究者也给出了一个量子领导力的定义：量子领导力是放大时空背景与彻底解剖分析法的量子思维心智模式下、广泛联系与相互作用、自上而下的领导力与自下而上对领导力的影响力的相结合、复杂性与不确定性环境下协同进化与潜能开发的领导力。量子领导力的本质是复杂性与不确定性环境下的领导力。特征是：（1）量子思维心智模式；（2）广泛联系与相互作用；（3）自上而下的领导力与自下而上对领导力的影响力；（4）协同进化与潜能开发。功能是预防并抵御“黑天鹅”事件的风险，实现稳健可持续的科学发展。量子思维主要针对需要主观参与与顶层设计的事件，具有不连续性、跃迁、复杂因果关系和不确定性的特征。牛顿思维主要针对客观存在的物质世界，认为物质的运动是连续的、渐进的、清晰因果关系和确定性的。

量子领导力与非量子领导力的三大区别

本研究者认为，量子领导力与非量子领导力的区别包括本质区别、特征区别与功能区别三个方面：

第一，本质区别。量子领导力是复杂性与不确定性环境下的领导力，基于对量子世界的认知、遵循第一性原理、生命以宇宙为背景，这是超时空与超生命的领导力。非量子领导力不是复杂性与不确定性环境下的领导力，缺乏对量子世界的认知，遵循牛顿思维，片面强调确定性。

第二，特征区别。量子领导力是放大时空背景与彻底解剖分析法的量子思维心智模式，表现为吸引力、跳跃式、广泛联系，自上而下与自下而上的相互作用，协同进化与潜能开发的双重机制。非量子领导力不是放大时空背景与彻底解剖分析法的量子思维心智模式，表现为线性思维、按部就班、缺乏广泛联系，片面强调自上而下的领导力。

第三，功能区别。量子领导力是可持续科学发展的领导力，能够预防并抵御“黑天鹅”事件的风险，在复杂性与不确定性环境下实现“方向—动力—路径”自洽，追求知行合一与天人合一生命意义与终极目标；非量子领导力不是可持续科学发展的领导力，不能预防并抵御“黑天鹅”事件的风险，不能在复杂性与不确定性环境下实现“方向—动力—路径”自洽，不是追求知行合一与天人合一生命意义与终极目标。

什么是量子领导力实战体系？

量子领导力实战体系是本研究者在研究与实践仿生机制与量子机制的基础上，结合量子物理学与量子管理学，特别是量子领导力理论，提炼出来的复杂性与不确定性环境下的领导力理论体系与实践体系。2001年至今20多年来量子领导力实战体系在新颜物流已经实证研究有效，能够有效预防并抵御“黑天鹅”事件的风险，是能落地的且成体系的量子领导力。实战体系包括实践体系和理论体系。

量子领导力实战体系的管理思想主要来源于企业仿生学与量子管理学，可以说量子领导力实战体系整合了企业仿生学与量子管理学，是企业的仿生与量子管理学，“仿生”主要解决组织架构设计科学性问题，“量子”主要解决人的潜能开发科学性问题，组织问题与人的问题解决了，战略问题也就不难解决了，而且量子领导力实战体系下的企业战略是复杂性与不确定性环境下的动态战略，比如二元战略或三元战略，不同于经典世界的确定性战略，比如一元战略、单一战略。本研究者认为，聚焦与专业化只能算是战略下的一种策略，不能作为战略，对此人们普遍存在着误区，误认为企业战略越单一越好，我认为那是大错特错，因为战略的“鸡蛋”也不能放在一个篮子里。单一战略的企业难以预防并抵御“黑天鹅”事件的风险。

量子领导力实战体系的内容，包括三大思维与四大机制，分别是溯源思维、终极思维、秩序思维，以及仿生机制、量子机制、生命力与创造力互嵌机制、“三个世界”逻辑切换机制。三大思维相当于量子领导力实战体系的“软件”，四大机制相当于量子领导力实战体系的“硬件”，两者结合成为体系，“软件”与“硬件”缺一不可。

四大机制的密码已经被破译，据此变成了数理模型与管理工程，可以复制与应用。这些密码是仿生机制——B234，量子机制——Q1567，生命力与创造力互嵌机制——MEM模型，“三个世界”逻辑切换机制——LSM模型。

量子领导力实战体系28字法则与24字功能分别是，顶层设计、自下而上、多则不同、涌现秩序、涌现生命、涌现智慧、涌现未来，以及协同进化、潜能开发、资源整合、无中生有、超越危机、实现共赢。

量子领导力实战体系变量模型

量子领导力实战体系（BQML1234567），这既是理论体系，又是实践体系，这一体系解决生命以宇宙为背景的单一等式的全景式的领导力问题，BQML分别是四大机制的英文缩写，在仿生机制与量子机制中，1234567每一个数字代表一个意思。中间变量是三大思维（“软件”）与四大机制（“硬件”），分别是溯源思维、终极思维、秩序思维，以及仿生机制、量子机制、生命力与创造力互嵌机制、“三个世界”逻辑切换机制。家族企业代际传承的潜能开发，包括战略潜能开发、组织潜能开发、人心潜能开发三个方面，这些潜能开发是通过“方向—动力—路径”自洽实现的，最终实现家族企业繁荣、幸福、长寿与代际传承的终极目标。下图是量子领导力实战体系变量模型。

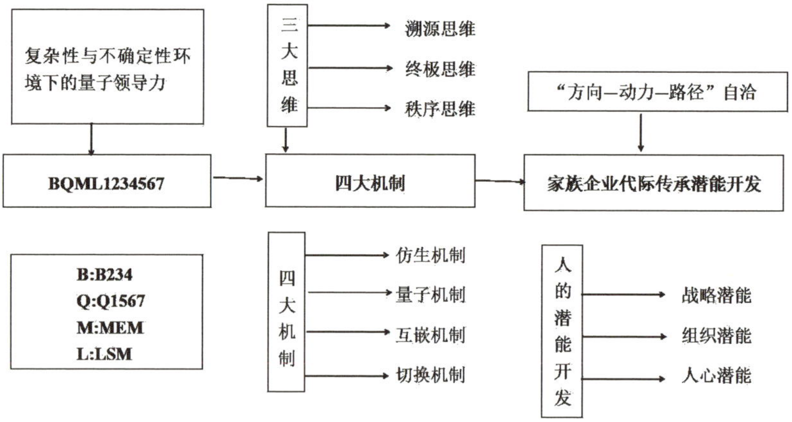

量子领导力实战体系变量模型

量子领导力实战体系的理论框架

量子领导力实战体系激发家族企业代际传承潜能的理论框架BQML1234567，每一个字母与数字代表一个意思，它们分别是，B代表仿生机制，Q代表量子机制，M代表生命力与创造力互嵌机制，L代表“三个世界”（量子世界、经典世界、生命世界）逻辑切换机制，“1”代表心本管理，“2”代表经营与管理双轨制（经理与副经理DNA双轨制），“3”代表企业或项目的“第三把手”（信使RNA连锁复制基因），“4”代表四个职能部门——有且只有市场营销部、运营管理部、人力资源部、财务审计部（遵循第一性原理是生命四碱基腺嘌呤、胸腺嘧啶、鸟嘌呤、胞嘧啶），“5”代表马斯洛五个需求层次（生理需求、安全需求、社交需求、自尊需求、自我实现需求），“6”代表第六需求层次（马斯洛后补的神秘体验需求层次），“7”代表肯瑞克基于生命史的七个需求层次（生理需求、自我保护需求、归属需求、尊重需求、配偶获得需求、配偶保留需求、父母养育子女需求）。本研究者认为，从马斯洛第五需求层次（自我实现）到肯瑞克七个需求层次都是生命底层量子世界的潜意识需求层次，涉及生命前、生命中、生命后的超时空与超生命的需求层次，这种更高维度的需求层次蕴藏着潜意识里量子世界极其丰富的巨大信息与能量，潜能开发就是要开发这些信息与能量，然后转化为“三种资本”——物质资本、社会资本与心灵资本，实现生命意义与终极目标，比如颜氏家族精神——“重教、好学、创业、修身、图腾”，以及颜氏家族企业的终极目标——繁荣、幸福、长寿与代际传承。

量子领导力实战体系的理论框架

四大机制	内容
B: Bionic Mechanism	B234
Q: Quantum Mechanism	Q1567
M：Mutual Embadding Mmechanism	MEM，生命力与创造力互嵌机制
L：Logic Switch Mechanism of Three Worlds	LSM，“三个世界”（量子世界、经典世界、生命世界）逻辑切换机制
“1”：心本管理	尊重人的内心世界（潜意识）为本，在内心世界，方向蕴含着动力，动力蕴含着方向，路径是极其灵活的，“方向—动力—路径”是能够自洽的
“2”：双轨制 DNA dual track system	二元结构是第一性原理，源于粒子“自破缺重聚机制”与DNA双轨制，从战略、组织与人心都要二元结构
“3”：三联码 DNA dual-track + messenger RNA	《道德经》“三生万物”的“三”是指信使RNA携带DNA基因连锁复制，意思是企业与项目要培养第三把手，时刻准备着组织创新即连锁复制
“4”：四碱基 adenine, thymine, guanine, cytosine	遵循生命四碱基原理，职能部门有且只有四个即市场营销部、运营管理部、人力资源部、财务审计部，这是企业生命、遗传与进化的精髓
“5”：五个需求层次	生理需求、安全需求、社交需求、自尊需求、自我实现需求

续表

四大机制	内容
"6"：第六需求层次	神秘体验需求层次
"7"：基于生命史的七个需求层次	生理需求、自我保护需求、归属需求、尊重需求、配偶获得需求、配偶保留需求、父母养育子女需求

关于马斯洛第五需求层次（自我实现）、第六需求层次（神秘体验）以及肯瑞克七个需求层次的划分是否存在着矛盾？本研究者认为，没有矛盾。因为量子领导力实战体系是高维空间的领导力，不是单一维度的领导力，是“三个世界”（量子世界、经典世界、生命世界）划分与逻辑切换的领导力。不同需求层次存在于不同的维度。马斯洛第五需求层次是经典世界的维度，马斯洛第六需求层次（神秘体验）是量子世界的维度，肯瑞克七个需求层次的划分是基于生命史的生命世界的维度。对此，日本著名企业家稻盛和夫以及日本著名数学家广中平祐都有十分形象的科学比喻。用放大时空背景与彻底解剖分析法的量子思维心智模式看问题，通过添加一维，可使复杂的现象简单化。稻盛和夫说：“我曾有幸与广中平祐先生交谈。他破解了一大数学难题，因而获得了数学界的诺贝尔奖——菲尔兹奖。当我询问其解题的秘诀时，他答道：‘简单地说，就是把二维空间中无法求解的问题放到三维空间中。’假设有一个平面的十字路口，路口没有信号灯，车辆从四个方向同时开来。有直行的，有转弯的，车辆顿时陷入一片混乱。于是我造出立交桥，从上往下看，似乎是一个十字路口，实际上，由于道路立体交叉，即便没有信号灯，不同方向的车辆也不会相互干扰。通过以三维求解二维的方式，广中先生破解了数学界的一大难题。其本质是通过添加因素，使复杂的现象简单化。”（稻盛和夫著，曹岫云译，2016）本研究者认为，量子领导力实战体系的变量模型就是通过添加中间变量因素（三大思维与四大机制），这是通过增加维度的办法，有效解决复杂性与不确定性环境下的领导力问题。一方

面更真实地反映了多因多果的主观世界与客观世界，另一方面通过增加维度的方法才可能使复杂环境下的领导力简单化。实证研究案例：新颜物流使用高维空间的量子领导力实战体系，创始人、董事长可以20年甩手掌柜，不在公司具体经营管理，而能确保公司20年稳健可持续科学发展，营业额连续20年每年以15%左右的速度增长，预防并抵御了这20年中各种国内国际“黑天鹅”事件风险的影响。本研究者认为，这不是新颜物流董事长的能力厉害，而是量子领导力实战体系蕴含着的科学厉害。科学技术是第一生产力，知识就是力量，认知维度就是领导力。

领导力聚焦组织与人两个方面

战略、组织与人心三者是一个非常重要与复杂的关系，对此，不同的企业背景、不同的企业家会有不同的回答。本研究者基于放大时空背景与彻底解剖分析法的量子思维心智模式，认为战略、组织与人心关系相当于一幢建筑，地下一层是人心（看不见，却存在），地上一层是组织（进门就见组织），地上二层是战略（虽然站得高看得远，但是没有组织与人心的支撑，那么这种高度与远见就会落空），所以领导力应该聚焦组织与人心两个方面，而不是战略。这并不是说战略不重要，而是说组织与人心比战略更重要，除非战略已经包括了组织与人心。然而，狭义的战略不包括组织与人心，只有广义的战略包括组织与人心。无论如何，组织与人心是动态变化的，不以人的意志为转移的，战略也必须是动态战略的，比如二元战略、三元战略。有些企业在单一战略下面也有战术层面的应急预案，本研究者认为，这种认知维度是远远不够的，应该把单一战略的应急预案上升为动态战略的避险战略，当然企业的组织与人心应该匹配这些战略。很多企业不是没有战略，而是死于僵化的战略、太超前或太落后的战略、不符合组织与人心变化的战略。

战略与技术是重要的，但是战略与技术如果离开组织与人，那么战略与技术都是要落空的，所以领导力聚焦组织与人两个方面。彼得·德鲁克在《创新与企业家精神》一书中指出："仰赖技术具有极大的风险。"（Brown，2011）"摩尔定律"（Gordon Moore，1965）告诉我们，技术优势容易被追赶。西蒙·海沃德（2010）研究指出，在瞬息万变的全球市场中，与技术等其他因素相比，成功更可能是由人驱动的，成功地吸引员工的组织更有可能获得并维持竞争优势，成功赢得员工心灵的组织将获得最佳绩效的回报。本研究者认为，从放大时空背景与彻底解剖分析法的量子思维心智模式看，成功是人心驱动的，人心是靠吸引力法则吸引的，组织是人心的信息场与能量场，量子领导力实战体系聚焦组织与人这两个方面的信息场与能量场，与其说是驾驭，不如说是激发，与其说是激发，不如说是驾驭，量子领导力实战体系对于组织与人心的驾驭与激发，是一种顶层设计的自组织、自运行、自洽机制，其有效性在于它的复杂性——复杂适应系统，其复杂性在于它的时空维度，在于"三个世界"（量子世界、经典世界、生命世界）的逻辑切换。

董事长与总经理不应该一个人兼任

世界上，多数学者认为，董事长和总经理不应该是同一个人，这两个职位应该分配给两个具有互补技能的人，当然具体情况要具体分析。大多数大公司的董事会是由非常杰出和有经验的人组成，他们往往拥有广泛的人脉网络、管理经验、无可争辩的技能，为什么不使用这种"隐性资产"呢？所以，有学者指出，强有力的领导能力应该由董事会集体展现出来，而不应该是总经理和他们的管理团队（Ulf Lindgren，2013）。本研究者认为，从放大时空背景的正确性以及彻底解剖分析法的科学原理看，公司战略与方向应该由董事会集体作出，而不应该董事长或总经理一个人作出。Coombes & Wong（2004）指出，从世界上看，虽然美国和法国仍有80%的董事长兼任总经理，但是大多数其他国家，这两个角色是分开的，分开的比例在英国超过90%，俄罗斯和日本是100%。

本尼斯和纳努斯厘清了领导与管理的边界："管理者是指那些正确地做事的人，而领导者则是那些做正确的事情的人。"（Bennis & Nanus，1985）本研究者认为，董事长应该扮演领导者角色，做正确的事；总经理应该扮演管理者角色，正确地做事。量子领导力实战体系一方面充分发挥每一个成员"能量球"的作用，另一方面区分董事会与总经理的不同功能，董事会确保并维护集体决策正确性的能力，总经理确保并维护随机应变抓执行与效率的能力。这两个"确保并维护"对于企业生存与发展具有至关重要的意义。

本研究者认为，中国私人企业平均寿命不到三年（Hu，2013），这可能跟大多数董事长兼任总经理有关，临时兼任可以，如果长期兼任，则是非常短视的行为。不能物色到合适的总经理，这是董事长的问题。董事长兼任总经理，这种看似高效的决策常常是以牺牲复杂性与不确定性环境下的企业生命力与领导力为代价的，也就是说，董事长兼任总经理在顺境时常常表现为效率，但在逆境时常常表现为不能适应，甚至是快速死亡，因为董事长兼任总经理一个人武断决策很可能多次而不是一次决策失误，造成无法避免且难以挽回的致命失败。

作为量子领导力实战体系的案例企业，新颜物流自2001年建立仿生机制至今20多年来，虽然企业规模不大，总公司人数不到200人，但是董事长与总经理这两个角色一直都是分开的，而且董事长与总经理的职责是非常清楚的。董事长主要功能是研究未来方向以及战略—组织—人心如何自洽，领导董事会集体决策，依靠集体智慧，解决方向与动力两个维度的问题，"做正确的事"。总经理主要功能是在董事会授权范围内负责整个公司日常经营管理，依靠公司仿生机制与量子机制，解决路径维度的灵活性问题，"正确地做事"。董事长与总经理不同功能的结合，才能完满实现量子领导力顶层设计功能的五个自洽。

未来无限可能的量子机理

英国杜伦大学商学院Lord教授等人（2015）提出的“量子方法”颠覆了许多人的传统思维。这种“反事实思维”告诉我们，过去不是线性流向现在的，现在也不是线性流向未来的，根据生命万物底层的量子世界的量子机理，未来是逆时间箭头流向现在的，未来事实上有无数种可能性及其不确定性，不同的人因为心智模式与知识结构不同，都对未来进行了不同假设、选择与努力，然后都自己证明自己的想法与做法是对的，这是一种“自证”，成功的人证明自己为什么成功，不成功的人也证明自己为什么不成功，根源在于心智模式与知识结构的科学性或局限性。

Lord教授等人提出的量子方法是：（1）把时间纳入进来分析一切问题，这是“元分析”。（2）未来流向现在有无数条“马路”，关键在于选择。普利高津也认为，热力学第二定律（熵增定律）是一个选择原则，它与动力学相容，却不能从动力学推演出来（Prigogine & Stengers， 1987），未来是时间基于心灵与环境的概率波。（3）量子领导力有能力驾驭这种“概率波”，现在做一些改变，改变“吸引子”或改变环境条件，未来无限可能。（Lord，Dinh & Hoffman，2015）我认为，热力学第二定律与动力学相容却不能从动力学推演出来，说明量子世界与经典世界相容，即可以逻辑切换，但这两个世界的逻辑是不一样的，表现为，心灵的量子世界自下而上，执行的经典世界自上而下，心灵的耗散结构与执行的凝聚机制可以通过量子领导力顶层设计的仿生机制和量子机制在生命世界实行逻辑切换，使人和企业的生命和谐穿越不确定性环境。

科普一下，熵增原理是热力学第二定律的又一种表述，一方面概括性地指出了不可逆过程的进行方向——熵增、无序与死亡，“生命以负熵为生”（Prigogine & Stengers，1987），基于耗散结构可以形成生命，其过程是从混沌到有序，再到生命，比如企业连锁复制从繁殖力与免疫力中可以获得整体生命力；另一方面更深刻地指出了热力学第二定律是大量分子无规则运动所具有的统计规律，因此只适用于大量分子构成的系统（比如企业必须大量复制阿米巴），不适用于单个分子或少量分子构成的系统（比如企业单一战略与单一业务以及少量阿米巴都是非常危险的）。基于此，本研究者提出了量子领导力实战体系的28字法则（顶层设计、自下而上、多则不同、涌现秩序、涌现生命、涌现智慧、涌现未来）。

量子领导力实战体系基于不确定性原理解决不确定性问题

解铃还须系铃人，以其矛，攻其盾。量子领导力实战体系是复杂性与不确定性环境下的领导力，复杂性源于不确定性，不确定性源于复杂性，量子领导力实战体系基于不确定性原理解决不确定性问题。英文的“Uncertainty Principle”，直译为“不确定性原理”，现今在中国大陆的教科书中已改为“不确定性关系”（Uncertainty Relation），其底层逻辑源于粒子与粒子之间既共轭关系（对立统一的互补原理），又因人而异的量子特性，通俗说就是对于不同的观察者，量子会作出不同的反应。尼尔斯·玻尔（1922年诺贝尔奖获得者）指出：不确定性关系的基础是波粒二象性。玻尔发明粒子之间或者说观察者与被观察者之间的“互补原理”（共轭关系）：第一，（横向之间）粒子的不确定性。海森堡发现粒子与粒子（观察者与被观察者，比如人与人之间）位置与速度共轭关系的不确定性（海森堡，1927），意思是同样的事物，不同的观察者会得出不同的结论。这告诉我们（特别是领导者），必须使用量子思维心智模式增加看问题维度，只有这样，才有可能接近事实真相与真理。第二，（纵向之间）波的不确定性。厄尔·肯纳德（Earl Kennard，1927）发现不确定性原理是所有类波系统的内秉性质，这是经典物理与量子物理之间（分子原子等级与亚原子量子等级）的相互作用，不论是否有任何观察者参与这过程。本研究者认为，达尔文自然选择的进化论基于“波的不确定性”——跟人类无关，自然就会演化出人类来。拉马克学说的后天获得性状遗传基于“粒子的不确定性”——跟人类有关，通过学习可以加快进化的速度或改变进化的方向，比如袁隆平杂交水稻技术就是属于拉马克方法，基因优选，加快进化，相对于宇宙时间而言，一个人的一生是非常短暂的，所以在尊重科学的基础上，适当加快企业发展速度是可以做到的，也是应该努力的，一万年太久，只争朝夕。

海森堡说：“在因果律的陈述中，即‘若确切地知道现在，就能预见未来’，所得出的并不是结论，而是前提。我们不能知道现在的所有细节，是一种原则性的事情。”本研究者认为，心理领域（量子世界）与行为领域（经典世界）的因果关系是相反的，在心理领域，我们是先目标（结果）后行动，在行为领域，我们是先行动后结果，也就是说量子世界与经典世界是逆因果关系的，心理与时间量子都是逆时空从未来流向现在的，我们现在作一些改变，未来无限可能，可能性意味着不确定性，不确定性也意味着可能性，相对于粒子的绝对不确定性，波是相对不确定性的，这种确定性是一种概率，我们可以通过复制无限多的粒子来提高波的确定性的概率。

量子领导力实战体系基于不确定性原理解决不确定性问题，未来是复杂性与不确定性的，但是未来是可知的。未来在总体上、原则上、方向上、逻辑上、科学上都是可知的。《道德经》从哲学维度、《进化论》从宏观科学维度、《量子论》从超微观科学维度等从不同维度都揭示了未来是可知的。不但世界观是可知的，方法论也是可知的，因为世界观与方法论的载体都是波粒二象性的量子粒子，我们知其然，知其所以然，量子领导力实战体系具有驾驭组织与人心底层量子粒子的能力，从而成为复杂性与不确定性环境下的领导力。

量子领导力实战体系基于第一性原理

第一性原理，是用彻底解剖的思想与方法，将复杂问题分解、挖掘、溯源到源头，透过分子等级的组织基因，找到量子等级波粒二象性的信息与能量模因，然后从头开始进行重新组合、演绎、进化，其过程包含一系列物理、化学、生物、生理、心理、行为等反应。现象千千万，底层理相通，生命万物在其底层的量子世界是相互链接的、协同进化的，仅由118个化学元素不断地排列、整合、演化、进化，变成了我们，变成了我们的企业，变成了我们的智慧与未来。本研究者认为，潜能开发就是要找到第一性原理，是基于第一性原理的潜能开发，量子领导力实战体系是基于第一性原理的领导力，所以有能力驾驭各种现象的变化，包括驾驭“黑天鹅”事件风险的能力。

亚里士多德说：“在每个系统探索中都存在第一性原理。第一性原理是基本的命题和假设，不能被省略和删除，也不能被违反。”说得多好啊！第一性原理即底层逻辑，不能省略，不能删除，不能违反，也就是说，必须找到，必须遵循，借势借力，驾驭生命以宇宙为背景的“方向—动力—路径”自洽。笛卡尔在《方法论》中阐明的四条基本原则是：

第一，绝不接受任何东西为真，只有当我确定它是如此时，才接受它。避免匆忙和成见，只赞同清晰明白地呈现给我的精神且我没有任何机会怀疑的东西。本研究者认为，这是非常高级与高维度的批判性思维。

第二，考察的每一个困难或问题，都按要求分成尽可能多的小块，以更好地解决它。本研究者认为，任何东西都可以在彻底解剖基础上用数理化学、生物学、心理学、工程学等方法加以解决。

第三，按照顺序引导我的思想，从最简单的和最容易认识的东西着手，逐步认识更复杂的，甚至假设在那些彼此间根本就没有先后顺序的东西中有一定的顺序。本研究者认为，即使混沌状态，我们也能找到“混沌中的序”，并从混沌到有序，到生命，到智慧，到未来。

第四，尽可能详细、尽可能全面地考察所有东西，以确保无一遗漏。本研究者认为，虽然人类认知无法穷尽所有影响我们生命的因子，但是我们还是可以尽可能多地增加认知维度，借助互联网、物联网、大数据、云计算、人工智能等时代赋予我们的技术手段，发挥量子领导力实战体系顶层设计的能力，利用三大思维与四大机制“软件”与“硬件”中介调节变量，实现复杂性与不确定性环境下的领导力。

第二节　量子领导力实战体系的“软件”
——三大思维

第一思维：溯源思维

溯源思维可以分为广义与狭义两种。广义的溯源思维是指第一性原理。第一性原理是一个计算物理或计算化学的专业名词，是一切基于量子力学原理的计算。我们知道物质由分子组成，分子由原子组成，原子由原子核和电子组成。为什么使用“第一性原理”这个字眼呢？这是来源于“第一推动力”这个词汇。为什么称量子力学计算为第一性原理计算？因为这种计算能够从根本上计算出分子结构和物质的性质，这样的理论很接近于反映宇宙本质的原理，就称为第一性原理了。狭义的溯源思维是指凡事要透过现象看本质，是一种本质论的思维方式，不要被现象迷惑。比如1992年初，邓小平在“南方谈话”中提出：“社会主义的本质，是解放生产力，发展生产力，消灭剥削，消除两极分化，最终达到共同富裕。”1997—2001年，本研究者用彻底解剖分析法，也就是溯源思维，在寻找管理的本质时，找到了企业中的人。在寻找人的本质时，找到了生命。在寻找生命的本质时，找到了生命中的DNA遗传基因。在寻找DNA遗传基因的本质时，找到了DNA的结构与功能的关系。结果发现了管理学的惊人的秘密：企业的结构和功能与生物的结构和功能具有一一对应关系，这是企业仿生学的精髓。灵感告诉我，企业要长命，机制生物型。本研究者在发现企业基因密码B234的当年（2001年）在自己的创业公司——新颜物流全面实施企业仿生机制，即设立四个职能部门以及进行阿米巴不断连锁复制，效果立竿见影。具体效果将在后面案例分析时有详细介绍。这是溯源思维产生的效果。

在企业组织架构设计的科学性解决后，为了找到企业中人的潜能的本质，2012年至今，本研究者继续用溯源思维，即彻底解剖分析法在分子与原子下面的量子世界，找到了意识和潜意识的载体与本质是波粒二象性的量子粒子的信息与能量，这是量子管理学的精髓。灵感告诉我，企业必须开发每个员工的潜能，以心为本，心本管理。本研究者把自己发现的潜能开发密码Q1567在新颜物流实施，效果显著。

由此可见，溯源思维就是寻找第一性原理，在分子等级找到企业生命基因密码，在量子等级找到人的潜能开发密码，这些组织架构设计与人的潜能开发的自然科学原理，通过数理模型与管理工程应用于企业管理，能使企业长寿，有利于代际传承。

为什么溯源思维这么重要？因为彻底溯源的话，与放大时空背景是自洽的，量子即宇宙，宇宙即量子，量子物理学即宇宙学。我们不仅与祖先、与子孙是同源的，而且与生命万物也是同源的，找到源头，找到演绎的规律性，就能找到未来的概率，能够在右脑潜意识形象思维脑看到未来的样子。记住并链接三代人140年的累积经历与心路历程就能促进家族企业代际传承潜能开发，这是家族企业代际传承潜能开发的科学性，也是溯源思维的效果。

荣格、春山茂雄等心理学家指出，潜意识指集体潜意识，这个集体是超时空与超生命的，包括列祖列宗与子孙后代，祖先的基因与模因通过遗传与文化影响我们，我们又为子孙后代的繁荣、幸福、长寿与代际传承而奋斗——实际上子孙后代也通过集体潜意识逆时空影响我们，这也是溯源思维的科学与效果。

按照弗洛伊德精神分析原理，人的精神包括意识、临界意识与潜意识，意识是大脑神经能够感知的信息，临界意识就是灵感，潜意识是大脑神经尚未感知的信息（弱力低频刺激不够）。值得注意的是，人类日常生活大部分思维与行为是由潜意识支配的（比如习惯动作），不是意识作出的。潜意识的优点是感性，反应快，效率高，大部分是对的，缺点是有时候偏见，因为祖先根据他们的历史环境遗传给我们的潜意识与“适应器”（Buss，2019）有时候不再适应现在的环境。意识的优点是精确计算，理性分析，缺点是反应慢。所以潜能开发的正确做法是，根据“思维双过程理论”（Kahneman，2012），我们既要充分发挥潜意识直觉灵感与快速反应的优势，又要充分发挥意识理性分析与精确计算的优势。这是人的潜能开发的科学依据与有效方法。

第二思维：终极思维

终极思维是指终极目标思维。在“生命量子时空十字坐标系”及其“方向—动力—路径”自洽模型中，终极目标就是指方向。终极目标应该建立在人生意义基础上，比如颜氏家族的终极目标是繁荣、幸福、长寿与代际传承。终极目标受到心智模式与知识结构的影响，表现为使命、愿景、价值观。

本研究者认为，终极思维、溯源思维与彻底解剖分析法，跟“方向—动力—路径”自洽模型在结构与功能关系上具有一一对应关系，它们的载体都是波粒二象性的量子粒子，存在于量子场论中。在量子场论中，粒子就是场的量子激发，每一种粒子都有自己相应的场，在量子化过程中，粒子之间的相互作用和动力学可以用量子场论来描述。量子场论的最初建立历程是和量子力学以及狭义相对论密不可分的，它是基本粒子物理标准模型的理论框架，后来，非相对论性的量子场论也被应用于凝聚态物理学。2013年的诺贝尔物理学奖被授予量子场论中希格斯机制的发现者彼得·希格斯，希格斯机制是指粒子“自破缺重聚机制”，希格斯粒子是构造粒子物理标准模型的最后一环，被欧洲原子能实验室戏称为“上帝粒子”。本研究者认为，“上帝粒子”可能就是《道德经》里面说的“道生一”，它告诉我们质量是怎么来的，其机理就是希格斯粒子或者说希格斯机制。

终极思维与方向的对应关系

放大时空背景与彻底解剖分析法	生命量子时空十字坐标系	终极目标导航人生
终极思维	方向	方向必须是终极目标，生命应该追求终极意义
溯源思维	动力	动力必须是发自内心的原动力，十足的动力
彻底解剖分析法	路径（量子跃迁）	只有极其灵活的路径，才能实现“方向—动力—路径”自洽
统一场论	“方向—动力—路径”自洽	自洽于生命意义、内心动力与极其灵活的路径

在已故英国著名物理学家斯蒂芬·霍金的量子场论中，终极目标与源头溯源自洽，方向与动力自洽，来龙与去脉自洽，就像绕地球一圈，终点即始点，但这已经是演化、进化、维度升级了的源头与始点。本研究者认为，人与企业“三个世界”（量子世界、经典世界、生命世界）之所以能够逻辑切换，是因为它们本身存在着高维空间的循环与演化，记住并链接三代人140年的累积经历与心路历程就能促进家族企业代际传承潜能开发，这是终极目标的应用，遵循生命在量子世界轮回以及在时空中进化的机理，这是潜能开发的科学性。

终极思维与溯源思维还可应用于讲话与写文章的认知三部曲。心智模式与知识结构决定讲话与写文章的认知维度与先后次序。人类的认知维度是大不相同的，大部分人能够认知三维（长宽高立体），这些人是马克·吐温说的平凡的人（凡人），顺着活，从小活到老。也有不少人能够认知四维（增加时间维度或者说时间变量），这些人是马克·吐温说的智者，倒过来活，从老活到小。还有极少数人能够认知高维空间（物理学家斯蒂芬·霍金认为，宇宙是十一维的统一场论），这些人马克·吐温没有说是什么人，本研究者认为，这些人是“量子人”，活在时间里，活在未来，活在创造。科学家指出，时间从未来流向现在，现在作一些创造性的改变，未来有无限可能（Lord et al.，2015）。“量子人”与时间同在，因为“生命是量子的”（薛定谔，1944），时间也是量子的。“量子人”能够认知时间的本质、特征与功能，对应认知“三个世界”（量子世界、经典世界、生命世界）的划分与逻辑切换。因此，讲话与写文章的认知三部曲是：第一步，本质是什么；第二步，特征是什么；第三步，功能是什么。即回答：人与企业生命在量子世界的本质是什么？经典世界的特征是什么？生命世界的功能是什么？或者说：它们在量子等级的第一性原理是什么？分子等级的基因是什么？智慧与未来生命等级的价值是什么？

第三思维：秩序思维

什么是秩序？秩序即次序，秩侧重于有条理、不混乱，序侧重于有先后、不颠倒。美国法学家博登海默认为，秩序意指在自然进程和社会进程中都存在着某种程序的一致性、连续性和确定性。秩序的反义词就是无序。一般而言，秩序可以分为自然秩序和社会秩序。自然秩序由自然规律所支配，如日出日落、月亏月盈等；社会秩序由社会规则与伦理道德构建和维系，是指人们在长期社会交往过程中形成相对稳定的关系模式、结构和状态。本研究者认为，在自然秩序与社会秩序的底层还存在着量子世界的“混沌中的序”，自然秩序、社会秩序与量子秩序共同构成了宇宙秩序。本研究者提出的“三个世界”（量子世界、经典世界、生命世界）逻辑切换基于这些宇宙秩序。

什么叫秩序思维？秩序思维就是要尊重自然秩序、社会秩序和量子世界的“混沌的序”，尊重“三个世界”（量子世界、经典世界、生命世界）的划分与逻辑切换的规律性。本研究者认为，做任何事情都要讲究秩序，不讲究秩序就会混乱，混乱意味着有人牺牲，混乱中一部分得益往往是以另一部分的损失甚至牺牲为代价的，混乱对于整体是不利的，混乱不符合知行合一、天人合一以及量子场论的宇宙规律，因为宇宙与生命本身都是有秩序的，都是秩序的产物，基于秩序而生存与发展。制造混乱者，往往是有因果报应的，不是不报，时候未到。

秩序思维的特征或者说结构与功能关系也是“三部曲”：第一步认知规律，第二步遵循规律，第三步享受规律。这里的规律是指“三个世界”（量子世界、经典世界、生命世界）划分与逻辑切换的规律性。认知并遵循这些规律，才能享受“秩序红利”。“秩序红利”不是坐享其成，而是“做正确的事”（Bennis & Nanus，1985）。

秩序思维价值是什么？（1）就小而言，以实证研究的案例企业为例，新颜物流实施量子领导力实战体系以来效果明显，这是遵循三大思维与四大机制的规律性产生的“秩序红利”。具体而言，遵循仿生机制产生协同进化的效果，遵循量子机制产生潜能开发的效果，遵循互嵌机制产生生命力与创造力“鱼和熊掌”兼得的效果，遵循“三个世界”逻辑切换机制产生人心有序、组织有序、战略有序。实际上，新颜物流自2001年建立仿生机制至今，企业不倒翁（至今健康发展），企业家甩手掌柜（长期不在公司），根本原因是遵循人与企业生命的第一性原理，享受“秩序红利”。（2）就大而言，本研究者认为，老子《道德经》“道生一，一生二，二生三，三生万物”讲的是自然秩序，所以全世界非常认可老子思想及其《道德经》。孔子儒家文化以“仁”为核心思想，孝悌是仁的基础，仁政被历代统治者所接受，因为它强调社会秩序。1900年普朗克创立量子力学至今，特别是互联网、物联网、大数据、云计算、人工智能等信息技术革命以来，从现在的互联网+（各行各业），到以后的数字+（各行各业），达尔文与拉马克的两种进化论的作用力都在加速度，因为人类已经认知了越来越多的量子世界的“混沌的序”——可以称为量子秩序，比如“生命以负熵为生”（普利高津，1979，1987）。（3）就经济学而言，本研究者认为，亚当·斯密（1776）在《国富论》中发现了市场经济的秩序，用“无形的手”调节经济与社会，这也是一种秩序。钱德勒（1977）提出“企业的管理革命”这只“看得见的手”相比市场协调这只“看不见的手”而言，能够带来巨大的生产力和丰厚的利润，与其说是管理革命，不如说是管理秩序。

第三节　量子领导力实战体系的“硬件”
——四大机制

自1997年研究至今，本研究者已经陆陆续续发现了量子领导力实战体系的四大机制，按照发现前后的时间顺序排序，第一机制是仿生机制，第二机制是量子机制，第三机制是生命力与创造力互嵌机制，第四机制是“三个世界”（量子世界、经典世界、生命世界）逻辑切换机制。

第一机制：仿生机制

什么是仿生机制？从企业仿生学的概念说起，企业仿生学也叫管理仿生学或叫仿生管理学，是管理学的前沿科学、仿生学的应用科学、仿生学与管理学等多学科交叉边缘科学。本研究者在自己的中文版著作《企业生命科学研究》（颜滨，2011）和英文版著作*Decoding Critical Genes of Enterprises*（Yan，2013）中给出的定义是，企业仿生学是研究企业生物型机制并模仿生物原理进行企业结构与功能的顶层设计从而实现企业健康生态与可持续发展的新型管理科学。中国科学院原院长路甬祥在《科学中国人》2004年第4期上发表文章《仿生学的意义与发展》，提出了现代仿生学的四大前沿，其中之一包括随着信息技术向网络和智能化方向发展以及神经发育生物学的进展向智能化与认知仿生学以及可持续经济仿生学、管理仿生学等方向发展。

20世纪90年代以来，人们发现仿生学的研究方法能在管理领域中应用，认为生命系统内蕴藏着管理的精髓，甚至蕴藏着管理学的自然科学密码——

包括组织管理的密码与人的管理的密码，前者就是企业仿生学，后者就是量子管理学。企业仿生学是从生物学的视角研究企业组织与生物组织的一一对应关系，企业是一种特殊的生物，企业DNA是这种特殊生物的特殊DNA，按照生物DNA结构与功能设计企业组织架构的结构与功能，就能获得像生物那样的繁殖能力与免疫能力即生命力，在企业就是发展与防范功能，即健康生态与可持续发展的能力。企业仿生学的落脚点是管理学，将生物学的概念、原理和理论，或嫁接、或融入、或整合、或直至转化到管理学的概念、原理和理论中，从而形成管理学的新概念、新原理、新理论，所以管理仿生学是模拟或遵循生命系统自身的管理规律进行企业管理实战体系的顶层设计——包括仿生思想、仿生机制、仿生机构、仿生人事、仿生信息、仿生经营、仿生免疫七个部分内容，这些内容也是《企业生命科学研究》一书的七个章节（颜滨，2011）。

本研究者从1997年开始研究仿生机制，于2001年破译其密码B234，这一密码随即变成了数理模型与管理工程，在案例企业新颜物流进行实证研究，20年来效果显著。B234的含义是，“B”代表仿生机制（Bionic mechanism）；“2”代表经营与管理双轨制，即经理与副经理，对立统一，分工协作，一个对外，一个对内，相当于DNA双轨制，是仿生机制的核心，这也是量子世界的第一性原理——粒子“自破缺重聚机制”在经典世界分子等级的组织架构设计上的涌现；“3”代表各级生命组织（特别是阿米巴连锁复制项目部）要培养“第三把手”（第三号领导人物）相当于遗传基因信使RNA，携带DNA基因随时准备外派担任连锁复制新生阿米巴项目部的经理或副经理；“4”代表职能部门有且只有四个——市场营销部、运营管理部、人力资源部和财务审计部，这是最经济高效的宇宙智慧（人算不如天算）的职能部门，扯皮最少，效率最高，企业可以根据自身特殊情况把相关职能部门或需要新增的功能管理归类到这四个基本职能部门下面。阿米巴项目部连锁复制能力象征着企业的生命力，包括繁殖能力与免疫能力，或者说发展能力与防范能力，也就是说，阿米巴项目部越多，企业生命力越强，阿米巴项目部越少，企业生命力越弱。新颜物流自2001年企业仿生机制改制当初设立2个阿米巴项目部以来，至今20年已经发展至30个阿米巴项目部，平均每年增加1—2个阿米巴项目部，这实现了新颜物流20年健康生态与可持续发展，预防并抵御了2008年全球金融危机与全球新冠肺炎疫情等历次“黑天鹅”事件的风险。

第二机制：量子机制

什么是量子机制？人的潜能开发机制是量子机制，这是本研究者提出的观点。根据弗洛伊德的观点，生命分为身体、意识与潜意识（弗洛伊德，1900，1913）即身心灵三个层次，普朗克（1900）、海森堡（1927）、爱因斯坦（1935）、薛定谔（1944）等量子物理学一系列观点，丹娜·佐哈尔的量子管理学理论以及杜伦大学Lord教授等人提出的量子方法（Zohar，1997，1998，2005，2011，2016；Lord， Dinh & Hoffman，2015），用放大时空背景与彻底解剖分析法的量子思维心智模式，我们知道，身体、意识与潜意识的载体都是量子，意识与潜意识的本质也是波粒二象性的量子粒子，特征表现为人心的非定域、不确定性、量子纠缠等量子特征，功能是我们借此认知生命三要素“方向—动力—路径”自洽机理，驾驭心灵并潜能开发潜意识的巨大信息与能量。

本研究者从2012年开始潜心研究人的潜能开发的科学性——本质、载体与密码，于2017年终于找到了量子机制密码Q1567，并转化为数理模型与管理工程。Q1567的含义是，“Q”代表量子机制（Quantum mechanism）；“1”代表心本管理，这是以潜意识为本的管理，潜意识量子链接纵向祖先信息与横向历史文明，蕴藏着超时空与超生命的巨大信息与能量，能够通过灵感涌现“方向—动力—路径”自洽，通过创新与创造能够实现生命意义与终极目标；“5”代表马斯洛五个需求层次——生理需求、安全需求、社交需求、自尊需求、自我实现需求（Maslow，1970）；“6”代表马斯洛临终补充的第六需求层次——神秘体验需求层次，这是生前需求、死后需求及其与“生命中”链接的需求；“7”代表肯瑞克基于生命史提出的七个需求层次——生理需求、自我保护需求、归属需求、尊重需求、配偶获得需求、配偶保留需求、父母养育子女需求（Kenrick，2010）。本研究者认为，这里的五个需求层次、第六需求层次以及七个需求层次并不矛盾，从放大时空背景与彻底解剖分析法看，它们是不同维度、不同视角的不同结论，五个需求层次是活着的一生（生命中）的需求，第六需求层次是生前与死后的需求（对于祖先的尊重以及对于子孙后代的希望都是对于生前与死后的超生命需求），七个需求层次是基于生命史即基因链接与进化心理学的超时空需求。

薛定谔说：“生命是量子的。”（薛定谔，1944）人的行为基于意识和潜意识，从潜意识到意识到行为到命运遵循一定的规律性，本研究者认为，这种规律性就生命内部而言，是从量子世界（量子等级）到经典世界（分子等级）再到生命世界（生命智慧）的涌现；就生命外部而言，受到“方向—动力—路径”自洽机制的超时空与超生命的影响，即遵循生命意义与终极目标的吸引力法则的影响。具体而言，量子机制的规律性包括“二接”原则、“二链”原则、“方向—动力—路径”自洽机制：

第一，“二接”原则。所谓“二接”，是指接地气与接人气，前者是指适应自然环境的能力，后者是指适应社会环境的能力，因为自然环境与社会环境的底层存在着共同的混沌的量子世界，所以量子机制对“三个世界”（量子世界、经典世界、生命世界）都能发挥作用，即“三个世界”的逻辑切换，实现人心与环境的健康生态与可持续发展。

第二，“二链”原则。所谓“二链”，是指供应链管理与心链管理相结合。本研究者认为，如果企业内外供应链各环节上的人心没有解决好，那么供应链管理也是解决不好的——不可能顺畅、不可能有效率，所以智慧供应链必须确保“物链”与“心链”的“二链”畅通。智慧供应链既是仿生供应链，又是量子供应链。“物链”要仿生化，协同进化；“心链”要量子化，潜能开发。这是本研究者2012年10月1日至2014年9月30日在英国华威大学的博士后研究课题——仿生供应链管理。

第三，“方向—动力—路径”自洽机制。这是本研究者基于“生命量子时空十字坐标系模型”提出的重要概念，有三层意思：（1）方向必须是终极目标，以终为始，不是短期目标或中期目标，比如新颜物流的终极目标是繁荣、幸福、长寿与代际传承，所以新颜物流口号是“新颜——帮您省钱长寿”；（2）动力必须是内心需求即潜意识的量子世界的需求层次，这不但是“生命中”的马斯洛五个需求层次，还要实现马斯洛临终补充的第六需求层次——神秘体验需求，这是生前需求、死后需求及其与“生命中”链接的需求；（3）路径必须是极其灵活的，跳跃式的，不是线性的，只有“量子跃迁”式的路径才能与方向、动力链接与自洽，而且这种链接本身就是自洽，包括组织的自运行与自组织，个人的自觉行为。正如英国法理学家、功利主义哲学家、经济学家和社会改革者边沁（Jeremy Bentham）所说的：“大自然让人类处于‘痛苦’与‘快乐’这两者的主宰下。它们指明了我们应该做什么，而且决定了我们应该怎么做。”

第三机制：互嵌机制

什么是互嵌机制？互嵌机制是仿生机制B234与世界著名的硅谷创新工具IDEO五部曲相结合的机制，在生命力模型中嵌入创新工具，在创新工具中嵌入生命力模型，英文是Mutual Embeded Machine，缩写为MEM。本研究者于2020年1月设计出这种模型，灵感来自杜伦—复旦DBA课程赴美国硅谷浸入式学习。2020年1月10日在旧金山大学课堂上，本研究者的课堂作业“新颜物流生命力与创造力互嵌机制（MEM）”被带队老师——杜伦大学商学院副院长Mike教授表扬并获奖，回国后进一步设计出互嵌机制“MEM五部曲”，包括挑战、学习、机会、生存与试验、进化与繁衍五个步骤，并设计出互嵌机制模型MEM。本研究者认为，互嵌机制的特征是新颜物流B234模型与硅谷创新工具IDEO模型的衍生物，这是生命力与创造力“鱼和熊掌”兼得的机制。该模型“如何设计一个长寿企业?”于2020年8月18日在中国国家版权局已经注册版权保护。

互嵌机制的功能和意义是，在确保企业生命力的基础上，提高企业发展速度，提高创新成功率。比如，新颜物流供应链研究中心在互嵌机制下成立，为了寻找公司创新的精准的点，经过互嵌机制五部曲，特别是头脑风暴与“蝴蝶测试”环节，集体智慧聚焦营销创新，就是制造业细分领域物流向供应链升级并主动出击进行新项目连锁复制，效果正在显现，项目经理们有了明确的“方向—动力—路径”，一些制造业大客户正与新颜物流洽谈制造业与物流业合资事宜，且已有浙江金颜物联科技有限公司等两个合资公司成立，这是两业联动的互嵌机制的典型案例。

第四机制：逻辑切换机制

什么是逻辑切换机制？逻辑切换机制是指“三个世界”（量子世界、经典世界、生命世界）划分与逻辑切换机制。首先是“三个世界”的划分，它们是量子等级、分子等级以及生命智慧等级的不同维度的立体结构；然后是“三个世界”的逻辑切换，一方面确保每一个世界有序，另一方面确保“三个世界”作为整体（包括人的身心灵整体与企业的战略、组织与人心整体）在不同维度之间信息、能量、物质交换过程中也有序。本研究者认为，“三个世界”逻辑切换机制虽然是量子领导力实战体系的第四机制（这是按照发现机制的时间顺序排的），但并不是不重要的机制，恰恰相反，这是非常重要的机制，它使量子领导力实战体系成为体系。

“三个世界”逻辑切换机制的特征是什么？

1. 量子世界。量子世界遵循量子物理的逻辑。量子世界是人与企业底层的混沌的世界，载体是波粒二象性的量子粒子，属于宇宙中的暗能量，这是排斥力，力的方向是向外的，占宇宙质量的73%（根据美国《科学》杂志，暗能量：暗物质：物质=73：23：4）。量子世界是量子态，在一定条件下，经希格斯机制（粒子“自破缺重聚机制”，即“上帝粒子”机制），从无形到有形，从混沌到有序，从有序到生命，从生命到智慧，从智慧到未来。这个过程是自下而上、多则不同的涌现。

2. 经典世界。经典世界遵循经典物理的逻辑。牛顿经典力学，是万有引力，占宇宙质量的4%。特征是有形的秩序，自上而下，结构决定功能。在企业，表现为战略—组织—人事，就像联想集团创始人柳传志说的“定战略，搭班子，带队伍”，而且往往是单一战略，强调聚焦与专业化。这种思维方式与管理方法在经典世界是适应的，但在量子世界是不太适应的，表现为自身必要复杂性以及适应内外环境的灵活性都不够，所以不能预防并抵御“黑天鹅”事件的风险。因此，罗伯特·邓肯（Robert Duncan）提出“二元组织”理论，“二元性组织是指致力于两类相异甚至相互矛盾的目标的组织”（Duncan，1976）。大卫·梯斯（David Teece）等人提出“动态能力”理论，认为企业需要“更新企业核心竞争力的能力”（Teece et al.，1992，1997）。布莱恩·阿瑟（Brian Arthur）提出复杂科学与复杂经济学理论，认为“经济可看作是进化的复杂系统”（Arthur，1997）。新颜物流已经做好“更新企业核心竞争力”的准备，且基本上具备这种能力，具体做法是2015年9月8日成立浙江颜子投资管理有限公司，与浙江新颜物流有限公司的股权结构是一模一样的，这是新颜物流“物流+投资”的超时空与超生命的“二元战略”布局，新颜物流的物流业务有可能在未来（或许很久很久以后）的某个日子不复存在，但是新颜物流（或颜子投资）的投资（自有物业与分散投资）成为永恒的事业，从而确保新颜物流或颜子投资成为不倒翁企业、长寿企业与代际传承企业。

3. 生命世界。生命世界遵循生命智慧维度的逻辑。本研究者在诺贝尔奖获得者普利高津“两个世界”（量子世界与经典世界）的基础上增加了生命世界。我们研究量子世界与经典世界是要解决生命世界的问题，生命世界与经典世界是维度不同的世界，所以生命世界应该从量子世界与经典世界中分离出来进行划分与逻辑切换研究。本研究者认为，生命世界的特征有三点：一是适应环境的一般能力，人和动物都有这种能力；二是适应环境的高级能力，基于学习、记忆与有限预测未来的能力，智慧的人（智者）具备这种能力；三是创造未来的能力，时间从未来流向现在，现在作一些创造性的改变，未来有无限可能，“量子人”有这种能力。

本研究者认为，未来与“未来人”是同一个概念，“未来人”与“量子人”也是同一个概念，即未来属于“量子人”的天下，“量子人”是基于人类基因，又优于人类现有基因，认知维度高于现在人类的新人种，或者说新物种。这是逻辑的结论，虽然已经得到一些验证（在本研究者自身及其创业公司新颜物流），但仍然需要更多验证。本研究者是这样理解并践行笛卡尔的“我思故我在”这句话的，这不是唯心主义，而是量子主义，量子是有载体的——波粒二象性的量子粒子。1977年诺贝尔化学奖获得者普利高津揭示的耗散结构理论告诉我们，混沌的量子世界经过一系列化学与物理反应，进而生理与心理反应演绎了生命与万物。作为实证案例，我“在”哪里？“主要在书房，经常在课堂，有时在国外，偶尔在公司。”本研究者的这种活法已长达20年，即从2001年至今做到了甩手掌柜式的企业家，但是未来有不确定性，然而本研究者认为，不确定性是好事不是坏事，因为从混沌的量子世界，到秩序的经典世界，到智慧的生命世界，到高维度的未来世界，存在着“三个世界”逻辑切换的规律性，顺势而为就能变成“量子人”或者说“未来人”，未来不仅是时空概念，而且是“某种高维度的智慧生命”——人机互嵌的新人种或新物种，在第五维至第十一维之间。今天的我是30年前设计出来的，30岁时设计了60岁时的样子，然后“倒过来活”，准备各种必需的素质，“人生搭积木”，慢慢地变成自己心目中的样子了——就是现在60岁的样子，这叫“方向—动力—路径”自洽，自洽于时空。再过30年，我（包括我的公司）将变成什么样子？这是今天设计出来的，时间从未来流向现在，现在作一些创造性的改变，未来有无限可能（Lord et al.，2015）。

耗散结构理论是物理学中非平衡统计的一个重要新分支，是由比利时科学家伊里亚·普利高津（I. Prigogine）于20世纪70年代提出的，由于这一成就，普利高津获1977年诺贝尔化学奖，差不多是同一时间，德国物理学家赫尔曼·哈肯（H. Haken）提出了与耗散结构相似的“协同论”（Syneraetics），现在耗散结构理论与协同论通常被并称为自组织理论。本研究者认为，量子领导力实战体系本质上是自组织的领导力，但需要进行顶层设计，因为自组织也是需要“在一定外界条件下”发生。普利高津认为，当系统处于远离热力学平衡的状态时，在一定外界条件下，由于系统内部非线性相互作用，可以经过突变而形成新的有序结构——耗散结构。这里的耗散指的是系统维持这种新型结构需要从外界输入能量或物质（普利高津，1979，1987）。本研究者认为，量子领导力实战体系的两大基石——仿生机制与量子机制，或者说企业仿生学与量子管理学，都是耗散结构的，阿米巴项目部不断连锁复制本质上是耗散结构的。

认知并遵循“三个世界”逻辑切换机制，在量子世界遵循量子机制——自下而上、多则不同，在经典世界遵循仿生机制——自上而下、结构决定功能，在生命世界遵循逻辑切换机制——顶层设计、自下而上、多则不同、涌现秩序、涌现生命、涌现智慧、涌现未来，即量子领导力实战体系28字法则，我们就能实现“生命以负熵为生”，有效预防并抵御“黑天鹅”事件的风险，利用危机，把“黑天鹅”变成“白天鹅”，把别人的危险变成我们的机会，竞争对手在一次又一次危机中一个一个倒下，新颜物流在量子领导力实战体系下没有受到历次危机的影响，即使在危机中也继续发展着，虽然平时发展不是很快（年增长15%左右），但是慢即是快，我们一直活着，表现出顽强的生命力和卓越的创造力，在复杂性与不确定性环境下实现健康生态可持续发展，以及繁荣、幸福、长寿与代际传承的终极目标。

第四节　量子领导力实战体系的商业伦理
——商业文明

什么叫伦理？在美国，《韦氏大辞典》对于伦理的定义是：一门探讨什么是好、什么是坏，以及讨论道德责任与义务的学科。在中国，伦理一词最早见于《乐记》：乐者，通伦理者也。本研究者认为，"方向—动力—路径"自洽是一种乐、一种伦理。伦理是对道德现象的哲学思考，它不仅包含着对人与人、人与社会和人与自然之间关系处理中的行为规范，而且也深刻地蕴含着依照一定原则来规范行为的深刻道理——分子等级的道理比如仿生机制、量子等级的道理比如量子机制等第一性原理。

什么叫商业伦理？商业伦理是一门关于商业与伦理学的交叉学科。随着中国经济的蓬勃发展，商业伦理已成为中国特色社会主义市场经济的社会焦点问题之一。商业伦理研究的是商业活动中人与人的伦理关系及其规律，目的是使商业既充满生机，又有利于人类全面和谐发展。在商业文明史上，量子领导力实战体系既能促进人与企业全面发展，又能促进企业社会责任（CSR）以及环境、社会、公司治理（ESG）的发展。

"方向—动力—路径"自洽定律

本研究者认为，量子领导力实战体系（BQML）是企业社会责任（CSR）和环境、社会、公司治理（ESG）的升级版，因为量子领导力实战体系已经进入分子等级与量子等级，破译了《道德经》在商业领域的密码，表现为从自变量"BQML1234567"——经过中介调节变量"三大思维和四大机制"——到应变量"家族企业代际传承的潜能开发"，这种因果关系与内在逻辑是生命（包括人与企业的生命）以宇宙为背景、基于第一性原理而实现的"方向—动力—路径"自洽，在商业领域、商业伦理、商业文明等方面实现了知行合一与天人合一，这是逻辑的必然，且已经在案例企业新颜物流得到实证研究的验证。本研究者认为，“方向—动力—路径”自洽是量子领导力实战体系定律（客观规律），简称为“量子领导力定律”，或“方向—动力—路径”自洽定律。“方向—动力—路径”自洽模型，同时也是量子领导力实战体系模型。

“方向—动力—路径”自洽包括三大思维自洽、四大机制自洽，以及商业模式—管理模式—盈利模式自洽、战略—组织—人心自洽、本我—自我—超我自洽、致良知—知行合一—天人合一自洽等一系列自洽。量子领导力实战体系本质是基于第一性原理的宇宙自洽，特征是自变量—中介调节变量—应变量的自洽，功能与意义是人与企业健康生态可持续发展的自洽——生命内部知行合一与生命外部天人合一的自洽。

王阳明说：“良知只有一个。就它的奇妙的作用来说，称作神；就它的流行发用来说，称作气；就它的凝聚来说，称作精”，“阴产生于阳，阳产生于阴，阴阳本来就是统一体”（王阳明著，肖卫译注，2017）。

精气神是什么？精气神不是身心灵，精气神就是灵，就是灵魂、潜意识、良知的潜能开发程度，就是生命以宇宙为背景的宇宙信息与能量的潜能开发程度。精气神的本质就是良知——心性天理，致良知就是心性天理的潜能开发，通过格物（纠正私心杂念，高维协同进化）才能实现，良知的特征是精气神，致良知的功能是实践论与认识论的统一、知行合一与天人合一。良知只有一个，精气神是它的呈现。良知与精气神基于宇宙的智慧与自然的力量，能在高维空间自洽。良知与精气神的自洽与“方向—动力—路径”自洽本质上是同一回事情，只是在高维空间不同维度的对象不同、表述不同，精气神是对人而言的，“方向—动力—路径”是对企业而言的（包含员工与客户、社会），它们的本体（底层载体）都是灵魂、潜意识、波粒二象性的量子。神相当于方向（就它的奇妙的作用而言），精相当于动力（就它的凝聚来说），气相当于路径（就它的流行发用来说），所以精气神自洽于良知，与“方向—动力—路径”自洽于宇宙，本质上是一样的，符合王阳明心学解释，良知即心性天理即宇宙。此处，精气神就是“元神、元气、元精”（王阳明著，肖卫译注，2017）。为什么精气神前都加“元”字？因为“元”（或原、源）意指生命与宇宙高维空间底层世界即混沌的量子世界的逻辑与机理。根据普利高津的耗散结构理论（1977），混沌的量子世界的逻辑与机理能够演绎有秩序的经典世界与有灵魂的生命世界。在量子领导力实战体系变量模型中，这“三个世界”（量子世界、经典世界、生命世界）共同演绎高维空间的企业生命。也就是说，从放大时空背景与彻底解剖分析法看，企业生命实际上活在“生命以宇宙为背景”的高维空间，复杂性与不确定性以及“黑天鹅”事件都发生于高维空间。所以，量子领导力实战体系的本质是高维空间的领导力，特征是复杂性与不确定性环境下的领导力，功能是预防并抵御“黑天鹅”事件的风险，实现繁荣、幸福、长寿与代际传承的终极目标。

本研究者认为，“方向—动力—路径”自洽定律回答人与企业三大哲学问题——我是谁？我从哪里来？我到哪里去？

本研究者认为，“方向—动力—路径”自洽定律是员工“方向—动力—路径”自洽、公司“方向—动力—路径”自洽、客户“方向—动力—路径”自洽这三种自洽的再自洽，即员工、公司与客户三种“方向—动力—路径”自洽的交集（维恩图解），这种高维空间的“自洽的点”，既是创新的点，又是潜能开发的点，往往是正确的点，这一“自洽的点”有着严格的规定性——需要同时符合三个约束条件：人们的愿望、商业的可行性与技术的可能性。

智慧“孵化器”

智慧是什么？本研究者认为，智慧是生命以宇宙为背景的、知行合一与天人合一的、连接生命意义与终极目标的、复杂问题的有效解决方案，通常符合经济学与科学原理。智慧是生命所具有的基于生理和心理器官的一种创造思维的高级能力，包含对自然与人文的感知、记忆、理解、分析、判断、升华等所有能力。智慧与智力不同，智慧表达智力器官的综合终极功能——生命意义与终极目标，与“形而上”之道有异曲同工之处；智力则谓“形而下”之器，是生命与生活中的一部分技能。在我们的日常生活中，智慧体现为更好的解决问题的能力。所以，智慧的本质是神圣的潜意识量子粒子为了生命进行的超时空与超生命连接，生命以负熵为生。智慧的特征是知识点与知识点的链接，通常表现为灵感涌现。智慧的功能是复杂问题的有效解决方案。量子领导力实战体系是复杂性与不确定性环境下的有效领导力，是智慧领导力。

智慧怎么办？先重温量子领导力28字法则与24字功能——顶层设计、自下而上、多则不同、涌现秩序、涌现生命、涌现智慧、涌现未来，以及协同进化、潜能开发、资源整合、无中生有、超越危机、实现共赢。如果我们把形成智慧的科学机制叫作智慧孵化器，那么它有两种智慧孵化器：一种是集体智慧孵化器，即经过上述互嵌机制“MEM五部曲”（挑战、学习、机会、生存与试验、进化与繁衍）特别是头脑风暴环节与“蝴蝶测试”，必然涌现集体智慧，涌现复杂问题的有效解决方案；另一种是个人智慧孵化器，即个人灵感涌现机制。我的做法是，每天晚上把复杂问题及其相关资料（相当于生产智慧与灵感的“原材料”）看一遍或思考一遍，没有结论不要紧，人算不如天算，交给潜意识“量子计算”。我自己只管睡觉，人睡着了，潜意识没有停止工作，潜意识载体是亚原子量子粒子，是超生命的粒子，它一天24小时、一年365天不休息，相当于肉身“永动机”。潜意识这台机器每时每刻都在帮助有求于它的“主人”（可能称之为“仆人”更为合适，因为身随心动，动念起身）进行复杂问题的超时空与超生命运筹计算，这是基于量子“大数据”多种模拟解决方案的优选，一旦在相关的“原材料”中寻找到古今中外（包括祖先、子孙与人类文明）知识点与知识点之间的链接，特别是基于这些链接进而产生的高维度的化学、物理、生物、心理以及未来维度的演绎（暂且把未来维度称之为“量子人”——一种高维生命），比如“三个世界”（量子世界、经典世界、生命世界）逻辑切换的演绎与逆演绎，我的体验与实证研究显示，灵感将如约而至、不期而遇。

本研究者自2012年研究潜能开发的科学性至今，自己的潜意识已经训练有素，每天凌晨5点左右，自己总是被弱力低频的潜意识频率升频刺激大脑神经感知而醒，潜意识变成了灵感，复杂问题有了解决方案。本研究者知道灵感稍纵即逝，所以我会马上写下这些灵感，变成一篇一篇的文章。这些文章仿佛不是意识写的，而是潜意识写的，每天都有，平均每天凌晨可以收获两篇以上的灵感文章，这些文章被叫作“星辰灵感”，我经常发到微信朋友圈分享。

我们要知其然，知其所以然。智慧孵化器的机理是什么？潜意识的载体以及灵感的载体都是量子粒子，这些昨夜星辰的灵感文章，本质上是潜意识的量子计算的结果。量子思维心智模式武装起来的人，日有所思，夜有所梦（不是真做梦，而是潜意识在人熟睡的时候也照样一刻不停地工作）。量子领导力实战体系下的潜意识量子运动的运动轨迹是，顶层设计、自下而上、多则不同、涌现秩序、涌现生命、涌现智慧、涌现未来。生命的“方向—动力—路径”自洽本质上是量子的“方向—动力—路径”自洽，没有量子的“方向—动力—路径”自洽，哪来的生命“方向—动力—路径”自洽。

从量子领导力实战体系28字法则的先后次序以及内在逻辑可以看出，生命维度高于秩序，智慧维度高于生命，未来维度高于智慧，所以未来不仅是时间与空间的概念，更是一种高维度生命的概念，这种适应于复杂性与不确定性环境、适应于未来生存与发展的高维度生命，本研究者称之为“量子人”。

因果报应、命运机理与量子方法

稻盛和夫说："懂得因果报应法则，就能改变命运。"我认为，所谓因果报应法则就是Lord教授说的"量子方法"——时间从未来流向现在，现在作一些创造性的改变，未来有无限可能（Lord et al.， 2015）。请记住，因果报应法则与量子方法都是逆时空的。稻盛和夫说："命运不是宿命，可以运用因果报应法则加以改变。"（稻盛和夫著，曹岫云译，2013）我认为，命运可能不是宿命，也可能是宿命，当量子思维心智模式与复合型知识结构时，命运不是宿命，而是走运，负熵，有序，涌现生命，涌现智慧，涌现未来；当非量子思维心智模式与知识结构局限性时，命运很可能是宿命，熵增，混乱，难以涌现生命、智慧与未来。稻盛和夫说："由上苍决定的命运也可以用自己的力量加以改变。只要坚持思善行善，因果报应的法则就会发挥作用，我们就能超越命运，度过更美好的人生"，"但是相信这个法则的人并不多，多数人认为它不符合科学而付之一笑。对照近代的所谓理性，命运之说归于迷信一类"，"因果关系很少以一目了然的形态出现，不像一加一等于二那么简单明了"，"因为我们的人生是由命运与因果报应两条法则互相交织而成的"（稻盛和夫著，曹岫云译，2013）。我认为，因果报应法则是量子方法，在量子等级与分子等级作为量子纠缠与基因原理起作用，有些人看不见摸不着就不信，还有一个原因是从量子纠缠到蝴蝶效应，这是超时空与超生命的知行合一与天人合一的高维空间发生的，反映到经典世界存在着时间延后，根本上见效通常20—30年（稻盛和夫著，曹岫云译，2013），不是5—10年，很多人等不及，甚至是有些人这一辈子都等不及，他们不愿意或不相信自己思善行善努力在子孙后代身上产生福报。而我的研究得出的结论是，记住并链接三代人140年的累积经历与心路历程就能促进家族企业代际传承潜能开发。140年家族潜能开发，这命运机理与量子方法100%有效。因果报应的时间多长可以看出来？稻盛和夫说两三年结果往往还出不来，20—30年吻合度非常之高，40多年几乎所有人得到了相一致的结果（稻盛和夫著，曹岫云译，2013）。也就是说，吻合度非常高是30年，即人生命运30年一个小轮回，60年一个大轮回。因果报应看不出来怎么办？中国明代的《菜根谭》中有这样的句子“为善不见其益，如草里冬瓜自暗应长”，意思是行善没有见到报答，好比草丛里的冬瓜，即使人眼看不到，它照样茁壮成长（稻盛和夫著，曹岫云译，2013）。

企业社会责任（CSR）

企业社会责任（Corporate Social Responsibility，简称为CSR）是指企业在创造利润、对股东和员工承担法律责任的同时，还要承担对消费者、社区和环境的责任。企业的社会责任要求企业必须超越把利润作为唯一目标的传统理念，强调要在生产过程中对人的价值的关注，强调对环境、消费者、对社会的贡献。本研究者认为，衡量商业是否成功的标准跟思维方式的时空范畴有很大关系，放大时空背景与彻底解剖分析法的量子思维心智模式更容易理解企业社会责任，因为短期成功并不意味着长期成功，局部成功并不意味着全局成功。

1924年，美国学者谢尔顿（Oliver Sheldon）在其著作*The Philosophy of Management*中就提出了“公司社会责任”的概念。这可能是迄今为止对“公司社会责任”的最早描述。他把公司社会责任与公司经营者满足产业内外各种人类需要的责任联系起来，并认为公司社会责任包括道德因素在内。20世纪30年代，企业社会责任有一个大讨论——两位美国学者“多德与贝利论战”。多德（Dodd）教授率先指出：公司对雇员、消费者和公众负有社会责任，尽管这些社会责任未必见诸法律而为公司的法定义务，但应当成为公司管理人恪守的职业道德。但是，贝利（Berle）教授立即发表异议，认为商业公司存在的唯一目的就是为股东营利，公司管理人唯对股东有相当于受托人的责任。如果要求管理人对股东之外的其他人负责，那么所有者控制公司、管理人应对所有者承担受托人义务的公司法规则就会被削弱乃至颠覆，在公司承担社会责任的名义下，各种各样的利益群落都会向公司提出财产要求，作为市场经济基础的财产私有就会被动摇，结果将导致类似一场经济内战的社会财富再分配。也有学者从另一视角对企业社会责任提出质疑，比如施密斯（Smith）认为："企业社会责任"一词含义模糊；单凭此点它已失去了存在的意义。在他看来：企业社会责任"只不过是一种宣传工具而已。这一语词从未对企业的行为标准作出过描述，只不过是公司、政府和消费者团体之间相互斗争的工具"。

"企业社会责任"是一个复杂概念，所以引起了广泛争论与探讨。企业社会责任是在赞成者与反对者的论争中逐渐得到廓清与明晰的。1979年，著名学者Carroll给出了一个综合性定义，似乎对这一阶段企业社会责任概念的争论做了一个总结。他认为，企业社会责任是指，在给定的时间内社会对组织所具有的经济、法律、伦理、慈善等方面期望的总和。此概念在之后很长一段时间得到了广泛认可。本研究者认为，企业社会责任虽然只是特定时期社会对企业的软性期望，但是从放大时空背景与彻底解剖分析法的量子思维心智模式看，企业社会责任综合影响企业经济效益与前途命运，包括影响繁荣、幸福、长寿与代际传承的终极目标的实现。

环境、社会、公司治理（ESG）

环境、社会和公司治理（Environmental，Social and Corporate Governance，简称为ESG）是社会责任投资的基础，是绿色金融体系的重要组成部分。ESG体系包括三个方面：ESG信息披露标准，对企业ESG表现的评估评级方法，以及ESG评级结果对投资的指引和参考作用。

环境对企业经营管理的影响程度正在日益加深。美国硅谷的创新为什么能够实现百年传奇？2020年1月本研究者在硅谷浸入式学习后获得的最深刻体会是，本质在于自身，奥秘在于环境，是创新与冒险的内外自洽，硅谷的人与企业勇于创新，硅谷的社会环境（包括文化与资本）拥抱失败。目前，研究环境、社会、公司治理因素与企业绩效间关系的理论主要包括以下三类：一是可持续发展理论（西南财经大学课题组，2015；雷立钧，高红用，2009）。该理论强调，发展的根本要求是既要满足当代人的需要，又不对后代人满足其需要的能力构成危害。用本研究者的语言是，健康生态可持续发展需要上下几代人超时空、超生命、统筹规划、顶层设计，而绝对不是杀鸡取卵的短期行为。二是利益相关者理论（弗里曼，2006）。该理论强调，影响企业经营和管理的因素不仅包括企业的股东、债权人等，也包括了雇员、上下游客户、自然环境等。企业对环境的污染、社会责任的缺失、公司治理的不健全将损害员工、社区甚至整个社会的利益，从而影响企业自身绩效，降低企业估值。本研究者认为，量子领导力实战体系统筹考虑企业内外、上下左右甚至是包括祖先与子孙等广义利益相关者（包括股东、员工、上下游客户、社区与社会、祖先与子孙等），特别是家族企业上下三代人与环境、社会的相互影响。三是企业竞争力评价理论（波特，1997；于武等，2002）。该理论强调，由于企业短期行为现象的存在，一个企业的潜在竞争力并不完全取决于利润，还取决于公司内部的治理结构以及风险应对能力，这其中包括应对环境风险和履行社会责任的能力。本研究者认为，企业竞争力不仅是指短期竞争力，更是指长期竞争力。以前的竞争是企业与企业之间的竞争，现在的竞争是供应链与供应链之间的竞争，以后的竞争是体系与体系之间的竞争。量子领导力实战体系是复杂性与不确定性环境下的领导力体系。

量子领导力实战体系发展商业文明

量子领导力实战体系（BQML）继承与发展了企业社会责任（CSR）和环境、社会、公司治理（ESG）。用放大时空背景与彻底解剖分析法的量子思维心智模式看，量子领导力实战体系基于《道德经》“道生一，一生二，二生三，三生万物”，在生命内部实现知行合一的认知深度，在生命外部实现天人合一的境界高度，其使命、愿景、价值观已经超越了企业社会责任，也超越了环境、社会、公司治理，这是生命以宇宙为背景的单一等式的全景式的领导力，这是列祖列宗、子孙后代与人类文明的有机统一。

在量子领导力实战体系中，仿生机制从DNA结构与功能关系中获得企业组织架构设计科学性灵感，量子机制从“生命量子时空十字坐标系模型”中获得人的潜能开发设计科学性灵感。向大自然学习，准确地说是向宇宙学习，宇宙包括人、自然与社会。向宇宙学习，就能获得实现商业伦理与通向商业文明的灵感，因为人、自然与社会的底层共同载体——波粒二象性的量子粒子是超时空与超生命自洽的。2021年5月22日，在复旦大学经济学院，曾成桦教授给我们杜伦—复旦DBA同学上课，内容是苹果与华为两个公司的案例研究，这两个案例不仅涉及不同的企业战略，还涉及不同的商业伦理与商业文明，当然命运也是不一样的。在课堂上，我用量子领导力实战体系模型解释了苹果为什么成功？华为在美国的业务为什么失败，虽然在非洲以及其他一些国家成功？在看到量子领导力实战体系四大机制模型时，曾成桦教授表扬我设计这些机制模型“很漂亮”。我认为，这些机制模型不仅外观漂亮，而且符合人性。我还认为，商业伦理与商业文明必须建立在人性基础上，只有人性才具有超时空与超生命的价值，才具有生命意义，才是企业必须追求的终极目标。本研究者在研究中发现，人性就是人的潜意识性，潜能开发就是潜意识信息与能量的开发，用量子领导力实战体系，领导力就能找到正确的方向，并实现各利益相关方“方向—动力—路径”的多维度、超时空、超生命自洽，这才是商业伦理与商业文明。

第五节 实证研究

家族企业的案例：新颜物流的量子领导力实战体系

浙江新颜物流有限公司是本研究者于1989年创办并担任董事长至今的一家民营物流企业，2001年按照量子领导力实战体系改制为现代的家族企业（所有权与经营权分离），是一家服务于制造业供应链、具有卓越生命力和创造力的全球化物流企业集团，2020年被运联传媒评为中国民营合同物流百强企业。新颜物流现为国家AAAA级综合物流企业，浙江省知名物流企业，网络货运平台企业，中国物流学会优秀产学研基地，浙江省物流协会副会长单位，浙江供应链协会常务副会长单位，浙江省仓储行业协会副会长单位，杭州市物流与采购行业协会副会长单位等。新颜物流的使命是帮助制造业降本增效、省钱长寿，愿景与价值观即终极目标是繁荣、幸福、长寿与代际传承。

新颜物流是一家创新型物流企业，自2010年至今已连续12年荣获中国物流学会、中国物流与采购联合会颁发的中国物流管理优秀案例奖，2011年“新颜——帮您省钱长寿”荣获中央电视台央视网物流频道颁发的“中国物流行业最具号召力企业口号”奖项，2016年荣获中国交通运输管理协会颁发的全国交通运输先进物流企业，2017年荣获中国物流与采购联合会颁发的年度社会责任贡献奖，2018年荣获中国交通运输协会颁发的智慧物流创新奖，2018年荣获年度优秀实践奖等荣誉称号，并入选中国物流与采购联合会与中国物流学会《物流行业企业管理现代化创新成果报告》（2012—2013）、（2013—2014）案例集，入选人民交通出版社编制的《交通运输物流创新典型案例集》，入选中国交通企业管理协会《全国交通运输企业管理创新》成果集（2013）等。

新颜物流的企业战略是动态战略，包括大三元战略和小三元战略。大三元战略是物流、投资和全球化。小三元战略是与制造业成立合资公司并聚焦造纸业等三个制造业细分领域打造供应链物流全国第一品牌。新颜物流的核心竞争力是大中型制造业物流总承包及其制造业细分领域供应链物流全国连锁复制，已有造纸、家居、厨房电器、汽车零配件、钢结构、通信设备、化工物流等细分行业在全国12个省份连锁复制，独立核算项目部从2001年的2个发展至2021年的30个。新颜物流项目管理经验丰富，团队优秀，能够切实解决制造业客户物流降本增效，并提供个性化解决方案，长期以来赢得市场与客户的广泛赞誉和良好口碑。

新颜物流作为量子领导力实战体系案例企业，实证研究始于2001年仿生机制建立，至今已经积累了20多年的历史数据，包括营业额增长数据、员工离职率数据、员工人均效能数据、客户稳定性数据、阿米巴项目部连锁复制数据等。新颜物流的实证研究表明，量子领导力实战体系三大思维与四大机制对于家族企业代际传承领导力是行之有效的，激发了企业的战略潜能、组织潜能与人心潜能，实现了员工、企业、客户“方向—动力—路径”的多维度与超时空自洽，预防并抵御了2003年“非典”疫情、2008年全球金融危机、此次全球新冠肺炎疫情等一系列“黑天鹅”事件的影响，公司一直保持着健康生态可持续发展势头。

员工是企业的根本。量子领导力实战体系特别聚焦人的潜能开发，表现为员工稳定性与创造力。新颜物流自1989年创立以来分四个阶段：第一阶段，1989—2000年，量子领导力实战体系实施前，这是传统管理阶段，作为董事长，我不知道企业组织架构与人的潜能开发的科学性是什么，结果是员工不稳定，跳槽率25%/年，公司难以发展；第二阶段，2001—2013年，量子领导力实战体系初级阶段，实施仿生机制B234，员工稳定了，跳槽率降至3%/年，公司稳健发展，但创造力不足；第三阶段，2014—2019年，量子领导力实战体系中级阶段，增加量子机制Q1567，员工更加稳定，富有创造力，跳槽率低于1%/年，人均效能是同行业平均水平的1.5—2倍；第四阶段，2020年至今，量子领导力实战体系高级阶段，同步实施仿生机制、量子机制、生命力与创造力互嵌机制，以及“三个世界”逻辑切换机制，即BQML1234567，创新与确定性并重，穿越复杂性与不确定性环境，呈现繁荣、幸福、长寿与代际传承的景象。

量子领导力实战体系实施以来，新颜物流年营业额自2001—2021年20年共增长50倍，年均增长15%，前20%的大客户巩固率达到98%。此次全球新冠肺炎疫情期间，严重影响各行各业的经济发展，新颜物流不但没有受到疫情影响，反而逆势增长，营业额与利润每年同比均增长10%以上，量子领导力实战体系表现出“荷花效应”（Barthlott，1970s），预防并抵御“黑天鹅”事件的风险，显现在复杂性与不确定性环境下的领导力。

著名经济学家、复旦大学经济学院院长张军教授，浙江大学经济学院副院长方红生教授一行2017年12月16日考察新颜物流后这样评价：“新颜物流

张军教授一行考察新颜物流
（左起：方红生、张军、颜滨，摄于2017年12月16日）

30年积累了理论与实践成果，再努力，也许可以进入商学院案例，野心要有。新颜物流想法蛮创新的，小公司这样不容易。现在的中小物流企业很多，但能在这样一个高度激烈竞争的环境里生存下来并不断发展壮大，非常不容易。新颜物流文化非常有特色，能吸引激励并凝聚一批优秀人才，且团队忠诚度极高，这非常少见。”

国内大企业的案例：海尔集团张瑞敏的量子领导力

如果说新颜物流是量子型中小企业——量子领导力实战体系领导下的中小企业，那么海尔集团是量子型大企业——心本管理的量子机制与人单合一的仿生机制相结合。

2016年12月7日，应海尔集团副总裁兼日日顺总经理冯贞远的邀请，我带领新颜物流高管团队调研青岛海尔集团。海尔集团1984年创立于青岛，从一家资不抵债、濒临倒闭的集体小厂发展成为全球最大的家用电器制造商之一。2017年1月10日，世界权威市场调查机构欧睿国际（Euromonitor）正式签署发布的2016年全球大型家用电器品牌零售量数据显示：海尔大型家用电器2016年品牌零售量占全球市场的10.3%，居全球第一，这是自2009年以来海尔第8次蝉联全球第一。此外，冰箱、洗衣机、酒柜、冷柜也分别以大幅度领先第二名的品牌零

颜滨一行考察海尔集团（左起：姚国龙、邓邵涛、王岩峰、颜滨、余海峰、颜楠，摄于2016年12月7日）

售量继续蝉联全球第一。海尔在全球有10大研发中心、21个工业园、66个贸易公司、143330个销售网点，用户遍布全球100多个国家和地区。2012年3月24日，“2012年全国企业管理创新大会”在北京举行，海尔以自主经营体为基础的“人单合一”管理模式在全国451项管理项目中脱颖而出，获得国家级企业管理创新成果奖一等奖。2016年6月7日，青岛海尔股份有限公司（600690.SH）和通用电气（纽交所股票代码：GE）共同宣布，双方已就青岛海尔整合通用电气家电公司的交易签署所需的交易交割文件，标志着GE家电正式成为青岛海尔的一员。也就是说，20世纪80年代，“全球第一CEO”杰克·韦尔奇担任GE董事长兼总经理期间，海尔是向GE学习的，张瑞敏是向杰克·韦尔奇学习的。进入21世纪，特别是2005年9月5日，在海尔全球经理人年会上，张瑞敏系统阐述了海尔的“人单合一双赢”模式，从此海尔开始了对人单合一长达10余年的探索。人单合一（Ren Dan He Yi）是海尔集团创始人张瑞敏提出并命名的一种商业模式，通常称为人单合一模式。人单合一模式不同于一般意义上的竞争方式和组织方式，也不同于传统的业务模式和盈利模式的范畴，而是顺应互联网时代“零距离”和“去中心化”“去中介化”的时代特征，从企业、员工和用户三个维度进行战略定位、组织结构、运营流程和资源配置领域的颠覆性、系统性的持续动态变革，在探索实践过程中不断形成并迭代演进的互联网企业创新模式。我认为，“人单合一模式”是仿生组织管理与量子潜能管理的结合模式，是高维空间的企业管理模式，海尔经过10多年的探索已经显示出伟大的力量——宇宙的法则与大自然的智慧，标志之一就是2016年6月7日收购GE公司。

海尔文化的核心是创新。它是在海尔30多年发展历程中产生和逐渐形成的特色文化体系。海尔文化以观念创新为先导、以战略创新为方向、以组织创新为保障、以技术创新为手段、以市场创新为目标，伴随着海尔从无到有、从小到大、从大到强、从中国走向世界，海尔文化本身也在不断创新、发展。员工普遍认同：主动参与是海尔文化的最大特色。当前，海尔的目标是创中国的世界名牌，为民族争光。这个目标把海尔的发展与海尔员工个人的价值追求完美地结合在一起，每一位海尔员工将在实现海尔世界名牌大目标的过程中，充分实现个人的价值与追求。

在海尔期间，我们重点参观了海尔创新生活展、海尔文化展和海尔企业大学。当我看到海尔文化馆墙上两句话——“听历史诉说变中求胜，让基因传承自主创新”的时候，引起强烈共鸣，因为这与我的思想理念异曲同工。我认为，第一，记住并链接三代人140年的累积经历与心路历程就能促进家族企业代际传承潜能开发，如果不能记住，那么潜能开发就会大打折扣；第二，生命传承从高维空间看，实际上是分子等级的基因与量子等级的模因的双重传承（不同维度）、双轨传承（不同空间）、有形与无形传承（分子有形与量子无形）。量子领导力实战体系激发家族企业代际传承领导力的潜能，首先需要学习掌握生命繁衍与进化的底层逻辑，然后进行基于第一性原理的“道”治与“法”治管理，而非“人”治。稻盛和夫的《活法》《心法》、王阳明的心学等都是“道”治与“法”治范畴的，不是“人”治范畴的。

参观完后，我们与海尔日日顺投资发展总监王岩峰进行深度交流。我高度欣赏海尔仿生与量子的双重文化，比如采取阿米巴仿生组织架构，实现企业内部平台化、员工创客化，人人都是小老板，对制造业客户服务实行个性化定制服务等，这些思想与做法在国内大企业中是非常少见的。我说，我与张瑞敏的管理思想是同频共振的。新颜物流相当于“小海尔”，海尔相当于“大新颜”，虽然规模不同，但是管理思想相似。海尔提出的著名的“人单合一模式”，是人与企业甚至是用户基于每单共赢的模式，这是超越商业模式的生态与潜能模式。张瑞敏提出的“企业是人，文化是魂”，我认为“企业是人”本质就是企业仿生学，“文化是魂”本质就是量子管理学。

人的成熟，在于思想的成熟。企业家的成熟在于实践经验基础上形成的理念体系。一切成功的企业家都是经营哲学家。著名经济学家艾丰为《张瑞敏如是说》一书写序，题目就是《不用哲学看不清海尔》。艾丰用哲学恰到好处地评价了张瑞敏。张瑞敏是走上哈佛大学讲坛的第一位中国企业家，以海尔的卓著业绩和精辟经营理念让世界认识了中国企业与成功的海尔文化。这一事件在中国企业管理史上具有重要历史意义，它说明，中国企业只要创新，同样也可以在企业管理方面为世界做出贡献。

国外大企业的案例：日本企业家稻盛和夫的量子领导力

稻盛和夫是伟大的企业实践家与企业思想家。我认为，稻盛哲学的本质是量子领导力，表现为心本管理，特征是阿米巴经营，功能即业绩众所周知。他领导下的京瓷公司和第二电电均进入世界500强，以及78岁时领导日航不到两年时间扭亏为盈，创造日航历史上最好业绩以及当年世界航空公司最佳业绩。稻盛哲学的核心是："作为人，何谓正确？"（稻盛和夫著，曹岫云译，2013）意思是如何用正确的方式做正确的事情。量子领导力实战体系也是用正确的方式做正确的事情，因为三大思维与四大机制是正确的方式，繁荣、幸福、长寿与代际传承终极目标是正确的事情，"方向—动力—路径"自洽定律同时蕴含着正确的方式与正确的事情，方向是正确的方向，动力是正确的动力，路径是宇宙的智慧与自然的力量。

稻盛和夫24岁时开始意识到"心纯见真"这个哲理，此后，他又悟出了把部下的力量凝聚起来的"以心为本的经营"（稻盛和夫著，曹岫云译，2016）。也就是说，稻盛和夫是一直重视心学与心本管理的。他的目的是"把部下的力量凝聚起来"，他的确做到了这一点，所以取得了巨大成功。而且，据此一定会取得成功，不仅稻盛和夫，而且我们也能。正如译者曹岫云在稻盛和夫《活法》序言中说的："在稻盛和夫出任日航会长时，在日本舆论界'日航必将二次破产'的一片喧嚣声中，我就明确断言：稻盛哲学在现实中的下一个投影，就是日航重建成功。果然不出所料，我的预言相当灵验。稻盛先生妙手回春，马到成功。稻盛哲学这一灿烂的思想之花，结出了日航重生这一丰硕的经济之果。"（稻盛和夫著，曹岫云译，2013）但是，稻盛和夫没有回答：心是什么？如何凝聚？驾驭部下心灵的机理是什么？也就是说，稻盛和夫哲学的科学性是什么？数理模型与管理工程是什么？对这些问题，量子领导力实战体系做了系统回答。量子领导力实战体系恰恰是稻盛哲学的科学逻辑（“人生与经营的原点”密码），把它变成了数理模型与管理工程。值得注意的是，文化不同，时代不同，环境不同，企业哲学与管理方法也有所不同，但科学原理是相同的。

稻盛和夫认为，他的哲学是符合宇宙力量或者说宇宙的意志的。什么是宇宙力量与宇宙的意志？稻盛和夫说：“宇宙中存在一股力量，它要让万物进化发展，变得更加美好。我们可以称这股力量为宇宙的意志。如果顺着宇宙的意志产生的潮流而动，我们的人生就会带来成功与繁荣；如果逆着这股潮流而动，就必然走向没落与衰退”，“宇宙的意志充满着关爱、真诚与和谐，它要让万物都各尽其能，让整个宇宙都朝着更好的方向成长发展”（稻盛和夫著，曹岫云译，2013）。我惊喜地看到，稻盛和夫也谈到宇宙与生命起源是量子及其演绎进化。他说：“宇宙的起源，只在于少量的基本粒子，这些基本粒子通过大爆炸而结合，构成质子、中子、介子，由它们再构成原子核，再同电子结合，形成最初的原子——氢原子。然后又有各种各样的原子与分子生成，再由它们组成高分子，最终诞生了人类这样的高等动物。对这种宇宙进化的状况了解得越多，我们就越不能不认为，存在着一种伟大之物的意志，正是它促进了万物的生长发展。”（稻盛和夫著，曹岫云译，2013）我认为，“宇宙的意志”的本质是希格斯（1964）发现的粒子“自破缺重聚机制”（“上帝粒子”）、普利高津（1977）发现的耗散结构以及生命以负熵为生的机理。“宇宙的意志”的特征是量子世界的三特征（非定域、不确定性、纠缠）以及“三个世界”（量子世界、经典世界、生命世界）逻辑切换。“宇宙的意志”在企业的应用是量子领导力实战体系，驾驭生命基本粒子，穿越于高维空间（包括时空维度与灵魂维度）。“方向—动力—路径”自洽是高维空间的自洽，是时空维度与灵魂维度的自洽，属于自然的力量或宇宙的意志。

就领导力与领导风格而言，我与稻盛和夫的不同之处是，我是甩手掌柜的领导力，用的是宇宙的智慧与自然的力量。稻盛和夫基本上是亲力亲为带动全员的一致性的力量。他也知道这是“宇宙的法则”，他用的是哲学语言，我用的是物理与化学语言（普利高津发现宇宙耗散结构“从混沌到有序”的规律性，但他获得诺贝尔化学奖），两种都有效。量子领导力实战体系是数理模型与管理工程，涉及数学、物理、化学、工程学、神经科学、行为科学、心理学等。

日本著名企业家稻盛和夫

新颜、海尔、京瓷在量子领导力方面的比较

下面讨论上述三个案例（新颜、海尔、京瓷）在企业哲学或者说量子领导力方面的异同：

1. 新颜、海尔、京瓷三家公司的共同点是都有危机意识与阿米巴机制。密歇根大学教授Victor Strecher说，思考死亡会创造更多生命。思考死亡是一件很重要的事情。乔布斯说，死亡很可能是生命最好的发明。普利高津的研究结论是“生命以负熵为生”。事实真是如此，新颜物流30年来一直在思考死亡中活着、发展着，向死而生，建立仿生机制，实行免疫式繁殖，或者说繁殖式免疫。从哲学与量子物理视角，或者说用放大时空背景与彻底解剖分析法的量子思维看，死与活是一个硬币的两面，时刻相伴，对立统一，阴阳怀抱。今天之所以还活着，是因为今天没有死亡，所以具有高维空间境界格局的圣人开示人们，只要活着就要感恩，无论顺境还是逆境。在我看来，稻盛和夫成功的必然性（不是偶然性）是量子思维方式的高维空间的科学性

（道法术一致性）的成功。稻盛和夫管理思想的核心是“作为人，何谓正确?”，用其判断标准驾驭自己和员工在人生与工作中的心灵和行为。六项精进的第一项“付出不亚于任何人的努力”，工匠精神以及“现场有神灵”等彻悟理念，还有稻盛和夫著名的成功方程式“人生或工作＝思维方式×热情×能力”等，在我看来，这是生死统筹的高维空间领导力。同样的，张瑞敏成功的必然性（不是偶然性）也在于其量子思维高维空间领导力。发挥个人能量球的作用，小微、创客、人单合一等海尔集团改革创举，本质上都是高维空间领导力与管理方法。新颜物流使用量子领导力实战体系，实现了连续20多年健康生态可持续发展，平均年增长15%，阿米巴组织从2个复制到了30多个，还在不断复制，预防并抵御了各种“黑天鹅”事件的风险，体现出复杂性与不确定性环境下的领导力，值得一提的是，这一切是在董事长长期当甩手掌柜情况下实现的。我认为，这是量子领导力实战体系这一高维空间领导力的力量，是科学的力量。

添加一个维度，能使复杂的现象简单化，因为宇宙与生命实际上都存在于高维空间，真正的彻底的因果关系也存在于高维空间。复杂的现象只可能简单化于高维空间，不可能简单化于低维空间。我们不要误解“简单化”的真实含义。稻盛和夫说：“我曾有幸与广中平祐先生交谈……通过以三维求解二维的方式，广中先生破解了数学界的一大难题。其本质是通过添加因素，使复杂的现象简单化。”（稻盛和夫著，曹岫云译，2016）量子领导力实战体系的变量模型是多因多果的变量模型，一方面是真实世界的客观反映，另一方面是提升维度的方法解决复杂现象——包括复杂性、不确定性、“黑天鹅”事件甚至是死亡现象等。通过顶层设计、自下而上与自上而下这种“多层互通立交桥式”的量子机制、仿生机制、生命力与创造力互嵌机制，以及“三个世界”划分与逻辑切换机制分别解决人心潜能开发、组织生命力与创造力，以及人与组织、人与自然在知行合一与天人合一的更高维度的自洽。所以，量子领导力这种看似简单化的领导力实际上蕴含着复杂的动态适应性的领导力。

在高维空间，鱼和熊掌可以兼得，就像薛定谔的猫，既是死的，又是活的，这是量子诡异。鱼和熊掌为什么可以兼得？十字路口立交桥上东南西北的车辆为什么畅通无阻？员工、公司、客户、社会、自然为什么能够协同进化潜能开发？关键在于认知维度、复合型知识结构以及高维空间的领导力——“三个世界”（量子世界、经典世界、生命世界）的划分与逻辑切换的能力，这是量子领导力实战体系的精髓。美国作家斯科特·菲茨杰拉德说：“一流知性之人同时拥有互相对立的思维方式，却能使其各自正常发挥作用。”（稻盛和夫著，曹岫云译，2016）稻盛和夫说：“得知这句名言后，我心里的一块石头总算是落地了——终于明白了，拥有相互对立的性格特征，原来并不是一种自我矛盾啊。”（稻盛和夫著，曹岫云译，2016）我认为，宇宙与生命原本都是高维空间，传统领导力的认知水平达不到高维空间的境界格局与驾驭能力，现在，量子领导力实战体系的出现，其认知水平达到高维空间的境界格局与驾驭能力，这就是量子等级——量子管理学，分子等级——企业仿生学，以及生命等级——量子领导力实战体系。

2. 新颜、海尔、京瓷三家公司阿米巴组织的不同点。阿米巴组织的精髓是划小核算单元，即使只是少数人有股份，但其他没有股份的人也应该分享共同努力的成果，比如以员工干股或集体提成作为奖金的形式让员工分享汗水红利。稻盛和夫说：“在持续贯彻销售最大化，费用最小化的经营方针的过程中，数年之后，单位时间核算制度——阿米巴经营的企业管理体系，开始在我的脑中萌芽。把销售额减去材料费在内的诸项费用，其余额便是附加价值。把附加价值除以包括加班在内的员工总劳动时间，便能求得员工平均每小时创造的附加价值。在京瓷，我们把它称为单位时间效益。创造能够量化的单位时间效益便是阿米巴经营的系统原理。”“企业不仅要为社会负责，还要为投资者负责。因此，既要为社会做出贡献，也要给予股东相应的分红。员工创造的效益必须远高于企业支付的人力成本。而阿米巴经营则通过计算员工每小时创造的附加价值来量化效益。”（稻盛和夫著，曹岫云译，2016）我认为，阿米巴经营既符合仿生管理精髓（组织管理），又符合量子管理精髓（人的管理），项目企业家的量子领导力是关键。

稻盛和夫说：“企业家作为公司的拥有者，往往具有独立自主的精神。但是，公司的管理者则不同。在面临困难的时候，他们往往会这么想，自己归根到底只是个打工的，不用我操心，社长肯定会想办法解决这个问题的。我认为，凡是经营不善的公司，往往有许多缺乏独立自主精神的员工，他们为公司创造的利益还不及自己得到的工资，等于是公司养着他们。反之，如果公司的大部分员工不但能够做到自己的工资自己赚，还能贡献利润，那么公司势必会顺利发展。”稻盛和夫非常重视每个员工的人心管理。他说：“我不愿意让公司的员工人心背离，关系紧张，因此不管是业绩优秀者还是业绩平平者，我都不会让他们的奖金等待遇出现很大的差距。但如果搞彻底的平均主义，努不努力一个样，多干少干一个样，那么势必会导致员工丧失主人翁精神，认为自己不过就是一个领工资的打工仔。企业家必须让员工具有主人翁精神，让他们做到自己的道路自己闯，自己的工资自己赚。不仅如此，还要让员工向公司贡献利润。”（稻盛和夫著，曹岫云译，2016）我认为，稻盛和夫独立核算到事业部、小集团，但在小集团内部是集体主义的，不搞股份制的，这有科学道理，小集团（阿米巴经营）相当于“原子”（有质子、中子、介子组成的原子核，以及外围非常活跃的电子）——非常牢固与团结，铁壁铜墙，内含极大能量，如果爆炸就是原子弹。与此同时，稻盛和夫提醒我们注意，深刻认知股份制的好与坏。稻盛和夫说：“在创业初期，我连对下级发号施令的自信都没有。如果我当时导入这种上下级关系，势必会遭到下级的反对和排斥。”“正因为如此，我才一直强调要重视伙伴关系，构建人人平等的公司文化。并且通过让全体员工拥有股份，使他们明白每个人都是公司的股东，每个人都是负责公司运行的合伙人，大家必须齐心协力、努力奋斗。”“员工能够认识到自己也是经营企业的一分子，主观能动性便会油然而生。看到自己的努力成果以股票升值的形式获得回报，可谓是激发员工干劲的好方法。”“需要注意的是，这种方式只适用于像我这样的创一代，身为富二代与富三代的企业继承者切不可模仿。拥有公司股份的员工一旦辞职，相应的股份就可能会流入坏人之手。股份是一把双刃剑，倘若好人持有，则是好事；倘若坏人持有，则后患无穷。因此，我当年在分配股份时，也收到了周围人的告诫，他们劝我，不要轻易把股份给员工。”（稻盛和夫著，曹岫云译，2016）相比之下，海尔的“人单合一模式”内部竞争加剧，内部有序性面临考验，社会有微词，可能还在探索与完善中。新颜物流的阿米巴组织，本质上是项目部独立核算制，项目主要负责人有实际股份，项目员工有干股或集体提成作为奖金。我认为，项目所有人员都应该或多或少分享项目发展红利，公司全体员工（包括行政服务与管理人员）都应该或多或少分享公司发展红利，具体激励机制仍在探索与完善中。

3. 稻盛和夫哲学与量子领导力实战体系的结合，将创造伟大企业。稻盛和夫说：“外面的人根本不知道真相，是我们掀起了精密陶瓷产业的热潮。而且，对于这一领域，我们起初并不具备优秀的技术实力。当时唯一可以依靠的是我们的哲学思想。京瓷哲学正是我们所有成就的源泉。换言之，心灵是一切的源泉，是万事万物生长的种子。在创业初期，我虽然各方面都还不成熟，但仍然建立了京瓷哲学体系，并把它作为立命之本。我相信，自己之所以能在精密陶瓷技术领域取得成就，使京瓷迈向成功，正是因为遵循了京瓷哲学的原理原则。”（稻盛和夫著，曹岫云译，2016）我认为，稻盛和夫哲学＋量子领导力实战体系＝哲学＋科学＝“无敌”的企业领导力。所谓“无敌”包含两层意思，一是包容敌人，如果有敌人的话；二是没有敌人，因为协同进化，潜能开发。稻盛和夫说：“自然界是弱肉强食的世界。强者通过吞噬弱者来维持生命，可谓竞争惨烈。但残酷的有我无他只是表象，并非自然界的本质。适者生存的真正含义应该是只有拼命奋斗并付出不亚于任何人的努力，才有资格存活。如果不努力，则难逃灭亡。所以，斗志不是以打倒对手为目的的好斗之心，而是为了自己的生存而拼命努力的精神。”（稻盛和夫著，曹岫云译，2016）我认为，在（生命内部）知行合一与（生命外部）天人合一的生命以宇宙为背景的高维空间，我们或没有敌人，或可以化敌为友。稻盛和夫基于《京瓷哲学》的领导力在日本已经战无不胜，在三个企业（京瓷、第二电电与日航），时间跨度50多年屡战屡胜。量子领导力实战体系在数理模型与管理工程上更是有所突破，用仿生管理和量子管理的自然科学方法，诠释和发展了稻盛和夫哲学体系，指导连锁复制与企业加盟，在新颜物流30多年（1989—2021年）实证研究对比中得到验证。稻盛和夫说：“造物主从各方面把人类设计为不断发展进步的生物，基于这样的思想，我提出了能力要用将来进行时的观点。”（稻盛和夫著，曹岫云译，2016）“制定新目标时，要敢于将这个目标设定在自己能力之上。现在被认为无法实现的高目标，在将来的某一时点定能实现，据此设定目标。同时，为了在设定的时点达成目标，必须考虑提升自己现有能力的方法。现在虽然做不到，但到时无论如何也要做到，只有这种态度才能达成高目标。”（稻盛和夫著，曹岫云译，2016）稻盛和夫说：“没有‘我能’的精神，人类就不会进步。”（稻盛和夫著，曹岫云译，2016）奥巴马竞选总统时的口号是“We can”，我们能。我相信，稻盛和夫哲学＋量子领导力实战体系＝伟大的企业领导力，关键是用量子领导力实战体系培训领导力人才。

第六节　量子领导力培训中心

通过学习与培训改变心智模式与知识结构

心智模式（Mental Model）是苏格兰心理学家肯尼思·克雷克（Kenneth Craik）在1943年首次提出的。本质上，心智模式是人们在大脑中构建起来的认知外部世界的“模型”，它会影响人们的观察、思考与行动（Gentner & Stevens，1983；Johns-Laird，1983）。彼得·圣吉（1990）在《第五项修炼：学习型组织的艺术与实践》（*The Fifth Discipline*：*The Art and Practice of the Learning Organization*）中将心智模式定义为：根深蒂固存在于人们心中，影响人们如何理解这个世界（包括自己、他人、组织和整个世界），以及如何采取行动的诸多假设、成见、逻辑、规则，甚至图像、印象等。本研究者认为，量子领导力实战体系的“软件”即三大思维——溯源思维、终极思维、秩序思维就是一种放大时空背景与彻底解剖分析法的量子思维心智模式。

心智模式在不同的个人与组织中有不同的特点：（1）领导者个人心智模式既受先天因素的影响，又有知识结构、文化层次、认知水平、个性心理以及社会经历的影响，不同的领导者表现出不同的领导者必要复杂性（Lord，Hannah & Jennings，2011）。（2）领导集体的心智模式有共同特性，受集体知识结构与企业文化的影响，比如如何选择家族企业领导力的四种类型——指挥型、教练型、顾问型、授权型，受到家族领导力知识结构与家族文化的影响（Aronoff & Baskin，2017）。（3）共享领导的心智模式，受到基于集体潜意识的“心灵资本”的影响（Zohar & Marshall，2011）。本研究者认为，量子领导力实战体系的心智模式表明，未来有效领导力将沿着“个人领导—集体领导—共享领导”的方向发展并提升维度，领导力的这种趋势将促进培训与发展，培训与发展又将促进领导力的这种趋势。

学习与培训是潜能开发的必由之路。孟德斯鸠说，世界上，没有读书不能解决的事情。美国知名学者奥图博士（2018）认为：人脑好像一个沉睡的巨人，我们均只用了不到1%的大脑潜力，如果人类发挥出其一小半潜能，就可以轻易学会40种语言，记忆整套百科全书，获12个博士学位。德鲁克（1954）说，对于任何组织而言，伟大的关键在于寻找人的潜能，并花时间开发潜能。只有恢复对人的尊重，才可能真正把人的才能释放出来。

本研究者认为，量子领导力实战体系开发员工潜能同时具备两个条件：

首先尊重并满足员工个人发展；其次同步实现员工、公司与客户三者共赢。虽然员工、公司与客户三者之间存在着利益矛盾，但是量子领导力实战体系在28字法则——顶层设计、自下而上、多则不同、涌现秩序、涌现生命、涌现智慧、涌现未来的指导下，能够实现24字功能——协同进化、潜能开发、资源整合、无中生有、超越危机、实现共赢。员工、公司、客户三者共赢的点，就是各自“方向—动力—路径”自洽的交集。

重视人际关系是培训史上的一大进步

20世纪50年代持续增长对“人际关系”的强调（Kraiger & Ford，2007），出现了大量关注监督技能和态度发展的文章（Canter，1951；Lawshe，Bolda & Brune，1958，1959）。Latham & Saari（1979）将社会学习理论应用于行为建模培训项目，该项目旨在提高管理者的人际交往能力。20世纪60—70年代，出现跨文化培训（Fiedler，Mitchell & Triandis，1971）和团队培训（Naylor & Briggs，1965），体现了对不同文化背景者的重视，因为人际关系影响任务效率。本研究者认为，量子领导力实战体系的核心是人的潜能开发，潜能开发的关键是心本管理，遵循人际关系九字准则“独立，对等，尊重，吸引力”能够驾驭自己的心，能够驾驭他人的心，能够驾驭人与人、人与自然、人与社会、人与时空、人与未来的关系，因为量子领导力实战体系的关系处理（包括人际关系）基于第一性原理的底层逻辑，这是对人际关系科学认知的发展，也应用于培训史的发展。

以学员为中心，以问题为导向

20世纪80年代培训里程碑是以学习者为中心，Kanfer and Ackerman's有影响力的专著，激发了对技能习得过程中能力、动机和任务需求的互动效应的兴趣（Kanfer & Ackerman，1989）。其他研究强调了受训者自我效能感的重要性（Gist，Schwoerer & Rosen，1989；Latham & Frayne，1989）。在进入21

世纪，培训与发展关注学习，不仅对个人，而且对团队和组织的重要好处（Aguinis & Kraiger，2009）。例如，研究检验了不同团队培训方法的有效性（Marks， Sabella， Burke & Zaccaro 2002），以及培训和学习活动对单位绩效和企业生产率的影响。复旦大学经济学院院长张军教授也认为，量子领导力实战体系激发人的潜能的衡量指标包括公司业绩、人均效能、员工稳定性、客户巩固率等。最近，越来越多的研究关注正规培训以外的学习（Courtright，Colbert & Choi，2014；DeRue & Wellman，2009；Dragoni et al.，2014）。本研究者认为，量子领导力培训中心，宗旨是"以学员为中心，以问题为导向"，提高领导力水平，激发包括领导者在内的所有员工的潜能。

培训的新趋势

最近的研究表明，培训有三个新趋势：

第一，认识到人与环境两个方面都是影响培训的因素（Noe & Wilk，1993；Maurer & Tarulli，1994； Birdi et al.，1997）。本研究者认为，对于人与环境的关系，本质在于人，奥秘在于环境。这是硅谷创新百年不衰的精髓，也是量子领导力培训的精髓，要培训组织结构设计的科学性和人的潜能开发的科学性。

第二，培训和学习在新员工社交中的作用（Saks，1995；Tannenbaum，Mathieu，Salas & Cannon-Bowers 1991）。本研究者认为，用放大时空背景与彻底解剖分析法的量子思维心智模式看，人与企业的生命在于基于底层逻辑的接力，领导力培养越早越好，员工培训也要年轻化。一般而言，培养企业领导人需要10年以上时间，古人说"十年树木，百年树人"是有道理的。代际传承的有效接力是基于底层逻辑的超时空与超生命的接力，所谓底层逻辑是指决定生命来龙去脉与前途命运的分子原理与量子原理，即第一性原理。令人遗憾的是，在现实中，第一性原理应用于企业管理的案例并不多见，这是我们的认知问题，也由于我们的学习不够，是中美两国代际传承成功率都不高的问题所在。量子领导力实战体系是基于底层逻辑的领导力，量子领导力培训中心是基于领导力底层逻辑的实战培训。

第三，自我效能感、责任心、目标导向、氛围和文化及其相互作用在学习动机、学习目标发展、任务分析、元认知活动和培训学习与转化的理解（Brett & Vandewalle，1999；Colquitt & Simmering，1998； Ford，Smith，Sego & Quinones，1993；Ford et al.，1998；Martocchio & Judge，1997；Tracey et al.，1995）。本研究者认为，培训的目的是激发学习者潜意识的信息与能量，这些信息与能量被激发，将转化为学习者的自我效能、生命意义与终极目标，实现“方向—动力—路径”自洽。

培训与发展吸引并留住人才

“人才战争”（Chambers，Foulton，Handfield-Jones，Hankin & Michaels，1998）强调了培训和发展对吸引、留住和激励员工的作用。本研究者认为，人才越来越重要，吸引并留住人才越来越难，因为互联网与物联网等技术革命的力量把人性（潜意识性）激发出来了，经济的发展、物质的富裕、生活条件的改善，人变得自由了，旧的管人方法（自下而上，叫你干啥你就干啥）越来越不灵了，人本管理已经进入心本管理时代。心本管理是量子领导力实战体系的主要特征之一。员工心灵的载体是量子粒子，活蹦乱跳的心灵量子如何驾驭？员工的“方向—动力—路径”如何与公司与客户的“方向—动力—路径”自洽共赢？解决“粒子”问题需要“波”的办法，培训与发展起到“波”的作用。通过“波”的吸引力，驾驭“粒子”的方向与动力，人心管理是可以用量子力学办法的。员工是“能量球”，公司是平台，量子领导力实战体系使得“能量球”在平台上潜能开发，海尔集团是这么干的（人单合一机制），新颜物流也是这么干的（阿米巴连锁复制）。量子领导力培训中心的目的是为“方向—动力—路径”自洽赋能，既为方向赋能，又为动力赋能，还为路径赋能，更为自洽赋能，这种赋能是基于底层逻辑与第一性原理的赋能，是正本清源，从根本上彻底解决问题包括企业领导力问题、管理问题，以及员工积极性、主动性、创造性与吸引力、凝聚力、向心力问题。培训与发展是吸引并留住人才的根本之策。一年一期的新颜物流量子领导力培训班普遍且快速提升了学员的领导力水平。

被动学习变成主动学习

文献显示，多年来，研究和实践经常将学习者视为被动的教学接受者（Ford & Kraiger，1995），旨在引导学员通过需要学习的步骤，消除错误，提高效率（Smith，Ford & Kozlowski，1997）。最近的研究，采用了一种主动学习的方法，受训者被视为学习经验的积极参与者（Bell & Kozlowski，2009）。这种演变是发展灵活和适应能力的技能（Ford，Santoro & Showler，in press；Kozlowski et al.，2001）。

量子领导力培训中心提倡学员主动学习，带着问题来培训，以学员为中心，以问题为导向，这是实战演练，现场研究并解决问题。具体做法是：

1. 学员平时在职自学为主，每月集中一天培训。

2. 学员汇报一个月来的学习与工作情况，提出问题、分析问题并提出解决问题的初步思路。

3. 学员要在公司高层领导集体面前（在培训班上）发表演讲，锻炼胆量与表达的综合能力。

4. 导师点评，并安排互动讨论与头脑风暴环节。这是美国硅谷创新工具IDEO五部曲的精髓，在新颜物流已经发展成为生命力与创造力互嵌机制，用集体的智慧，找到创新与潜能开发的正确的点。

5. 每一期把学员作业装订成册，每一个学员人手一本，学员之间相互学习。观察即学习，比较即学习，潜意识信息与能量开发即反省学习，这是从量子纠缠到蝴蝶效应的更高时空维度的学习，这是高级的学习——苏格拉底式的学习，主动深度的学习，启迪智慧的学习。

“一把手”重视培训

Noe and Wilk（1993）发现，员工对社会支持和工作条件的感知影响了他们对发展活动的参与。Hurtz and Williams（2009）报告说，当员工意识到可用的学习机会，感受到对员工发展的支持，尤其是来自“重要人物”（比如董事长、CEO或他们的顶头上司）的支持时，他们参与发展活动的程度会更高。

量子领导力培训中心实际上是本研究者以新颜物流董事长的身份亲自发起并作为全程导师的培训班，旨在培养复杂性与不确定性环境下的领导力，繁荣、幸福、长寿与代际传承的领导力等，这是一项超时空与超生命的量子管理工程与分子管理工程，开发人的潜能和组织潜能，进而开发战略潜能。“一把手”（董事长）重视培训的意义有三：

一是真正现场办公，当场头脑风暴，发挥集体智慧解决问题，这不仅是培训，而且是实战演练，在实战演练中提高培训水平与领导水平；

二是发现领导人才，掌握每一个学员的特长，把合适的人、合适的才，用到合适的领导岗位，因人而异、人尽其才，这是比基因等级更深层次的量子等级的精准潜能开发，真正发挥“能量球”的作用；

三是真正体现“以学员为中心，以问题为导向”的培训宗旨，“一把手”要解决的问题不仅是公司的问题，而且要解决人的问题，不仅要解决经营的问题，而且要解决管理的问题，不仅是解决老一辈创业者团队面临的问题，而且要解决年轻一代接班者团队面临的问题，不仅要解决领导力培训的本质问题，而且要解决领导力培训的环境问题。

Taylor，Ross-Eft and Chan（2005）对行为建模培训的元分析发现，当学员的主管也接受了培训后，学员在工作中的行为变化要大得多。不仅“一把手”重视培训有利于确保培训的质量，而且学员的主管参与培训也能提升培训的效果。量子领导力培训中心不仅要求董事会成员、公司高层管理者参与培训，而且要求部分项目经理与学员一起参加培训，公司这三个层次的管理者一起参加培训，提升实战演练的思维维度（看问题的不同视角）。学员亲眼看见上面两级领导的决策场景与决策智慧，感知集体力量，增强未来信心，提高自己关于领导力的自我效能感。

分享知识的培训机制

培训有两个目的，一是获得知识，从老师或同事那里获得知识或技术，解决“怎么干”的问题；二是启迪智慧，受到老师或同事的启发，接通知识点与知识点之间的链接，启迪自己的智慧，解决“为什么这么干”，即“方向—动力—路径”自洽问题、生命意义问题、终极目标问题。通常的培训属于前者，苏格拉底的教育方法属于后者，所以他培养出了柏拉图，柏拉图又培养出了亚里士多德。方法具有至高无上的力量（德国哲学家黑格尔名言），培训方法也是如此。

培训机制除了了解影响个人是否利用从同事那里获得知识的因素外，还需要分析员工是否愿意与他人分享知识（Wang & Noe， 2010）。本研究者认为，员工（包括领导或管理者）是否愿意分享知识，这是一个重要的现实问题，既有自身原因，又有环境问题，量子领导力实战体系的四大机制（特别是阿米巴连锁复制商业模式）有利于促进同事之间分享知识，因为往前进——这是协同进化与潜能开发的机制，往后退——每一个阿米巴项目部是独立核算与自生自灭的，同事之间、项目与公司之间、项目与项目之间都是“生命以负熵为生”，只有合力，才能形成力量，借此力量，才能挽救自身命运，在外面看来这叫利益共同体与命运共同体。

Tannenbaum，Mathieu，Salas and Cohen（2012）最近的研究认为，团队组成越来越动态，而通信和技术进步使得团队在很少面对面情况下培训成为可能。的确是这样。但本研究者认为，量子领导力培训，还是面对面效果更好一点，因为需要实战场景，需要圆桌会议的氛围，需要头脑风暴环节的智慧涌现，这些都是“量子场”——脑力激荡的潜意识场，这种环境，集体潜意识的信息与能量容易被激发出来，变成智慧解决方案，既解决实际问题，又培训量子领导力。

一个人可以活在“三辈子”里

公司培训的目的与个人修炼的目的是一样的，都是为了深度潜能开发。深度潜能开发的结果是，一个人可以活在“三辈子”里。我下辈子的活已经安排好了（比如代际传承的超战略布局），这辈子最后一阵子（养老）的活也已经安排好了（比如未来入住泰康养老社区），现在回过来干当下的活（比如新颜物流繁荣、幸福、长寿与代际传承），其底层逻辑实际上践行了马克·吐温说的“智者倒过来活”，以及杜伦大学教授Lord等人说的，时间从未来流向现在，现在作一些创造性的改变，未来有无限可能（Lord et al.，2015）。从老活到小的放大时空背景的思维方式与量子方法已经在我本人以及我女儿身上见效，所以我女儿颜思迈的境界格局已经不亚于我，特别是她的全球观。我是量子思维者，效果是统筹下辈子与上辈子的信息与能量干了这辈子（一个家族）的活。我认为，这是高维空间的潜能开发，随着时间推移，因果效应越来越显现，而且显现跳跃式发展的“量子态”。比如，我一个人同时能干三个人的活——办企业、读书、写书，而且似乎同时活在“三辈子”里——统筹上一辈、我这一辈（兄弟姐妹）以及下一辈的信息与能量（以心为本获得的），实现了“方向—动力—路径”超时空与超生命的自洽。这种自洽表现在，我不但取得了多领域的成绩，而且我的身心灵始终是自由的，没有心累或身体累的感觉。深究原因，我认为，我使用的是巧力——源于知行合一、天人合一的宇宙智慧与自然力量，我只是“替天行道”。此处的“天”，按照王阳明的心学就是天理，即遵循心性天理，格物、致知、诚意、正心等“惟精惟一”地修炼。我理解，良知就是潜意识，“致良知”就是潜能开发——开发潜意识的信息与能量。良知也就是初心，“致良知”也就是“不忘初心”，现在“不忘初心”这个词在社会上成为热词，说明这方面现在做得不够好，所以我提出一个新的观点：“启蒙，任何时候都是需要的，无论过去、现在与将来。”我们现在认为，过去我们祖先的某些观念是愚昧的，同样道理，将来我们子孙后代也会认为我们现在的某些观念是愚昧的。所以，我认为，潜能开发的本质从某种意义上说，也是启蒙，表现为格物致知与知行合一，实现天人合一的境界、格局、修养与能力。

量子领导力培训中心的培训效果如何？

量子领导力培训班第一期13名学员的培训时间从2020年7月25日到2021年7月24日，刚好一年，基本上每月培训一次，以本研究者的著作《企业生命科学研究》为主教材，该书共有七章（仿生思想、仿生机制、仿生机构、仿生人事、仿生信息、仿生经营、仿生免疫），这些内容共授课七次，还有开学典礼、结业典礼以及《代际传承》书稿研讨会各一次，共培训了10次。

培训效果如何呢？主要从两个维度考虑：

一是学员职务升迁情况。13名学员中有7名得到提拔，职务升迁人数占学员的比例为54%。现在这13名学员（王斌、姚尚杰、余开京、郑龙兵、汤俊超、赵星田、王冠翔、王小晖、李明宇、王凌枭、余成平、华灼、吴志伟）全部都在领导岗位（项目经理或业务经理），他们基本具备了项目企业家的素质。

二是新颜物流业务增长情况。培训那一年（2020年7月—2021年6月）比培训前一年（2019年7月—2020年6月）新颜物流营业额增加8720万元人民币，比培训前一年增长17.14%。虽然公司营业额增长的归因分析是复杂的，但是无可否认的是2020年下半年到2021年上半年新冠肺炎疫情对经济的负面影响还没有结束，新颜物流在员工人数没有增加的情况下，公司营业额增长17.14%，这是员工工作积极性、主动性、创造性显著提高的结果，量子领导力培训班功不可没，极大地开发了员工潜能，新颜物流现在的人均效能是同行业的2倍左右（新颜物流的人均营业额2020年是315万元，据传化智联杭州公路港数百家物流企业人均营业额估计是150万元）。正如新颜物流人力资源总监、量子领导力培训班班主任胡宇全所说的："量子领导力培训班不仅培训了公司各级的领导力，而且让全体员工感受到新颜物流在不断发展，大家对未来充满信心。整个公司的业务发展跟量子领导力培训班有直接关系。"实际上，量子领导力培训班每月一次的培训人数在40人左右，不仅是13名正式学员，而且培训了董事会成员、项目经理、业务加强班学员代表、颜氏家族成员、社会嘉宾等。

培训效果的学员反馈

学员李明宇参加量子领导力培训班的感想带有代表性。他说，很荣幸参加了新颜物流举办的第一期量子领导力培训班。

第一，规格之高。邀请了众多具有大智慧的嘉宾，包含社会与公司内外的强势大咖，集合理论、实战、交际与业务等，这可能是中国物流史上一场意义深远、影响重大、可以作为标杆的培训班，同时也是一场新颜物流基因复制与量子传承的培训班。

第二，针对性极强。没有过多的场面话，直接带着问题进行探索，在探索过程中，集合众人智慧得到答案，自下而上，从实践到理论，从事实到未来，最终得到一个符合新颜物流目前实际的答案。

第三，参与度之高。目前大多数会议只起到一个形式作用，没有从根本上去探究问题、分析问题，所以给出的解决问题的方法也往往只是一些套话、不痛不痒。但是量子领导力培训班不一样，每个学员都是每一次培训的主人翁，在众多智慧下找到答案，这些答案具有全面性，能带到工作上，提升自己，影响他人。

第四，理论之强。行业需要突破，理论需要创新。生产力发展到今天，传统的管理经验已经无法满足，这时需要新的理论去掀开新的时代。根据企业仿生学，企业的本质是人。根据量子管理学，人的本质是心。量子领导力实战体系基于人的生命维度以及心的量子维度引领企业走向繁荣、幸福、长寿与代际传承的未来。

第五，时机之好。在新冠肺炎疫情肆虐，整体经济形势不太好的情况下，新颜物流举办这样的培训班意义深远。首先，增强了每个人的信心，我们不但知道新颜物流能够逆流而上，而且知道新颜物流为什么能逆势而上，知道量子领导力实战体系如何预防并抵御“黑天鹅”事件的风险而成为复杂性与不确定性环境下的领导力；其次，新冠肺炎终将会结束，疫情后很可能世界经济复苏的中心之一在中国，供应链物流将会成为这次经济复苏的重要一环，这会揭开新物流时代的帷幕，培训所培养出来的高维度领导力的应用型人才将有大展拳脚的机会，这很可能奠定新颜物流未来30年健康生态可持续发展的量子领导力的人才基础。

本研究者认为，量子领导力培训班第一期培训（2020—2021年）是试验性的，虽然取得了成功，但还有提高与完善的空间。第二期培训（2021—2022年），在课程设置上，除企业仿生学（仿生机制）的内容将继续保留以外，将增加量子管理学（量子机制）的内容——培训潜能开发科学性的设计思维，培训教材除《企业生命科学研究》继续使用以外，将把《代际传承》作为量子领导力实战体系的全新教材。

量子领导力培训中心具有里程碑意义

量子领导力培训中心成立于2020年7月25日，这是中国物流界的首创。每期培训一年，每月集中一天，平时自学。一年来效果非常好，社会反响强烈。

1. 培训初心。董事长作为全程导师，培养具有新颜仿生基因与量子文化的项目企业家，解决领导力梯队培养问题。

2. 培训特色。这是复杂性与不确定性环境下的领导力培训，基于本研究者30多年的理论与实践，特别是就读杜伦—复旦DBA（2018—2022年）学习世界前沿的管理思想、管理理论和管理工具后，在新颜物流以及中国物流界推广应用。

3. 培训宗旨。培养量子企业家，培养“量子人”。本研究者认为，未来是量子时代，“未来”不仅是时空概念，而且是一种更高维度的生命，时间从未来流向现在，现在作一些创造性的改变，未来有无限可能（Lord et al.，2015），这种未来生命就是“量子人”。未来企业需要量子企业家。

4. 培训原则。以学员为中心，以问题为导向。虽然是实战演练，但是坚持第一性原理，从底层逻辑入手，从基因与模因、分子与量子等级提出问题、分析问题、解决问题，也就是说，量子领导力培训中心真的是用量子方法培训“量子”员工潜能。

5. 培训方式。自学为主，集中为辅。线下与线上结合，公司高管讲课为主，同时外聘导师，提升培训维度。董事会成员参与培训并自备讲义授课，董事长（校长）每期必到，人力资源总监（班主任）安排课程。班委轮值，选出1名班长、2名副班长分别负责学习和安排生活。

6. 考核评估。严师出高徒，反省出智慧。根据培训内容进行考核，建立培训档案；对每次培训效果进行评估，有利于下一次培训改进。

量子领导力培训中心第一次培训（摄于2020年7月25日）

后　记

《代际传承》这本书终于完稿了，作为作者，我此刻感慨万千，写一本书不容易，写代际传承的书更难，因为涉及三代人的时间空间，人物较多，事情较多，问题复杂。我是幸运的，我在2018—2022年就读杜伦—复旦工商管理博士学位课程期间学会了量子思维心智模式，能够把超时空、超生命的知识点与知识点之间链接起来，在放大时空背景与彻底解剖分析的境界格局下提出问题、分析问题与解决问题，其中就包括家族企业代际传承的领导力问题。我深知一个人的力量总是有限的，事实上，《代际传承》的出版得益于整个家族的力量和亲朋好友的集体智慧，特别是老师、专家、教授的能量加持与专业指导，使得这本书从初稿到完成，历时六年（2016—2022年），不厌其烦地修改，质量才有了“量子跳跃”式的提高。现在我有理由认为此书可能会成为经典著作，告慰祖先，亲人受用，后人受益。即使千百年后的子孙后代也能从此书中获取我们所处时代的信息、能量与智慧。

我要由衷感谢帮助过我的人。首先感谢我的祖先，特别是实干的父亲和智慧的母亲，他们在中国计划经济的艰难岁月，遵循列祖列宗的家教家风，勤劳灵活，不断创业，适应环境，不仅养活了我们六个兄弟姐妹，而且其创业精神代际传承给了我们大部分兄弟姐妹。

其次感谢我的兄弟姐妹们，大家都有孝悌之心，帮助父母养家糊口，照顾年迈的爷爷奶奶，特别是我大哥颜明德和大妹妹颜美琴，他们勇挑家庭重担，在我一直在外读书工作且其他兄弟姐妹还小的时候，照顾弟妹，让我安心发展，我今天的成绩有兄弟姐妹的苦劳与功劳。我也没有忘记同胞之恩，读书、创业、图强，引领整个家族以及兄弟姐妹他们那边的亲戚朋友共同富裕，除了客观上报效祖国，主观上很大原因是为了兄弟姐妹安居乐业，以及他们子女全球发展。

再次感谢我的下一代11个子侄男女，他们是颜曦、颜楠、颜思迈、梁珊珊、梁治、吴梦、吴凯、梁婷婷、董洋、颜坦森、颜宸。他们是颜氏家族城市化与全球化的一代，肩负着超时空与超生命代际传承的家族使命，要将家族事业发扬光大并造福天下。条件虽好，担子不轻，使命光荣，我希望他们这一代，一方面继承并挖掘祖先智慧，学习科学方法，创造伟大事业；另一方面用心、用科学方法尽早规划并行动起来，把他们自己的子女培养好，也像我一样进行上下三代人140年统筹，然后像马克·吐温说的那样“智者倒过来活”。《菜根谭》写道：“问祖宗之德泽，吾身所享者是，当念其积累之难；问子孙之福祉，吾身所贻者是，要思其倾覆之易。”意思是说：子孙后代一方面要念及祖辈父辈当初创业积累之艰辛，不可奢华浪费；另一方面还要知道成功难，失败易，必须努力与谨慎。

接着感谢我的启蒙老师马光达和三娘舅伍崇炳，他们在我世界观、价值观与人生观形成的时候对我影响很大，从小教我正派做人，创造性做事，胸有大志，能忍则忍。同时感谢与我一起打拼并共同行使领导力的新颜物流董事会成员蒋频、邓勇、邓邵涛、胡宇全、吴晓剑、余海峰、颜楠、姚国龙、梁治、郭小刚、郭汝梅、颜思迈等。还要感谢杜伦—复旦DBA的同学Rola、杜经纬、王浩翔等，我们组成“学习促进会”，共同进步。

我特别感恩我的亲爱的教授们，他们是高人，也是我一生有勇气不断攀登高峰的贵人，他们是中国人民大学原党委书记程天权教授（副部级），中国著名经济学家、复旦大学经济学院院长张军教授，上海市企业经营师协会会长、上海市企业经营师商学院院长蔡淳华教授，英国杜伦大学商学院Sarah Xiao教授和林志斌教授，英国华威大学陆大为教授。特别感谢我的秘书姚国龙所做的书稿前期整理的大量繁杂工作，感谢杭州市钱江新城实验学校副校长、高级教师文宏帮我检查书稿。

最后，我本人并代表我全家不胜感激浙江出版系统全国劳模、浙江人民出版社蔡玲平编审为了确保这本《代际传承》大部头著作的出版质量，额外花了数月时间，对书稿进行删减编辑，使这本家书更符合广大读者口味、更具有社会价值与历史意义。

我非常抱歉，感谢与感恩总有遗漏，请你们原谅，实际上我感恩的人是包括你们的。由于本人认知局限性，特别是文学功底欠佳，理论功力也有待提升，书中思想性、语言表达以及科学性肯定存在着不少问题，请大家批评指正。

颜滨

2022年7月8日于杭州家中

图书在版编目（CIP）数据

代际传承 / 颜滨著． —杭州 ：浙江人民出版社，2022.11

ISBN 978-7-213-10812-9

Ⅰ．①代… Ⅱ．①颜… Ⅲ．①家族-私营企业-企业管理-中国-通俗读物 Ⅳ．①F279.245-49

中国版本图书馆CIP数据核字(2022)第192583号

代际传承

颜 滨 著

出版发行：浙江人民出版社（杭州市体育场路347号 邮编 310006）

市场部电话：(0571)85061682 85176516

责任编辑：蔡玲平

责任校对：杨 帆

责任印务：刘彭年

封面设计：王 芸

电脑制版：杭州兴邦电子印务有限公司

印 刷：浙江新华数码印务有限公司

开 本：710毫米×1000毫米 1/16 印 张：25.25

字 数：345千字 插 页：6

版 次：2022年11月第1版 印 次：2022年11月第1次印刷

书 号：ISBN 978-7-213-10812-9

定 价：118.00元